浙江大学文科高水平学术著作出版基金
中央高校基本科研业务费专项资金
资助

U0911949

[浙江大学“一带一路”合作与发展协同创新中心]

浙江学者丝路敦煌学术书系编辑委员会

主　编　柴剑虹　张涌泉　刘进宝（执行）

编　委　（按姓氏笔划排序）

王惠民　卢向前　冯培红*　许建平　刘进宝　刘　波

张先堂　张涌泉　赵声良　施新荣　柴剑虹

（加*者是本册责任编委）

浙江学者丝路敦煌学术书系

敦煌学与古代西部文化

齐陈骏 著

ZHEJIANG UNIVERSITY PRESS
浙江大学出版社

总　　序

浙江，我国"自古繁华"的"东南形胜"之区，名闻遐迩的中国丝绸故乡；敦煌，从汉武帝时张骞凿空西域之后，便成为丝绸之路的"咽喉之地"，世界四大文明交融的"大都会"。自唐代始，浙江又因丝绸经海上运输日本，成为海上丝路的起点之一。浙江与敦煌、浙江与丝绸之路因丝绸结缘，更由于近代一大批浙江学人对敦煌文化与丝绸之路的研究、传播、弘扬而令学界瞩目。

近代浙江，文化繁荣昌盛，学术底蕴深厚，在时代进步的大潮流中，涌现出众多追求旧学新知、西学中用的"弄潮儿"。20世纪初因敦煌莫高窟藏经洞文献流散而兴起的"敦煌学"，成为"世界学术之新潮流"；中国学者首先"预流"者，即是浙江的罗振玉与王国维。两位国学大师"导夫先路"，几代浙江学人（包括浙江籍及在浙工作生活者）奋随其后，薪火相传，从赵万里、姜亮夫、夏鼐、张其昀、常书鸿等前辈大家，到王仲荦、潘絜兹、蒋礼鸿、王伯敏、常沙娜、樊锦诗、郭在贻、项楚、黄时鉴、施萍婷、齐陈骏、黄永武、朱雷等著名专家，再到徐文堪、柴剑虹、卢向前、吴丽娱、张涌泉、王勇、黄征、刘进宝、赵丰、王惠民、许建平以及冯培红、余欣、窦怀永等一批更年轻的研究者，既有共同的学术追求，也有各自的学术传承与治学品格，在不同的分支学科园地辛勤耕耘,为国际"显学"敦煌学的发展与丝路文化的发扬光大作出了巨大贡献。浙江的丝绸之路、敦煌学研究者,成为国际敦煌学与丝路文化研究领域举世瞩目的富有生命力的学术群体。这在近代中国的学术史上,也是一个值得关注的现象。

始创于1897年的浙江大学,不仅是浙江百年人文之渊薮,也是近代中国社会科学与自然科学英才辈出的名校。其百年一贯的求是精神,培育了一代又一代脚踏实地而又敢于创新的学者专家。即以上述研治敦煌学与丝路文化的浙江学人而言,不仅相当一部分人的学习、工作与浙江大学关系紧密,而且每每成为浙江大学和全国乃至国外其他高校、研究机构连结之纽带、桥梁。如姜亮夫教授创办的浙江大学古籍研究所(原杭州大学古籍研究所),1984年受教育部委托,即在全国率先举办敦煌学讲习班,培养了一批敦煌学研究骨干;本校三代学者对敦煌写本语言文字的研究及敦煌文献的分类整理,在全世界居于领先地位。浙江大学与敦煌研究院精诚合作,在运用当代信息技术为敦煌石窟艺术的鉴赏、保护、修复、研究及再创造上,不断攻坚克难,取得了举世瞩目的成就,拓展了敦煌学的研究领域。在中国敦煌吐鲁番学会原语言文学分会基础上成立的浙江省敦煌学研究会,也已经成为与甘肃敦煌学学会、新疆吐鲁番学会鼎足而立的重要学术平台。由浙大学者参与主编,同浙江图书馆、浙江教育出版社合作编撰的《浙藏敦煌文献》于21世纪伊始出版,则在国内散藏敦煌写本的整理出版中起到了领跑与促进的作用。浙江学者倡导的中日韩"书籍之路"研究,大大丰富了海上丝路的文化内涵,也拓展了丝路文化研究的视野。位于西子湖畔的中国丝绸博物馆，则因其独特的丝绸文物考析及工艺史、交流史等方面的研究优势，并以它与国内外众多高校及收藏、研究机构进行实质性合作取得的丰硕成果而享誉学界。

现在，我国正处于实施“一带一路”伟大战略的起步阶段，加大研究、传播丝绸之路、敦煌文化的力度是其中的应有之义。这对于今天的浙江学人和浙江大学而言，是在原有深厚的学术积累基础上如何进一步传承、发扬学术优势的问题，也是以更开阔的胸怀与长远的眼光承担的系统工程，而决非“应景”、“赶时髦”之举。近期，浙江大学创建“一带一路”合作与发展协同创新中心，举办“丝路文明传承与发展国际学术研讨会”，都是在新的历史条件下迈出的坚实步伐。现在，浙江大学组织出版这一套学术书系，正是为了珍惜与把握历史机遇，更好地回顾浙江学人的丝绸之路、敦煌学研究历程，奉献资料，追本溯源，检阅成果，总结经验，推进交流，加强互鉴，认清历史使命，展现灿烂前景。

浙江学者丝路敦煌学术书系编委会

2015 年 9 月 3 日

出版说明

本书系所选辑的论著写作时间跨度较长，涉及学科范围较广，引述历史典籍版本较复杂，作者行文风格各异，部分著作人亦已去世，依照尊重历史、尊敬作者、遵循学术规范、倡导文化多元化的原则，经与浙江大学出版社协商，书系编委会对本书系的文字编辑加工处理特做以下说明：

一、因内容需要，书系中若干卷采用繁体字排印；简体字各卷中某些引文为避免产生歧义或诠释之必需，保留个别繁体字、异体字。

二、编辑在审读加工中，只对原著中明确的讹误错漏做改动补正，对具有时代风貌、作者遣词造句习惯等特征的文句，一律不改，包括原有一些历史地名、族名等称呼，只要不存在原则性错误，一般不予改动。

三、对著作中引述的历史典籍或他人著作原文，只要所注版本出处明确，核对无误，原则上不比照其他版本做文字改动。原著没有注明版本出处的，根据学术规范要求请作者或选编者尽量予以补注。

四、对著作中涉及的敦煌、吐鲁番所出古写本，一般均改用通行的规范简体字或繁体字，如因论述需要，也适当保留了一些原写本中的通假字、俗写字、异体字、借字等。

五、对著作中涉及的书名、地名、敦煌吐鲁番写本编号、石窟名称与序次、研究机构名称及人名,原则上要求全卷统一,因撰著年代不同或需要体现时代特色或学术变迁的,可括注说明;无法做到全卷统一的则要求做到全篇一致。

书系编委会

目　　录

我与丝路及敦煌学的研究

我出生于浙江省天台县城关区，由于家庭的影响，我自少就对历史这门学科有浓厚的兴趣。1953 年考入上海复旦大学历史系读书，对古丝路和敦煌学只有粗浅的知识，或者说仅知其名而已。到 1957 年，我大学毕业后被分配到兰州大学历史系任教，专业是中国古代史，主要是准备担任魏晋南北朝史、隋唐史的讲课任务，因此，在自己的学习中开始注意汉唐时期的中西交通的历史，但由于当时运动多、开会多，也没有很多时间去读书。不久，我就被派到酒泉农场去劳动锻炼了。在甘肃酒泉农场一年多，才被调回学校。返校后兰州大学历史系已并入西北师范学院历史系，并将西北师范学院改名为甘肃师范大学。在甘肃师范大学的两年中，我虽在图书馆、系资料室中借读了一些有关丝路、敦煌学的书籍，但由于要准备上课，只能说是涉猎了一些，没有深入钻研过。1961 年，兰州大学历史系复系，我又被调回兰州大学。当时，正遇上国家经济困难时期，不搞运动了，会议也少了，虽然物质生活差一些，但能坐下来读点书了。我因有上课的任务，所以读的、写的都与备课有关。《均田制是地主土地所有制的补充形式》、《试论隋和唐初的政权》二文先后发表于《甘肃师范大学学报》、《历史研究》两刊。

仅安定了两三年时间，农村社会主义教育运动开始了。学校抽调了一批教师和大学生去农村参加工作。兰州大学历史系第一批参加“社教”的学生是去河西走廊的民乐县。1964 年暑假,这批学生在民乐社教结束时,提出要去敦煌莫高窟参观的要求,得到学校的准许。当时我是留在学校讲课的,但因敦煌壁画内容多同我所讲的一段历史相关,所以学校派我先去敦煌联系,安排学生住宿和参观等问题。这是我第一次去敦煌。那时,去敦煌没有火车,火车只能乘到柳园,再坐长途汽车去敦煌县城。由敦煌县城去莫高窟还需坐十余公里的交通车。这次去敦煌,在柳园火车站遇见了樊锦诗同志,好像她那时分到敦煌文物研究所不久。

第一次到敦煌莫高窟,承蒙常书鸿先生热情支持,安排所内同志带领同学参观了一些有代表性的洞窟,还听了介绍莫高窟壁画的两个报告。我因忙着联系学生食宿问题,参观和听报告虽都参加了,但印象不深,更由于一个学生私自跳入月牙泉游泳,出了事故,给这次敦煌之行留下了阴影。

1965 年秋天,我被派往临夏“社教”,到第二年春夏之交返校。这时的兰州大学历史系正在批判《海瑞罢官》与《李秀成叛徒哲学》。不久,学校的“文革”全面展开了。

“文革”之初,我莫明其妙地成了“黑帮分子”,批斗系领导时,我被押去陪斗,罪名是“青年教师白专路线典型”。大概被专政了三个来月就“解放”了。据说造反派再没有挖出新的罪行,只是发表了几篇文章,名利思想严重一些罢了!

从 1966 年到 1972 年,我不是被安排去农场劳动,就是去五七干校锻炼,基本上没有时间和机会读书、研究。1972 年,兰州大学历史系招收了第一届工农兵学员,我被安排给他们上中国古代史的课,又重新开始读些史书和资料,但并未深入到丝路和敦煌学两个课题中去。而重视这两个课题和资料,则是始于 1973 年第一届工农兵学员提出到敦煌莫高窟开门办学之后。

从“文革”开始,历史专业就被称作是充斥“牛鬼蛇神”的学科,是批判、改造的重点。对莫高窟佛教艺术,更没有人敢提出去参观、研究。可是,聪明的工农兵学员在那时居然提出了要去延安学习革命精神,也提出了要去敦煌莫高窟开门办学,批判佛教迷信和封建礼教。这一提议却得到了学校工宣队的批准。于是,系上派了一名工宣队员作为领导,也让我同另外两名教师一同前去。这大概是因我讲授魏晋隋唐史的缘故,专业上有所联系。

这次开门办学在莫高窟呆了一个来月。我们请敦煌文物研究所的同志作了一系列的报告,如《莫高窟佛教艺术介绍》、《丝绸之路简介》、《敦煌遗书发现的经过与研究》、《莫高窟壁画中所反映的唐代社会生活》等等。可以这样说,这些报告为我们了解丝路、敦煌学打开了大门。更为难得的是,在莫高窟有兰州大学历史系毕业的校友,如贺世哲、施萍婷[①]等,经过多年的研究,都有很好的成绩,成为研究所的骨干。在他们的热情帮助下,我们还结识了研究所许多新的朋友,如史苇湘先生夫妇、孙修身、李其琼、潘玉闪等同志。他们除给我们作报告之外,还亲自引我们到洞窟里参观,进行讲解。在这一个来月的时间里,我几乎把莫高窟主要的洞窟都看遍了,并且从这些同志的讲解中得到了丝路与莫高窟艺术的最起码的知识。以后我在兰州大学提出研究敦煌学的课题,应当首先感谢莫高窟这些同志对我的启蒙教育。

正式提出要在兰大历史系组建敦煌学研究的组织则是在1978年。在清除了“四人帮”以后,全国高校开始招生,学术活动也逐步恢复。高校的各个系科都提出了今后办学的计划和

---

① 贺世哲、施萍婷二位先生入学是兰州大学历史系、毕业是甘肃师范大学历史系。因前面所说兰大历史系并入西北师范学院历史系。

重点。兰大历史系当时提出了三个重点方向,即俄国史、中国古代史及民族史三个学科。我是属于中国古代史赵俪生先生领头的这个组的成员。1973 年初,学校让我参加了由教育部主办的高校青年教师进修班,去武汉大学半年,聆听唐长孺、陈仲安先生的魏晋南北朝隋唐史讲座。当时,武大中国古代史组的大部分老师正在唐先生领导下整理吐鲁番出土的文书,与他们交往,使我对丝路上的历史和文物有了进一步的了解。下半年回到兰州后,我给校、系领导写了一封长信,以为史学研究长期以来东部沿海和南部沿江地区学者较多,力量也较强,很难超出他们的成绩;但是,我们如果能将研究集中在眼皮底下的西部,既有利用本地资料的便利,更有进行实地调查的条件,应该利用这些有利的条件,集中力量研究西部的课题。在中国史方面,例如新石器时期的彩陶文化、汉晋遗简、敦煌壁画、敦煌吐鲁番遗书、西部民族史、丝绸之路等等。同样,在世界史学科中,也可环绕我国西部边疆组织如中亚史、俄国史的研究小组。当时我提出了“吃西北饭,研究西北历史”的口头禅。我的建议得到了校、系领导的认可,于是在历史系成立了五个小组,即俄国史组、中亚史组、汉简组、敦煌学组、民族学组。但后来坚持下来的只敦煌学和民族学两个组。

敦煌学研究小组在 1979 年底成立时,只有我及我所带的研究生陆庆夫两人。为了积聚力量、培养人才,我们聘请了敦煌文物研究所的段文杰先生,贺世哲、施萍婷夫妇,孙修身先生,以及甘肃省图书馆的周丕显先生等作为客座教师,分别给研究生及高年级学生讲课或讲座,并且还将他们撰写的论文集中在一起,建议《兰州大学学报》出一期增刊,这就是 1980 年 2 月出版的《兰州大学学报》“敦煌学专刊”,实际上也就是《敦煌学辑刊》的第一辑。随后我又以兰州大学敦煌学研究组的名义于1981、1982年组稿编辑了《敦煌学辑刊》第二、三辑。到1983年，此刊被批准为公开出版的刊物，于是我们请常书鸿先生题写了刊名。《敦煌学辑刊》是国内第一份专门刊载敦煌学及丝路有关研究的刊物。

在我们组织起敦煌学研究小组的次年9月，中国唐史学会在西安召开，我有幸被邀请参加并被选为理事。也就在这次会议上，我结识了一大批研究隋唐史的学者。对我们帮助最大的是在这次会议上一批中青年学者提出了组织丝路考察队的活动，实地考察丝路东段的地理概况及文物遗留。

这支考察队前后有20多名同志参加，由宁可先生任队长，胡守为先生任副队长，胡戟先生为队秘书兼摄影。队里年龄最大的是高敏先生，比较年轻的是陆庆夫、赵和平等。这支考察队从1981年7月于西安出发，到兰州后顺河西走廊西行，经武威、张掖、酒泉、额济纳旗、敦煌、鄯善、吐鲁番，一直到乌鲁木齐。返回兰州后又参观了永靖县的炳灵寺。我们前后花了近二个月时间，到9月上旬才算结束。

这次考察极大地丰富了我们在丝路方向上的知识，地理环境、交通道路、文化交流、民族迁徙等各个方面都得到了提高。后来，参加考察的同志集中各人所记，由甘肃人民出版社出版了《丝路访古》一书，其中我写了《丝路考察纪略》一文，在扬州召开的中国唐史年会上作了汇报。也因为考察的启发和敦煌学研究小组的建立，我对丝路东段河西走廊的历史有了更多的兴趣和了解。在1983年我写了《古代河西的兴衰》一文，以后又与陆庆夫、郭锋等同志合作，出版了《五凉史略》一书，这是新中国成立以后第一部有关五凉历史的教科书。

我们虽然在1979年就成立了敦煌学研究小组，也曾倚靠《兰州大学学报》编辑出版有关敦煌学的专刊，请省内一些同志来校讲课,做了些工作;但真正使研究工作全面铺开,则是在1983年中国敦煌吐鲁番学会成立之后。

1982年夏,教育部蒋南翔部长率领部内一批同志来西北考察。在兰大考察时,他们提出要去敦煌莫高窟参观,学校于是派我陪同教育部的同志一起前往。在火车上,蒋部长谈起了在天津听到日本学者研究敦煌学的情况,询问国内学界研究现状,特别详细问及国内高校研究的组织和人员。他得知国内还没有一个研究学会,高校也没有专门的研究机构,于是在参观后留下章学新处长在兰大住了几天,更详细地了解国内研究力量的分布和成立全国性学会所需的各种条件。他回到北京以后,请出了北京大学的季羡林先生出面筹备,由北京师范学院(现首都师范大学)的宁可先生作为助手,与全国有关单位进行沟通。1983年初在北大召开了中国敦煌吐鲁番学会的筹备会,并报中宣部批准,将学会挂靠在教育部。因甘肃只有兰大是教育部直属的高校,为拨款方便,所以决定学会在兰州举行成立大会。当时敦煌文物研究所也正准备在1983年举行学术讨论会,于是将成立大会与学术讨论会合并举行。由兰大与敦煌文物研究所共同主办。在这次成立大会上,季羡林先生被推为中国敦煌吐鲁番学会会长,唐长孺、段文杰、宁可等先生为副会长,由宁可先生兼任秘书长,秘书处设在北京师范学院。为办事方便,学会设立了三个副秘书长,一是在北京大学,由张广达先生担任;一是在新疆社会科学院考古研究所,由穆舜英女士担任;另一则是在兰州大学,由我担任,负责在兰州联系各校研究人员。

学会的筹备和成立为兰大敦煌学研究小组提供了发展的机会。1982年筹备时,我们就留下了两位本科毕业生,以后分别送到北京王永兴、宁可、张广达、金维诺等先生处进修、听课,并将研究小组扩大为研究室。同时，又联系了武汉大学陈国灿先生来校讲学。会议期间还请了与会的各路专家给兰大历史系学生开设讲座，扩大学生的知识面。

为促进敦煌和吐鲁番学的研究，1983 年在学会成立的过程中，由全国学者签名，上书中央领导，要求拨一笔经费以支持这一学科的发展，后来得到了一百万元的财政拨款。为使用好这笔款项，季羡林先生让宁可先生与张广达、穆舜英两位来兰州召开秘书处会议，建议资助成立北京图书馆的敦煌吐鲁番学资料室、兰州大学敦煌学资料室、新疆社会科学院考古研究所吐鲁番学资料室，用于购买图书资料，添置设备。北京、乌鲁木齐的资助没有异议，但对拨款兰大，甘肃省一位老同志提出了不同意见，以为应拨款给敦煌文物研究所，但敦煌文物研究所又不能悬挂学会资料室的牌子。因此，拨款兰大创办学会资料室之事搁浅。后来，由兰大学校支持，又得学会领导的一点资助，我们买来了《敦煌宝藏》一书，成为研究室最宝贵的资料。接着我们将历史系资料室中有关敦煌、吐鲁番方面的一些图书集中在一起，总算建立起了中国敦煌吐鲁番学会兰州大学阅览室。到 90 年代，研究室还利用教育部所拨的一笔资助，采购了一大批图书和设备，为今后的研究创造了较好的条件。

学会的成立，也使我们申请到了以敦煌学名义招生的历史文献学专业硕士学位授权点，并将倚附在《兰州大学学报》的《敦煌学辑刊》独立出来，成为国家批准的学术期刊。当时只是一年一期，后来逐步发展，现在已是一年四期，一共出版了 80 多期。

还要提到的是，得到教育部的资助以后，我们研究室曾将留下的两名青年教师送到英国图书馆查阅有关资料，为时半年。到 90 年代初，学会领导建议由柴剑虹、沙知和我去苏联列宁格勒（今称俄罗斯圣彼得堡）东方博物馆了解有关敦煌、吐鲁番出土的资料,前后有一个月的时间。这些活动扩大了我们的眼界,也增长了许多知识。

我们不但派人出去参观、进修,同时对经过兰州的国外学者,我们都曾请他们来校作讲座或讲演,如池田温先生、菊池英夫先生、藤枝晃先生、土肥义和先生、孟列夫先生以及定居法国的左景权先生等等。

到80年代末和90年代初,研究室同志先后出版了《河西史研究》、《敦煌地理文书汇辑校注》、《犍陀罗佛教艺术》、《敦煌本〈佛说十王经〉校录研究》、《中外著名敦煌学家评传》等一批成果,在学术界赢得了声誉。兰州大学历史系敦煌学研究室也从此受到国内外学术界的重视。我们室的几位青年同志也因专心学术,做出成绩,破格晋升为教授和副教授。

在兰大敦煌学研究室不断进步的时候,我却因家事的影响,放慢了脚步。我是独生子,没有兄弟姐妹。我分至西北工作,父母仍留在浙江老家小城里居住。到80年代后期,老人皆已年过七十,长年以来艰苦的生活,加上带孙子、孙女的劳累,都是有病缠身。我一得知父母卧病,就得立即从兰州赶回浙江照料。当时交通不如现在便利、快速,来回一次在路上就需一个星期。再加上我两口子工资低、子女多,负担甚重,日常生活已压得我喘不过气来,能够将分派给的教学任务完成就算不错了。在这段时间里,父母先后过世,老伴又因病住院,实在是再也没有精力顾及其他了!所幸郑炳林同志为我分担了研究室的工作。由他领头,研究室的工作以及《敦煌学辑刊》的编辑得以照常运行。后来,浙江老乡冯培红同志考上敦煌学的研究生,他协同郑炳林同志一起把研究室的工作担负起来,使研究室的工作更向前推进了一步。

90年代后期兰大申请敦煌学博士点的时候,我已经是到六十岁的退休年龄了,但学校为了申请来博士点,还将我的名字列在其中。这大概还是因为当时兰大需要联合敦煌研究院的同志一起申请的缘故。敦煌研究院的两位同志都已超过六十岁了!到兰大申请来博士授权点以后,学校领导立即通知我,说我已超过六十岁了,招一个博士生后退休!博士生进校后的第一年就让办理退休手续。至于敦煌研究院的同志,他们无权决定,一直招生到新世纪的第一个十年以后。

从1957年分配到兰大工作,至世纪末退休,我足足在兰大教了四十三年的书。在教学上,除按专业需要给本科生开设中国古代史基础课以外,还曾开设过魏晋南北朝史、隋唐史讲座,其中涉及田制、税收、职官、选举、法律等各种制度;也开设过敦煌学、中国历史文献学等基础课及河西古代史等选修课。至于撰写过的东西,算起来也有近二百万字,都是围绕着中国古代史汉唐一段历史来写的,很多是与丝路和敦煌学有关的。当时我有这样的认识,以为从20世纪中期以来,学界对于这两个方面的介绍及研究比较少,因此,改革开放以后新招进来的青年学生在这方面的知识也比较欠缺;多介绍些基础性的东西,给他们打点基础,以利于培养一些人才和这个学科的发展。正是从这一点出发,我在自己的讲课和写作中总考虑多介绍些基础的知识,讲汉唐历史时,注意各代的经济发展及政治、经济、法律制度;涉及丝路和敦煌学方面的,则重点介绍丝路走向、地理沿革、与周边各族的关系;说到文化交流,则主要介绍了佛教的传入以及与中国传统文化的碰撞。我的这些想法和认识,虽然对学术界深入研究没有起到很大的作用,但从高校培养人才的角度来看,应该是有收获的。兰大敦煌学从研究小组发展为研究室、研究所,至20世纪末成为教育部人文社会科学重点研究基地,这应该是同注意人才的培养分不开的。

办理了退休手续之后,因为所招的博士生仍然在校,不能离开,只得留在学校,还上一点选修课。但在此段时间里,我却完成了五十多万字的《西北通史》第二卷的写作任务。

五卷本的《西北通史》是谷苞先生领衔在20世纪90年代中期组织起来写作的。我被邀参加主持第二卷的编写工作。当时因家庭多事,只拟了一份比较详细的大纲,心想组织在读的研究生共同写作。可是,经过一段时间以后,任务难以完成。因此,在90年代后期到21世纪之初,当我身体状态不断恢复时,就利用这一时间完成了《西北通史》第二卷的写作任务。

《西北通史》第二卷按计划是从东汉末年黄巾起义开始,到唐代安史之乱止,共计五百多年的时间。这是一段由大统一到大分裂,又由长期分裂趋于大统一的历史。在西北地区,这一时期曾出现过几十个国家,是中国历史上少数民族建立政权最多的时期。有本地区少数民族建立的政权,也有西北地区以外迁入的民族建立的国家。西北少数民族在这段时间中还向西、向东扩展,与当地的民族不断发生冲撞。民族矛盾、民族隔阂表现得非常显著。有斗争、有冲突,于是也就有了相互的了解和联系,促进了各民族之间的融合。隋唐时期大一统局面的出现,正是民族融合的硕果。在这一时期中,尽管战乱不断,割据政权众多,但丝绸之路仍然发挥着东西文化交流的作用。佛教正是这一时期传入并风靡全国,完成了中国化的进程。西北的长安、敦煌成了丝路上的重要城市。

因为编写《西北通史》第二卷,使我对丝路有了更进一步的了解。

到博士生毕业以后,在2003年我即离开兰大来到了绍兴,跟儿子生活在一起。但这以后,仍离不开与丝路的纠葛。一是复旦的同乡同班同学叶哲明教授在台州任教期间出版了《台州文化发展史》一书，涉及了海上丝路的历史，在我们通信中常有提及。二是在绍兴居住期间，与绍兴文理学院的青年教师曾作过一些交流，如姚培锋同志曾写过《绍兴人与敦煌学》一文，万国通同志曾编有《上虞罗振玉》一书。三是在2012年前后，兰大出版社修订《西北通史》，并要求增加了一些内容和全书的《大事纪》，于是又将第二卷整理了一遍。后来由于精力不济，又请冯培红同志作了补充。

总之，做了一辈子的西北人，也就与丝路与敦煌学结下了不解的缘分。

丝路考察纪略

在1980年9月于西安召开的唐史研究会成立大会上，由一些同志发起，拟组织起一个考察队，对丝路进行一次实地的考察。后来，由西北大学、兰州大学、西北师范学院和新疆社会科学院考古研究所、民族研究所等单位联合筹办，组成了一支有24位同志参加的丝绸之路考察队。自1981年7月15日起，至8月底，考察了丝绸之路兰州至乌鲁木齐一段，而后又折回兰州，参观了炳灵寺，部分同志还在西安活动了几日，在9月9日结束了全部考察活动。

这次考察，我们经过了甘肃、青海、内蒙古、新疆、陕西5个省区，行程1万余华里，调查访问点近100来个。

就这次考察，我想谈以下几点体会：

一、丝绸之路东段的走向

河西走廊是丝绸之路东段最重要的通道。根据现有史籍的记载，来往于丝绸路上的高僧、商人，除了极个别的没有经过河西走廊以外，如北魏时宋云、惠生西行，是由青海湖西，沿柴达木盆地北缘，越阿尔金山到达婼羌的；宋代时王延德是经宁夏沿河西北山山麓，经合罗川、马鬃山、哈密而到达高昌的；绝大多数则都是经过河西走廊的，著名的如法显、玄奘、岑参、高居诲、长春真人、马可·波罗等等。河西走廊所以成为通西域的主要通道，这应是与它的自然地理条件分不开的。这个走廊东起乌鞘岭，西至敦煌，长达1000多公里。走廊的南面，是著名的祁连山，终年积雪，不易翻越，而祁连山以南地区，亦是崇山峻岭，道路比较艰难。走廊北面，则是龙首山、合黎山及马鬃山，在这些山的外面就是腾格里沙漠、巴丹吉林沙漠等渺无人烟的区域。在古代交通全靠马行人走的条件下，要翻山越岭，或者要穿过沙漠，显然都是极其困难的。相反的，在走廊的内部，地势平坦，由于有祁连山雪水的灌溉，形成了一个水草丰美、可耕可牧的区域。根据我们这次考察与访问，走廊内部主要河流有：武威地区的石羊河、张掖地区的黑河、酒泉地区的疏勒河等等。这些河都发源于走廊南山，由南向北，穿过走廊，最后隐没于沙漠之中。除这些河流而外，走廊内部地下水位也比较高，有些地方，如酒泉、张掖，挖下1—2米就可见水。正因为这一优越的天然条件，所以自古以来就有人民在走廊生息，如在景泰县的喜集水村、武威市的王景寨村、永昌县乱墩子滩、酒泉市的下河清、玉门市的火烧沟及骟马城等地，都出现过新石器时代的彩陶、石釜、石磨盘等。秦汉以前，据史籍记载，月氏、乌孙曾是这里的主人。以后，月氏、乌孙西迁，河西成了匈奴的属地，休屠王、浑邪王在这里游牧。到汉武帝击败匈奴，在这里设郡屯垦，河西开始成为一个农耕的区域。匈奴在失去河西以后，曾有歌谣说："亡我祁连山，使我六畜不蕃息；失我焉支山，使我妇女无颜色。"[①]这就是因为河西有良好的自然条件的缘故。

正因为河西的自然条件好，所以自古以来，东来西去的行人

① 《史记》卷一一〇《匈奴列传》注引《正义》，中华书局1959年版，第2909页。

商队,都多通过这条走廊。我们考察河西的地形,其南边,祁连山从酒泉以至永昌一带,只有扁都口一个山口,除此都是4000米以上的雪山。其北面龙首山、合黎山、马鬃山的山口均可进入,但这些山的外面都是大沙漠。走廊东头,则有海拔高达3000米以上的乌鞘岭。所以从东往西要进入走廊,显然只有这样三条路线:北面,都得经过景泰县,沿腾格里沙漠边缘而到武威;南面,只有经西宁,从扁都口进到张掖;中间则只得翻越乌鞘岭才能进入走廊。在这三条道路中,我们如果以长安为出发点,那么,北面一道由长安经平凉、固原、景泰而入走廊的路线为最捷,但由于要沿沙漠边缘而行,当然比较艰苦。南边一道,由长安经陇县、渭源、临洮、西宁、扁都口而入走廊,此道绕路最多,但沿途除扁都口一段外,都是农垦区,比较易走。中间一道,系由南路衍化而来的,在到临洮后,不是直去西宁,而是转向进到兰州,经永登、乌鞘岭而进入走廊。这条路比北路稍长,但比南路便捷。除乌鞘岭一段比较险峻以外,沿途人烟稠密,行旅还是比较方便的。根据有关史籍的记载,秦汉魏晋时期,行人多从南、北两路进入河西。居延发现的汉简中记有媪围、揟次两个地名,经有人查证,两地都在今景泰、古浪、武威之间,这就说明秦汉时期的驿道,也应在北路。至于南路,法显和隋炀帝就是经过扁都口进入河西的。中间一道,好像是入唐以后,才成为东西往来的干线,玄奘、岑参都是从此路进入了走廊。

这次考察,我们曾到了民乐县的扁都口,古称大斗拔谷,谷口蜿蜒曲折,两边山势高峻。这个山口现已有一条公路由张掖通到俄博,皆系凿山开辟出来的。公路旁有小河,现在有许多牧民仍然把帐篷置于河边。七月中旬,河西各地夏收均已完毕,而这里的小麦却仍青青在野,据说尚需一月才能收割。当地的同志说,这里气候变化很大,经常有风雪冰雹,九月即降霜封冻。《隋书》

记载炀帝在大业五年(609)六月在这个山口遇到暴风雪,冻死许多士卒。[①] 过去读到这段材料,很难理解,通过这次实地考察,总算得以明白了。

进入河西走廊以后的道路,则是比较固定的了,基本上同古代驿道是一致的。与现在甘新公路也大致相差不远。只是到了安西之后,一般来说,古代旅行者多去敦煌,出玉门关或阳关,然后进入天山北路或南路,但也有不经敦煌而顺现在的兰新公路由瓜州直至吐鲁番的,玄奘西行就是穿过了莫贺延碛到达高昌国的。

至于出河西以后的西行道路,前人已有论述,即分三道:南道、北道和中道。南道,即出阳关至楼兰,顺塔克拉玛干沙漠南缘而行,经且末、于阗进至葱岭。中道则出玉门关至高昌,沿天山南麓和塔克拉玛干沙漠北缘而行,经焉耆、库车、姑墨而至葱岭。以上两道开辟时间较早,自张骞通西域以后,即成中西交通的主要干线。北道,即出玉门关西行,过莫贺延碛至伊吾,沿天山北麓,经蒲类、北庭、轮台、乌苏、弓月而至碎叶。此路在两汉时因常受匈奴干扰,商人多不行此路,至隋唐以后,才成为通西域的主要干线。从有关史籍记载来看,出玉门关、阳关后,通西域的三道,最早的是南道,至隋唐以后逐渐向北移动。这一演变,我们认为,大概是与汉至唐时西域形势起了很大的变化有关的。汉代主要是经营天山南路,当时还没有力量完全控制天山北路的各个地方,故两汉通西域的道路多在南边。到了隋唐以后,隋唐政权在天山北路设立了伊州、北庭(即庭州)、轮台县、叶河守捉、黑水守捉、

---

① 《隋书》卷三《炀帝纪》记载大业五年六月"癸卯,经大斗拔谷,山路隘险,鱼贯而出。风霰晦冥,与从官相失,士卒冻死者太半",中华书局 1973 年版,第 73 页。

西林守捉等等，对天山北路的控制也大大加强了，因此，天山北路也成为隋唐以后通西域的主要通道了。

在新疆，我们曾去吉木萨尔考察了原来北庭都护府的遗址。城在县城北面，分内城、外城两重，外城东西长 1 公里、南北长 1.5 公里，城外有河水环绕，形势险要。据两《唐书》记载，此城原系阿史那贺鲁的据地，平定贺鲁后，设立庭州。当地同志说，到西辽耶律大石时，此城毁于战火。沿护城河上行 10 公里左右，草滩上还隐约有三条平行的大道，当地同志认为这就是唐代的“参天可汗大道”，中间为官道，两旁为商道。每道宽 13 米左右，顺道可直达巴里坤。这三条是否是“参天可汗大道”，考察队的同志都颇有怀疑，但这城堡遗址同吐鲁番的高昌城是控制天山北路通道的两个对称的据点，应当是没有疑问的。

至于河西内部的道路，除了东西的大道以外，值得注意的是，河西内部南北之间的交通亦是非常重要的。我国古来的中原王朝都是建都北方，这因为主要的军事力量都是要用来对付北方游牧的少数民族政权。北方游牧民族一旦强大起来，除了正北从今河北、山西、宁夏一线向南进攻以外，联合西南的各民族进扰中原，更直接威胁到秦陇、关中地区，如汉之匈奴与羌，唐之回纥与吐蕃，皆是如此。因此，经营河西，正如汉代的人所理解的，是要“以隔婼羌，裂匈奴之右臂”①。在河西走廊，从酒泉北面的额济纳旗，经过张掖，一直向南到民乐的扁都口一线，自古以来就是北方少数民族与西南少数民族往来的通道。这条通道愈到后来愈为重要，至明清时期，成为蒙、藏两族交往的干线。

从以上分析可以看出，河西地区是我国西部地区东行西去、南来北往的十字路口。无论在军事上、交通上，地位都十分重要。

① 《汉书》卷七三《韦贤传》，中华书局 1962 年版，第 3126 页。

正因为地位的重要,历代中原王朝都非常注意经营这个地区。早在两汉时期,这一地区经济文化就是比较发达的。据居延汉简所知,这里屯田组织规模很大,两汉中原发生饥荒,还曾运河西粮食前去支援。中原先进的耕作技术,也首先在居延、敦煌等地屯田区传授。也因为这里是中西交通的要道,所以西去东来的文化都在这里传播。可以这样说,河西走廊是中西文化交流的中继站。我们这次在河西考察所见的许多汉代文物,诸如铜奔马、大型彩绘铜饰木轺车、推算天文历数的木质仪式盘、武威出土的汉代医药简牍,以及各种精美丝织品,便是最好的明证。两汉以后,当中原大乱时,河西能够形成如窦融、张轨等偏安一隅的政权,不能不认为这也是与河西原来有相当发达的经济和文化基础分不开的。到了隋唐时期,《资治通鉴》记天宝十二载时说:"是时中国强盛,自安远门西尽唐境万二千里,闾阎相望,桑麻翳野,天下称富庶者无如陇右。"①可见当时的河西仍然是非常繁荣的。这次我们在敦煌莫高窟所看到的唐代壁画,真是金碧辉煌,精彩绝艳,更加深了这一印象。

经唐安史之乱以后,一直到元代,河西先后属吐蕃、西夏、蒙古的统治,丝路交通受到影响,加上元以后海路畅通,这里作为中西文化交流中继站的重要作用,也逐渐削弱了。更由于在少数民族政权统治期间,频繁的战争的破坏,使得这一地区就越来越显得不如内地其他的地方了。明清时期虽然也曾一度繁荣,但到清代同治年间,统治阶级在镇压回民起义中,进行了大规模屠杀和焚掠,河西又成了一个荒凉的区域,一直到 1949 年以后,河西人民才获得了新生。

---

① 《资治通鉴》卷二一六,玄宗天宝十二载条,中华书局 1956 年版,第 6919 页。

二、丝绸之路与宗教

在我们的考察中,于河西走廊、新疆东北部的许多地方,都曾看到了我国古丝绸的遗物。如在武威,我们看到了在磨咀子汉墓群中出土的十多种绢、锦、罗、绮等残片,有纱薄如雾的细绢,有色彩艳丽、经纬细密的罗锦;又如在吐鲁番,我们还看到了阿斯塔那汉墓中出土的精致美观、花纹秀丽的丝织品,尤其是其中有联珠、对鸟、对兽的纹锦,显然地带有中亚地区的风格。毫无疑问,这都是古代中西文化交流的明证。我们还在各地看到了许多佛教的石窟寺,看到了用各种文字书写的经卷。很显然,在这条沟通欧亚的丝道上,各种宗教的传播也是中西文化交流中的一个重要内容。就各种史籍所载,自张骞凿通西域以后,佛教就沿着这条丝路东传,中外佛教僧侣,其著名的如摄摩腾、竺法兰、安世高、支谶、朱士行、竺法护、佛图澄、道安、鸠摩罗什、法显、智严、宋云、玄奘、不空等等,为了"法流东土"、"泽及众生",都曾在这条丝路上奔波。正由于这些虔诚的佛教徒的往来,大大促进了中西文化的交流。许多佛教经典被翻译成了汉文,中亚佛教造像和寺院建筑的技艺也传入了中国,而中国的道教经典《道德经》亦被译成了梵文。此后,摩尼教、景教、祆教、伊斯兰教也顺着丝路传入我国。除了这些与宗教本身直接相关的文化交流以外,就是诸如文学语言、绘画艺术、音乐舞蹈、杂技百戏等各个方面,也多打上宗教的烙印。法显、玄奘所撰写的《佛国记》和《大唐西域记》,更是现存研究西域及中亚古代史地的最宝贵的资料。所以,我们认为,要深入研究"丝绸之路",就必须开展对宗教的研究,特别是要研究佛教的东传,以及佛教在传入我国新疆、河西以后,中原汉族的思想文化与西来的佛教的交流等问题。不可否认,对宗教的研究,在当前我国的学术界来说，还是一个薄弱的环节，这有待于我们今后不断的努力。

在考察中，我们先后参观了永靖的炳灵寺，张掖的卧佛寺、马蹄寺、金塔寺，瓜州的榆林窟、下洞子石窟，敦煌的莫高窟，吐鲁番的柏孜克里克石窟，吉木萨尔的西大寺石窟等等。除上述之外，在乌鲁木齐的博物馆，我们还看到了包括天山南路在内的“新疆石窟艺术”的展览。通过这些参观，我们有如下的一些体会和想法：

首先，我们所考察和参观过的石窟寺艺术，给我们留下了这样的深刻印象：当佛教开始传入我国新疆、河西地区时，早期的石窟建筑形式及造象、壁画的特点，诸如禅窟和中心塔柱的出现，佛像垂肩的发绺、交脚而坐的格式，以及高鼻深目的形象，都明显带有印度、中亚的风味，而到了后来，由于中原文化的影响，于是出现了殿堂式的石窟和“秀骨清像”、丰满圆润的仕女塑像。道教神话中的人物也不时渗入了佛教的石窟寺，如敦煌壁画中出现了东王公、西王母、雷公、电母的形象。新疆和河西是中西文化交流史上的重要地域，由于年代久远和历史的变迁，有关中西文化交流的事物多已泯灭了，唯有沿着丝路上的石窟寺至今仍然存在，这是我们研究中西文化交流的最珍贵的资料，因此，开展对石窟寺的调查，集中力量加强对石窟寺考古的研究，这也是当前研究中西文化交流中的一个重大课题。

其次，说到石窟寺的调查问题，我们还有这样一点想法。我们所参观过的石窟寺，西起吉木萨尔西大寺，东至永靖的炳灵寺，都是依山傍水修建的。河西的石窟寺，多沿祁连山修筑；新疆东部的石窟，亦多在绿洲有水的地方，这当然是与西北地区的自然条件有关的。西北干旱，多戈壁沙漠，有水的地方，人类才得以生活。河西所以沿祁连山修建石窟，是因为这个地区的水源多来自祁连山雪水的缘故;新疆东部的石窟亦依山傍水,也因为要依靠天山山脉的雪水。这也就是说,佛教石窟寺的修建,从新疆往东都是沿着天山、祁连山而建的。我们估计,古代的丝路亦应当如此,是沿着新疆天山南、北两路的绿洲和祁连山而东的。在张掖我们除了参观了祁连山脚的金塔寺、马蹄寺以外,沿途还看到了许多的石窟,零星地分布在祁连山各个山脚。据张掖的同志说,有一地质队员曾反映,在祁连山还有一个很大的石窟,至今尚未引起人注意。后来有人去找,没有找到。看来,有组织地沿天山、祁连山进行石窟寺的普查,这是极其迫切的一个任务,因为只有充分掌握了石窟寺由西向东修建的路线,我们才能对古代的丝绸之路的走向作出更为明确的判断。

还有一点,在考察的过程中,我们还看到了数量不少的藏文、西夏文、回鹘文、粟特文的经卷,有些是从敦煌石窟出来的,也有些是在吐鲁番发现的,但至今几乎无人问津,原因是懂得古代少数民族语言文字的人太少,无力顾及。看来,要深入进行古丝路的研究,培养一批懂古代少数民族文字的人才,是亟待解决的问题。

最后要说的是,在新疆东北部地区的许多石窟寺中,如鄯善的吐峪沟石窟、吐鲁番的柏孜克里克石窟,其中的壁画都已遭到严重的破坏,只有吉木萨尔新发现的西大寺保存得比较完好。据管理同志谈,自元代统治阶级提倡伊斯兰教以后,由于宗教信仰上的分歧,许多石窟寺壁画都遭到了破坏,对此,我们都深感惋惜。但是,由此我们也联想到在新疆民族融合的过程中,宗教信仰的影响是很大的,深入研究各种宗教在民族融合过程中的作用,这也是我们史学工作者所义不容辞的。

三、丝绸之路上的民族融合

古代的河西和新疆东北部地区，最早都是少数民族居住的地区。在汉以前，这里曾居住过月氏、乌孙、塞种等族，至两汉时，这里又为匈奴所统治。汉立河西四郡以后，从中原地区迁来大量的汉族人民，西南方面氐、羌族的人民也不断迁入河西，这样，河西自古以来就成了一个民族杂居的地方。两汉以后，魏晋南北朝时期，据有关史籍的记载，在这里活动的，除汉族以外，有鲜卑、氐、羌、卢水胡等等。隋唐时期，在这一地区比较活跃的有吐谷浑、吐蕃、回鹘等族。唐亡，西夏兴起，党项及蒙古占有河西及新疆。入明以后，明划嘉峪关而守，关外多系吐鲁番蒙古活动的区域。清代初年，满族势力又进入河西、新疆。可以这样说，我们考察的地区，正是我国古代各少数民族相互斗争和融合的最复杂的一个地区。至今这一地区各族杂居的状况，应当说是历史发展的必然结果。

在考察中，我们先后见到了不少古代少数民族的文物古迹。在武威，我们在文管会见到"亦都护高昌王世勋碑"、"重修护国寺感应塔碑"(即西夏碑)，这两碑对于研究回鹘族的起源及西夏的历史有极其重要的价值。另外，在武威青咀喇嘛湾，我们考察了吐谷浑王室的先茔。在这里曾出土过弘化公主、成乐王慕容明、安乐王慕容神威、青海王慕容忠、政乐王慕容煞鬼、金城县主、慕容曦光、元王慕容若夫人以及近年发现的大唐故武氏等人的墓志。这些墓志对于研究唐代的少数民族政策和吐谷浑王族的家族世系都是极宝贵的资料。

在张掖地区，我们曾到了骆驼城、黑水国遗址。前者传说是北凉沮渠蒙逊建都的地址，后者据《甘州府志》，原名为龙首堡，不知是何时遗址,可能与少数民族有关。

在酒泉的丁家闸 5 号墓,甘肃省博物馆确定其为五凉时期的墓葬,我们细观墓室壁画中的人物,其中有一有发辫的侍从,可能是少数民族。耕地人亦高鼻深目,是少数民族的形象和装饰。尤其值得一提的是,嘉峪关西北面的黑山摩崖石刻岩画,据说画有骑士、舞蹈、射猎及牛、羊、驼等动物图案,所画人物服饰很像古代西北游牧民族的穿着。有人认为这些石刻同克孜尔东亦狭克沟中的石刻相似,是吐蕃牧民的创作。

额济纳旗的黑城子,那是西夏时期的一座名城,在额旗文化馆藏有从黑城子得到的西夏文书残片,其中有一"泰定四年七月"的纪年及"亦集乃路"字样的汉文文书,证明西夏及元代这里仍是一个繁荣的城市。在黑城子北约 3 公里外,当地群众称为马圈的废城中,我们采集了一片碎瓷和一个玻璃构件,经初步分析,也应当是西夏时期的遗址。

在瓜州的榆林窟和敦煌的莫高窟壁画中,不仅有吐蕃、回鹘人的形象,还有西夏文、蒙古文的题记。藏经洞所出的藏文、西夏文、回鹘文的文书、经卷,更是众所周知的珍贵文物。

至于新疆东部的鄯善,从 8 世纪以来,即是回鹘活动的区域,至今居民仍以维吾尔族为主。吐鲁番所发现的彩陶,据说是车师的文化。汉以后,这里受中原汉族文化影响较深,但这里出现大量的回鹘文书,说明魏晋隋唐时期,少数民族仍是这里的主人。这些文书应是研究他们在这里活动的最好的资料。

通过这次考察,使我们今天深刻地认识到:我国古代灿烂的文化,乃是我国古代各族劳动人民共同创造出来的。我们研究中国古代的历史,不仅要研究汉族的历史,也要研究各少数民族的历史。我们要研究汉族人民在开发西北边疆中的作用,更要研究西北各族人民的卓越贡献。自古以来,各个民族的文化绝不可能是单一的,不受其他民族影响的,而总是在与其他民族不断的交流中相互吸收、相互提高的。就以中原汉族与西北各族的交流而言,无论在典章制度、生产工具、语言文字、音乐舞蹈、医药艺术以及生活习惯等各个方面,都能寻找出相互影响的证据。正是这些交流,才大大地促进了我国各民族之间的了解,才有我们今天民族团结的大家庭。也因此,我们研究祖国古代的历史,研究古代各民族之间斗争、融合的过程,研究各民族之间文化的交流,研究各族人民对我国经济、文化等各方面的贡献,应是我们的一个重大的任务。

综合我们考察的地区,我们还认为:对于古代在这一地区活动过的少数民族,诸如乌孙、月氏、塞种、匈奴、羌、氐、吐蕃、回鹘、党项、蒙古、回等族,我们不仅要进行深入的研究,了解他们在这一地区活动的状况,以及他们迁徙、融合的历史过程,同时,还要结合现在这一地区的许多民族,如土族、裕固族、维吾尔族、藏族、蒙古族、回族等等来进行考察,把历史和现状结合起来,搞清这些民族的演变和发展,对于我们加强民族团结、共同进行社会主义的建设是有极其重大的现实意义的。

我们这次古丝路的考察,从许多文献资料及考古发现来看,丝路的畅通与否、丝路的发展与繁荣,也都是与西北各个少数民族的贡献分不开的。在这条丝路上不畏艰险,为了弘扬佛法,冒险西行的有不少少数民族的高僧;长途跋涉,往来贩运的大多亦是少数民族的商人。景教、祆教也是由少数民族的信徒传入中原的。到唐代安史之乱以后,维吾尔族的祖先回鹘所建立的汗国,则更成了丝绸之路东段的中继站。河西回鹘、西州回鹘都曾是丝路上的商业贸易和中西文化交流的居间人。这些回鹘政权还同辽、宋等中原王朝不断发生贸易关系。风尘仆仆的少数民族商队和虔诚传教的少数民族神职人员们都在这条丝路上奔波。在此以后不久,伊斯兰教也就和东传的其他宗教一样,取道丝路进入了这个地区。所有这一切都说明,丝路的畅通和繁荣,都是和这一地区的少数民族的活动联系在一起的,在我们探讨丝路的各种问题时,应当加强这个方面的研究。

四、丝绸之路与古代的军事设防

我们所考察的河西走廊与新疆东北部地区,这是沟通亚、欧大陆的“丝绸之路”的东段。在我国古代的历史上,这两个地区最早都是少数民族政权管辖下的地方,后来经过长期的民族的斗争和融合,逐渐归属于中原汉族封建王朝所管辖,成为各民族杂居的一个区域。正因为这里曾经有过长期的民族融合和斗争的经历,所以在这里也留下了历史上中原王朝为经营这两个地区所修筑的军事设施遗址,如长城、烽火台,以及许多著名的关口、城堡等等。

河西地区,是我国古代中原汉族王朝向西发展的重要据地。正如我们上面指出的,占有河西这块水草肥美可耕可牧的地方,既可割断蒙古高原游牧民族和西南地区羌族的联系,解除中原汉族封建政权从西北来的威胁,同时,还可以以河西为据地,进而向西发展,控制天山南、北路的广大地区。西汉王朝与匈奴为争夺河西而进行的大规模的战争,正是出于这个原因。当汉王朝争得河西,在这里设立四郡以后,这里一直就成为历代中原王朝西北的重要防地。据《汉书·西域传》及《匈奴传》等有关记载。武帝在设立四郡的同时,即筑令居塞,以后又修筑了酒泉与玉门间、敦煌与盐泽间的长城,在居延,还修筑了遮虏障。我们从兰州出发去武威、张掖的路上,就见到了公路两旁断断续续的长城,间或也看到一些烽火台。据《甘肃新通志》所载,这些都是明代的长城,不是汉代的长城。可以断定是汉代的长城的，只有玉门关附近一段，虽经几千年风雨的剥蚀，现存底宽仍有 3 米多，高 2 米多，顶上宽有 1 米多，狭的不到 1 米。这段长城系由红柳、芦苇草与沙石相间修筑起来的。在现在敦煌市阳关镇与小方盘城之间的戈壁滩上，还隐隐看到由沙石堆起的一条长垄，高 0.3 米左右，据引路的同志说，这也是长城的一段。在过去一直被定为玉门关关址的小方盘城西 2 公里，还有一汉代的烽火台遗址，是土坯夹芦苇筑成，现存十三层。烽火台南百米，有一堆柴草，是当时古代烽火台上的遗物。在敦煌博物馆，我们还看到了由汉代烽火台遗址上取来的由芦苇草束成的火把，最长的有 2.85 米，小的仅有几厘米长。根据《汉书·贾谊传》所引的注文："边方胡寇，作高土橹，橹上作桔皋，桔皋头兜零，以薪草置其中，常低之，有寇即火燃举之以相告，曰烽，又多积薪，寇至即然之，以望其烟，曰燧"，"昼则燔燧，夜则举烽"。所看到的柴草，即是书中所指的积薪。陈直先生在《两汉经济史料论丛》一书的《居延汉简概述》一节中，曾谈到了汉代烽燧制度，认为汉代报警有四种："一曰表或作烽，以缯布为之，色赤为白；二曰烟，在烽火台中建高杆，杆头系小笼，用薪焚烧；三曰苣，形式略同于后代火把；四曰积薪，燃烧草料。"陈先生所说烽表为一物，恐非是。据居延发现的《塞上烽火品约》①，烽应当是燃举的，表则是不能燃烧的，而苣，当即是我们所见到的用芦苇束成的火把。在居延发现的最长的苣只有 0.8 米，而敦煌发现的则比它要长三倍多，至于长只几厘米的小苣，据我们推测，则是用来引火的。

除了敦煌所见烽火台以外，在去居延的路上我们还看到一些

---

① 甘肃居延考古队简册整理小组：《"塞上烽火品约"释文》，载《考古》1979 年第 4 期。

古烽燧的遗址，未考其年代。值得一提的是，在鄯善北面天山山脉的山口，有一个叫做二唐沟的地方，见到了一个极其高大的烽火台遗址，整个台址用土坯筑成，呈梯形，上有瞭望台，下部有洞窟。据当地同志说，未发现过任何器物，不知是何年代所筑。

我们所见的长城和烽燧，当然是河西和新疆东北部地区的极少的一部分，显然不可能对古代这两个地区的边防状况作出全面的描述，但我们在敦煌博物馆看到了一幅有关敦煌汉代烽燧的地图。他们经过实地的调查，从瓜州县南岔镇百旗城废墟开始直线向西，穿过西沙窝，经黄墩子北面，沿敦煌城去小方盘城的两边，以至于后坑、湾窟等地，都有汉代的烽燧及长城的遗址。他们还拟向西、向北调查，搞清境内长城及烽燧的去向。

这一路上我们所看到的重要关隘，主要为嘉峪关、玉门关、阳关等等。嘉峪关系明代嘉靖年间所建，关正修建在嘉峪关山的山坡上，山坡下有“九眼泉”，可供饮用，南有祁连山，北有黑山，中间仅有28里，可供通行。以关为中心，长城分东、南、北三条延出，扼守此关，用以阻挡从西面玉门等地及北面黑山山口来的游牧民族的骚扰，考察嘉峪关的天然形势，使我们进一步了解明代设关的原因。

关于玉门关、阳关，我们参观了小方盘城遗址和古董滩，也到了阳关水库，这就是《史记》、《汉书》所说的渥洼池，《唐书》上所说的寿昌海。两关是去西域的两个门户，是古代交通要道，可是，玉门关现已渺无人烟，只有阳关一带，柳树、白杨成荫，渠水潺潺，仍是一个生气勃勃的绿洲。至于两关遗址，现在尚有争议，有待进一步考察。

通过这一次考察，对于古代河西及新疆东北部的军事设防，我们有如下的一些心得：

首先，任何时代的军事设防，它总是同自然的地理形势紧密结合在一起的。河西是走廊地带，而新疆东北部则是戈壁、沙漠中的几片绿洲，因此，形势的不同就使得军事设防的布置也完全不同。在河西地区，南为祁连山，终年积雪，不易翻越，是个天然屏障，所以古代防羌，主要是守住祁连山的山口，如武威的庄浪河谷口、张掖的扁都口、敦煌的当金山口等；北面主要是沙漠地带，武威与张掖之间的龙首山以及西边的合黎山、马鬃山，海拔2000多米，相对高度500多米，驼马都能通过，所以，北面军防就需修筑长城，呈一带状。汉代就是根据这一地形从兰州一直修筑边塞至盐泽。而张掖北面的居延，因可耕可牧，又是南北往来的大道，故汉代在此屯垦设防，伸出触角，巩固河西这条带状的防线。据一地质队同志谈到，他们在武威、张掖北面的山上曾看到一条很长的壕沟，认为是古代防线的边壕。新疆东北部，因系几片绿洲组成，其军防则只能设立据点，控制通道，而不可能像河西一样呈带状的设防。如伊吾（今新疆哈密）、蒲类（今巴里坤）、北庭（今吉木萨尔）、高昌（今吐鲁番）等，互为犄角，守住这几片绿洲。

其次，通过这次考察，使我们对汉、唐两代由于边疆形势的不同，而军事设防重点也有所不同这一点，有了更清楚的了解。汉代打败匈奴以后，河西初立四郡，汉王朝的势力虽然亦进入了西域，但河西仍是汉代对付少数民族统治阶级进扰的主要防线，故在这里设施较多，修筑长城，移民屯防，大量驻军，不断地充实力量。而到了唐代，则由于唐代在打败西突厥以后，天山南北路多已归属唐王朝的统辖，河西已不是唐王朝与少数民族统治阶级争夺的前沿阵地了，争夺重点已由河西转移到了西域地区。从两《唐书》我们可以看出，安西四镇的争夺才是唐代西北边防最重要的事情。也正基于这一形势的变化，所以唐代虽然也把河西作为一个军事重镇，先后在这里设立凉州都督府和河西节度使等，但无论从史籍记载及实地考察中，我们都没有得到像汉代经营河西那样的强烈印象。

关于古代河西军防问题,现时发表的文章,都是根据看到的烽火台、长城,以及居延、敦煌所得的汉简而写出来的,但从总体来说,河西整个军防体制,屯田状况,阳关、玉门关两关的确切的地址,汉长城的走向及烽燧的分布,都还提不出全面的论述及有力的证据,有待我们进一步的调查和发掘。据我们所知,前几年,有关单位在敦煌、居延两地进行过几次试掘,得到了一批汉简,可能对解决这些问题有很大帮助,望能尽快地整理发表,推动这一课题的研究。

五、丝绸之路所见的古城遗址

我们这次考察河西及新疆东北部地区,见到了一系列的古城遗址。这些遗址是:

民乐县永固城遗址 现为永固镇所在地,在民乐县南部,地势很高,海拔在 2200 米左右。城分新、旧两城,旧城有内城、外城两层,外城周围有 9.3 里,同明代所筑张掖城的范围相等。城系夯土筑成,年代不可考。考察队同志在旧城中拾了一些汉代的瓦片,有可能是汉城。据《甘州府志》说,这里原是汉代的汉阳城。新城群众称为算盘城,在旧城北,较小。据当地同志说,永固城在汉代时是月氏村,大业五年(609),隋炀帝曾经此处,清代这里有游击将军的衙门,城东、西两侧都有一个小湖,据说以前这两个湖都很大。在城边由南向北,有几个大墩,高十来米,可能是九座墓葬。据说,城东不远还有一城,叫霍城,原系霍去病驻兵之所。这里南近扁都口,可通至青海,北至张掖,东至山丹、武威,是河西走廊内部交通要地。历代驻兵于此,大概是为了要把守扁都口一线,控制河西内部南北的交通。

张掖市黑水国遗址　在张掖西15公里甘新公路旁边。城在一片荒漠中,周围多系沙丘。现有人引水种上了一些杨树。四面城墙多用夯土筑成,基本完好,东西长248米,南北222米,东墙门外有瓮城,四角有角楼。城外是汉墓群,有许多汉代的子母砖。考察队同志还拾回一些宋元的瓷片。据《甘州府志》,这里原称龙首堡,不知筑于何时。

高台县骆驼城　城在高台县西的沙丘中。这座古城址规模大,分有外廓、宫城、皇城三层。宫城在城西角。外城北面临一条小河,据说是黑水的支流,由于河水的侵蚀,北墙已经塌坏。东、西两边,也因河水环绕,生怕再受侵蚀,当地管理部门正派出两台拖拉机修筑堤坎。该城据称是北凉段业建都的地方。高台文管会的同志说,他们曾从城中拾回箭镞一吨多,还发现一颗"部曲督印"。我们考察队同志还拾来一枚"开通元宝"钱。距骆驼城不远的许三湾,据说有汉墓三万余座,大多被盗或塌毁。

额济纳旗黑城子　在旗南偏东约15公里处。其规模略似骆驼城,城外有喇嘛教塔,城内废墟一片,多宋元瓷片。这座废城过去因发现西夏文书残片而名闻中外。考察队同志在这里还曾拾到一枚"开通元宝"钱,可作为研究该城修筑年代的一个佐证。

额济纳旗破城子　城在黑城子西十余公里,这就是以出土汉简而闻名于世的所在。据所获汉简,这里可能是汉代居延都尉下属甲渠候官的驻地,对于此城,历来介绍较多。考察队同志在城墟的积灰堆中拾得九枚断简及若干丝、麻织品。

瓜州县锁阳城遗址　在酒泉去瓜州的路上我们看了好多个古城遗址,如赤金城遗址、回回城遗址等等。在去榆林窟路上,我们又参观了一个破城子,据说是汉广至县城,后为唐常乐县。其中最大的要称今瓜州县的锁阳城。锁阳城又名苦峪城,在锁阳城镇南坝村正南7公里的沙漠滩上,南距祁连山十余公里。城为长方形,由夯土筑成,南北约470米,东西330米,城墙高处10米。城中有一南北隔墙,将城分成东西两部,东小西大,东部可能是内城。北墙、南墙各有马面五个,东墙三个,西墙四个,该城还有四个瓮城,北墙一个,东、西墙各一。城内已丛生杂草,有几处尚可见房屋建筑遗址。在城外西南有两个小方城,高十来米,四壁无门,当地人说这大概是个监狱。据当地同志介绍,此城是唐代的瓜州城,传说当年薛仁贵兵败受困于此城,士兵全靠城内锁阳充饥。又说,唐王朝在此城与少数民族曾进行过多次战争,后来,少数民族军队从上流截断城东疏勒河支流的水源,于是城废。考察队同志在这里拾到两枚"开通元宝"钱。

鄯善县柳中城 在鄯善西鲁克沁。据说是唐侯君集攻高昌时驻兵之处,现仅存城墙约50米。旁又修筑一城,据说是清代所筑。

吐鲁番市交河城 交河城在吐鲁番市西15公里处。此城前后有两条河交叉于城外,城在两河汇流中间的高处。城墙距河水约二三十米。这个城同其他城有一个很大的不同特点,即此城系利用原有的高台下挖而成的,因此,城墙很少版筑,多为原土层挖成。全城东西长1600米,南北宽300米,城中寺院房屋、地窖、锅台皆历历可见。这是我们所见规模比较大,而且保存最完整的一个城址。

吐鲁番市高昌城 在吐鲁番城东南约30公里处,是我们见到的最大的古城遗址。城分外、内、宫城三层,周长5公里多。外城亦有马面、瓮城等建置,城内建筑遗址依稀可辨,街道、房屋、冶炼作坊皆可清楚辨认。西南角是佛寺,建筑较高,寺内塔柱、禅室仍保留至今。这座古城原是汉代戍兵的驻地,设有戊己校尉,进行屯垦。十六国时,前凉曾于此置高昌郡。后高昌国以此为国都,唐灭高昌,以其地为西州。至唐晚期,这里又是西州回鹘的都城。这个古城不知毁于何时,城内到处断壁残垣,还有几块耕地。据当地博物馆同志说,现正逐步向有关社队购回土地,以保城内古迹不再遭受损坏。

吉木萨尔的北庭都护府,上面已有介绍。

一路所见古城遗址,给我们以这样的一些看法:

首先,我们拿河西的古城与新疆东北部的古城比较,从规模来讲,新疆境内的几个古城比较大,如高昌城,周围有5公里长,交河城及北庭都护府旧址都有二三里宽,比之河西最大的骆驼城、锁阳城都要大。推其原因,这大概是与修筑的时代及当时形势有关的。上面已经说到汉时西边防线的重点是河西一带,故大力经营这一地区。而到了唐代,西面边防已推至新疆天山南、北两路,故经营重点也随之西移。汉代在天山北路所修的城址,经魏晋扩建,特别是到唐代作为重点防区的建设,以唐代的人力、物力来修筑这些城堡,其规模当然就要比河西地区原有的一些城址要大了。交河、高昌、北庭,都是唐代天山北路的著名城市,唐代在这三个旧城都曾驻过许多军队及重要的军事机构。以后,高昌、西州回鹘于吐鲁番立国时,这些城址是其都城或者是境内重要的城堡,当然也有所建树。所以,这些城址有如此大的规模,应当认为,少数民族政权也是作出了很大的贡献的。

其次,我们从所见城堡得出了这样一个印象:即河西的黑水国遗址、骆驼城、锁阳城、额旗的破城子、黑城子等等,周围都没有居民。而新疆天山北路的古城址却不同,交河、高昌、北庭三城周围都有居民点。对于这一点,我们考察队的同志认为,许多古城的毁废,当然与战争有关,但有一点值得注意的是:西北地区干旱,有没有水源,决定了城镇的生存。河西许多古城废弃,连居民也全部搬走,应该是同水源断绝有关的。额旗的黑城子、破城子,据当地同志介绍,因弱水逐渐变小,河水流不到城边,这两城也废止了。锁阳城据说是在唐与吐蕃的一次战争中,少数民族军队截走了城边小河上流的水源,防守军队及居民无水可喝,于是就不战自溃,此城亦废弃了。河西地区许多古城址附近连居民点也没有,大概是与水源断绝这一原因有关系的。

说到水源问题,还值得一谈的是,生态平衡的破坏,对于历史的发展亦产生了极大的影响。额济纳旗一些古城的废弃和沙漠化,就是一个沉痛的教训。据《史记》、《汉书》等书的记载,两汉时代的居延海原是很大的一个湖泊,附近草木都很茂盛,是当时最大的一个屯田区。可是由于历代的滥伐森林和胡乱开垦,许多耕地都沙漠化了。据当地同志说,由于祁连山树木被大量砍伐以后,弱水水源逐渐变小,再加上上游、下游一起乱加开垦,节流灌溉,结果是既种不好新开垦的土地,却又毁了草场,特别在下游,使原有耕地也逐渐变成了沙漠。不尊重自然规律,必然要受到大自然的惩罚。这次考察,使我们更加深了要尊重生态平衡的认识。

(原载《兰州大学学报》1982 年第 4 期)

敦煌学与古代西部文化

近年以来,地区文化史的研究逐渐深入,这是极为可喜的现象。各地区的文化是在各地区经济、政治基础上发展起来的。地区的差异,形成了地区的不同特点。研究各个地区不同的文化特点,鉴古知今,通晓民情,无疑有助于今日的开拓和发展。在地区的文化史研究中,我国西部的文化深为国内外学者所瞩目。西部文学、西部歌曲、西部电影、西部风情等词不断见诸报刊、杂志,黄土高原上古朴淳厚的民风,丝路古道上雄奇开阔的景观,得到了世界各国人民的仰慕和赞扬。然而,西部文化有哪些特点?它是怎么形成的?当今世界上出现的"敦煌热"、"丝绸之路热"同西部文化有什么样的关系?讨论这些问题对今日我们开发大西北有什么可以值得借鉴的?却很少有人论及。现就这些问题,提出自己的一些粗浅的意见,希能得到学界的指正。

一

"西部文化"一词,当然是指我国西部地区的文化。但是,西部应包括今天哪些地方?目前普遍的意见是包括西北五省区和西南五省区市,这是从经济发展状况出发提出的概念。如果从文化角度看问题,则西北与西南又存在着很大差异,并且西南地区和敦煌学基本上不发生关系,故我们这里讨论的西部只涉及西北地区。对我们这里所特指的西部地区,很多学者以解放初西北行政区,即包括今陕、甘、宁、青、新五个省区来界定,以为自古以来就是如此。其实,西部地区的概念,在不同的历史时期有不同的划分。春秋战国以前,周、秦两国都起于陕、甘,周族在文王时居于周原(今陕西岐山县),被封为西伯,是西边的诸侯之长,但到武王灭纣,建都于镐(今陕西西安市长安区西北丰镐村附近),关中已成为统一政权的腹心地区了。秦起于今甘肃东南部,不断向东扩展,从称霸西戎到统一全国,以咸阳为都城,关中不仅成为全国的政治中心,经济、文化更有了长足的发展。自秦以后,汉唐1000多年的时间里,长安曾是八个王朝的都城,为世界上最大城市之一。关中地区交通线四通八达,以长安为中心,云集了全国文学、史地、书法、绘画、音乐、天文、医学等各方面的优秀人才。隋唐时期的关中地区,可说是当时全国文化最发达、科技最先进的地域,这时的关中,应不是所谓的西部文化,而是中原文化的表率了。此后,长安虽不再为统一封建王朝的都城,经济、文化的发展不如沿海那样迅疾,但1000多年来中原文化的遗留和影响,却深深地根植在这块土地上。从唐五代保留至今的碑林石刻,到宋代有所谓"关学",清代前期有所谓"关中学派",正是根植于这块土壤上所开出来的花朵。就此而论,秦汉以后,关中地区的文化应属于中原文化的系统,不应把它归之于西部文化之列。

那么,西部文化应该是包括哪些地区呢?秦汉以后,所谓西部文化应该是陇山以西的今甘、宁、青、新四个省区。这是因为不仅从地理位置上这四个省区正在我国的西部,更重要的是这四个省区还具有几个共同特点,与其他省区形成鲜明的对照。

这些共同的特点是:

一、自古以来就是个多民族活动的场所。西部地区多大山、沙漠,有大片的草滩、戈壁,也有沟壑纵横的黄土高原。我国著名的大山如阿尔金山、天山、昆仑山、祁连山,以及著名的沙漠如塔克拉玛干沙漠、古尔班通古特沙漠、库姆塔格沙漠、巴丹吉林沙漠、腾格里沙漠等，都在西部地区。黄土高原上梁、原、峁、谷的地形，更可称为西部地区的一大特色。西部地区气候寒冷，降雨量小，而蒸发量却很大，少雨缺水可说是此区的另一特色。西部面积甚为广阔，四省占全国1/4以上。但是，四省耕地面积却在全国所占比例甚少。地宽而耕地少可谓西部的又一特点。正是由于这样的自然条件，自古以来西部成为游牧民族活动的场所。见于史籍的，在西部活动的游牧民族有西戎、西域诸国、乌孙、月氏、匈奴、氐、羌以及后来的柔然、鲜卑、吐谷浑、吐蕃、突厥、回鹘、党项、蒙古等等。这些民族尚力好武，刚勇强悍，特别是其质朴淳厚的民风，在西部留下了深远的影响。

二、游牧民族的文化与汉族农业文化的交融。自古以来，西部是游牧民族驰骋的地域。西部的自然条件为游牧民族提供了活动的广阔天地，但是，随着统一的中原王朝的出现，游牧民族贵族与中原汉族封建统治者的冲突也就愈为激烈。长期以来，中原封建统治者为了对抗游牧民族贵族的侵扰，不断主动出击，向西扩展，从汉武帝设立河西四郡，开通西域，到唐太宗击溃吐谷浑，于西域建立起安西都护府，中原汉族封建王朝的势力不断深入到西部地区，设郡、移民、驻兵、屯田，汉族统治者一系列巩固边防的措施，使中原汉族的农业文化在西部这块土地上生根、发展。两汉以后，河西走廊地区逐步成了以汉族为主体的农牧区。河湟、朔方、西域也由于中原王朝的驻军、屯田，修建了不少水利工程，带来了中原先进的农具和耕作方法，农业生产有了一定的发展。这样，原来西部游牧民族的文化与中原农业民族的文化逐步融合在一起了。西部地区随着中原王朝势力的增长，既在有些地方设立了如同内地一样的州县，推行中原王朝的政治、经济制度，同时，在有些地方却仍保有游牧民族原有的部落组织和生产、生活习俗,中原政权只是实行羁縻统治而已。几千年来,正是在民族斗争、民族融合的大熔炉中,我国许多民族都紧紧地联系在一起了,终于出现了今日民族团结的大家庭。融合和共同进步是历史发展的主流,但是,这种融合又是在各民族保有自己民族文化传统的基础上,不断吸收兄弟民族优秀的文化而形成的。今日我国西部地区在语言、文学、宗教、民俗、音乐、舞蹈等方面显出不同于其他地区的特点,应该说是古代以来西部游牧民族文化与中原汉族农业文化交流、融合的结果。

三、我国西部地区是古代中西文化交流的中继站。在古代科学技术还不十分发达时期,海路不通,我国中原王朝与世界各国交往都是通过陆路进行的。古代西部地区的丝绸之路则是中原王朝与中亚、南亚各国进行交往的大动脉。自张骞"凿空"以后,中原王朝与西域各国的交往愈来愈为密切。西来的文化与中原的文化就是通过这条大动脉交流传播的。正因为如此,我国西部地区的文化中,不仅保存有游牧民族自己的传统文化,有自中原传来的汉族的农业文化,同时还有自中亚、南亚,甚至是欧洲传来的西方文化的遗留。在我国的宗教中,佛教、基督教、伊斯兰教就是西面传入的。西方传来的还有绘画、音乐、舞蹈、百戏以及一些珍禽异兽、植物新品种等。中原王朝的天文、医学以及冶铁、造纸、印刷、制造火药的技术,也就是通过这条大动脉传到中亚的。在东西文化的交流中,我国西部是一个中继站,也是个汇合区。西来的文化首先在这里与中原的文化接触,相互吸收,相互融合,中原文化的西传,许多还是通过游牧民族而传至中亚的。

二

在古代西部的文化中,敦煌学堪称是这个文化园地中最为艳丽的一束花朵。

敦煌在河西走廊的最西端，今天敦煌市的面积为32000多平方公里，比之于台湾省略小一点，但比比利时还要大。古代以敦煌为名的，曾经立过郡，建过军镇，面积则就更大了。两汉时的敦煌郡，有六个属县，包括今敦煌市、瓜州县全部及肃北蒙古族自治县的一部分，面积相当于大半个浙江省。以敦煌命名的面积最大的还是北魏时的敦煌镇，这个军镇管辖有酒泉军、晋昌戍、乐涫戍等，河西走廊西部地区全部成了它的管辖区。隋唐以后，敦煌为沙州的治所，元曾建立沙州路，至清又以敦煌为名，为安西州的一个县。

敦煌的面积虽然很大，但多为沙滩、戈壁。南部为鸣沙山、三危山，山南多流沙及砾石戈壁，北部则是准平原化的砾石戈壁滩，只有中部党河下游的冲积平原，才可以耕种。经过几千年来劳动人民的辛勤开发，现在敦煌的耕地仅有20多万亩，相当于全市面积的4%～5%左右。加上林地面积40万亩，也只占全市面积的13%～14%。敦煌的人口，据近年统计，不到20万人，平均每平方公里仅有6人左右。汉武帝攻取河西之前，敦煌人口不详，应多为匈奴等少数民族。武帝初建敦煌郡，至汉平帝元始年间，全郡有户11200，口38335，劳榦先生曾作过统计，当时敦煌郡每平方公里仅只0.3人。魏晋南北朝时期，因中原战乱，有很多中原人民迁来河西，但到后凉时期，吕氏统治暴虐，战乱不断，一直至北魏统一北方，占有河西，这里的人户更为稀少。《魏书·地形志》载，凉州10郡、20县，仅有户3273，每郡仅300余户，每县160户，与西汉相比，仅留下了零数。隋唐大一统局面的出现，加以长期的稳定，人口大幅度增长，敦煌郡唐称沙州，按县平均，每县人口在10000—16000之间，是西汉以来人口最多的朝代。此后，经吐蕃、西夏、元的统治，敦煌人口直线下降，至明代，这里已成为少数民族活动的地区。清代经理关外,从甘肃各地迁徙贫民至敦煌屯种,到乾隆时,达到最盛,据《重修敦煌县志》说,已达 8 万多人。同治兵乱,人口又大幅下降,一直到民国时期,其地仍不到 2 万人。

地广而人稀,可谓是敦煌地区的一个特点。而由这一特点派生的,我们还进一步可以看到另外两个特有的现象,一是敦煌地面虽广,但在历史上仍是一个“狭乡”。在唐代实行均田制时,按规定,每丁 100 亩,不足之处称为“狭乡”,根据敦煌石室发现的户籍,许多户只有永业田而无口份田,授田大多不足。按所发现户籍统计,当时每丁平均只 35 亩左右,同内地狭乡差不多。这是因为敦煌可耕的土地多集中在党河下游的冲积平原内,即大家所称的敦煌绿洲,其他多为沙漠、戈壁。二是敦煌自古以来就是民族杂居之地,敦煌最早的居民,按古代传说,是三苗族,即所谓的“窜三苗于三危”。《后汉书 · 西羌传》说:“西羌之本,出自三苗。”《通典》也说,三苗部落的子孙就是后来的羌戎。羌戎,是古代西部少数民族的总称,指的是他们大多过着游牧的生活。《说文解字》注“羌”字即说:“羌,西方牧羊人也,从人从羊。”可见同游牧生活有关。至战国以后,敦煌一带有确切记载的民族是乌孙、月氏。《汉书 · 匈奴传》记载,这两族“与匈奴同俗”,显然指的主要是从事于游牧,完全不同于西域主要从事于农耕的一些绿洲王国。到汉武帝占有河西,成立敦煌郡,在这里屯田设防,徙民实边,迁来中原的许多汉族贫民,才使敦煌这块绿洲的农业迅速地发展起来。汉代敦煌郡六个属县中就有多个县与屯田及农业生产相关。效谷县之得名,《汉书 · 地理志》说,有济南崔不意为渔泽尉,“以勤效得谷”,因以为县名。敦煌龙勒县有渥洼水,武帝时,南阳新野暴利长“屯田敦煌界”,获得了神马。冥安,因“有南籍端水出南羌中,西北入其泽,溉民田”。渊泉则因地多泉水而得名。西北地区缺水,水是农业生产的命脉。汉代敦煌的属县，多在有泉水的地方设县，以便驻兵屯田，移民开垦。

汉代敦煌农业虽然很快发展起来了，但是畜牧业并未因农业发展而衰落。《汉书·地理志》说凉州时即写道，河西曾移来关东许多贫民，然与中原相比，“习俗颇殊，地广人稀，水草宜畜牧，故凉州之畜为天下饶”。武帝取得河西，匈奴大部被迁出走廊，然据两《汉书》所载，两汉在张掖郡有属国，可见在河西还留有部分的匈奴部落。他们应仍过的是游牧的生活。就是在敦煌一带，于党河绿洲的外围和山区，两汉以后，仍有一些游牧民族在这里活动。《三国志》卷三〇《魏书·乌丸鲜卑东夷传》注引《魏略》说到，东汉后期，即有数万部落的“赀虏”集体逃亡到金城、武威、酒泉及弱水上游、党河流域一带，在那里“畜牧逐水草，钞盗凉州”。“赀虏”，原是匈奴的奴婢。

进入三国以后，中原长期离乱，一直到隋王朝建立的三百多年中，只有西晋时有过短暂的统一。在这段时间里，河西地区虽然仍以汉族为主，但这里已是各族角逐的场所。早在东汉时期，羌人起义曾不断波及河西。鲜卑自2世纪50年代起即占有匈奴故地，其中一部分深入河西，史称为“河西鲜卑”。月氏、匈奴的余部仍留在河西的南山之中，卢水胡即是其后裔。氐人早在西汉时因在武都起义，被镇压后迁至酒泉一带，后来，又随着前秦、后凉政权的建立，亦在河西地区扩展其势力。所以，这段时期河西成了西北各族杂居的地区，当李暠在敦煌建立西凉政权时，史称他“修敦煌旧塞东西二围，以防北虏之患，筑敦煌旧塞西南二围，以威南虏”①。具体说来，就是防止北面的柔然、南面的吐谷浑及东面的卢水胡。《魏书·蠕蠕传》说，柔然强大以后，“常所会庭

① 《晋书》卷八七《凉武昭王李玄盛传》，中华书局1974年版，第2265页。

则敦煌、张掖之北”。这就说明,尽管两汉及十六国时期敦煌曾迁来了许多中原汉族的人民,但是,游牧民族仍在敦煌周围有频繁的活动。及至北魏时期,柔然曾多次入围敦煌,以至于孝文帝时朝廷一些当政者“以敦煌一镇,介远西北,寇贼路冲,虑或不固,欲移就凉州”①,只是由于韩秀的竭力反对而没有放弃。

到南北朝后期,柔然衰弱,突厥兴起,整个蒙古高原及西域皆臣属于突厥,青海的吐谷浑亦曾为突厥所破,河西成了突厥经常抄掠的对象。但是,隋唐两代毕竟都是大一统的封建帝国,经济发达,国力强盛,在不断反击突厥的战争中先后都取得了重大的胜利,许多突厥人被迫西迁了,也有许多被迁入了内地,其中有一部分即迁入了河西。唐贞观六年,东突厥败灭后,契苾何力即“率部落六千余家诣沙州降,诏处之于甘、凉之间”②。至于河西走廊南边的吐谷浑,隋唐时期也经常进扰河西,隋炀帝在西巡张掖时,一度击灭其国,于其地设立了且末、河源、西海、鄯善四郡。隋末唐初,吐谷浑复国。到唐贞观八年,吐谷浑被击败后臣属于唐,但也在此后不久,于青藏高原上兴起的吐蕃不断北上,击灭了吐谷浑。唐王朝将吐谷浑王室慕容氏迁至武威,许多吐谷浑部众也因之迁入河西走廊。安史之乱后,吐蕃占有河西,随之吐蕃族也就大量移入这一地区。后来,蒙古高原上的回鹘为黠戛斯击败,部众西迁,一支西迁到河西,史称“甘州回鹘”或“河西回鹘”。这支回鹘“初附吐蕃”,至张议潮于沙州起义后建立起归义军政权,又依附于归义军。后来,这支回鹘在甘州建立起独立的政权。另外,吐蕃的余部及被吐蕃奴役的“嗢末”,也曾在河西建立起蕃汉混合政权。至11世纪初期,党项势力不断伸进走廊,攻灭了凉州蕃汉混合政

---

① 《魏书》卷四二《韩秀传》,中华书局1974年版,第953页。

② 《资治通鉴》卷一九四,第6099页。

权、甘州回鹘、归义军政权。河西为西夏的属地近两个世纪。

还要提及的是，自两汉以来，自西域方面亦迁入了不少的少数民族，见于史籍的就有昭武九姓胡、龙家、沙陀等等。

总之，古代的河西既是我国西部各族生存、栖息、融合的场所，也是西部各族在这里轮番演出一幕幕雄武悲壮活剧的舞台。也正由于这一地区的历史特点，所以古代河西文化的成分就比较复杂，它既以汉族的农业文化为主体，同时因为周围有许多少数民族，游牧民族的许多风俗习惯亦被长期保存了下来。不仅如此，河西还是古代丝绸之路的必经通道，西来的文化是通过这一地区传入中原的，走廊又是中西文化交流、汇合的所在。敦煌作为古代走廊西部的口岸，从文化角度来看，可以说它融合了农业民族、游牧民族、西来文化于一体。今日我们所称的敦煌学，应称之为我国古代西部文化的典型代表。

三

我们称敦煌学为古代西部文化的典型代表，因为从敦煌学的内容来看，它完全反映了古代西部文化的特点。敦煌学的内容非常广泛，以地名学，它应当包括敦煌古今社会的全部内容。但是，在习惯上，我们研究敦煌学，从时间上来说，指的是两汉以后到宋元时期；从研究对象来说，主要指的是敦煌石窟壁画及莫高窟所发现的五万余卷遗书。因为壁画与遗书涉及当时社会生活的各个方面，所以，事实上所谓敦煌学即是研究两汉至宋元时期敦煌地区的历史和文化，以壁画和遗书为主要根据，研究这段历史时期社会生活的全部内容。研究这些内容，给我们留下最深刻的印象则是它鲜明地反映了我国古代西部文化的特点。

从历史文化角度考察，上面已经述及，敦煌自古以来就是西部各族活动的场所,乌孙、匈奴、羌、氐、卢水胡、柔然、突厥、吐谷浑、吐蕃、回鹘、党项、蒙古以及西域各族,都曾进入敦煌一带。一直到元明时期,这里的居民仍然过着耕牧并举的生活。今日敦煌南边的阿克塞哈萨克族自治县和肃北蒙古族自治县,在古代很大一部分都属敦煌郡所管辖,这些市县至今仍以畜牧业为主。所以,我们认为敦煌自古以来就是农业民族文化与游牧民族文化融合的熔炉应是毫无疑问的。

从敦煌石窟及遗书考察,西部文化的特点亦鲜明地表现了出来。

莫高窟是佛教的艺术宝库。佛教源自印度,何时传入中国,至今尚有争论。然而,佛教在离乱的十六国时期广为流传,则已是大家所共识的了。按现在所知,莫高窟创建于十六国时期的前凉,到北魏时才得到了较大的发展,所谓“乐僔、法良发其宗,建平、东阳弘其迹”[①],即说的是这个意思。前秦、北魏都是少数民族建立的国家。在中国佛教的发展史上,许多少数民族的君主就是狂热的佛教信徒。前秦苻坚出兵平定西域,特地嘱咐吕光在攻取龟兹以后就将高僧鸠摩罗什“驰驿”送来长安。北魏道武帝为了要得到昙无谶这个和尚,不惜对北凉用兵。借助于佛教“转世轮回”、“因果报应”的说教来维护其统治,这就是一些统治者开龛造像、造塔立寺的原因所在。莫高窟的开凿与兴旺,其本身就是中西文化交流的产物,也是我国古代西部各族共同创建的艺术宝库。

正因为莫高窟本身是中西文化交流的产物,所以,在莫高窟这个艺术宝库中,随处都表现出中西文化交流的迹象。从建筑方

---

① 见《李君莫高窟佛龛碑》,录文参郑炳林《敦煌碑铭赞辑释》,甘肃教育出版社 1992 年版,第 9 页。

面来看，莫高窟早期洞窟主要有中心塔柱、四壁开龛及覆斗状顶的洞窟。经许多学者研究，前两种与印度的支提窟、精舍窟有紧密的关系，由西往东，进至今我国新疆地区，如克孜尔石窟即出现了这种形式。后一种覆斗状洞窟则是中原传来的，北魏以后的洞窟大多继承了这一形式。至于早期洞窟中屋顶有人字披及椽子两端有斗拱的承托，更是中原木结构建筑的特征了。以塑像而言，早期石窟中出现的额宽鼻高、颐部突出及发髻作波状或螺旋形，菩萨上身半裸等造型，明显地具有胡人的形象。后来出现所谓的“秀骨清像”和雍容华贵的塑像，无疑是受到了中原艺术的影响。以壁画而论，佛教壁画创自印度，莫高窟早期的壁画以说法图和佛本生故事为多，经变比较少，这也反映出佛经刚翻译过来不久，将之变为经变画还需要一个过程。说法图比较简单，主要是释迦及阿弥陀佛，从形象上没有很大的区别。本生故事指的是释迦前世行善的事迹，画面简单、粗犷。这些故事，显然都是外来的。故事画中人物的形象，亦有许多头戴胡帽、身着反领胡服的胡人。可是到了隋唐以后，说法图减少了，巨幅的经变画成了主体，画家们竭力描绘西方佛国世界的极乐情景，这里面的人物大多是汉人的形象，面相丰满，华丽多姿，同中原的“秾丽丰肥之态”是完全一致的。这里的建筑，也多来自汉族的楼台殿阁、庭院回廊，显然是按照中原帝王宫阙画出来的。至于从壁画的内容来看，佛教来自西方，佛经故事当然产生于中亚、印度，没有中原来的成分。但佛教从传入之后即同中国土生土长的道教相互渗透。东汉时，黄老与浮图、无为与尚佛都是并称的。东晋时出现《老子化胡经》以及莫高窟早期壁画中出现伏羲、女娲、东王公、西王母的形象，这应是两种文化交流的产物。同样，佛教从出家、背祖，到造出“父母报恩经”及莫高窟出现“报恩经变”，显然是迎合了传统儒家的忠孝思想。再从画法来说，晕染法传自印度，进入西域及河西之后,吸收了当地的营养,演变出了一面染、两面染及规格化的圆圈叠染等富有民族特色的画法。铁线描亦来自中亚,与中原用毛笔作画那种自由奔放的画法显然是分属于不同的体系,但此画法传入中原之后就很快为中原画家所吸收,许多研究者认为,顾恺之的《女史箴图》就是吸收了这种画法的杰作。后来出现的兰叶描,实际是这两种画法结合的产物。

另外,在音乐、舞蹈、装饰图案等各个方面都反映出了中西文化交流的遗留,这里不再一一赘述了。值得一提的,是莫高窟壁画中的供养人的形象,从身份分类,既有封建社会中的达官贵人,也有僧侣、妇女,甚至于一般平民、下层的妓女、奴婢,可以说包括了社会的各个阶层。如果我们从民族角度来分,供养人中当然有大量的汉人,然而我们在这里也看到了古代西部各族信徒的画像,如于阗人、鲜卑人、吐蕃人、回鹘人、党项人、蒙古人等等,莫高窟壁画也可以说是西部各族活动的一部形象的历史。

敦煌学另一重要的组成部分就是1900年于莫高窟发现的五万多卷遗书。在这么多的遗书中,最多的当然是佛经,要占总数90%以上。佛教是西来的,翻译佛经本身就是中西文化交流的表现。前后不同的译本,更是研究佛教中国化进程的标记。

在敦煌遗书中,有关宗教的文书,除佛经之外,还有道教典籍、景教文献、摩尼教经典。道教是我国土生土长的,而景教、摩尼教则是西来的,同佛教一样,经过西域、河西,然后传到关中、中原。

敦煌遗书中也保存了许多很有价值的史地资料,填补了我国古代西部历史研究中的一些空白。最引人注目的为唐末五代时期有关归义军资料的发现,不仅纠正了正史上一些记载的错误,而且使我们了解到吐蕃占领敦煌后设立部落、实行突田制、征收突课等状况,了解到张议潮在沙州起义前后不断与吐蕃、吐谷浑争斗的历史。在遗书发现以前,正史中有关归义军政权的记载甚少,而从遗书中我们则可以基本理出归义军政权的世系,初步掌握归义军政权与吐蕃、嗢末、甘州回鹘、西州回鹘、党项的关系。河西走廊是历史上农业民族与游牧民族共同栖息的地方,在这一时期也充分地反映了出来,莫高窟出现的大量吐蕃文书和回鹘文、于阗文文书,更是古代西部各族共同开发走廊的明证。在发现的遗书中,令人极感兴趣的是有关文学部分的资料。其间不仅有许多中原著名的诗作传到了敦煌,为当地人士广为传抄;而且,许多敦煌本地的作家面对现实写出了很多的佳作,有讴歌归义军民族英雄的,有描写沦陷于异族忍受痛苦的,有宣传佛教劝人为善的,也有歌颂历史人物的,内容极为丰富。据统计,敦煌遗书中的各种诗歌有3000首左右。边城敦煌藏经洞中居然有这么多的诗歌抄卷,说明隋唐时期中原诗歌的兴盛也影响到这里。特别要提到的是大家称之为“变文”的这种文体所反映出来的古代西部文学的特色。变文是一种民间说唱文学,一般认为它是散韵结合、看图说唱,用以宣扬佛教的一种文体。至今,对变文的来源还存在不同的见解,有的认为是外来的,有的认为源自中国的清商旧乐或赋体。但不管怎么说,变文这种文体的出现,是西来的佛教在中原文化的影响下不断中国化过程中的一种表现。这种文体,由原来宣传佛教进而用来叙述历史故事、民间传说及当时当地人物,说明这种文体是当时人民喜闻乐见的一种形式。从文化角度着眼,敦煌变文与中西文化都有血缘关系。

汉唐时的敦煌,是当时中原政权边防的重地,也是当时中原政权通西域的口岸,中西文化在这里交汇,游牧民族与农业民族在这里杂居,这是一个具有鲜明的西部特色的城市。也因此,今日的敦煌学应是最具西部文化特色的结晶。

(原载《敦煌学辑刊》1994年第1期)

汉代以来西域的社会状态与中原王朝对西域的经营方略

古代的丝绸之路，以长安为起点，向西经渭河流域、河西走廊，出玉门关或阳关，即进入了古称西域的地区。

西域之名，从字义上说，指的是中原政权所辖的西北部边疆及更远的地区。而在中国的史籍上，从西汉时起，这一名称则是专指中原政权所辖的西北边疆。《汉书》中即有《西域传》，班固在传中写道：

> 西域以孝武时始通，本三十六国，其后稍分至五十余，皆在匈奴之西，乌孙之南。南北有大山，中央有河。东西六千余里，南北千余里。东则接汉，阸以玉门、阳关，西则限以葱岭。

显然，班固所指西域，大抵就是我国今日的新疆维吾尔自治区。我们研究古丝绸之路的法律文化，首先以这一范围作研究对象，即通过对该区域汉代以来社会状态的考察，探讨中原王朝的经营方略，以期有助于我们今日在大西北的开发。

一

在探讨这一论题及考察有关法律文化问题之先，有必要先对西域地区的自然环境作一考察。班固在《汉书·西域传》中说到，西域东面是玉门关、阳关，指的就是今敦煌市西北、西南的玉门关、阳关故址。西为葱岭，即今帕米尔高原。班固特别指出"南北有大山，中央有河"，我们以为，所谓南边的大山，指的是昆仑山和喀喇昆仑山，即今新疆与西藏的界山。在汉代，亦称之为南山。横贯于今新疆中部的则是天山山脉，这就是《汉书》所指的北边大山。天山山脉把今新疆维吾尔自治区划分成南北两部。南部，即天山与昆仑山、喀喇昆仑山之间的塔里木盆地。盆地中间是大沙漠，即塔克拉玛干大沙漠。沙漠周围则是一块块大小不等的绿洲。发源于帕米尔高原和昆仑山地的河流，汇成一条大河，即塔里木河，它沿着大沙漠的北缘，由西向东，滋润着天山南麓的许多绿洲，如焉耆、库尔勒、阿克苏等地，最后注入罗布泊。天山南麓的吐鲁番盆地，实际上也是塔里木盆地的组成部分。这里主要靠天山的泉水、潜水进行灌溉，坎儿井就是这里古代文明的重要表现。在大沙漠的南缘，有若羌河、车尔臣河、尼雅河、和田河、喀拉喀什河等内陆河，使靠近大沙漠南缘的若羌、且末、民丰、和田等城市得以生存、发展，大沙漠的南北两缘，也就是两汉以来通西域的南北两条道路。

在天山山脉以北，天山与今新疆东北部的阿尔泰山山脉之间，又形成了一个三角盆地，这就是准噶尔盆地。该盆地也与塔里木盆地一样，中间为大沙漠，即古尔班通古特沙漠。周围也是一块块绿洲与草地。发源于阿尔泰山的额尔齐斯河由东向西，滋润着盆地北部地区。发源于天山北麓的伊犁河，更使天山山麓的广大地区成为土地肥沃、号称"塞外江南"的区域。今伊塞克湖和巴尔喀什湖以东、以南地区，长时期臣属于中原王朝。魏晋以后，新开辟的新北道，就是沿着天山北麓西行的。

古代西域也同现在一样，是一个气候干燥、降雨量很少的地方。水是这一地区人民生活的源泉。有水就有绿洲，有水就有生命。这个地区的水源,多来自境内的几座大山,即上述的昆仑山、喀喇昆仑山、天山以及阿尔泰山,融化的雪水形成条条内陆河流,使流经所在形成一块块的绿洲草地,成为西域古代各族人民生产、生活的场所。这一自然的条件,使西域这块亚洲腹地,在大沙漠、大戈壁的周围,镶嵌着一颗颗绿洲明珠。在古代交通极不便利的条件下,一块绿洲就形成了一个独立的小王国。它们之间虽然生活、生产很为相似,但都自成王国,互不役属。如《汉书·西域传》说:

> 西域以孝武时始通,本三十六国,其后稍分为五十余,皆在匈奴之西,乌孙之南。

《后汉书·西域传》说:

> 哀、平间,自相分割为五十五国。

魏晋间中原离乱,文献记述较少,《晋书·四夷传》中,西域仅记吐谷浑、焉耆、龟兹、康居、大秦6国。而苻坚命吕光出征西域,史称其讨平36国。《魏书·西域传》则记有乌孙、疏勒等16国前来贡献,而传中所记却达60余国。《隋书·西域传》载,“其君长者四十四国”。唐代的西域,《新唐书·西域传》记有25国。《大唐西域记》则记更多,竟达150多国。当然,许多史籍是把今中亚、南亚的国家包括在内了。

西域这种独特的自然条件,生成了一个个互不联合、更不统一的绿洲王国,它们往往顶不住邻近强国的进攻。当蒙古高原游牧民族强大之时,便不断西进,把这些绿洲王国控制在手中,为自己提供农牧产品。秦汉时的匈奴,魏晋南北朝时期的柔然,隋唐两代的突厥、回鹘与吐蕃,宋代的契丹、女真及蒙古等等均是。不仅如此,当中原王朝形成统一的、强有力的中央专制主义王朝时,为抗击北方游牧民族的进扰,除正面与北方冲突之外,一般也把势力伸入西域，以便夹击游牧政权，如西汉武帝、东汉和帝、前秦苻坚、隋炀帝、唐太宗等都是如此。这也就是说，西域的一些绿洲王国，由于自然条件的限制，很难成为完全独立的王国，不是受制于北方的游牧大国，就是依靠中原强大的封建王朝。一般说来，这两大势力中，由于中原王朝是一个定居的农业社会，生产比较稳定，对西域各国的需求较少，除了马匹之外，大都是统治者所需的奢侈品，如珍禽异兽、玉石珍宝等等。当这些奢侈品进贡至中原时，中原统治者为表现其大国君主的风度，往往还有所回赐，给予丝绸织品、金属器皿等等。这就是历史上所谓的“朝贡贸易”。中原王朝将势力伸入西域，最主要的目的是用以对抗北方的游牧大国，解除来自西北的威胁，主要点并不是为了要从西域各国征取租税，取得经济方面的利益。如果仅从经济角度着眼，中原王朝为保存西域，往往是得不偿失。因为要在西域驻兵、屯田，就需要运输装备、粮食，耗费大量人力、财力。所以，西汉时就有人认为经营西域是“苦师劳众，以略无用之地”①。同样，到了唐代，魏征以为得高昌之后，驻军防守，“遣办衣资”，使陇右空虚，是一种“散有用而事无用”的事情。② 难怪古代史籍中，许多人因只从经济考虑，把经营西域称之为营种“石田”，是件劳而无益的事情了。

相反，游牧大国进入西域，就与中原王朝不同了。游牧民族不稳定的经济状态，使得其统治者有更大的掠夺性，对农产品的需求，迫使他们对西域绿洲王国进行无穷的榨取。《汉书·西域传》即说道：

> 西域诸国，大率土著，有城廓田畜，与匈奴、乌孙异俗，故

① 桓宽：《盐铁论·结和》，上海古籍出版社1992年版，第480页。

② 《旧唐书》卷一九八《西戎传》，中华书局1975年版，第5296页。

> 皆役属匈奴。匈奴西边日逐王,置僮仆都尉使领西域,常居焉耆、危须、尉犁间,赋税诸国,取富给焉。

《后汉书·西域传》也说:

> 匈奴敛税重刻,诸国不堪命。建武中,皆遣使求内属,愿请都护。

西域各国受不了游牧民族统治者的搜刮,往往请求中原王朝加以保护。两汉如是,魏晋以后亦如此。前秦苻坚时,车师前部王弥寘就请前秦出征西域,愿为向导。隋炀帝西巡张掖,来朝者二十七国。唐太宗贞观初年,焉耆、疏勒、龟兹、于阗及昭武九姓胡皆主动遣使来贡。所有这些,我们以为都是与西域这种具体的自然地理环境相联系的。后来,西域各国又逐步内属,成为中原王朝不可分割的一部分。

二

古代西域,很早就有人类活动。从近年考古发掘得知,新石器文化遗址在新疆各地多有发现,主要是以细石器为特征的类型。其著名的如吐鲁番市的阿斯塔那、阿克苏市的拉玉尔衮、疏附县的阿克塔拉、木垒县的四道沟、哈密市的五堡水库、乌鲁木齐市南山矿区鱼儿沟、阿拉沟等等。所得遗物有箭头、石刀、石矛、刮削器及灰褐色陶器等,证明新疆南部的一些绿洲,在先秦时期即已由狩猎、游牧经济进入了以农业为主的社会。而新疆北部广大地区,仍以畜牧业为主。[①] 这些器物同青海、甘肃、宁夏、内蒙

---

① 新疆社会科学院考古研究所编:《新疆考古三十年》,新疆人民出版社 1983 年版,第 1—4 页。

古等地的细石器遗址连成一片，说明在原始社会时期新疆即同内地有着一定的联系。

先秦时期古西域地区的人类，根据一些学者的研究，在天山以北、阿尔泰山以西，一直至巴尔喀什湖以东以南地区，是塞种人。我国古代文献，称这些人为允姓之戎。他们本居于今甘肃敦煌一带。后来，月氏强大，被逼西迁至伊犁河、楚河流域。到月氏为匈奴所破，部众向西迁徙，又击走塞王，占有塞王故地。到公元前 177 年左右，乌孙在匈奴的支持下，又西击大月氏，迫使大月氏西迁至阿姆河流域，乌孙遂占有伊犁河流域及伊塞克湖周围地区。至于塔里木盆地，则主要是定居在绿洲上的居民，即所谓城廓诸国的居民。一些学者认为，这就是古文献所称的三苗部落的后代。

先秦时期西域各国的社会状况，文献不足，无可论证。而至秦汉之后，古西域各族已进入阶级社会则是史有记载的了。

上述塞种、大月氏、乌孙及城廓诸国，《史记》、《汉书》已有记述。《汉书·张骞传》说：

> 月氏已为匈奴所破，西击塞王，塞王南走远徙，月氏居其地。

《汉书·西域传》说：

> 昔匈奴破大月氏，大月氏西君大夏，而塞王南君罽宾，塞种分散，往往为数国。自疏勒以西北，休循、捐毒之属，皆故塞种也。

这里两处有“塞王”之称，应是一个政权的标志。《西域传》还说到罽宾国过的是定居生活，“种五谷，蒲陶诸果，粪治园田，地下湿，生稻，冬食生菜。其民巧，雕文刻镂，治宫室，织罽，刺文绣，好治食。有金银铜锡以为器，市列”。宫室应是塞王居所，而生产只有发展到一定阶段方能出现成列的市肆。这些都说明塞种这时已进入阶级社会了。

大月氏西迁至阿姆河流域,据《史记》、《汉书》所载,月氏本行国,但至阿姆河以后,俗同安息、罽宾,已过上定居生活,并以银为货币。史载,月氏时有户 10 万,口 40 万,胜兵 10 万人,还役属了五翎侯,应该也是进入了阶级社会。

至于在今新疆境内的城廓诸国,也多以农业定居生活为主,只是兼有一定的畜牧业,只有楼兰、若羌、温宿(今新疆乌什)、尉头(今阿合奇)主要从事畜牧业。在新疆发现的佉卢文简牍中,见有"奴隶"、"诸奴隶"等词,并有女奴值绢 41 匹的记录[①],证明秦汉时期这些城廓诸国已进入了奴隶占有制的阶段。

秦汉时期,匈奴势力进入西域。匈奴当时已是一个奴隶制的国家。正如上面所述,匈奴奴隶主"赋税诸国",贪求无厌,给西域各国造成沉重的负担。匈奴控制西域,联结羌胡,对在关中地区的秦汉政权造成严重的威胁。秦始皇统一六国,立即派兵北击匈奴,取河南之地(今内蒙古河套伊克昭盟一带),连接秦、赵、燕三国长城,并向东西伸展,于北面修起了万里长城。然而,未等秦国向西扩展,秦的暴政激起了国内人民的反抗,秦王朝也迅速瓦解。及至西汉王朝初年,匈奴乘汉朝国力薄弱,西从陇西(今甘肃临洮),东至上谷(今河北怀来)全线推进,使汉王朝边境遭到极大的损失与破坏。刘邦虽亲自率军抗击,但在平城(今山西大同)白登山被围七日,大败而回。此后,西汉政权不得不奉行和亲政策,给匈奴奴隶主送去大量陪嫁物,企图以此换取边境的安宁。

---

① 新疆社会科学院历史研究所编著:《新疆简史》第 1 册,新疆人民出版社 1980 年版,第 23—24 页。

和亲只能暂时消弭边境的兵灾，而匈奴仍常常背约入侵。在这种情况下，汉武帝凭借经过六七十年休养生息恢复了的国力，改变和亲政策而行积极抗击的方针。于是有收复河套河南之战，取得河西走廊的河西之战，以及直捣居胥山（在今蒙古乌兰巴托东）的漠北之战，逼匈奴退居漠北。同时，为加强北方防线，把烽燧亭障从令居（今甘肃永登）伸展到玉门，后又伸展至敦煌、盐泽（今新疆罗布泊）。

为配合出击匈奴，武帝在建元三年（前138）又派张骞出使西域，企图联合被匈奴逼迫西迁的大月氏回归河西故地，以便夹击匈奴。但张骞第一次西行，在中途即为匈奴所获，居留一年后西逃，到达大宛（今乌兹别克之费尔干纳一带）、康居（咸海与巴尔喀什湖之间）及在阿姆河北面的大月氏、阿姆河南边的大夏。大月氏安于所居，不愿与匈奴为敌，张骞此行未得结果，经十三年回到长安。张骞此次西行，是中原王朝第一次派遣使臣到达西域，所以史称“张骞凿空”。到汉破匈奴，占有河西走廊，汉武帝于元鼎二年（前115）再次令张骞出使西域，希望联络乌孙共击匈奴，但乌孙惧匈奴强大，又不知汉王朝实力，故只派使回报，未与西汉联盟。后乌孙使者入汉，见汉“人众富厚”，于是和亲结盟，故有细君公主、解忧公主先后出嫁乌孙之事。但也就在这时，匈奴为控制西域，指使楼兰（今罗布泊附近，后改名鄯善）、姑师（吐鲁番盆地一带）阻截汉使。从此，汉与匈奴展开了争夺西域的斗争。公元前108年，汉遣赵破奴率军破楼兰、姑师，打开了西进通道。公元前104年，李广利出兵攻大宛，立亲汉的昧蔡为王，献马300匹。汉之声威，大震西域。各族首领纷纷遣子弟入质长安。公元前101年，武帝于西域设立使者校尉，率领士卒于轮台（今轮台）、渠犁（今库尔勒）屯田。

此后，匈奴与汉争夺西域的斗争仍然非常激烈，李陵、李广利曾兵败降匈奴,而汉武帝也因多年用兵,国内劳扰,不得已罢轮台屯田。所以,武帝死后,汉昭帝时匈奴又占领车师,进攻乌孙,并不断发兵寇边。到汉宣帝时,乌孙请求汉军支援,汉分五路兵出击,并派常惠持节护乌孙兵,从西边夹击。受匈奴奴役的各族亦纷纷起来反抗。于是匈奴远遁。常惠在回军途中又打败了依靠匈奴的龟兹政权。此时,汉再派侍郎郑吉、校尉司马熹率兵至渠犁屯田,后又以郑吉为护鄯善以西使者,护南道。至宣帝神爵二年(前60),匈奴内讧。次年匈奴西部日逐王先贤掸降汉,被封为归德侯。与此同时,汉任郑吉为西域都护,驻乌垒城(今轮台县东北小野云沟附近)。

西域都护的设立,大大加强了中原王朝与西域各国的关系。西域都护、副都护,由西汉中央任命,秩比二千石,相当于内地的郡太守。其下有丞、司马、候、千人等。都护是西域的最高行政长官,遇有重大事件,中央派员与都护共同处理。都护之下,在楼兰(今若羌县东北米兰城)设都尉,于车师设戊己校尉,进行屯田。甚至绿洲诸国,各有一套机构,有王、翎侯,有相、将、城长、监、吏、百长、千长等名目。有些王国的大臣还接受汉王朝的印绶。据《汉书》所载,当时西域"佩汉印绶,凡三百七十六人"。

西汉对西域的经营,除上设都护、校尉,任命各国首领,在行政上进行管理之外,主要是驻兵屯田,保护西域的通道,削弱匈奴力量,确保西域的安全。

西汉王朝的经营措施,虽主要从政治、军事目的出发,但是,这些措施对西域地区的经济的开发、文化的发展也起了极其重要的作用。因为要驻军,就必须派遣中原的士兵到西域,中原先进的农业、手工业技术也必然伴随着戍卒传至西域。要解决驻军的粮食,于是有屯田,有农具的制造、水利工程的兴修,至今轮台、渠犁、库车等县南边的草湖中,仍发现有许多屯田灌溉的渠道,其中一条长100多公里,人们都把它叫做“汉人渠”①。在中原先进技术传至西域的同时,西域的葡萄、苜蓿、名马,以及音乐、舞蹈等等也传到了中原。

西汉政权在西域设立都护之后,匈奴仍不罢休。当乌孙上层发生政变时,匈奴即希图从中插手,与汉争夺。只因跟随解忧公主至乌孙的冯嫽从中调停,使乌孙重新亲汉,方使局势安定下来。匈奴在不断衰弱的情况下,到公元前57年,国内又出现了所谓的“五单于争立”的局面,其中呼韩邪单于战败后降汉,于宣帝甘露三年(前51)入长安朝觐。汉让他留居光禄塞(今内蒙古包头市西南),并派军守卫。塞北的郅支单于见无法南下,于是矛头转而向西,迁至伊犁河流域,侵陵乌孙、大宛,降服康居,以求再争西域。但汉元帝建昭三年(前36),汉以甘延寿为都护,陈汤为副校尉,发兵攻打郅支单于,郅支受伤而死。至此,匈奴对西域的威胁得以完全解除。汉元帝竟宁元年(前33),呼韩邪单于再次入朝长安,元帝以王嫱赐予单于,汉匈关系进入了一个和平、团结的新阶段。自此之后,西域数十年之内基本安定下来了。

西汉末年,王莽倒行逆施,复古改制,引起全国人民反抗。对匈奴,王莽改单于印玺,引起匈奴贵族不满。在西域,王莽将城廓诸王均改为侯,也引起了诸国的反感。公元前10年,首先是车师后王降于匈奴,继之是戊己校尉属兵叛变,焉耆反叛,杀西域都护但钦。王莽遣五威将王骏、西域都护李崇进行讨伐,焉耆诈降,姑墨、尉犁、危须(今新疆和硕县东)反间,王骏被杀,李崇退保龟

① 彭慧敏:《两汉在西域屯田论述》,载《新疆大学学报》1985年第1期。

兹。此后,中原农民军风起云涌,王莽被杀,李崇亦殁于西域,中原王朝与西域的交往亦因之断绝。

东汉经营西域,史称“三绝三通”。两汉之际,中原战乱不断,匈奴乘机进入西域。但是,“匈奴敛税重刻,诸国不堪命”,东汉光武帝时,诸国“皆遣使求内属,愿请都护”①。而光武帝以天下初定,未暇西顾。此时,匈奴连年旱蝗,势力削弱,西域莎车国逐渐强大,攻打弥、西夜(今叶城南)、姑墨、子合、于阗、大宛等国,引起西域诸国不满,后来诸国联合匈奴共攻莎车,莎车被于阗攻灭。在莎车强大时,东面鄯善亦兼并了且末、小宛、戎卢等小国。吐鲁番盆地的车师也兼并了郁立(在今奇台县南)、狐胡(在今吐鲁番盆地西北部)、单桓(在今乌鲁木齐市附近)等国。北匈奴虽因灾衰弱,但仍想统有西域,进一步控制南道,迫胁诸国共同寇掠河西。在此情况下,东汉明帝乃听从耿秉的建议,于永平十六年(73),分四路出击匈奴。窦固、耿忠进至天山东部,打败匈奴呼衍王,占有伊吾庐(今哈密),于其地设宜禾都尉,实行屯田。继之,东汉又平定车师前后部;窦固军假司马班超至鄯善、于阗,劫杀匈奴使者,使两国降汉;后班超又进至疏勒,杀其王,使疏勒臣属于东汉政权。至永平十七年(74),汉又在西域设立都护,以陈睦为都护。另外以耿恭为戊校尉,屯金满城(今吉木萨尔);关宠为己校尉,屯柳中城。此为一绝一通。

东汉重新于西域设立都护,匈奴大为不满。因此,匈奴一面派军与车师分别围攻金满城与柳中城,另一面指使焉耆、龟兹统治者乘东汉明帝死、章帝新即位之时,杀死都护陈睦,章帝曾命酒泉太守段彭行军西援,段军于交河城大破车师,收复吐鲁番盆地。但也就在这时,朝廷内部发生争论,很多人以为经营西域,劳弊中

① 《后汉书》卷八八《西域传》,中华书局1965年版,第2909页。

国。章帝听从这一建议，于是不复派遣都护，并且主动撤回在伊吾屯田的士卒。在执行放弃西域、撤回士卒诏令的过程中，班超时在疏勒，当地人深恐汉使离开，匈奴势力重来。班超回至于阗，于阗吏民抱超马脚挽留。班超于是还至疏勒，击败龟兹、尉头联兵，安定疏勒。建初三年(78)，又率疏勒、康居、于阗、拘弥，合兵万人破姑墨石城(今温宿西)，并上书章帝，力争统一西域之重要。章帝接受班超建议，并派徐干为假司马率人援助班超，后又令和恭等率800人受班超指挥，于是班超发兵平定了莎车、疏勒的叛乱，击退大月氏的进攻，龟兹、姑墨、温宿亦先后降汉。和帝永元三年(91)，汉在西域重新建立都护，以班超为西域都护，居龟兹之它乾城(今库车西南)。复置戊己校尉，领兵500人，居高昌壁；置戊部候居车师后部戊部候城(今吉木萨尔)。次年，班超率龟兹、鄯善等国兵讨焉耆，焉耆降，超斩焉耆王广于陈睦故城，更立元孟为王。自此，西域五十余国悉皆纳贡内属。此为二通。

班超任西域都护十多年，至102年，因年老返回洛阳。继任者为任尚，西域各国反对。106年，改派段禧为都护，以梁慬为西域副校尉，并以河西羌族骑兵增援西域。其时，正值东汉和帝崩，殇帝、安帝先后即位，朝廷多事，加之官吏贪暴，引起河西羌人大规模起义。东汉遂下令撤回都护及伊吾、柳中的屯田戍卒。原来降于东汉的匈奴部属，也于此时拥逢侯为单于，乘机将势力伸入西域，收服诸国，并责令交纳自永元年间以来的租税，且不断发兵寇边。到117年，逢侯为鲜卑所破，南下降汉，西域空虚，汉因是遣索班出屯伊吾，招抚各国，车师前王及鄯善皆求内属。但数月后，游牧于蒲类海(今巴里坤)的匈奴余部胁车师后部王击走前部王，并袭杀索班，据有北道。东汉朝廷又展开辩论，安帝听从张珰、陈忠、班勇的建议，于敦煌设副校尉以统西域。延光二年(123)，又以班勇为西城长史，出屯柳中。班勇至西域，招附鄯善、龟兹、姑墨、温宿等国,击走匈奴,平定车师,焉耆来降,西域复通于汉。东汉又于旧址设都护、戊己校尉、伊吾司马等机构。此为三通。至顺帝、桓帝以后,东汉内部多事,与西域往来亦渐趋疏远。

东汉经营西域,亦如西汉故事,主要是驻军、屯田,督察西域各国共同抗击匈奴。如果说两汉在驻军上有什么差别,即在东汉时设了戊部候城,这是西汉没有的。屯田方面,东汉设宜禾都尉于伊吾屯田,也是西汉未曾设置的。1959 年,于今民丰县尼雅遗址曾发现东汉时期的"司禾府印"的印范[①],说明南道亦进行过屯田。至今拜城东北喀拉达格山麓所留下的《刘平国作亭诵》,刻于东汉桓帝永寿四年(158),文中提到了刘平国领人来此凿岩作亭,并在此地之东修筑了关城,用以维护交通,稽查行旅。[②] 由此可知,一直到东汉后期,中原政令仍在西域通行。

三

由东汉末年的战乱,至曹魏政权建立,西域形势又有了较大的变化。最明显的是塔里木盆地周围的王国相互兼并,出现了几个稍许大一些的国家。在南道,且末、小宛、精绝(今民丰北)、楼兰等为鄯善所兼并,戎户(今民丰南)、扜弥(今于田)、渠勤(今于阗南)、皮山(今皮山)为于阗所兼并。在北道,尉犁(今库尔勒东北)、危须(今和硕一带)、山国(今焉耆东南)等国为焉耆所兼并,姑墨、温宿、尉头(今乌鲁木齐市西南)等国为龟兹所兼并,休循、

---

① 孟池:《从新疆历史文物看汉代在西域的政治措施和经济建设》,载《文物》1975 年第 7 期。

② 孟池:《从新疆历史文物看汉代在西域的政治措施和经济建设》。

捐毒(均在今喀什西)、莎车、西夜、蒲犁(均在今叶城附近)为疏勒所兼并。两道之外,天山以北,准噶尔盆地南缘的东且弥(今乌鲁木齐市附近)、西且弥(今乌鲁木齐市西)、卑陆(今阜康境内)、单桓(今末泉境)等国为车师后部王所兼并。历经两汉的三五十个绿洲王国演变成几个较大的国家。关于此,许多学者认为,这是各国社会经济不断发展、相互联系加强的结果,但是各国经济发展不平衡,出现了差别。发展快的国家,兼并了发展慢的国家。一些著作还指出,魏晋以后,西域逐渐开始了封建化的过程。从西域发现的佉卢文简牌知道,当时鄯善、且末等地的奴隶制已日渐衰落,奴隶不仅已不能任意杀害,奴隶且有一定的财产,可向人借债和出外受雇于人。同时,也有一件简牌说到,一耕种他人土地的劳动者,应向土地所有者交纳若干乳油,似乎是一种租佃的关系。[①] 且末、鄯善靠近敦煌,同内地联系比较密切,受中原封建文化影响较大,《魏书·西域传》即说,“赋役其人,比之郡县”。可见这一地区封建的生产关系到北魏时已同中原一样的了。

作为北道的必经门户高昌,西汉时是戊已校尉的驻地,也是中原王朝驻军及屯田的所在。到前凉张氏统治时,即于其地设置高昌郡,封建的生产关系当然也随着郡县的设置而在这一地区确立。五凉及高昌国时期的大量文书证明,吐鲁番地区官府与私家都雇人而耕,有租佃关系,如《北凉玄始十二年(423)翟定辞为雇人耕床事》、《高昌延昌二十八年(588)赵显曹夏田券》等等。[②]《北史·高昌传》也说“彼之甿庶,是汉晋遗黎”,“刑法、风俗、婚

① 新疆社会科学院历史研究所编著:《新疆简史》第1册,第68页。

② 唐长孺主编:《吐鲁番出土文书》第1、2册,文物出版社1981年版,第39、302页。

姻、丧葬与华夏小异而大同”。至于北道的焉耆、龟兹,据《晋书》、《魏书》的《西域传》说:“婚姻同华夏,好货利”,“赋税准地征租,无田则税银钱”。这些都可说是西域地区各国封建化进程中的一些具体表现。

在西域各国封建化的漫长过程中,中原军阀混战,地方割据,似乎给人一种印象,中原政权无力西顾,与西域之间的联系减弱了。其实两边关系不仅未减弱,应当说还是有所发展的。原因是:在中原出现长期分裂割据之时,同样在北方的蒙古高原也是处于分裂的局面,匈奴没有足够的力量来役属西域各国。匈奴自分成南、北两部之后,北匈奴几经打击,有的加入鲜卑,有的西迁,后来销声匿迹,不见于中国史籍。南匈奴降汉之后,被安置在北边诸郡,逐渐南移,与汉人杂居。到三国时,分为五部,居于今内蒙古、山西一带,由汉人任司马实行监督,已无力对抗中央政权。此后,漠北曾一度为鲜卑檀石槐所据有,但不久即部属分散,未形成强有力的游牧大国。这也就是说,在中原、漠北,长时期都未形成强大的力量。也正是在这种情况下对于西域各国来说,一方面是绿洲王国之间兼并加强了,出现了上述的鄯善、于阗、焉耆等较大的国家,而另一方面,则是一些小国为保持地区的力量平衡和稳定,往往主动地与相邻的中原割据政权联系,以求取得这些政权的支持。如三国时,西域许多国家都主动入贡于曹魏即是。据《流沙坠简》一书所知,曹魏、西晋继两汉遗制,置西域长史于海头(今罗布泊西),置戊己校尉于高昌,用以管理西域事务。及至前凉,张氏政权虽只占凉州一隅之地,向东发展受阻,转而向西。在张骏时,即于高昌置郡,属沙州,这是中原政权在古西域地区设郡的开始。张骏还曾遣大将杨宣穿越流沙,击败鄯善、龟兹等国,使之臣属于前凉。至前秦灭前凉,苻坚又令吕光率7.5万骑出征西域,战败焉耆、龟兹,西域王侯降者36国。于是,苻坚以吕光为西域校尉，驻龟兹，以车师前部王为西域都护，镇高昌。前秦瓦解，后凉、西凉、北凉仍统有西域，在吐鲁番发现的大量文书中，多有后凉、西凉、北凉的年号。北凉沮渠蒙逊统有河西走廊时，史称："西域三十六国皆诣蒙逊称臣贡献。"①

439年，北魏攻灭北凉，西域各国虽前来朝贡，但这时漠北柔然兴起，控制了伊吾、焉耆、龟兹、姑墨等国，并攻灭北凉沮渠氏残留在高昌的势力，另立阚伯周为王，高昌亦臣属于柔然。这一时期，北魏为与柔然争夺西域，曾出兵西域，打败焉耆，于其地置焉耆镇，但柔然势力仍统治着西域许多地方。至5世纪后期，漠北高车部落反叛，将势力发展至西域，与柔然为敌，杀掉高昌王阚首归（阚伯周兄），另立敦煌人张孟明为高昌王，控制了鄯善、高昌两地。

在高车势力进入西域的同时，西边建都于蓝氏城（今阿富汗瓦齐拉巴德）的嚈哒（欧洲人称白匈奴，南朝称滑国），也向东发展，并进入塔里木盆地，役属了南道的渴槃陀（今新疆塔什库尔干）、朱俱波（今叶城）、于阗（今和田）、疏勒和北道的姑墨、龟兹、焉耆等国，形成了嚈哒与高车在天山南北路进行争夺的局面。不久，漠北的柔然乘高车西向争夺时进入高昌，杀高车所立的张孟明，另立麴嘉为高昌王；居于今青海的吐谷浑，其时亦西进占据鄯善。高车政权在两边夹击下瓦解，继而形成柔然与嚈哒在西域对抗的形势。

6世纪前期，柔然发生内乱，一度降于北魏。不久，北魏边郡发生六镇起义，继之分裂成东魏、西魏，后又演变为北齐、北周，柔然再度统有长城以北之地。但也就在这时，西北部的突厥兴起，

① 汤球：《十六国春秋辑补》卷九六《北凉录》，《丛书集成初编》本，商务印书馆1936年版，第665页。

击败柔然，统有漠北。嚈哒汗国在 6 世纪也为突厥和波斯联军所击灭，其在西域的领地，逐步为突厥所兼吞。

突厥是活动于阿尔泰山南、高昌北的一个游牧部落，曾为柔然的“锻奴”。到 6 世纪中叶以后，其首领土门兼并铁勒诸部，打败柔然，东服契丹，西击嚈哒，在漠北建立了一个游牧大国。对于西域，在突厥汗国初建时期，由土门之弟室点密统治，建牙于龟兹北面的白山。突厥初建时是一个奴隶制的游牧帝国，大量掠夺汉族人口为奴隶，控制牧场，强迫奴隶在固定的牧地内进行无偿的劳动。在西域，突厥在各国派置吐屯以监视其首领，并负责征收赋税、征调兵马和军用物资。两《唐书·突厥传》都记载，突厥对被征服各族“裒敛苛重”，“征税无度”。对于已经封建化了的西域诸国人民，实在是难以忍受，也因此，西域各国常常发生反抗斗争，如室点密子达头可汗时，于阗等国即发生过暴动，后来铁勒诸部亦不断发生起义。

突厥汗国虽曾强大一时，但是，因为它是靠武力征服而建立起来的，被征服的各族，没有共同的语言、文化，更少经济上的联系，加上突厥汗位的继承没有固定的制度，所以汗国建立起来不久，内部就出现了裂痕。隋王朝建立之后，采用了长孙晟“远交而近攻”、“离强而合弱”的策略，利用突厥统治集团内部的矛盾，很快地促使突厥汗国分成东、西两个部分。东突厥统有漠北之地，西突厥则控制西域诸国。后来，东突厥内部争立，战败的突利可汗南下降隋，被隋封为启民可汗。隋筑大利城（今内蒙古清水河县）以居之，后又移至夏、胜两州之间（今陕西靖边县及内蒙古准噶尔旗一带）。不久，占有漠北的都蓝可汗却为部下所杀，部众纷纷投依启民可汗。西突厥内部原为两大势力，室点密子达头可汗占有乌孙故地，在东突厥争斗中失败的阿波可汗向西发展，投奔达头可汗，占有阿尔泰山以西伊吾、龟兹及铁勒部落。后阿波可汗为东突厥莫何可汗所擒,国人另立泥利可汗。东突厥政权经莫何可汗、都蓝可汗以后瓦解,西突厥的达头可汗曾一度进占漠北,并南下侵扰隋郡恒安(今山西大同境内)、五原等地。至603年,突厥统治下的铁勒诸部皆叛,并南降启民可汗,达头部众溃散,达头本人西奔吐谷浑,不知所终。泥利可汗这时亦为铁勒部落击败而死,代之而立的为处罗可汗,驻牧于伊犁河流域。达头之孙射匮可汗则占有西域的西南部。隋炀帝利用射匮可汗与处罗可汗之间的矛盾,让射匮袭击处罗,大败之,处罗遁保高昌东之时罗漫山,后入降隋,西域则为射匮所控制。射匮建牙于龟兹北之三弥山,与隋和好。到射匮弟统叶护可汗时,西突厥向西发展,攻下波斯、罽宾,迁牙于石国北之千泉。

隋王朝建立之初,北边突厥强盛,吐谷浑又崛起西部,无力经营西域。隋文帝杨坚统治时期,采用分化政策,促使东、西突厥分裂,东突厥大被削弱,启民可汗降隋后,才开始着手经营西域。炀帝初年,曾派遣侍御史韦节、司隶从事杜行满出使西蕃诸国。据《隋书·西域传》所载,两人曾到过罽宾、史国,也即到过今中亚阿姆河流域。后来,炀帝又命裴矩坐镇张掖,招来西域各国入贡。到大业四年(608),为打通西域道路,炀帝又命薛世雄进军伊吾,并于其地建立新城,以便行旅。继设伊吾镇,后改伊吾郡,在行政上同内地完全一致。大业五年(609),隋为扫清通西域道路上的障碍,出兵攻击在今青海及新疆南部的吐谷浑,降其部众10万军人,"祁连以南,雪山以北"皆为隋有。隋于其地设鄯善、且末、西海、河源四郡。也就在这一年,炀帝西巡张掖,西域27国皆来贡献。大业七年(611),西突厥处罗可汗内附,射匮可汗又与隋通好。至此,隋以和平方式使西域各国内附。炀帝为了经营西域,还设置了西域校尉的官职。

在隋王朝经营西域的过程中,裴矩曾起过重要的作用。他所撰的《西域图记》,是我国古代最早全面记录西域地理山川的一部著作。此书今已佚失,只在《隋书·裴矩传》中保留该书序言,其中说通西域有三道:

南道:出敦煌,经鄯善(今若羌)、于阗(今和田)、朱俱波(今叶城南)、渴槃陀(今塔什库尔干),过葱岭,经今阿富汗、巴基斯坦境内而至印度各地。在我国境内,即沿塔克拉玛干沙漠南缘而至帕米尔高原。

中道:即汉时的北道。由敦煌至高昌,经焉耆、龟兹、疏勒,度葱岭,再经费尔干纳、乌拉提尤别等地而至波斯(今伊朗)。在我国境内大致沿天山南麓而至葱岭。

北道:这是魏以后始通的路线,故又名新北道。北道出敦煌,至伊吾、蒲类(今巴里坤)、铁勒诸部(今萨斯克湖、阿拉湖至乌鲁木齐一带)、突厥可汗庭(今新源西)、渡北流河水(今楚河)达于西海(今地中海)。在我国境内大致是沿天山北麓西行。

三道出发点分别是鄯善、高昌、伊吾,而三点皆出敦煌,故裴矩说:“总凑敦煌,是其咽喉之地。”

在叙述了三条通西域之道后,裴矩又指出,西域朝贡不通,是由于吐谷浑、西突厥的阻挠。西域各国,“并因商人密送诚款,引领翘首,愿为臣妾”。只要加以安抚,就可以达到“诸蕃既从,浑、厥可灭”的目的。炀帝就是根据裴矩的建议而西巡张掖,招来西域各国内属的。可惜炀帝在基本解决西域问题以后,立即出兵攻击高丽,且连年用兵,国内饥荒,终于激起了全国人民大起义,隋王朝也很快垮台了。

四

隋末农民大起义爆发后,北方的东突厥又乘机发展。继启民可汗而立的是始毕可汗、颉利可汗，经二可汗东征西讨，建立了“东自契丹、室韦，西尽吐谷浑、高昌诸国”的游牧帝国。隋末北方群雄，大都得拉拢东突厥来扩充自己的势力。建立唐王朝的李渊、李世民父子亦曾称臣于突厥，请求援助。至于西域，继西突厥射匮可汗而立的统叶护可汗，亦乘机北并铁勒，西破波斯，有控弦之士数十万，成为西域的霸主。唐王朝建立之初，因东突厥连年侵扰北方诸郡，因而无力顾及西域。到唐太宗贞观四年(630)，东突厥内乱，又遭大风雪袭击，唐乘机遣李靖、李勣深入大漠，生擒颉利可汗，平定了东突厥。与此同时，西域伊吾七城见东突厥败灭，自动归唐，唐于其地置伊州。贞观六年(632)，原来游牧于热海(今伊塞克湖)的铁勒别部首领契苾何力至沙州(今甘肃敦煌市)内附。贞观九年(635)，西突厥可汗子阿史那社尔与薛延陀争战失败后降唐。这些事件，对于唐打通西域具有重要的意义。

唐王朝经营西域，应是从平定东突厥之后，对吐谷浑用兵开始的。原在隋炀帝时，吐谷浑为隋所灭，以其地置为郡县。但到隋末农民大起义，吐谷浑王伏允乘机收回旧地，积蓄力量，又常为边患，扰掠兰、鄯、松、岷等州。到贞观九年，唐即以李靖、侯君集等为将，率军出击吐谷浑。浑王伏允在强大的压力下，奔逃入大碛自缢而死。国人立其子慕容顺为可汗，臣属于唐王朝。后国内又发生叛乱，慕容顺被杀，立顺少子诺曷钵为可汗，唐以弘化公主下嫁诺曷钵，仍为唐王朝附庸。这种关系一直维持到唐高宗时期，因吐蕃强大，吐谷浑被逼离开今青海一带，走投凉州(今甘肃武威市)，后来被唐安置于灵州(今宁夏灵武南)。

唐平定了吐谷浑，扫清了西进的障碍。贞观十四年(640)，唐命侯君集出兵西域，击灭高昌，占有今吐鲁番盆地，并继前代的设置，于其地置西州，并于此设立了安西都护府，作为在西域的最高行政机构。在此之后,唐太宗命大将郭孝恪、阿史那社尔等率军击败依附于西突厥的焉耆、龟兹和疏勒。于阗慑于唐军的强大,亦降唐。故贞观二十二年(648),唐又移安西都护府于龟兹(今库车),下统于阗、疏勒、龟兹、碎叶四镇。到唐太宗的晚年,西域各国都已基本臣属于唐。

唐高宗继位后,西域又发生叛乱。原来统率阿尔泰山到天山一带的西突厥首领阿史那贺鲁,势力逐渐强大,向西拓地,建牙于双河(今博尔塔拉境内),公开反唐。高宗不得不先后派遣大将梁建方、契苾何力、程知节等出征贺鲁。直到高宗显庆二年(657),苏定方、阿史那弥射等率军分南北二路夹击,贺鲁被俘,唐才重又统一了西域。

唐对西域的经营,比以前任何一代更为有效。唐以前,在西域设立州郡的只有高昌设郡时间比较长,隋设且末、鄯善、伊吾等时间都很短。到唐代,先于贞观四年在今哈密一带设立伊州,下属纳职、柔远、伊吾三县。唐平高昌,又设西州,统高昌、交河、柳中、天山、蒲昌五县。在设西州同时,又于今吉木萨尔设庭州,下属金满、轮台、蒲类三县。因贺鲁叛乱,庭州曾一度废止。平定贺鲁之乱后,显庆三年(658)又重行建置。此外,在罗布泊地区,有胡人康艳典修筑的九城,属沙州统辖。这样,我们从今新疆维吾尔自治区的全境来看,其东部大致都已同中原各地一样设置了郡县。

至于今新疆的其他部分,按两《唐书》所载,仍实行都护及都督制度。在天山以南,由西往东,于今焉耆设焉耆都督府,于今库车设龟兹都督府,于今喀什设疏勒都督府,在今和田附近设毗沙都督府。在帕米尔高原设有鸟飞州都督府、悦般州都督府。在今中亚乌孜别克斯坦的撒马尔罕设有康居都督府,在塔什干设大宛都督府。在阿尔泰山之西,原东突厥噶罗禄部设有阴山、大漠、咽面、沙陀、盐泊州、玄池州等都督府。

上面所列都督府，在天山以北的，唐代初期设有濛池、昆陵都护府，用以管理西突厥诸部。濛池、昆陵都护府，又归安西都护所辖。到长安二年(702)，武则天于庭州设置北庭都护府。这样，唐代在今新疆东部，以天山为界，天山以北属北庭，以南属安西。而新疆西部及中亚地区，似乎就很难分开了。给人的印象是：碎叶河农业区似乎是属安西都护府，巴尔喀什湖东部、南部的游牧区属北庭都护府。到唐代中期，唐玄宗实行节度使制度，西域有安西四镇节度使和伊西北庭节度使。都护、节度使都是唐在西域的行政管理机构，同时也是军事的指挥机构。据《新唐书·地理志》载，西域地区，唐王朝有很多驻军，伊州驻有伊吾军，西州驻有天山军，庭州驻有瀚海军，庭州西700里(今玛纳斯境内)驻有清海军，轮台(今米泉境内)驻有静塞军，碎叶城(今托克马克)驻有保大军。军之下，各地军事单位还有守捉、烽、戍等。著名的守捉如伊州至西州间的罗护守捉、赤亭守捉，今乌苏有黑水守捉，向西有东林守捉、西林守捉，在帕米尔高原有葱岭守捉，在今策勒县北境有坎城守捉等。

都督府是军事的建置，在都督府之下还设有许多羁縻州。《新唐书·地理志》说：

> 自太宗平突厥，西北诸蕃及蛮夷稍稍内属，即其部落列置州县。其大者为都督府，以其首领为都督、刺史，皆得世袭。虽贡赋版籍，多不上户部，然声教所暨，皆边州都督、都护所领，著于令式。

《旧唐书·地理志》说，北庭有十六蕃州寄于界内，安西境内，于阗以西，波斯以东，有十六国，皆置都督府，“督州八十，县一百一十”。这些羁縻州虽然皆由本部首领兼任都督、刺史，但皆受唐王朝调遣节制,并有义务向朝廷进贡。

唐在西域设置机构,当然主要是推行政令,今新疆东部,如西州、庭州、伊州,则完全同中原一样,登记户籍,推行均田制,设置折冲推行府兵制。在《吐鲁番出土文书》中,即收录有在西州推行均田制、府兵制的文书遗留,如一些户口籍帐残卷、手实、给田牒、差科簿等等,说明西州一带也同中原一样,允许成年男丁占有一定土地,然后征其租役;又如唐军府名籍、军团牒、点籍样、上番文书等等,证明吐鲁番也设有军府,按中央规定征点府兵。这也就是说,唐王朝所颁布的如土地、财产、兵役、债务等各种律令,在这些地区都得以贯彻。

唐为经营西域,在设州、驻军之外,还同前代一样,进行屯田。据《唐六典》统计,当时安西有 20 屯,疏勒 7 屯,焉耆 7 屯,北庭 20 屯,伊吾、天山各 1 屯,共为 56 屯。唐代规定,1 屯为 50 顷,按此计算,唐在西域应有屯田 2800 顷。至今,巴里坤、焉耆、库车等地,还保留有唐代屯田时所修水渠的遗迹。

为保有西域,唐代在西域还设置馆、驿,发展交通。按唐制,三十里置一驿,而西北地区辽阔,实际上也有六七十里或更多置一驿的,如天山馆、礌石馆、银山馆之间,据《新唐书·地理志》"西州交河郡"条所记,应有 220 里,其中只有 3 馆。见于史籍及西域出土文书的,除上 3 馆以外,还有吕光馆、新城馆、龙泉馆、酸枣馆、狼泉驿、达匪驿、草堆驿等等。这些驿馆除了供应往来使臣、官吏之外,一些商人、僧侣亦往往住宿于驿馆附近,便利了中西双方的经济、文化交往。

古代陆路交通,牛、马、驴是最重要的交通工具。唐代驿馆都备有马匹、以便公文传递,多的有七八十匹,少的亦有十来匹。据发现文书得知,除驿馆马匹外,各州还普遍设有车场,以供官府需要,如《开元二十一年(733)天山县车场坊请印状》等文书,便说明车场中养有数量众多的牲口，生死增减都得申报官府。文书中还见到有“长行坊”的机构，似乎专供官府长途运输之用。

唐王朝这些措施，如设州驻军、屯田开垦、兴修水利、整治交通，对于西域的开发与发展起了极其重要的推动作用。

唐王朝经营西域，亦曾有过较大的反复，这主要是吐蕃的强大，安史之乱后吐蕃将势力侵入西域，与当地的西突厥势力相勾结，共同对抗唐王朝。

吐蕃是藏族的祖先。松赞干布统一西藏后势力逐渐强大，唐太宗曾以文成公主出嫁松赞干布，唐蕃间建立了密切的关系。但到高宗时期，吐蕃向东发展受阻，因而转向西部扩张，勾结西突厥残部，进攻安西四镇。高宗龙朔三年(663)，西突厥弓月部勾结吐蕃进攻疏勒。咸亨元年(670)，吐蕃攻取西域十八州，攻陷拨换城(今阿克苏)，迫使唐罢去安西四镇。高宗调露元年(679)，裴行俭平定西突厥的叛乱势力，重新建立安西四镇。武则天执政时，国内发生徐敬业叛乱，功臣、宿将多被诛死，东突厥又一度复兴，侵扰北部边境，吐蕃亦再次攻占焉耆，迫使唐王朝于垂拱二年(686)主动撤离四镇，直到长寿元年(692)武则天命王孝杰出征，再度收复四镇，并由中原派三万汉兵前去镇守，以加强对西域的控制。至唐玄宗开元年间，东突厥汗室后裔的势力一度由漠北扩展到阿尔泰山以西，西边伊犁河流域的突骑施亦曾一度强大，向东扩展，两势力相勾结，不断进攻拨换城、大古城(今乌什)，进而攻打安西都护府所在地龟兹。但都为唐军所击退。开元末年，西边大食兴起，不断蚕食中亚各国。唐安西四镇节度使高仙芝于天宝十载(751)兵败怛逻斯，中亚地区遂落入大食之手。不久，唐国内发生安史之乱，继之又是藩镇割据，大大削弱了唐对西域的控制。此后，回鹘兴起于蒙古高原，也将势力扩展至西域。北疆地区，先有西突厥别部突骑施兴起，后又有另一部葛逻禄游牧于北庭一带。吐蕃则在占有陇右、河西之后,将势力伸入南疆。原来唐王朝在西域所设的安西都护府为吐蕃攻陷,北庭都护府为回鹘占有,结果形成了吐蕃、回鹘之间的反复争夺。到9世纪中叶,漠北的回鹘大汗国为黠戛斯攻灭,回鹘余部分三支西迁,一迁河西走廊,即唐末、五代时期的甘州回鹘;一迁葱岭以西,后来建立了强大的喀喇王朝;最重要的一支则迁至西州,以吐鲁番盆地为中心,向西发展至龟兹(今库车),北面越过天山,直至沙漠,向南达至于阗。这就是建立高昌王国的西州回鹘。而吐蕃则在唐末因内部封建割据,势力大削,伊州、西州及北庭的吐蕃驻军为唐归义军节度使张议潮和回鹘首领仆固俊击败,吐蕃在南疆的统治彻底崩溃,回鹘遂逐步为今新疆地区的主人。

五

由汉唐以来西域和中原王朝对西域的经营,我们可以得到如下几点认识:

(一)古代的西域,由于自然条件的限制,很难形成一个强大的、统一的大国。正因如此,当蒙古高原上出现强大的游牧帝国时,古西域各国往往为该游牧大国所征服,而游牧族贵族的掠夺和贪婪,又给西域人民带来了沉重的苦难。为反抗压迫、西域各政权又往往主动与中原王朝交结,向中原王朝纳贡,以求支持。

(二)中原王朝为对抗北方游牧民族侵扰,除了在北边加强防卫之外,也希将势力扩展至西域,联络西域各族力量,夹击北方游牧民族,用以减弱对中原的压力。汉唐等王朝经营西域主要都是出于政治、军事的目的。丝绸之路的开拓对中西经济、文化的交流有很大的作用,但并不是因经济的目的而开拓的。

(三)由于游牧经济不稳定,漠北大国对西域农业区横征暴敛,所以西域各族人民多愿意加强同中原王朝的联系,主动请求中原王朝出兵西域,或者愿做向导,密切合作,共同赶走游牧贵族。中原王朝之所以受西域各族的欢迎,主要是中原的统治者并不是要在西域收取租税。从经济上来说,中原王朝在西域驻军屯田,往往是花费极大,得不偿失。西域各族向中原王朝进贡,中原王朝又大都给予“回赐”,因此,历史上称之为“朝贡贸易”。自汉至唐,西域与中原王朝不断加强联系,以至发展到今日,新疆各族人民成为我国多民族国家的成员,古西域成为我国领土不可分割的一部分,是历史发展的必然结果。

(四)中原王朝对西域的各种经营措施,如驻军、屯田、设驿、修渠、筑城,以及将中原先进的生产技术传入西域,对于西域的开发起了很大的促进作用。西域名马、动植物新品种以及音乐、舞蹈、宗教等传入中原,也大大地丰富了汉族人民的物产和文化内容。因而,古丝绸之路可说是汉代以来中原王朝与西域各族人民文化交流的大通道。

总之,汉代以来中原王朝对西域的经营,不仅促进了中原人民同西域各族人民的文化交往,推动了西域的政治、经济发展,也为我们今天开发大西北,进而加强与中亚、欧洲各国人民的经济、文化交往提供了有益的参考。

(原载陶广峰主编《文明的脚步——丝绸之路繁荣与法律文化研究》,兰州大学出版社2000年版)

丝路古道上的法律文化资料简介

丝路古道是汉唐通西域的大动脉。汉唐时期中原政权的政治中心在今日关中地区的西安，在我国境内，通西域的古丝路主要是经过我国西部地区，即今甘肃、青海、新疆等省区。因此，我们介绍古丝路上的法律文化，主要也是以这一地域内各族所建立的政权为重点。

所谓法律文化，不单是一个政权的立法、司法状况。人类社会生活的各个领域都涉及各种制度与规范，都可以说同法律有关的。所以，我们不仅要介绍各族政权的立法、司法制度，同时也涉及社会生活各个领域中与律法相关的一些事情。

一

丝路的畅通、繁荣是汉武帝派张骞出使以后才有的，因此，我们阐述丝路上各族的法律文化资料，也从汉武帝统治时期的前后开始。

西汉王朝的西部，主要是匈奴、羌人和西域各国。

匈奴是公元前 3 世纪兴起于大漠南北的一个民族。当它兴起时，正是战国末期和秦及汉初。战国北方各国修筑长城，秦始皇统一六国后将各国长城连接起来，都是为了抗击匈奴的侵袭。在汉武帝发动全部抗击匈奴战争以前，匈奴不仅统有大漠南北，而且，今甘肃河西走廊也在其统治之下。西域各国虽各自称王，但皆为匈奴所役属。匈奴于西域设僮仆都尉,榨取西域城廓诸国的赋税。所以,要介绍丝路上各族的法律文化,首先得介绍匈奴的立法、司法状况。

匈奴是一个"逐水草迁徙,毋城郭常处耕田之业"的游牧民族。[①] 公元前3世纪初即建立起了奴隶制的政权。这个政权"各有分地",以世袭的单于为最高统治者,将其领地分成三个大部分,中部是单于庭,东部为左贤王庭,西部为右贤王庭。他们各自在辖区组织军队,实行统治。所有壮丁被编为骑兵,氏族首领则被任命为什长、百长、千长。显贵的家庭则垄断了万骑长或王、侯等高官。这些官职也是世袭的。通过这样的组织,迫使骑兵去进行战争与掠夺。《史记·匈奴列传》说,匈奴"士力能弯弓,尽为甲骑。其俗,宽则随畜,因射猎禽兽为生业,急则人习战攻以侵伐,其天性也"。又说:"其攻战,斩首虏赐一卮酒,而所得卤获因以予之,得人以为奴婢。故其战,人人自为趣利,善为诱兵以冒敌。"战争所得,各归己有;所获战俘,成为牧奴或耕奴,可以转让、买卖,甚至于当做祭礼的牺牲品。据太史公所记:"其送死,有棺木郭金银衣裘,而无封树丧服;近幸臣妾从死者,多至数十百人。"牧奴、耕奴、人殉的存在,是匈奴奴隶制的明证。

匈奴虽然在汉代时已进入阶级社会,但并无以文字记录的法规。《史记·匈奴列传》中说:"毋文书,以言语为约束。""其法,拔刃尺者死,坐盗者没入其家;有罪小者轧,大者死。狱久者不过十日,一国之囚不过数人。"因为没有成文的律法,所以只能以统治者的口头命令为准则。民间纠纷,似乎是一种习惯法,拔刀伤人过一尺者处死;盗窃财物者,没收其家产;犯小罪的用车辗压骨节,重罪则处死。虽有监狱,关押人数甚少。

---

① 《史记》卷一一〇《匈奴列传》,第2879页。

匈奴的继承法同中原也不一样。秦汉时期,嫡长子继承制早已经确立,而匈奴的单于和各级首领虽是世袭的,但不是嫡长子继承制,是兄终弟及,父死子继。与此相联系的,在婚姻上,“父死,妻其后母;兄弟死,皆取其妻妻之”。研究者称这种婚姻制度为“收继婚”,是社会发展到父系家长制时期由对偶婚向一夫一妻制过渡的一种中间形态。秦汉时期,中原政权已有尊老养老的各种规定,而匈奴则是“壮者食肥美,老者食其余”,“贵壮健,贱老弱”。对于这一点,中行说认为,“匈奴明以攻战为事,其老弱不能斗,故以其肥美饮食壮健者,盖以自为守卫,如此父子各得久相保”。匈奴的贵壮贱老,应是同其生产、生活方式相关的。当时匈奴生产落后,游牧经济又极不稳定,狩猎、攻战、放牧是匈奴人的全部生活内容。所谓“士力能弯弓,尽为甲骑”,说明匈奴是一个生产组织与军事组织相结合的社会。一个人的社会价值,是以他在战斗与劳动中的作用来衡量的。壮能攻战,老不能斗,所以出现贵壮贱老的习俗。在我国历史文献记载中,羌人、突厥皆有此风。

至于匈奴的赋税,《史记·匈奴列传》说:“岁正月,诸长小会单于庭,祠。五月,大会龙城,祭其先、天地、鬼神。秋,马肥,大会蹛林,课校人畜计。”春、夏是祭天敬神,最重要的是秋天马畜肥时的集会,在蹛林召集各部落首长会议,稽查一年来户口、牧畜的增减,以便确定军队的数量和征收一定的赋税。租税按多少征收,史无明载。匈奴没有文字,更无文书,所谓“课校人畜计”,也应是口头的命令。直至汉文帝时中行说入匈奴,“教单于左右疏记,以计识其人众畜牧”,似乎对原先简单的税收加以改进,比较精密地进行计算和登记,然后据以定出征税的数额。

从上可以看出,匈奴当时虽已进入阶级社会,首领世袭,向牧民征收赋税,还有军队、监狱等,但其律法是非常简单的,既没有成文的法规，也没有各种残酷的刑罚，很大程度上是氏族公社遗留下来的习惯法。就是到了东汉，《后汉书·南匈奴传》也说，当时虽有呼衍氏大姓等"主断狱听讼，当决轻重，口白单于，无文书簿领焉"。两汉时期的匈奴，就是以这样的口头法令和习惯法规统治着大漠南北和丝路上的许多小国。

两汉时的西域，有许多绿洲王国，大多以农耕为业，但也有少数以游牧业为主。据《汉书·西域传》的记述和近代考古所得，在昆仑山、喀喇昆仑山北麓的且末（今新疆且末）、精绝（今民丰县）、于弥（今策勒县）、于阗（今和田县）、皮山（今皮山县），帕米尔高原东麓的疏勒（今喀什）、莎车（今莎车县），天山南麓的姑墨（今阿克苏）、龟兹（今库车）、乌垒（今轮台县东之策达雅）、焉耆（今焉耆）、车师（今吐鲁番）及天山北麓的蒲类（今巴里坤）等，都是以农业为主。在罗布泊附近的楼兰（后改名鄯善），阿尔金山、昆仑山、喀喇昆仑山区的西夜、子合（今叶城境内）及帕米尔高原南北的蒲犁（今塔什库尔干）、休屠、捐毒（在今吉尔吉斯共和国境内），天山西部的温宿（今乌什）、尉头（今阿合奇县）等国则主要从事畜牧业。

西域诸国在两汉时代，据一些研究者的意见，都已进入了奴隶制社会。《汉书·西域传》主要记述了西域都护府所属的各国，从中我们得以知道，当时各国有"译长、城长、君、监、吏、大禄、百长、千长、都尉、且渠、当户、将、相至侯、王"的名号。显然，其中许多是中原王朝封授的，但如"大禄"、"且渠"、"当户"等，应是西域一些国家原有的官名。在《汉书·西域传》中，还记载了一些国家的政治、经济情况，如谈到大宛国时说，其国有王、副王、辅王，而且"左右以蒲陶为酒，富人藏酒至万余石，久者至数十岁不败"。说到乌孙时，说其国有王、相、大禄等，而且"国多马，富人至四五千匹"。乌孙的婚姻风俗亦是实行收继婚。细君公主初嫁为乌孙昆莫右夫人,至昆莫老,使其孙军须靡复尚公主。细君死,汉以解忧公主妻之。军须靡死,其叔子翁归靡为主,解忧又为翁归靡妻。这些资料说明,西域地区诸国已有贫富分化,已进入了阶级社会。

另外,不属于西域都护统辖的一些国家,如在今克什米尔的罽宾国、乌戈山离国,在今阿富汗、伊朗的大月氏、安息,班固也曾有记述,说这些国"治宫室"、"市列",以银为钱,"文独为王面,幕为夫人面。王死辄更铸钱"。安息还有文字,"书革,旁行为书记"。这些都表明西汉时代丝路上的各国在经济上虽不如中原那样发达,但已进入阶级社会则是没有疑问的。只不过文献记载甚少,我们对这些国家的组织、律法概况,难以全面地了解。在近代考古的发现中,新疆出土的佉卢文简牍有买卖女奴的契约,是奉官吏之命写成的,更直接证明了这一点。[①]

到汉武帝打击匈奴,将势力伸入西域,中原的封建制度随之也逐渐带进了这个地区。汉于西域设立都护,羁縻各国,上述各国王、侯的名号,都是汉王朝封授的。西域许多小国这时也多遣"质子"至长安,学习汉王朝的文化,也有与汉王朝互为婚姻的,如罗布泊附近的楼兰(后改名为鄯善),两次以王子入质于汉。降汉的尉屠耆为王时,汉赐以宫女为夫人,备车骑辎重以送之。另外,康居、大宛亦曾"遣子入侍"。汉以细君、解忧两公主嫁给乌孙昆莫。值得我们注意的是,《汉书·西域传》在述及龟兹时曾记载了这样一则事例,乌孙公主遣女儿来长安学习鼓琴,路过龟兹,为龟兹王所爱,立为夫人,夫妇共同入朝长安,皆赐印绶。返国后,他俩"乐汉衣服制度,归其国,治宫室,作徼道周卫,出入传呼,撞钟鼓,如汉家仪"。尽力模仿汉朝礼仪,因是之故,被一

① 新疆社会科学院历史研究所编著:《新疆简史》第1册,第24页。

些邻国讥为:"驴非驴,马非马,若龟兹王,所谓骡也。"《后汉书·西域传》中也记载了西汉末年莎车王延"元帝时,尝为侍子,长于京师,慕乐中国,亦复参其典法"。说明莎车国的律法中亦参有汉代的典章制度。

西汉于西域建立都护府之后,在两汉时期,中原王朝除了要诸国派遣质子以外,还在西域地区驻兵、屯田,直接以中原王朝的规章制度进行管理,正如范晔说的,"设戊己之官,分任其事;建都护之帅,总领其权",继之是"立屯田于膏腴之野,列邮置于要害之路。驰命走驿,不绝于时月,商胡贩客,日款于塞下"。[①] 这不能不对于西域各国的立法、司法有所影响。至魏晋时期,这块古称西域的东部地区,也即是两汉屯田、驻兵的地方,如高昌、伊吾相继被中原政权置为郡县,应是这种影响的必然后果。

在西汉时期,于古丝路上活动的不仅有匈奴、西域诸国,还有被称为"西戎牧羊人"的羌族。关于羌人,《汉书》记载甚少,《后汉书》有《西羌传》,但多是有关羌人部落及汉羌关系的记述。羌族最早活动于河曲(今青海东南部黄河曲流处)一带,后来不断内迁,分布于陕、甘、青三省的许多地区,各有部落,不相统一,最大的一支是居住于河曲一带的先零羌、烧当羌、煎当羌,还有从湟水流域移居今甘肃临夏的罕千干羌,移到甘肃临洮、武都等地的勒姐羌,移到岷县的钟存羌等等。秦汉时期,中原的统治者不断在西部地区实行戍边、谪戍、屯田等政策,移来中原的许多汉民,因此,不论在青海的河湟地区,或今甘肃的甘南、陇南地区,都是汉羌两族人民杂居在一起的。

羌人本以畜牧为主,后来不断与中原汉民接触,开始农耕。东汉时,因边地官吏的欺压和掠夺,曾激起了五次较大规模的起

---

① 《后汉书》卷八八《西域传》,第2931页。

义,影响了古丝路的畅通。

至于羌人的政治组织及社会生活状况,《后汉书》卷八七《西羌传》记得非常简略,其中说道:“其俗氏族无定,或以父名母姓为种号。十二世后,相与婚姻,父没则妻后母,兄亡则纳厘嫂,故国无鳏寡,种类繁炽。不立君臣,无相长一,强则分种为豪酋,弱则为人附落,更相抄暴,以力为雄。杀人偿死,无它禁令。……以战死为吉利,病终为不祥。”这段记载告诉我们这样一些事实:一、羌人部落的名称多以祖先的名字命名的。无君臣,不相统一,强者为酋,弱者附落,似乎还未形成国家政权,仍处于原始社会氏族公社的时期。二、婚姻状况,是实行必须在另一个氏族内聚屯的外婚制,同时,同匈奴一样,有妻后母、纳厘嫂的风俗,也是氏族公社父系家长制时期的产物。三、“杀人偿死,无它禁令”,说明羌人当时还没有成文的法典。这种简单的规定,应是氏族公社的习惯法。根据《后汉书》的一些记述,羌人这时已知道制作铁器,如弓箭、刀、剑之类兵器。居住则有的住庐帐,有的住土屋。他们披发左衽,好饮酒,尚雄武,以战死为吉,病死为耻。还有两个特殊的风俗,即相信巫术、人死火葬。一直至魏晋以后,因为与汉人长期接触,羌人才迅速地进入了阶级社会。

两汉时期,在丝路的咽喉河西走廊地区,自汉武帝设立四郡之后,就完全同中原的郡县一样,推行中原政权的政令。在今敦煌、武威和古称居延的额济纳旗,都曾发现了大量的汉简,涉及了屯田、边防、烽燧、养老、抚恤、俸秩、赀算、上计等各种制度。特别要提到的是东汉光武帝建武三年(27)《侯粟君所责寇恩事》的简册,共36枚,是一份完整的诉讼档案,记载了客民寇恩因甲渠粟君无理扣押他的车器,抵赖他为粟君代买米肉的钱,因而向上告发。粟君致书居延县,反诬寇恩卖掉了他借给寇恩的牛。居延县于是致书寇恩所在的乡进行调查,几经反复,乡啬夫坚认寇恩并未欠粟君的钱。简册的发现,使我们更清楚地了解到河西在汉统治下的诉讼程序及诉辞的格式。

二

魏晋以后,中原进入了长期分裂割据的时代,在古丝路上,亦呈现出了极其错综复杂的局面。自东汉末年开始,西北各族大量内迁。原来占有大漠南北的匈奴游牧帝国瓦解了,北匈奴西迁,其中一部分留在西域,与当地土著人民生活在一起;南匈奴几经分合,南下投降了曹操,散居于今山西及陕北、河套地区。原在今东北一带游牧的鲜卑族,这时因大漠空虚,逐渐西迁,与留在大漠的匈奴部落逐渐融合。同时,他们还一批批沿着匈奴西迁的道路西进,在古丝路上,他们亦逐步成了重要的角色。本来居住于西部的氐、羌两族,除了留居于河曲及甘南、川北以外,还大量地被迁入内地,分布于广大的北中国地区。匈奴、鲜卑、氐、羌这些民族后来都曾建立了政权,在丝路上演出了一幕幕雄武的活剧。

至于西域诸国,自西汉建立了西域都护府以后,即从属于中原政权。魏晋中原分裂割据,这一地区就同近邻的一些割据政权发生了较为密切的联系。而靠近西域地区的一些政权,也不断向西伸展,从羁縻各国,进而在西域地区设立州郡,将汉族的典章制度逐步推行到西域。

下面,我们分别介绍这段时期丝路上各国的法制情况。

先讲长安以西到河西走廊这一块地区的状况。自东汉末年黄巾起义之后,长安以西的西部地区曾接连爆发过多次羌胡人民的起义斗争,北宫伯玉、韩遂、马腾等一度还曾打到关中地区,后来退回凉州,据有关陇、金城一带。河西走廊为一些地方刺史所割据,他们之间也相互兼并,战事不断。到曹操赤壁战败,南北统一受到阻挠,于是回头向西扩展,击溃陇右的韩遂、马超,讨平了割据枹罕(今甘肃临夏)的宋建,因而进一步用兵河西,平定张掖张进、酒泉黄华、西平(今青海西宁)麹演的叛乱,中原政权的政令即行之于整个走廊。这种情况,一直延续到西晋时期。

西域各国,在东汉末年以后也发生了一些变化,即一些城廓小国为周围稍大的王国兼并,原东汉的五十余国,被兼并成二十余国。南道主要有鄯善、于阗两国;中道有焉耆、龟兹、疏勒等国;北道有车师后部王、车师前部王、高昌及乌孙等国。在曹魏统有河西之后,即继承了东汉王朝的遗制,于高昌设立了戊己校尉,于海头置西域长史府,用以统辖西域各国。西晋仍然如此。在魏晋时期,西域各国亦同汉代一样,接受中原政权的封号,遣侍子来中原学习,如曹魏时,车师后部壹多杂被魏封为“守魏侍中,号大都尉”。西晋时,焉耆、龟兹皆曾“遣子入侍”。可惜的是,西晋统一只是昙花一现,继之而来的是贾后专权、八王之乱、中原混战,先后出现了许多民族政权和地方政权。统治长安以西的有前秦、后秦、西秦、夏、五凉政权、吐谷浑、柔然、突厥以及西域诸国。

前秦、后秦是氐、羌两族建立于关中地区的政权,建立前秦的氐族苻氏起于略阳临渭(今甘肃秦安县东南),建立后秦的羌人姚氏起于南安赤亭(今甘肃陇西县西)。苻、姚两姓都原为部落的首领。永嘉之乱后他们都曾臣属于前赵、后赵。后赵时,苻氏内迁至枋头(今河南浚县),姚氏被迁至清河(今河北清河县)。后赵瓦解后,苻氏西回关中,建立起了前秦政权。姚氏则是在淝水战后,前秦崩溃,逐步占有关陇,建立起后秦政权。两族内迁之前,文献所记甚略,而到建立起政权时,从其政治行政制度、礼仪风俗等各方面来看,都是效法汉人,完全封建化了。如苻健初建政权,即与关中百姓“约法三章”,“优礼耆老,修尚儒学”;至苻坚执政时,更是推行汉族的封建礼法,所谓“修废职,继绝世,礼神祇,课农桑,立学校”,甚至于魏晋以来中原特有的封建门阀制度也得到了恢复。《晋书·苻坚载记》载:“复魏晋士籍,使役有常闻,诸非正道,典学一皆禁之。”值得一提的是,苻坚之弟苻融,史称他“聪辩明慧,下笔成章,至于谈玄论道,虽道安无以出之”。特别是他还“尤喜断狱,奸无所容”,在《晋书·苻坚载记》所附的传中,记载了他为司隶校尉审判京兆董丰妻与奸夫谋杀丈夫的事,朝臣为之叹服,当时州郡疑狱,都来请他判断,由此可见氐族汉化的情形。

同样,姚氏后秦政权中如姚襄是个“好学博通,雅善谈论”的首领,姚兴则是历史上大力提倡儒学、大兴佛教的著名君主。《晋书·姚兴载记》中谈到,他不仅继承了魏晋以来的封建统治体制,诏命郡国免奴为良,而且,“下书听祖父母昆弟得相容隐”,“立律学于长安,召郡县散吏以授之。其通明者还之郡县,论决刑狱,若州郡县所不能决者,谳之廷尉”。他自己也“常临谘议堂听断疑狱,于是号无冤滞”。

前秦、后秦的政制、立法都是继承了中原的封建体制,已完全是一个封建政权,这应是毫无疑问的。但是,也应当看到,少数民族贵族入主中原,他们虽不断汉化,甚至完全采用中原的各种典章制度,然而,他们原有的军事部落化的体制,以及一些旧有的风俗,总或多或少地被保留下来。前秦建国前苻洪有很多的部曲,既从事生产,也是战斗队伍。后来苻健建国,又曾自称大单于。姚秦从一开始就有不属于州郡的营户,既种地,又出兵,还有属于军镇的镇户,即以军事组织控制人口。这都是部落制的遗留。

前秦瓦解以后,在长安以西的古丝路上,还有西秦、夏及五凉政权。

西秦由鲜卑乞伏氏建立的。4 世纪初,乞伏鲜卑原由蒙古高原南出大阴山西迁至今兰州东南的苑川(约当今甘肃兰州东桑园峡一带)，当时还只处于部落联盟的阶段。后来，受周围汉族的影响，迅速地向国家政权过渡。到淝水之战，乞伏国仁于是据地“自称大都督、大将军、大单于，领秦、河二州牧”，筑勇士城(今甘肃榆中夏官营火车站西)为都城，逐步建立起割据政权。从这一政权的职官来看，乞伏国仁时设有左相、右相、左辅、右辅，任其职的多是鲜卑族的贵族。到乞伏国仁死，其弟乞伏乾归继位，称“大单于、河南王”，尽有陇西之地，在中央设置了尚书令、左右仆射、侍中、各部尚书，在地方有州郡刺史、太守和县令。史称它“一如魏武、晋文故事”。这说明从乞伏国仁到乞伏乾归，已逐步地完全效法中原的封建法制了。陇西地区，原是一个以汉族为主要居民的农业区，乞伏氏迁入这块土地以后，很快就改变了他们原有的游牧经济，转向农业定居生活。乞伏氏的首领，也迅速地与当地的豪门地主相结合，向封建社会转化，采用汉人的封建生产方式，实行各种封建的政治、经济制度。有人统计，在西秦王国时期，见于文献的，在西秦政权中任职的汉族地主或早已汉化了的其他族的豪门地主，多达 49 人(参见周伟洲《南凉与西秦》)。这些人与乞伏氏共同治理国家，其政权的性质是可想而知的。有关西秦社会风俗的资料，文献记载甚少，但保留至今的甘肃永靖炳灵寺石窟，却为我们提供了一点线索。炳灵寺第 169 窟的北壁上有建弘元年(420)的题记，其下还有两排供养人像。建弘是乞伏炽磐的年号，供养人题记中除了有昙无毗、道融等高僧之外，还有“乞佛□罗使之像”。显然，这乞佛是乞伏的异译。这位乞伏氏的官僚，从壁画来看，身着长袍，完全同汉魏以来汉族士大夫的宽衣大袖的装饰一样，而不同于鲜卑人的窄袖细腰的衣饰。这说明西秦乞伏氏据有陇西时是比较彻底地汉化了。

如果说据有陇西的西秦乞伏氏完全地汉化了，其法制应与汉族没有很大的差别，那么，据有朔方之地，由匈奴人赫连勃勃建立的王国,在封建化的过程中则还保有游牧民族的许多习俗。赫连氏原为南匈奴的后裔,淝水战后,这一部落辗转到了高平川(今宁夏南部的清水河),投依后秦政权。不久,袭杀后秦高平公破罗多没奕干,自称大夏天王、大单于,署置百僚,以其兄弟为丞相、大将军、御史大夫、司隶校尉,建统万城(今内蒙古乌审旗南白城子)为国都。至刘裕灭后秦后南返,赫连勃勃乘机进据长安,称帝改元,成了当时西北地区武力最强的政权。关于这一政权的制度,据《晋书·赫连勃勃载记》的记述,赫连勃勃从立国之始,就主张"迁居无常",反对据凭险固,专守一城。也因此,他在统辖区内不设州郡,以军镇统户。他所任用的官吏,多是自己亲属和部属的首领。在与后秦的战争中,他不仅坑杀了后秦军士数千人,"以女弱为军赏",而且,他还曾"掠平凉杂胡七千余户以配后军",史称他"性凶暴好杀,无顺守之规。……群臣忤视者毁其目,笑者决其唇,谏者谓之诽谤,先截其舌而后斩之。夷夏嚣然,人无生赖"。以女弱赏军,残杀俘虏、臣民,以及存在部落兵制及军户,表明赫连氏政权仍保有较多的奴隶制残余和游牧民族的习俗。赫连氏政权仅仅存在二十五年便为北魏攻灭,由于时间短,留下的文献记载也少,其法制的详细状况则难以知道了。

五凉政权是建立于今甘肃河西走廊和青海湟水流域的五个地方政权。其中前凉和西凉是由汉族建立的,后凉、北凉、南凉是分别由氐族、卢水胡和鲜卑族建立的。

前凉张氏政权,原是西晋凉州刺史演变而成的。西晋亡后,中原为五胡所占,凉州刺史张轨及其子孙遂在河西建立起独立的政权。从法制上来看,前凉政权是西晋政权在河西走廊地区的延续,一切政治制度、经济制度,都同西晋一样,只是在张骏以后,才自称凉王。"所置官僚府寺拟于王者,而微异其名。"张祚执政时,曾一度称帝,但很快就恢复原样了。所以,前凉的立法,应完全同于汉晋。

前凉为前秦所灭,河西为前秦所有。淝水战后,前秦瓦解,奉命讨西域的氐族大将吕光回至河西,遂占地自立为天王,史称后凉。后凉朝臣职官亦如前秦,多依中原汉人政权的制度,只不过其重要职位都是由吕氏子弟所担任。更因为吕氏子弟争权夺利,并想以残杀当地豪族来威慑河西百姓,所以很快引起各族反抗。这个政权存在仅 15 年便投降于后秦。

后凉败灭,继起而据有河西走廊中部的是卢水胡沮渠蒙逊,史称北凉;据有河西走廊西部的是汉人李暠,史称西凉;据有湟水流域的是鲜卑秃发乌孤,史称南凉。

南凉秃发氏与北魏拓跋氏同出一族,原都活动于蒙古高原。后来,秃发氏辗转迁至河曲,史称河西鲜卑。到秃发乌孤时,这一部落又南下,迁至湟水流域。吕光后凉政权内乱不断时,已经逐步汉化了的秃发氏遂于今青海乐都东建廉川堡,自称大单于、西平王,至其子傉檀时改国号为凉,称凉王,成为一独立政权。南凉的官制基本上同汉魏以来相同,有录尚书事、各部尚书及左右仆射等,也有各种名号的将军,但没有御史台及主书刑狱的官吏,说明南凉政权比较重视军事,而对法律、刑狱方面是忽视的。南凉在秃发利鹿孤、秃发傉檀时也大量任用汉族的豪门望族。据《晋书》所列,有三十多人,这些人使之“内居显位,外宰郡县”,成为南凉政权的重要支柱。在经济方面,秃发乌孤时,他“养民务农,循结邻好”,逐步由游牧迁徙过渡到农业定居生活。但是,由于南凉注重军事征服,实行“置晋人于诸城,劝课农桑,以供军国之用,我则习战法以诛未宾”(《晋书·秃发傉檀载记》),使南凉社会形成二大部分,一部分是秃发鲜卑等族,掌握军事,四处征讨,掠夺财物;另一部分主要是汉民,被固定在都城周围,从事农业生产,提供租赋。所以,南凉社会是一个部落军事制与封建租佃制共存的国家。南凉仅立国18年,时间较短,其国的土地占有及赋役制度,文献缺载,无从了解。然南凉重视儒家,提倡佛教,在历史上都留下许多美谈。

建都酒泉的西凉汉人李暠政权,实际上是敦煌望门大族的代表,李暠就是在敦煌张、索、李、阴、宋、唐、曹等姓支持下建立起来的。李暠虽自称大都督、大将军、凉公,领秦、凉二州牧,但也奉晋正朔,设左右长史、左右司马及祭酒、从事中郎等职。显然,这一政权不同于其他少数民族政权。他没有称王,也未设立中原王朝如尚书省、各部尚书、御史台的机构,只是在原有地方机构上稍加扩大而已。他崇儒兴学,提倡忠孝,实行察举,编制户籍,其各种制度完全同中原政权一样。

北凉政权是卢水胡沮渠氏建立的。卢水胡是匈奴的别部,据现在许多人的研究,是小月氏的后裔,与当地羌人融合,居于祁连山和黑河(即张掖河)流域。这一地区在两汉时即归属中原政权管辖,所以卢水胡汉化程度甚深。据《晋书》所载,沮渠蒙逊自己就是个"博涉群书,颇晓天文"的人物。当沮渠氏建立政权之初,蒙逊就非常重视农业生产。他曾下令:"蠲省百徭,专功南亩,明设科条,务尽地利。"他亦非常重视政权机构的办事效率。针对"公私草创,未遑旧式,而朝士多违宪制,不遵典章"的情况,命人制定了朝堂制,"行之旬日,百僚振肃"。因为卢水胡长期在中原政权统辖区里生活,所以沮渠氏在建立起北凉政权后也一贯重视汉族传统的儒学,汉人张穆"博通经史",用以为中书侍郎;刘昞为河西大儒,尊为国师;阚骃精通经传,用为考课郎中,另外索敞、阴兴、程骏、胡叟、赵柔、江式等著名儒学之士,皆受到沮渠蒙逊的优遇。也正是这些人,后来都成为北魏时期重兴儒学、制订各种典章制度的重要人物。关于北凉的政治制度,《晋书》未曾详载,其中说到蒙逊称河西王时,"置百官,如吕光为三河王故事"。其官名有左右长史、左右司马、从事中郎、中书侍郎、太史令、各种名号的将军、太守、县令等等,应大致是按中原地区政权的制度而加以扩大的。这也可以说是前凉政权"拟于王者,而微异其名"的继续。这个政权后来灭掉西凉,统一河西。从沮渠蒙逊自称凉州牧,至其子沮渠牧犍为北魏所灭,北凉共立国 39 年。在吐鲁番发现的文书中有许多北凉时期的文书,使我们知道北凉曾实行过察举制度,允许奴婢买卖的存在,有关征调农民戍边、屯田等文书给我们提供了当时土地赋税情况的一点信息,补充了文献的阙漏。

至于魏晋时期的西域地区,据现在所知,曹魏、西晋都是继承了东汉遗制,于海头(罗布泊楼兰遗址)设西域长史,于高昌设戊己校尉。西域各国皆从属中原政权,"无岁不奉朝贡,略如汉氏故事"①。在《流沙坠简》一书中,曾刊有于尼雅河下游发现的四枚晋简,其中两枚文字是:"晋守侍中大都尉奉晋大侯亲晋鄯善、焉耆、龟庇、疏勒、于阗王……"经王国维先生考证,此简是西域长史营抄写大鸿胪下给西域各国逮捕罪人的文书。当时,这五国都属西域长史所辖。西晋亡后,中原纷乱,靠近西域的是前凉,西域各国为保持平衡,都向前凉进贡。太元六年(329),前凉张骏还在戊己校尉驻地高昌设立了高昌郡。太元十一年(334),张骏命杨宣率众越流沙,讨伐龟兹、鄯善,"西域并降"。前凉在西域设立了西域都护。前秦灭掉前凉,靠近河西的车师、鄯善仍臣属于前秦,稍远的焉耆、龟兹、温宿、尉头等这时逐渐疏远了。于是苻坚命吕光出征西域,战败龟兹、温宿,各国皆来归附。前秦于龟兹设西域校尉,于高昌设西域都护。及至前秦败亡,河西出现了好几个称"凉"的政权,靠近西域的西凉李暠和后来统一河西的

① 《三国志》卷三〇《魏书·乌丸鲜卑东夷传》,中华书局 1959 年版,第 841 页。

北凉沮渠氏，同西域各国有较多的关系。当时的高昌郡，仍在北凉的统辖之下。至北魏攻灭北凉，北凉残余势力于吐鲁番建立起了后裔政权，北方蒙古高原上柔然的势力亦进入了西域，形成了柔然与北魏争夺西域的局面。

在述及魏晋南北朝时期的古丝路时，我们不能不涉及统有大漠的柔然，柔然（亦译作蠕蠕、茹茹）是个奴隶制国家。据《魏书·蠕蠕传》所载，北魏初年“始立军法：千人为军，军置将军一人；百人为幢，幢置帅一人。先登者赐以虏获，退懦者以石击首杀之，或临时捶挞。无文记，将帅以羊屎粗记兵数，后颇知刻木为记”。柔然曾将势力扩展至高昌、焉耆、龟兹、于阗一带，但其如何统治西域，史书没有详细记载。在述及高昌国时，《魏书》曾说到柔然攻灭了北凉沮渠氏的残余政权，立阚伯周为高昌王。《周书·突厥传》也说，当时居于阿尔泰之阳的突厥，原是柔然贵族的“锻奴”。因为实行奴隶制，柔然奴隶主的掠夺和奴役必然是非常残暴的，也因为如此，在西域不断引起了高昌、嚈哒、突厥等的反抗。柔然政权也正是在西域及北方各族的反抗下崩溃的。

北魏统一北方以后，西域一度曾为北魏与柔然争夺的场所。到柔然衰落，西域各国大致分两种情况：一种是靠近中原王朝的地区，如高昌、伊吾、鄯善、且末等地，自两汉以来，受汉族政权影响较大，有的曾设立过州县。北魏势力进入后，“赋役其人，比之郡县”[①]。同内地没有多大的差别。另一种是距离中原稍远的一些绿洲王国，如焉耆、龟兹、疏勒、于阗等国，在拓跋焘命万度归西征后，也都曾从属于北魏，北魏在焉耆曾设立了焉耆镇。这些国的状况，根据《魏书·西域传》的记述，亦同高昌等地相似。他们的国王多是世袭的，焉耆是龙氏，龟兹是白氏，于阗是尉迟氏，皆

---

① 《魏书》卷一〇二《西域传》，第2262页。

是汉晋以来延续下来的。于阗的刑法是“杀人者死,余罪各随轻重惩罚之”,风俗同于龟兹。龟兹刑法是“杀人者死,劫贼则断其一臂并刖一足”。同时,龟兹还实行“税赋准地征租,无田者则税钱”。其“风俗、婚姻、丧葬、物产等与焉耆同”。而焉耆的婚姻,史称其“略同华夏”。这些都说明西域各地自两汉以来,不断接受中原的封建文化,已逐步进入了封建社会,无论是赋税、婚姻、刑律,都深受汉族的影响。

三

隋王朝统一南北,结束了近三百年的分裂割据局面,自此,隋唐两代与丝路上西北各族的关系进入了一个新的阶段。

隋唐两代在丝路上活动的主要有吐谷浑、吐蕃、突厥、回鹘及其他西域诸国。

吐谷浑原是鲜卑的一支。西晋永嘉乱后,由阴山南下,据有今青海及甘肃南部、四川西北部等地,成为自十六国至隋唐时期西北地区一个重要的少数民族建立的国家。《晋书》、《北史》、《南史》、《魏书》、《周书》、《隋书》、两《唐书》皆有列传。吐谷浑主要从事游牧,兼及狩猎。但河曲等地两汉时期为羌民的居地,隋唐时在这一带的羌民仍以农业为主业。在长期与汉、羌往来中,吐谷浑逐步也有了定居生活,建立起城镇,如伏俟城(今青海湖西铁卜卡古城)、曼头城(今青海共和县西)、赤水城(在今青海共和县东)等等。

关于吐谷浑的社会性质及政治制度,古代文献上未作专门记述,大多数研究者认为,当时吐谷浑仍处于奴隶制向封建制过渡时期,其直接表现就是在政治制度上。吐谷浑进入青海时间甚早,仍然过的是游牧生活,只是个部落联盟,最高首领称可汗,其余各部落首领称“大将”或“别帅”，后来建立起国家，学习汉族封建文化，于是有“长史”、“司马”、“将军”等名号。及至5世纪中叶，吐谷浑统治者既自称“大单于”，又称“吐谷浑王”，其下职官也有了公、仆射、尚书、郎中、将军等名号。有些同志还怀疑吐谷浑内曾推行过州郡制度。

吐谷浑的风俗，史称其“丈夫衣服略同于华夏，多以罗幕为冠，亦以缯为帽，妇人皆贯珠贝，束发，以多为贵”。其国家租税是：“国无常赋，须则税富室、商人以充焉。”其婚姻与匈奴相似，父死妻后母，兄死妻厘嫂，贫不能娶妻者，则盗女而婚。其国刑罚也比较简单：“杀人及盗马死，余则征物以赎罪，亦量事决杖。刑人必以毡蒙头，持石从高击之。”①

吐谷浑与周围政权的交往，见于史籍的是始于前秦。前秦瓦解后，其与西秦、南凉及南朝刘宋都曾有过联系，特别同西秦关系密切，被乞伏炽磐封为“白兰王”。西秦为夏国的赫连定所灭，吐谷浑又乘机袭击赫连定，擒送北魏。后来，吐谷浑与北魏之间和战不常。为求得发展，吐谷浑也不断与南朝政权取得联系。到5世纪末和6世纪初，吐谷浑的势力从青海扩展到鄯善（今新疆若羌）、且末（今新疆且末），“东至叠川（今甘肃迭部东南），西邻于阗，北接高昌，东北通秦岭”②。及至北魏分裂，吐谷浑实行远交近攻政策，讨好东魏、北齐，与西魏、北周对抗，但后被北周攻占了东部的许多地区。到隋王朝建立，炀帝西巡，占领了吐谷浑全境，于其国设西海、河源、鄯善、且末四郡。隋亡，吐谷浑复国，唐王朝命李靖出兵攻击，其王伏允自杀。唐保留其政权形式，先后立慕容顺、诺曷钵为王，使之成为唐的属国。到唐高宗时，吐蕃强大，

---

① 《魏书》卷一〇一《吐谷浑传》，第2240页。

② 参见《梁书》卷五四《河南传》，中华书局1973年版，第810页。

攻占吐谷浑辖地,诺曷钵先逃至凉州,后被迁至灵州,置安乐州(治今宁夏中宁鸣沙)以处之。这个在丝路青海道上活跃了近三百年的国家,以后就逐渐融进了北中国的汉族之中。

在隋唐时期,对丝路影响较大的还要算突厥和吐蕃。

突厥兴起于南北朝末年,“西破挹怛,东走契丹”,东、西魏及北齐、北周皆与之结好,用以壮大自己的声势。至隋统一南北,隋采用远交近攻的谋略,促使突厥分成东、西两部,后来皆从属于隋王朝。隋末唐初,东、西突厥复统有大漠南北和西域地区,但在唐太宗、唐高宗时都为唐所征服,唐于其地设立了许多羁縻州府进行管理。

许多史家认为突厥仍是一个奴隶制的国家。关于突厥的社会制度,突厥建国之后,继承了柔然统治的制度,不断地掠夺人口和财富,将掠得的人口分给各氏族、部落的首领,当成私有的奴婢。史书上不断记载突厥掠夺人口,以及唐在平定突厥后仍然要出金帛赎回被掠去的八万男女,就是突厥实行奴隶制的最好说明。根据近代发现的《阙特勤碑》、《毗伽可汗碑》的记载,被征服的部落有叛乱行为,“其可汗伏诛,人民亦为奴婢”。同时,还规定:骑士作战不能保护主帅因而致使国家败亡,这些骑士都得黜为奴隶,其碑文说:“依吾祖宗之法度,亡国家、失可汗者,当为婢为奴,当为违反突厥法度之人民。”突厥的政治制度,最高的称“可汗”,其下分封许多小可汗,可汗子弟称“特勤”,别部领兵称“设”。整个突厥统治区分东西两个部分,东部叫“突利”,西部叫“达头”,其下又有称“设”的领兵官,故文献上常有“突利设”、“达头设”的名称,在“可汗”与“设”之间,还有“叶护”的大官,研究者认为等于副可汗的地位。在这些中央大官之下,见于史籍的还有屈律啜、阿波、颉利发、吐屯、俟斤等许多名目,《旧唐书·突厥传》中说突厥官有二十八等。这些官都是世袭的,同时也没有人员的限制。各部落的首领担任各级军官,称为“伯克”,即奴隶主。可汗、贵族和大小伯克组成的贵族会议有权决定汗位的继承人,决定国家的兵戎大事。对于被征服的小国或部落,如对西域各国,则授其上层以“颉利发”的官号,然后派吐屯去“督其征赋”。在突厥统治下的各族正是不堪奴隶主残暴的统治而不断爆发反抗斗争的。东突厥正是在铁勒诸部起义的打击下走向衰弱的,唐王朝才能迅速地将其击灭。西突厥虽也曾用婚姻关系拉西域各国的上层,如疏勒、高昌、康国等国都曾与突厥女为婚,但对于稍不从命的国家,则进行屠杀或占领,如于阗即曾遭屠杀。西突厥还灭掉石国,以特勒甸职摄国。西突厥亦是由于内部的叛乱、分裂,为唐王朝所灭亡。东、西突厥后来都曾经复国,与唐王朝再次争夺漠北和西域,然正如在《阙特勤碑》和《毗伽可汗碑》上所说的:“因兄弟自相龃龉,而使伯克人民之间相互水火,前王突厥汗国崩溃。”

突厥的各种法度及风俗,《周书》、《北史》记之最详。《北史·突厥传》中写道:“其被发左衽,穹庐毡帐,随逐水草迁徙,以畜牧射猎为事,食肉饮酪,身衣裘褐。贱老贵壮,寡廉耻,无礼义,犹古之匈奴。”又说:“移徙无常,而各有地分。”“其征发兵马及诸税杂畜,刻木为数,并一金镞箭,蜡封印之,以为信契。”“其刑法:反叛、杀人及奸人之妇、盗马绊者,皆死;淫者,割势而腰斩之;奸人女者,重责财物,即以其女妻之;斗伤人者,随轻重输物,伤目者偿以女,无女则输妇财,折支体者输马;盗马及杂物者,各十余倍征之。”其婚姻制度,“男有悦爱于女者,归即遣人聘问,其父母多不违也。父、兄、伯、叔死,子、弟及侄等妻其后母、世叔母、嫂,唯尊者不得下淫”。另外,突厥还有“敬鬼神,信巫觋,重兵死,耻病终”的风俗。所有这些制度、法规和习俗,我们明显地可以看出,以游牧为生的突厥族自南北朝末年即进入了阶级社会,其各种制度比之汉族当然要简单得多,有些还可以说是氏族社会的遗留,如婚姻制度即是如此,但是,用立法的手段来保护私有制,赋予最高统治者以征发兵马、赋税的特权等等,却是同进入阶级社会的其他族完全一样的。

继突厥统有漠北的是薛延陀和回鹘。在隋唐时期的丝路上,回鹘是一个比较活跃的少数民族。回鹘兴起于8世纪中叶,当唐王朝发生安史之乱时,回鹘曾出兵帮助收复长安、洛阳两京。后来,唐曾以宁国公主、咸安公主和太和公主出嫁给回鹘的可汗。吐蕃占领河西、陇右后,回鹘亦将势力伸入西域,占有北庭(今新疆吉木萨尔)。唐与西域交往,主要就是通过草原路,经回鹘到达北庭,然后西行。9世纪中叶,回鹘为黠戛斯所破,分三支西迁,一迁葱岭西,一迁甘州(今甘肃张掖),一迁西州(今新疆吐鲁番),都在丝路古道上。

据两《唐书》及《资治通鉴》所载,回鹘初起时"无君长","随水草流徙",统有漠北之后,因与唐绢马贸易,强迫役属各部贡献,并掌握中西交往通道,所以逐渐富裕起来,开始建筑城市,走向半定居的生活。它的政治制度,似乎是有两个体系,一是沿用突厥的制度,所谓"署官号皆如突厥故事",典兵的称"设",大臣叫"叶护"、"屈律啜"、"阿波"、"俟利发"、"吐屯"等等。一是沿用中原王朝的一些官号,如有"外宰相六,内宰相三,又有都督、将军、司马之号",派驻所属各部的称为"监使"。我们从回鹘助唐平安史之乱可知,回鹘军队所至,以剽掠财物、子女为主要目的,同突厥奴隶主是完全一样的。但我们也不能不看到,回鹘在长期与唐王朝互市的过程中,不断受中原文化的影响,逐步向封建制转化。回鹘可汗后来不仅建城市,而且"筑宫殿以居妇人,有粉黛文绣之饰"。许多回鹘人在丝路上贩运致富,有的还居于长安成为富室。回鹘统治阶级也正是在财富不断增多的情况下逐渐腐化,引起被统治各族的反抗。到9世纪中叶,回鹘被黠戛斯击溃,部落分散。西迁的回鹘,后来在葱岭以西建立喀喇汗王朝,建都八拉沙衮城(在伊塞克湖南),以疏勒(今新疆喀什市)为第二都城,统有包括今新疆莎车、和田等地。其制度是实行军事封建采邑制。迁至西州的回鹘,建都喀喇和卓(今新疆吐鲁番东),历史上称为"高昌回鹘",已在原来唐代西州的基础上,由游牧转为定居,农业、手工业都非常发达,完全是一个封建政权了。甘州回鹘开始时依附于吐蕃,后来张议潮起义,依附于归义军节度使。及至唐代末年,这支回鹘力量强大,打败归义军,成为河西走廊最强的政权。这支回鹘也因生活于早为中原政权建立过州县的河西,所以其制度亦深受汉族封建制度影响,有宰相、枢密使等名号,是一个已进入封建社会的小国。他们也不断与中原王朝联系,取得中原政权的支持,用以对抗西夏,但最后到11世纪初为西夏所灭。

在唐代,对古丝路影响最大的要算是吐蕃。吐蕃在唐代前期即占有吐谷浑故地,不断向西发展,将势力伸入西域,勾结西突厥势力,进攻安西四镇,以致在西域历史上出现唐代安西四镇三置三罢的过程。安史之乱后,吐蕃更是乘机占有陇右、河西之地和今新疆南部,成为当时古丝路上势力最大的一个国家。

吐蕃是一个游牧兼农业的民族,在唐代时,仍处于奴隶制的阶段。其最高统治者称为赞普,其大臣有大相、副相,称大论、小论,还有内大相、副相,用以管理国事。按唐人的记载,吐蕃王族曰"论",官族曰"尚",吐蕃官职是父死子代,故其官员多是宗室、外戚。吐蕃当时虽有文字,但通行不广。其人民生活是"春夏每随水草,秋冬始入城隍,但施庐帐,又无屋宇"。这个国家的刑法非常严酷,"其刑,虽小罪必抉目,或刖劓,以皮为鞭抶之,从喜怒,无常算。其狱,窟地深数丈,内囚于中,二三岁乃出"。所谓

"从喜怒,无常算"说明还没有一定的制度,只是根据统治者的心态判事。这种严酷的刑法,在军事上也有反映,史载:"其兵法严,而师无馈粮,以卤获为资。每战,前队尽死,后队乃进。"因为实行残酷的奴隶制,所以,入侵唐境时,"焚聚落,略畜牧、丁壮,杀老孺,断手劚目乃去"①。显然,这是以掠夺人口为目的。在唐代的一些笔记、文集中还记载说,被吐蕃所掠的唐人,"其无所能者,便充所在役使"②。有的甚至于将俘虏"令穴肩骨,贯以皮索,以马数百蹄配之"③,强迫这些人劳动。据《新唐书·吐蕃传》记载,当时吐蕃掳掠了华亭男女万人,分送给羌人、吐谷浑人贵族充当奴隶。吐蕃赞普死后,还要杀人殉葬。这些都说明吐蕃当时还是一个典型的奴隶制国家。

吐蕃与唐在战争中虽然取得了许多胜利,但是,由于长期与封建制的唐王朝交往,不断接受中原文化,封建生产关系逐渐在境内滋长,以至到唐代末年出现了封建割据,内部争斗不已。这个强大的奴隶制国家,也正是在不断内争中走向崩溃。

至于吐蕃的风俗,赭面、辫发、佞佛、重鬼,这几点不同于北方的突厥,而贵壮贱弱、重兵死、恶疾终,则同其他游牧民族是一样的。

隋唐时期的西域地区,同前代相比,亦有所发展。两汉至于魏晋,于西域设都护、校尉或长史等职,用以羁縻各个绿洲王国。各小国仍保存原来的一套机构。但是,到隋唐时期,中原王朝已于古称西域的东部设立了许多州县。隋炀帝平定吐谷浑,设河源、西海、且末、鄯善四郡。其中鄯善、且末两郡在今新疆境内。

---

① 《新唐书》卷二一六下《吐蕃传下》,中华书局 1975 年版,第 6097 页。

② 赵璘:《因话录》卷四,上海古籍出版社 1957 年版,第 96 页。

③ 段成式:《酉阳杂俎》卷七,中华书局 1981 年版,第 272 页。

鄯善治古楼兰(今新疆若羌),且末治古且末城(今新疆且末南)。与此同时,炀帝还在古伊吾庐建筑新城,设立了伊吾镇,后来建立了伊吾郡(今新疆哈密)。唐代继立,改郡为州,于古西域东部继续设立伊州、西州,原来隋代建立的鄯善、且末两郡,归入沙州(治所在甘肃敦煌)。此外,又新成立了庭州(今新疆吉木萨尔),作为北庭都护驻地。这样,古西域的东部,都成了唐王朝所属的州郡,其立法、规范都就是应同中原一样的了。吐鲁番文书中大量的资料,应是当时法制状况的如实记录。

西域的其他小国,在今我国境内的,两《唐书》的《西域传》中记述了焉耆、龟兹、疏勒、于阗及高昌等国。高昌在唐初被侯君集征服后立为西州。至唐代后期,上面述及,回鹘迁至西州,建立起政权,其版图包括今乌什、阿克苏以东的天山南北广大地区,古称焉耆、龟兹等国亦在其统辖之内。西州回鹘治高昌,基本上继承了唐代的封建关系,其国人民大多过的是农业定居生活,手工业、商业都很发达。在中世纪时,中原的印刷术即传至高昌,汉文的许多佛经藏在高昌境内的寺院中。据维吾尔族史的许多研究者认为,高昌这时开始有了自己的文字——回鹘文。回鹘文的文书在近代新疆考古中多有发现,现已成为我国一个专门的学科。这一国家后来臣属于契丹族统治者建立的西辽,至南宋末年,西辽又为蒙古所灭。

焉耆、龟兹、疏勒、于阗等国,这时也都已进入封建社会,居民都过着定居的农业生活。两《唐书》在记述这些国家时写道,焉耆"其地良沃,多葡萄,颇有鱼盐之利"。龟兹是"有城廓屋宇,耕田畜牧为业","有良马、封牛。饶葡萄酒,富室至数百石"。于阗是"以木为笔,玉为印","人喜歌舞,工纺绩",有蚕桑。这些小国先后为唐所攻破,唐保留其王,并于其地置都督府。著名的"安西四镇",就是建立在这四个小国中。安西四镇之上的安西都护府,原来初设于西州,后来移至龟兹,用以统辖天山以南诸小国。唐后来又设北庭都护府于庭州,统辖天山以北的许多部落。都护府设有都护、副都护,下分兵、法、功、仓、户诸曹参军,同中原州参军事的职掌一样。各小国设督护府,有都督一人,由唐政权委任本地区、本民族的首领充当,其僚属史书无载。都督府下还有许多羁縻州,《新唐书·地理志》说:"突厥、回纥、党项、吐谷浑之别部及龟兹、于阗、焉耆、疏勒、河西内属诸胡、西域十六国隶陇右者,为府五十一,州百九十八。"州的首领也是由本族首领充当的。担任都督、羁縻州刺史的本族首领,都是世袭的。对于这些羁縻州府的赋税,《新唐书·西域传》说道,玄宗开元年间"治焉耆、龟兹、疏勒、于阗征西域贾,各食其征,由北道者,轮台征之"。这大概是用征商税作为驻军的给养。至于这些小国或部落内部的赋税,历史文献没有记载,我们也就无法知道了。

在安史之乱后,西域一度为吐蕃、回鹘争夺的场所。吐蕃衰弱之后,西州有西州回鹘,而于阗一带也曾建立起回鹘的李氏王朝,统有今塔里木盆地南缘包括莎车、叶城、和田一带。据敦煌莫高窟第98窟的壁画题记,知道当时的于阗国王叫圣天可汗,与沙州归义军曹氏往来比较密切,后来还向石晋及辽国进贡。至11世纪初为喀喇汗王朝所役属,后来西辽强大,又为西辽所统辖。

隋唐时期西域的法制状况,就我们所知,大致有以上资料。至于丝路上中亚各国的法制资料,这里不再涉及了。

(原载《敦煌学辑刊》1996年第2期)

对古丝路上贸易的估价

近年以来,随着改革、开放政策的贯彻,我国古代与世界各国交往历史的研究,也逐渐被重视起来了。其次,有关丝绸之路的文章尤为引人瞩目。也因为要研究这条古代陆路上的中西通道,对我国西部地区史地的研究,民族、宗教的研究,也成为一个热点,“丝路热”、“敦煌热”、“西部文化热”,以及围绕着这些热点而进行的实地考察,都曾结出了许多可喜的硕果,这是令人感到兴奋和欣慰的。我们希望随着改革、开放的进一步深入,能有更多高质量的研究成果问世,使这条古丝路重新焕发出青春和活力。

被称为丝绸之路的这条古代中西通道,实质上也是一条民族友好往来的道路,是一条中西经济、文化交流的道路。但是,因为大家把这条通道形象地称为丝绸之路,于是也有些同志就以这一名称作为出发点,进行了一系列推导。既然称为丝绸之路,当然就应该以丝绸的输出为主,在古代称为西域的地区,考古发掘中曾获得了一些丝绸织物,于是也就成了以丝绸输出为主的最有力的证据,由此还推导出丝绸贸易是这条通道上“最基本的内容”和“交流的动力”。更有甚者,由丝路以丝绸输出为主的结论,进一步推论出这主要是一条“商路”。从汉代起,为了“打通商路”,于是不断用兵西域,使中西间丝绸贸易更加兴盛起来。

应该如何估价中西陆路通道上的贸易?丝路是否以丝绸贸易为主?它的开拓是否是为了“打通商路”?想就这些问题,谈一点个人看法,以就教于学术界的同仁。

一

丝路之名,是德国19世纪学者李希霍芬(1833—1905)在《中国》一书中提出来的。他指的是中国与中亚阿姆河、锡尔河之间,中国与印度之间,“以丝绸贸易为媒介的这条西域交通道路”。后来,法国东洋史学家阿尔巴特·赫尔曼在《中国和叙利亚之间的古代丝绸之路》一书中,把丝绸之路扩展到了叙利亚。这样,古代中西交往的这条陆路通道,人们都沿称为“丝绸之路”。从这条通道的命名来看,我的理解是:美丽的丝绸织品由这条道路传入西方各国,引起了西方社会各阶层人士的注意,因此,西方人把出产丝绸的中国称之为“赛里加”(Serica),把那里的人称之为“赛里斯”(Seres),即丝绸之国,丝绸之国的人。这同英语里以瓷器(China)当做中国是一样的,是以一种物品的产地来命名的。由出产丝绸推导出丝绸之国、丝绸之路,能更形象、更生动地表达出东方盛产丝绸的中国,是通过这条陆路大道与西方人民友好往来的,特别是蚕丝既长且细,坚韧光洁,犹如地图上所标的道路线条,后人所以沿用这一名称,正是这种形象、生动而又非常恰当的比喻,能更鲜明地印刻在人们的记忆之中。华贵绚丽的丝绸与人民友好往来的美好愿望,都由“丝绸之路”四个字表达出来了。

由上所说,我以为丝绸之路的命名,是由丝绸的来源、产地,以及包含了人民友好往来的良好愿望而来的,并没有以丝绸贸易为主的意思。

不仅是丝路的命名没有以丝绸贸易为主的意思,就是以丝路的开拓来说,也同丝绸贸易没有多大的关联。

关于丝路的开拓,一般认为这是始自张骞的“凿空”。但从现在已发表的许多文章来看，许多学者以为在张骞之前，中原与西域各国即已有往来。从考古实物所得知道，先秦时期，西域地区即出土有漆器、铜镜，也曾出土过一些丝绸织物，证明张骞之前确有中原的产品传至今新疆和中亚地区。从文献资料所知，《山海经》、《穆天子传》、《管子》、《淮南子》以及古希腊学者希罗多德的《历史》一书，都曾涉及西域的地名、部族、山川地理及交通的情况。虽然有很多研究者对这些书提出了怀疑，以为不是信史，其内容很大部分是虚构的，最多也是一些传闻的记录。但结合考古实物所得，在张骞之前，这条通道上已有人活动，应是无疑的。尽管在先秦时期，中原王朝的疆域当时还未达及西域，这些实物不管是辗转传递，或者是个别人冒险西行，总是有人携带过去的。文献记载不可能是作者实地考察所得，但有所传闻，才使作者有这种似真非真的想象和虚构。

肯定这条古道上先秦时期已有人活动，但并不等于像有些文章所说的，当时中西交往就已非常密切，丝绸贸易就已相当兴旺。广大的西域所出土的零星丝织物片段，不足以得出丝绸贸易兴旺的结论。以点代面，以个别例证推导出全盘的结论，在历史学科的研究中是不可取的，也是极为危险的。

张骞"凿空"之说，是太史公在《史记·大宛列传》中提出的，以后班固在《汉书·张骞传》中继依此说，意其所指，则是言西汉王朝自张骞之后，与西域诸国通使往来不绝。从这一意义来看，太史公所说不虚，在此之前，未见有中原王朝使者与西域诸国往通的。

西汉王朝所以命张骞出使西域，《史记·大宛列传》说："张骞，汉中人，建元中为郎。是时天子问奴降者，皆言匈奴破月氏王，以其头为饮器，月氏遁逃而常怨仇匈奴，无与共击之。汉方欲事灭胡，闻此言，因欲通使。道必更匈奴中，乃募能使者。骞以郎应募,使月氏,与堂邑氏胡奴甘父俱出陇西。"这里明确地指出,西汉王朝"方欲事灭胡",也即要对付匈奴,联络月氏,才有张骞应募"通西域"的事件。

西汉王朝至武帝时"欲事灭胡",历代史学皆有论述。概而言之,即匈奴不断侵扰边境,使中原王朝西北边境人民的生命财产得不到保障,也威胁着建立在长安的汉政权的安全。这一情况,迫使汉武帝不得不改变汉初以来的和亲政策,转而采取进击的策略。为了要击败匈奴,"断匈奴右臂",联络与匈奴有世仇的月氏,两边夹击,才有取胜的把握。张骞也正是负担这一使命西行的。所以,从张骞出使西域的动机来看,完全是出于政治、军事的目的,同丝绸贸易是毫不相干的。

张骞"凿空"是政治、军事的需要,汉与匈奴之间的战争和进军西域,应是为了达到政治、军事目的的一种手段。可是在涉及汉匈战争性质时,有些文章竟说是为了"打通商路",把匈奴侵边说成主要是掠夺丝绸,把双方冲突说成是为出口丝绸、掠夺丝绸而战。这种观点,我以为也是难以接受的。

匈奴南下不断侵扰中原王朝的边境,应是匈奴社会发展到一定阶段的必然产物,绝不是为掠夺丝绸、垄断丝绸贸易而发动战争的。据现代史学家的研究,公元前3世纪以来,匈奴已进入了阶级社会,游牧贵族为满足自己的贪欲,不断发动战争,掠夺相邻部落和国家的财富。《史记·匈奴列传》记载,匈奴"士力能弯弓,尽为甲骑。其俗,宽则随畜,因射猎禽兽为生业,急则人习战以侵伐,其天性也"。"其攻战,斩首虏赐一卮酒,而所得卤获因以予之,得人以为奴婢。故其战,人人自为趣利,善为诱兵以冒敌。故其见敌则逐利,如鸟之集;其困败,则瓦解云散矣。"游牧民族贵族的贪欲,匈奴部落中卤获归己,得人以为奴婢的习俗,逐水草而居、善于骑射、飞速往来的有利条件,使匈奴部落具有极其强烈的掠夺性，匈奴呼韩邪单于时，其部下大臣自己承认："匈奴之俗，本上气力而下服役，以马上战斗为国，故有威名于百蛮。"① 自战国以后，匈奴不断南下侵扰边境，正是这种社会特点所决定的。

至于说匈奴主要掠夺丝绸品，以便同西方国家交换，牟取更多的利润，对此，许多研究匈奴史的学者对匈奴的社会经济结构进行了深入的探讨，以为匈奴自公元前 3 世纪进入阶级社会以后，铁器已大量使用，有力地推动了畜牧业、农业和手工业的发展。匈奴以畜牧业为主，逐水草而居，但受天气及地理条件的限制，所以经济发展很不稳定，这极大地妨碍了社会生产力的迅速发展和提高。匈奴的农业，在匈奴的古墓中曾发现有农作物的种子，还有铧、镰等农具，说明匈奴已有农业。但我国古代文献中却说"狄不谷食"②，匈奴"外无田畴之积"③，是否可以认为匈奴并不是一个以农业为主的民族？手工业主要有冶铁业、铸铜业、制陶业、木器业、毛织业、皮革业等，主要都是用来自用的。商业，因匈奴畜牧业经济发展缓慢，在生产和生活上难以达到自给的程度，因此，除掠夺而外，用畜牧业产品如肉类、皮毛来交换中原的农产品和手工业品是十分需要的。故贾谊说："夫关市者，因匈奴犯猾而探求也。"④司马迁说："然匈奴贪，尚乐关市，嗜汉财物，汉亦尚关市不绝以中之。"⑤匈奴需要用畜产品来交换中原的粮食、铁器、铜器、马具、工具、服饰等等。游牧民族这种交换，大多是为了得到生产和生活的必需品，并不是从中贩运牟利。至于匈

① 《汉书》卷九四《匈奴传》，第 3797 页。

② 《淮南子 · 原道训》卷一，中华书局 2005 年版，第 16 页。

③ 《盐铁论 · 备胡》，第 42 页。

④ 贾谊:《新书》卷四《匈奴篇》，上海古籍出版社 2013 年版，第743 页。

⑤ 《史记》卷一一〇《匈奴传》，第 2905 页。

奴上层统治者所需要的奢侈品,也是通过关市换回的,如金银器皿、丝绸织物,主要也是为了自用。在历史文献的记载中,我们还未发现有匈奴商人贩运大量丝绸到西方贸易的资料。相反,在诺颜山匈奴古墓中,倒发现了希腊出的丝织品。[①] 说明匈奴的统治上层不仅从中原换回丝绸,也从西边换回丝绸织品,因此,我们不能把匈奴这个游牧民族的一些交换活动归结为主要是丝绸贸易,更不能由此推导出匈奴为掠夺丝绸而发动战争。

二

上已论及,张骞西行是出于政治、军事的目的,同丝绸贸易无关。那么,从张骞以官方使者的身份凿通这条古代东西方陆路通道以后,商业贸易是否是这条通道的基本内容呢?这也是与上面曾涉及的问题相联系的,即西汉王朝出兵攻打匈奴和西域是否是为了打通商路?为了回答这一问题,我想简单地剖析一下汉唐时期社会经济的发展状况是十分有益的。

中国自周秦进入封建社会之后,同世界各民族一样,都是自然经济占绝对的支配地位。所谓自然经济,指的就是农民不但生产自己所需的农产品,而且也生产自己所需要的大部分手工业品。地主从农民那里剥削得来的地租,也主要是自己享用,并不是拿到市场上去交换。这也就是说,以交换为目的的商品生产,在中国封建社会里是不发达的。

中国封建社会的经济结构,主要是农民的个体所有制和大地主土地所有制相结合。几千年来,农民的个体经济,大体上就是

① 林幹:《匈奴社会制度初探》,载《蒙古史论文选集》第5期,呼和浩特市蒙古语文历史学会,1983年,第73页。

以一家一户为单位过着男耕女织的生活。男耕得粮,女织有布,农业与家庭手工业紧密结合在一起,解决了自身的吃穿问题,除了盐、铁之外,很少与市场联系。这种个体的小生产者从战国时期“一夫挟五口,治田百亩”,“农事”与“女工”并举①,到秦汉时期“农人纳其获,女工效其功”②,以及唐代白居易所说“桑麻青氛氲,机梭声札札”,“家家守村业,头白不出门”③,明清时期江浙一带“耕稼纺织,比屋皆然”,都说明自给自足的小农经济是普遍存在的,它在中国封建经济生活中是最基本的生产单位。

不仅是个体生产者与市场很少联系,封建地主的田庄也是一个自给自足的经济单位。从《四民月令》里所描绘的汉代地主庄园内自给自足的景象,到魏晋《颜氏家训》中“闭门而为生之具足”,唐代柳宗元说的“树之谷,艺之麻,养有牲,出有车,无求于人”④,都说明了这一点。即使到了封建社会的末期,明、清两代的地主大多还是住在农村,仍按自给自足的办法来安排生产和生活,就是居住在城市的官僚地主,随着商品经济的发展,已开始收货币地租,在城市用货币购买消费物品,但自己所吃的粮食,仍多是从乡间田庄里运来的。《红楼梦》里乌进孝送米给贾府食用就是一例。

农民和地主都是自己生产、自己享用,很少用来交换,所以,在中国的封建社会里,商品经济虽然有缓慢的发展,但总起来说,自然经济仍居于绝对的支配地位。

---

① 《汉书》卷二四《食货志》,第 1125 页。

② 《盐铁论·本议》,第 4 页。

③ 白居易:《朱陈村诗》,载《白居易集》,中华书局 1979 年版,第 184 页。

④ 柳宗元:《送从弟谋江陵序》,载《柳宗元集》,中华书局 1979 年版,第 633 页。

如果说封建经济结构是限制商品经济发展的根本原因,那么,封建政权所推行的抑商政策是直接扼杀商品经济的屠刀与绳索。历代封建统治者为了维护“上下有序”的等级制度,为了巩固自己的统治地位,总是反对任何的社会变革,反对任何的动荡和骚乱。他们需要的是保守、安定,甚至是静止、凝固的社会状态。而商品经济却是社会最活跃的因素,因商品经济的发展,会引起社会的两极分化,贫富不均;因商品经济深入农村,就会加剧土地兼并,农户流亡;因商品经济的侵蚀,会败坏封建吏治,出现奢侈的作风。因此,历代统治者都实行重农抑商的政策,抑制商品经济的发展,抑制土地兼并,让社会保有较多的独立农户。有关重农抑商的言论和政策,自秦汉至明清,可谓史不绝书。为了抑商,统治者不单是在政治上加以限制,同时还在经济上推行了一系列的政策,例如实行禁榷制度,垄断人民生产、生活的必需品,如盐、铁、酒、茶等由政府专卖;实行土贡制度,使各地土特产不进入流通市场;设立官府作坊,满足统治者自身消费需要,限制民间工商业的发展。

在以上两个条件下,中国封建社会里商品经济的发展是极其缓慢的,也是极为薄弱的。在这样的社会里,它根本不可能有大宗物品的输出,更不可能像现代资本主义国家那样,需要寻找商品市场和原料产地。一些同志将现代资本主义经济发展的规律强加到封建社会身上,把汉武帝联络月氏、打击匈奴说成是“打通商路”,应该说是没有根据的。当时的汉王朝既没有大宗商品的输出,更不需有商品的市场。

因为涉及“打通商路”的问题,我们也不得不讨论一下古代中原王朝与西域各国之间的关系。

现代资本主义国家为保持国内经济繁荣,获取更多的利润,不断扩大再生产,总是要寻找推销自己商品的市场,甚至不惜用武力手段来达到这一目的。但是,我国古代中原王朝与西域各国的关系却完全与此不同。当时中原王朝将势力扩展到西域地区,主要是为了政治和军事的目的,即所谓的招徕抚远,扬威远略,图制夷狄,巩固边防。在经济上,不仅是无利可图,相反地,倒是增加了国家的负担。有关这一问题,史书上多有记载,如汉对匈奴,班固就以为“其地不可耕而食也,其民不可臣而畜也”。汉进西域,虽然得到了良马和珍贵的奢侈品,但“赂遗赠送,万里相奉,师旅之费,不可胜计”,以至于“民力屈,财用竭,因之以凶年,寇盗并起”。[①] 唐征突厥、高昌,军事上取得了重大胜利,而经济上却损失甚重。褚遂良即对唐太宗说过:“陛下诛灭高昌,威加西域,收其鲸鲵,以为州县。然则王师初发之岁,河西供役之年,十室九空,数郡肖然,五年不复。”魏征也说到,唐得高昌,“常须千余人镇守,数年一易,每来往交替,死者十有三四,遣办衣资,离别亲戚,十年之后,陇右空虚,陛下终不得高昌撮谷尺布以助中国”[②]。故唐代许多政治家称西域为“石田”,无所收获。如果只算经济账的话,汉唐经营西域,是得不偿失。如从政治、军事角度衡量,对汉唐来说,扩展了势力,安定了边境;对西域来说,改变了分裂割据状态,促进了民族融合与地区统一,有利于西域地区的开发和经济、文化的交流,这些都是具有深远的历史意义的。

说到经济利益,许多学者为了证明这条通道本质是一条商路,因而列举了中原王朝与西域各国贸易的情况,如关市交易、朝贡回赐、商人贩运等等。当然,汉唐帝国同西域地区是有贸易往来的,但值得我们注意的是:这些贸易都是严格地被控制在封建

① 《汉书》卷九六《西域传》,中华书局 1962 年版,第 3929 页。

② 吴兢:《贞观政要》卷九《安边第三十六》,上海古籍出版社 1978 年版,第 278 页。

政权允许的范围之内的,它主要还是为封建政治服务的。在汉代,边境上的关市贸易,是由朝廷指定官员用黄金、丝织物等换取游牧民族的马、骡及毛织品,大多是供官府的需要。私商贸易,则禁止铁器、铜钱输出,并且还需官府给予凭证方可交换。至于朝贡与回赐,则只是两方统治阶级之间的交换罢了,很难说它具有完全的商品经济的意义。到了唐代,贸易数额还超过以前,但官府的控制也更加严格了。官方交易,据《白氏六帖》所引《关市令》:"诸外蕃与缘边互市,皆令互官司检校。其四壁穿堑,及立篱院,遣人守门,市易之日卯后,多将货物畜产俱赴市所,官司先与蕃人对定物价,当后交易。"所市牛马,都需具岁齿肤色,上申朝廷,上等的输送京师。边境少量的交易,可补充地方所缺。至于私人贸易,按《唐律疏议·卫禁》所说,往来关禁,需有"过所"(即官府所给的通行证),"依关市令,锦、绫、罗、縠、紬、绵、绢、丝、布、犛牛尾、真珠、金、银、铁,并不得度西边、北边诸关"。"若将度西边、北边诸关,计赃减坐赃罪三等。"还规定:"诸越度缘边关塞者,徒两年。共化外人私相交易,若取与者一尺,徒两年半,三匹加一等,十五匹加役流。"即使因公奉使入蕃,蕃人奉使入国,也不得私有交易,"因使私有交易者,准盗论"。这些严格的规定,说明边境贸易完全控制在官府的手中。唐代虽然也曾允许胡商来内地兴贩,有的甚至在内地列肆经纪,但这种民间的交往毕究是十分有限的。

三

对于这条我们称为"丝绸之路"的古代通道,不能因为有"丝绸"两字就说它主要是为了输出丝绸,因为官方和民间的贸易存在,就称之为"主要是商路",开拓这条路就称之为"打通商路"。

实际上，无论是汉代或者是唐代，这条通道的主要的积极作用还是在政治和军事方面。这条通道是出于政治、军事目的开拓的，也正是这条通道加强了中原与西域各地的联系，促进了民族融合和经济、文化交流，增进了中国人民与西方各国人民的了解和友谊。当今天我们估价这条古代中西通道的历史功绩时，我以为不能把商业贸易估价得太高，更不能把它说成“本质上是一条商路”，或者说“商业贸易是其最基本的内容”。

也许有些同志出于同样的理由，把这条古代通道称之为“宗教之路”，或者叫“文化交流之路”、“民族友好之路”。我以为这也是非常贴切的。

说这条通道是条“宗教之路”，当然是有其根据的。我国四大宗教，即佛教、道教、伊斯兰教、基督教，其中除道教为中国土生土长之外，其他三种都由这条通道传来。佛教的传入，从这条通道上石窟寺的修建和历史上高僧西行求法等事迹即可找到解答。伊斯兰教的传入，许多人以为最早是由海路传入的，但中国西北部有众多的伊斯兰教信徒，应都是由这条陆路通道传来的。特别是蒙古人三次西征，将中亚的许多伊斯兰教教徒迁至中国，强迫他们参加战争、屯田，以至教徒遍布全国各地。基督教的一个分支叫景教，是唐代贞观年间由传教士阿罗本自大秦传至长安的。留在今西安市碑林内的“大秦景教流行中国碑”是基督教由这条通道传入中国的最有力的证明。除了以上三种宗教之外，由这条通道传来的还有袄教（即拜火教）、摩尼教。有这么多的宗教传入，而且这些宗教传入后对中国社会各个方面都有过巨大的影响，人们把这条通道称之为“宗教之路”，我以为也是未始不可的。

称这条通道为“文化交流之路”，则更是言之成理的。在宋代海上交通发展起来之前，中原与西方各族的交流都是通过这条通道进行的。这种交流，不仅有宗教哲学的东来，传统儒家文化的西传,也有音乐舞蹈的交流、科学技术的交流、动植物品种的交流、土特产的交流等等。这些交流虽不是一起东来西去的,是长时期不断交流的结果,但这些交流丰富了我国和西域各国人民的文化生活,促进了社会的发展。今天我们如把它称之为“文化交流之路”,也是非常合适的。

至于称之为“民族友好之路”,我们也是完全可以理解和接受的。因为在海路开通之前,中原王朝对西方各族的了解都是通过这条通道取得的。从张骞、班超出使西域所取得对西方各族的了解,到以后隋代裴矩有《西域图记》、唐玄奘《大唐西域记》,以及元意大利人马可·波罗所作的《游记》等著作,皆是我国人民与西方各族人民友好往来的记录,为相互了解、增进友谊都曾起过重要的作用。

对于这条古代的陆路通道,人们从不同的角度考察,因而有各种不同的想法和称呼,应当说都是有一定根据和理由的,现在,“丝绸之路”的名称已为世界各国学术界及人民所接受,用这一名称也是非常形象、非常生动的,没有必要进行改变和更动。只不过在我们运用这一名称时,不能作一些漫无边际的推论,以免产生许多历史的误会。

历史是不断进步的。在我们实行改革、开放的今天,古代的这条通道上已接通了铁道,这就赋予它更重要的历史使命。便利的交通不仅能更快地增进我国与中亚、西方各国人民的了解和友谊,而且,利用这一有利条件,互通有无,促进经济、文化交流,发展商业贸易,加快我国西部的开发,也已成了摆在我们面前的一个最现实的课题。我们衷心祝愿古丝路在新的时代、新的条件下取得新的巨大成果。

(原载《兰州商学院学报》1992 年第 3 期)

古代河西的兴衰

一

河西因在黄河以西而得名，又因它夹在祁连山与走廊北山之间，形成一条长1000多公里、宽100公里或仅数公里的天然狭长地带，犹如一条长廊，故称河西走廊。

河西走廊的历史最早见于史籍的是《尚书》的《舜典》、《禹贡》等篇。其中有三危、黑水等名，后人指为今张掖黑河及敦煌三危山，其说不一定可信。但根据考古发掘，河西早有人类在此生息。仅武威地区，现发现的新石器遗址就有皇娘娘台、鸳鸯池、营盘梁、张家台、罗家湾、海藏寺、瓦罐滩、二坝、三角城、小崖子、王景寨等十余处。在酒泉地区，则有闻名中外的"火烧沟类型文化"。这一类型的文化遗址，在山丹、民乐、酒泉、玉门等地均有发现。

战国以前的河西，是羌、戎等少数民族活动的地区。到战国、秦汉时期，月氏、乌孙和匈奴是河西的主人。后来月氏强大，赶走乌孙，成为河西的统治者。1957年在玉门骟马城新石器遗址出土了一批夹沙的红褐色或灰色平底的陶器，人们推测是秦汉以前乌孙或月氏人在这里活动的遗物。

月氏占有河西后，一度非常强盛。大约在秦朝时，匈奴头曼单于曾把太子冒顿送至月氏作为人质。后来冒顿逃归，杀父自立,打败月氏,迫使月氏西逾葱岭,进入今阿富汗境内。残留在河西的部分号称小月氏。自此匈奴遂占有整个河西走廊,由右贤王部下的休屠王、浑邪王管辖。至今闻名中外的祁连山,据说是匈奴人命名的。“祁连”即“天”的意思,因其高入云霄,故名祁连山。[①] 凉州武威县,原名姑臧,据说亦为匈奴语“盖藏”的转音。[②]

秦末汉初,匈奴东灭东胡,西灭月氏,南破楼兰、白羊,北服浑庾、丁零,拥有“控弦之士三十余万”[③],建立起东起东北、西达新疆的强大的奴隶制游牧国家,时常侵扰汉朝边境。特别是在占有河西以后,实力大为增强,直接威胁着汉王朝的腹心地区,即关陇地区。西汉初年,由于国力不强,统治者无力反击,只能采取和亲的办法,给匈奴贵族送去大量的丝织品及酒食,借以求得边境的安宁。但事实上这并不能满足匈奴贵族的贪欲,他们仍是连年南下,骚扰汉境。直到武帝时,他凭借着汉初几十年休养生息而大大增强了的国力,开始了对匈奴大规模的反击战。

汉武帝反击匈奴的战争,主要有三大战役:河南之战、河西之战和漠北之战。发生在河西的这次战争,是在元狩二年(前121)。这年春天,骠骑将军霍去病统率万骑出陇西,从青海的东北部进入河西,转战六日,过焉支山千有余里,俘获浑邪王的王子和休屠王的祭天金人。这年夏天,霍去病与公孙敖再次出击河西,霍军出北地,“涉钧耆,济居延”,再由北向南一直打到祁连山;公孙敖出陇西,可能是拟经青海,翻越祁连山进入河西,与霍军进行南北包抄。由于公孙敖军迷路失道,未进入河西,霍军则按原定战略取得了很大胜利。在考察中,我们到达了民乐县的扁

① 《汉书》卷五五《霍去病传》,第2481页。

② 张澍:《西河旧事》,《丛书集成初编》本,中华书局1985年版,第1页。

③ 《汉书》卷九四《匈奴传》,第3750页。

都口和永固城。永固城在汉代叫汉阳城，是历代屯兵要地。在今永固城东面，有一古城遗址，当地群众叫做霍城或八卦营，说是当年霍去病屯兵的地方。自古以来，由南边进入走廊，多走扁都口一线。霍去病第一次由南边进入河西，大概就是经过扁都口，在永固城一带屯兵完全是有可能的。

汉军的胜利，促使匈奴内部的分裂。匈奴单于迁怒于浑邪王和休屠王，欲召诛之，于是两王惧而降汉。休屠王中间反悔，为浑邪王所杀。浑邪王带了四万部众入塞，被安置在陇西等沿边五郡塞外，称“五属国”。河西自此归汉统治。汉王朝先在这里设立了武威、酒泉二郡，后又分置张掖郡和敦煌郡，史称“河西四郡”。四郡共辖 25 个县。

河西归汉是河西史上最重大的事件。汉朝为经营这一地区，先后组织了几次大规模的徙民活动，把中原地区的贫民和“罪犯”徙来河西。据《汉书·地理志》所载，河西四郡当时有户 61000 余，口 28 万余。如果再加上屯田的士卒，估计整个河西大约有 40 万人左右。大量劳动力的进入，加以他们带来中原人民丰富的生产经验和技术，大大地促进了河西地区的开发。

西汉王朝在河西地区的屯田，可分为军屯和民屯两种。军屯由戍边士兵所种，收获交公，衣粮由国家供给；民屯则由徙民所种，向国家交纳地租。当时屯田是很有成绩的。首先，西汉在这里曾兴修过规模比较大的水利工程。据居延发现的汉简，就有甲渠、临渠、广渠等名称，还有专门从事治渠引水的“河渠卒”。《史记·河渠书》也提到“河西、酒泉皆引河及川谷以溉田”。其次，是在这里推广先进的耕作技术。汉武帝末年，赵过发明的代田法，就是首先在边郡和居延城推广的。居延汉简有“代田仓”的名称，大概就是专门收藏代田法所获粮食的仓库。再次，从屯田的收获量来看，数量也是很大的。屯田所得粮食，除自给以外，还有剩余。有一汉简记载,汉元帝时内地遇灾,还曾调发居延粮食前去接济。居延如此,河西其他屯区亦应大体相似。

秦代长城没有修到河西,汉得河西后,为防止漠北的匈奴,在走廊的北边修筑了一条与走廊平行的长城。立郡之初,即修筑了令居塞,从今甘肃永登县修筑到酒泉。以后,又修筑了酒泉与玉门间、敦煌与盐泽间的边塞,在居延还修筑了遮虏障。这次考察,在玉门关附近看到了一段保存较完好的长城,由芦苇夹沙石筑成。芦苇和沙石每层的厚度为20—30 厘米左右。虽经两千年风雨蚀剥,这段长城还高有 3 米多,底亦有 3 米宽,顶上最宽处亦有1 米左右。筑城芦苇是从附近沼泽中取来的。在玉门关与阳关之间,平漠无边的戈壁上还有一条隆起的沙石垄,平均高约 0. 3米,当地同志也认为是汉代所筑的长城。

汉代除在河西修筑长城外,在整个军防系统中,还有关隘和烽火台的设置。关隘主要是玉门关和阳关,两关是河西通西域的两个门户。我们这次到了小方盘城和古董滩。小方盘城一直被国内外学者定为汉代的玉门关遗址,现在保存尚好,四壁多是夯土版筑,高约 10 米,占地约 630 平方米。此城规模很小,是否是玉门关遗址,颇有怀疑。甘肃考古队据近年发掘,认为玉门关不在小方盘,而应在马圈湾附近。阳关遗址坐落在古董滩的高土台上,规模更小于小方盘城,现尚有夯土残留遗址。我们认为这一土台仅是汉代的一个烽火台遗址。至于阳关确切地址,尚有待进一步发掘与研究。

汉代烽燧遗址保存得较多的亦在敦煌,据调查,敦煌境内有70 余座。我们见到的,以小方盘城西约 2 公里处的一座较为完好,也由芦苇夹土坯筑城,残存的有 13 层。遗址南边有 5 堆柴草,都是芦苇、红柳或胡杨树枝。据居延发现的《塞上烽火品约》,这些柴草应叫“积薪”。敦煌市博物馆陈列了从烽火台内取来的一束束芦苇火把，长的有 2.85 米，小的只几厘米，这大概就是叫做“大苣”、“小苣”的报警燃料。

在汉代，移民、设郡、设防、屯垦这四者是联系在一起的，这也正是汉代河西得以开发并有很大发展的重要原因。

在河西地区，西汉的墓葬群也很多。张掖黑水国附近及武威乱墩子滩等地都有上千个西汉墓。在众多河西的汉墓中，曾出土了大量的汉简、丝织品、陶、木等器物。武威磨咀子汉墓群曾出土了大批木简，其中 6 号墓出土的 469 枚木简，共有 27000 多字，是完整的九篇《仪礼》，为我国古文字及古籍校勘提供了重要的资料。62 号墓出土的木质仪器式盘，是 1949 年以后第一次发现的古代天文仪器。另外还有铜饰木轺车以及十多种花纹精致、经纬细密的绢、锦、纱、罗等残片。这些文物的出土，说明西汉时期的河西是一个经济、文化较为发达的地区。

西汉末年，中原大乱，河西却是一个相对安定的地区。窦融就是因为“河西殷富”，是个避乱“遗种”的好地方，才要求出任张掖属国都尉，后来被推举为河西五郡(包括金城郡)的首领。在窦融统治下的河西，光武帝曾说它是个“兵马精强，仓库有蓄，民庶殷富”的区域。[①] 在光武帝出兵西击割据陇右的隗嚣时，窦融全力支援，在东汉王朝统一的过程中起了重大的作用。

东汉初年，窦融去洛阳以后，任延为武威太守。他在武威建立学校，奖励耕垦，兴修水利，整修武备，起到了很好的作用。河西当时乃是一个殷富的区域。但是，到汉明帝(58—76)以后，开始是北匈奴的骚扰，继之是东汉王朝镇压羌族人民反抗斗争的十余次战争，“并、凉二州，遂至虚耗”[②]，使河西经济、文化发展受到

---

① 《后汉书》卷二三《窦融传》，第 799 页。

② 《后汉书》卷七八《西羌传》，第 2891 页。

了严重的影响。《续汉书·郡国志》所载汉顺帝时河西仅有 4 万多户,16 万多口,比西汉时减少了 1/3,可见是在逐渐衰落下去了。

在我们这次考察中,曾见到了许多东汉时期的墓群和文物。张掖黑水国遗址中有一大批是东汉时的墓葬,在这里出土过一些陶灶、陶鸡窝等。酒泉博物馆曾展出了东汉时期的银釉陶壶、铜连枝灯、羽人灯、神兽镜等等,造型优美,制作精巧,反映出东汉时期河西地区手工业的发展已有了很高的水平。特别是 1966 年发掘的武威雷台下的东汉晚期大型砖墓,出土了金、铜、铁、玉、骨、陶、石等器物 231 件,其中铜器 172 件。最精致的是一套铜铸的武装车马出行行列,有俑 45 个,马 39 匹,车 14 辆,牛 1 头。闻名中外的铜奔马就是从这个砖墓出土的。此马一足踏飞燕,三足凌空,昂首翘尾,奔突向前,是我国罕见的古代艺术珍品。这座墓中出土的立俑、骑俑的身上,刻有“张氏奴”、“张氏婢”、“御奴”、“车奴”等字样,随葬的还有一座高大的釉陶楼院,周有围墙,四角有角楼,俨然是东汉晚期的一个地主庄园,它是研究东汉晚期河西阶级关系最形象的资料。东汉晚期,战乱不止,各地豪强地主趁机兼并土地,攫取劳动力,迫使他们变成具有强烈的人身依附关系的私附和部曲,建立起所谓壁、坞、堡、垒的地主庄园,横行乡里,割据一方。魏晋时期长期的分裂割据,就是在这一经济结构的基础上形成的。河西地区出现的这种典型的地主庄园,也就为魏晋时期的河西能出现许多割据政权提供了经济基础。

二

自东汉镇压羌人战争以后,战祸频繁,河西受到极大的破坏。到曹魏初年,河西先后又有张进、黄华、麹演、伊健妓妾、治元多等的叛乱，河西大扰。魏明帝太和年间，仓慈为敦煌太守，史称："郡在西陲，以丧乱隔绝，旷无太守二十岁，大姓雄张，遂以为俗"，出现了"旧大族田地有余，而小民无立锥之地"的状况。① 这时河西的人口也急剧地下降。《三国志》无河西户口的记载，但与毗邻的金城郡相比，可知大概。东汉顺帝时，金城郡有户3800多户，而到曹丕称帝，苏则为金城太守时，却是"户不满五百"了。后经苏则"内抚凋残，外鸠离散"，经多方努力，也只到达了1000户②，只有东汉时的1/3。估计河西各郡情况也应大致相似。由于战乱和豪强地主的阻挠，两汉以来繁荣的中西交通，这时也处于不绝如缕的状态之中。

西晋建立后，全国出现了短期的统一，河西也得以相对安定。据《晋书·地理志》记载，凉州8郡46县，有户30700，除去不属于河西的金城郡和西平郡的6000户，河西实有24700户左右，以每户五口计，则应有12万人。与曹魏时比较，人口显有回升，这在一定程度上也说明河西地区的经济有所恢复和发展。

西晋统一极其暂短，很快即进入了一个大分裂的时期。这时的河西，先后出现了五个称"凉"的政权。据现有资料来看，在前凉和前秦统治时情况较好。前凉张氏统治河西时，当时有民谣说："秦川中，血没腕，惟有凉州倚柱观。"③社会相对安定的局面，招来了中原大量的流民。前凉政权在其初期还推行轻徭薄赋、劝课农桑和注意兴修水利等政策，如在敦煌地区就兴建了北府渠、阳开渠、阴安渠等等，使百姓蒙受其利④，因此经济情况较好。到

① 《三国志》卷一六《魏书·仓慈传》，第512页。

② 《三国志》卷一六《魏书·苏则传》，第491页。

③ 《晋书》卷八六《张轨传》，第2229页。

④ 罗振玉：《鸣沙石室佚书正续编·沙州图经残卷》，北京图书馆出版社2004年版，第292—295页。

前秦灭掉前凉,苻坚虽曾将河西7000余户“豪右”迁往关中,但又从江淮及中原地区迁来17000余户,从户口来说,可能比前凉还要稍多一些。这时的中西交往也比以前有所发展,西域各国都曾派使者前往长安朝贡。

淝水之战后,前秦崩溃,被苻坚派去征讨西域的吕光在东还时占有河西,建立了后凉政权。河西自此进入长期动荡不已、灾荒连年的时代。后凉统治十分残暴,史称:凉州百姓“饥馑流亡,死者大半”[①]。仅吕隆统治时(401—404)的一次灾荒,姑臧一带饿死的就达十多万人。后凉亡后,河西出现了南凉、北凉和西凉三个并立的割据政权。这些统治者尽管口头上也说要恢复和发展生产,但由于不断的混战,加以战胜者总是千方百计地掠夺人口,广大人民被逼得流离失所,根本无法从事生产。所以到北魏取得河西时,河西已是地旷人稀,一片荒凉了。这时河西的人口,据《魏书·地形志》的记载和推算,大约亦只7000来户,比西晋又相差得很远了,从此也可见河西破坏的严重。

北魏在孝文帝时推行均田制度,对河西的恢复起了很大的作用。据《隋书·地理志》所载,河西有3郡,25000户,这应当是推行均田制以后发展起来的。这时的中西交通也日趋频繁,僧侣、商人、使臣往来于河西走廊的史不绝书,其著名的僧侣就有竺法护、法显、鸠摩罗什、师贤、昙无谶、昙耀、智猛等等。早在魏太武帝太延年间(435—440),西域十六国使者即来到平城(今山西大同)。其后使者不绝,每年都有数十次之多。至于商旅往还,这时也日见增多,《周书·异域传》有“商胡贩客,填委于旗亭”的描写。北周时,瓜州曾发生了一次张保的变乱,据《周书·令狐整传》说,州人推波斯主张道义来主持州事。张道义可能就是一位

① 《晋书》卷一二二《吕隆载记》,第3069页。

主持与胡商交易的头面人物，让他来管理州事，瓜州胡商看来是一定很多的，贸易也一定比较繁荣。

魏晋时期的河西虽不及两汉时繁荣，留下的文物却比较多，著名的有酒泉、嘉峪关的画像墓砖及石窟寺等等。这些文物可补史籍的不足，加深我们对魏晋南北朝时期河西历史的认识。

嘉峪关的画像墓砖是1972年在该市新城公社跃进大队的魏晋墓中清理出来的。这些画砖多嵌在墓的前室四壁、中室东西两壁及后室的后壁上。画面多用白灰作底色，用墨线勾勒轮廓，然后用赭石、白、石黄、浅石绿、浅赭石等色填补而成。砖画反映的内容比较广阔，有反映当时农业、畜牧生产的，如耕种图中，上下画有双套牛两对，四男驾牛，前两套犁地，中二女持钵播种，后两套耱地，同今天河西地区的耕作程序基本相似。打场、扬场的砖画有好几幅，都是画农夫、农妇持杈扬场或用连枷打场，同今天河西有的地区农民打场完全一样。畜牧画中画有一牧童放着二头牛、十二头羊。现在河西的蚕桑业很少，砖画则画有采桑、蚕茧的图画，说明当时河西还有丝织业的生产。这些砖画既反映了魏晋时期劳动人民进行生产的情况，也为研究当时的生产工具、生产技术提供了形象的资料。还有一幅屯垦的砖画，上部画一骑马武官与两排持盾扛矛的武士在行进，下部画有二套牛在耕地，前一套耕者为一短衣窄袖、宽裤、辫发的少数民族。西汉以来，河西就是著名的屯田区，魏晋时期，屯垦规模虽然缩小，但割据者仍在这里屯垦则应是肯定的。两汉屯垦主要的是戍卒和徙民，画砖表明，这时少数民族人民也成了屯垦的主要劳动力了。这种变化，应是东汉中期以来周边各族人民不断内徙的结果。自那时起，河西即成为一个民族杂居的区域。氐族吕光建立后凉，鲜卑族秃发乌孤建立南凉，卢水胡沮渠蒙逊建立北凉等政权，正是民族融合及斗争中的必然产物。河西的开发与发展，应该认为是河西各族劳动人民共同劳动所取得的成果。

除上述内容外,砖画中还出现了魏晋时期史籍中常见的称作“坞壁”的地主庄园,其中一幅还用朱红色标写出“坞”字。坞四周有高墙,坞内有高层碉楼或望楼、敌楼。坞外有半圆形的帐篷,好像是家奴的住处。砖画还反映了坞内主人在奴婢侍奉下宴饮享乐的情景,有杀牛、宰猪、烤肉、烹调、进食以及弹奏、歌舞的场面。这正是当时阶级对立的真实写照。从砖画我们可以看到,坞主既有大量的土地和牲畜,也有大量的依附农民和从事家内劳动的奴婢。东汉以来,正是由于这种自给自足、号称坞壁的地主庄园的发展,才出现了魏晋时期生产发展缓慢、商品经济萧条和割据政权迭兴的局面。

魏晋墓葬中保存得最完整的是酒泉丁家闸 5 号墓。该墓的壁画同样也是反映上层统治阶级燕居行乐的情景。据一些同志推测,这是五凉时期一个王侯的墓葬。墓室中的壁画分天上、地下、人间三个部分。天上画的是日、月、东王公、西王母、羽人、三足乌、九尾狐等道教仙人及神禽异兽;人间则是反映墓主生前的财富和生活享受的场面,如农牧蚕桑生产、庖厨饮宴、伎乐百戏等等;地下画的则是负重神龟。从艺术角度看,这座墓的壁画笔力刚劲,技法娴熟,比嘉峪关砖画有更高的艺术水平。这些砖画和壁画,不仅是研究这一时期河西历史的直接资料,对研究当时的思想意识、美术音乐的历史也有极高的参考价值。

在这一时期的文物古迹中尤其要值得注意的是,河西从这时开始出现了许多的石窟寺。自东汉时期佛教传入中国以后,它就沿着丝路不断东传。到十六国时期,一方面是由于统治阶级的提倡,同时也因为连绵不断的战争给人民带来了极大的苦难,对现实的失望,使广大人民把希望寄托于来世,因此,宣扬“人生皆苦”、“屈辱忍让”、“三世轮回”、“因果报应”的佛教便得以在南北流行起来。河西作为中西交通的必经通道,佛教西来,首先传到河西,到十六国时佛教已在河西广为传播了。前凉统治时,据《魏书·释老志》所说,敦煌地区已是村坞之间多有寺塔,而到北魏取得河西,佛教则有了更进一步的发展。它在河西与汉族的文化交流、融合,从而在这里根植生长,开放出一朵朵茂盛的佛教艺术之花。河西的石窟寺,无论在数量上还是艺术价值上,在全国可以说都是首屈一指的。

河西的石窟寺,最早有纪年可查的是前秦建元二年(366)创建的敦煌莫高窟。十六国及北朝时期石窟的建筑形式、造像、壁画的特点是,窟内有中心塔柱和禅窟,佛像有高鼻深目的形象及有垂肩的发绺和交脚而坐的格式。这些都明显地带有印度和中亚的风味。至于壁画,则多是本生故事及佛传故事。但是,也就在这些早期的石窟中,我们也看到了道教神话中的仙人形象,如东王公、西王母驾龙车、凤车出行,还有伏羲、女娲、雷公、雨师等等。佛、道同居于一窟,这正是中西文化交流融合的最有力的证据。

魏晋时期佛教虽在河西广泛流传,但从当时的墓葬中来看,却往往只有道教题材的壁画,没有佛教的题材。上述丁家闸5号墓是这样,敦煌佛爷庙新近发掘的记有前凉、后凉、北凉、西凉年号的一些陶片上,也都是写的“急急如律令”等道教咒语,没有佛教影响的痕迹,是否可以这样认识:佛教虽已在人世广泛流行,但还未进入地下,在墓室中占统治地位的依然是中国传统的道教神话。

尽管这次考察所见的这一时期文物大都是与佛道有关的,但绝不是说在思想意识领域里佛道已占了统治地位,占统治地位的依然是中国传统的儒学。自西晋末年中原大乱以后,河陇学者多来河西避难,司马光就说:“永嘉之乱,中州之人避地河西,张氏礼而用之,子孙相承,故凉州号为多士。”①前凉张氏和西凉李氏本是汉族,重视儒学自不待言,就是建立南凉的秃发乌孤,建立北凉的沮渠蒙逊,为了统治的需要,也不得不重视儒学。这批河西学者不仅为保留中原传统的儒学作出了贡献,而且,他们反过来还影响着中原文化的发展。如前秦时,洛阳、关中的千余生徒就是跟着河西学者胡辩学习的。北魏统一北方后,河西学者如赵逸、刘昞、胡叟、江式、阚骃、程骏、常爽等人,都是当时著名的儒学大师。河西的儒学,一直到隋唐时期还有影响。

魏晋时期的河西古城遗址,我们只走访了高台县的骆驼城。城在高台县西约40公里处。其城规模很大,分外廓、宫城、皇城三重,宫城在城西角,外城北面有一条小河,是黑河的支流白水河,北墙因河水侵蚀,已经塌坏,有关部门正派两台拖拉机修筑堤坎保护此城。高台县文化馆的同志认为,北凉的沮渠蒙逊曾在此建都。他们在城中曾拾得铜镞一吨多,还发现了一枚“部曲督印”。据《晋书·吕光载记》、《晋书·凉武昭王李玄盛传》等记载,该城不是北凉建都之处,而是沮渠男成和段业起兵发迹的地方,即建康郡的故址。

三

隋唐时期,河西进入了它经济文化的第二个迅速发展的时期。隋朝立国虽短,但河西却是它与西域交市的地方,因而颇受重视。大业五年(609),隋炀帝经大斗拔谷(即今扁都口)进至张掖,高昌王、伊吾设等西域二十七国的首领、使者和商人,“佩金玉,被锦罽”,朝谒于焉支山。隋炀帝亦令张掖、武威仕女盛装欢

① 《资治通鉴》卷一二三,第3877页。

庆,用以表示国力的强盛,这可以说是有史以来河西的一次空前的盛会。尽管炀帝此举是为了要粉饰升平,夸耀外族,但如果河西当时没有一定的经济文化基础,没有繁荣的国际贸易,要想举行这种盛会也是绝不可能的。

隋末唐初的战乱,曾使河西变成了“州县萧条,户口鲜少”的地方。① 但经过唐初一百多年的安定局面,到玄宗开元、天宝年间(713—756),却成了一个农桑繁盛、士民殷富的区域。《资治通鉴》即曾说过,当时“天下称富庶者莫如陇右”②。唐在河西设有凉、甘、肃、瓜、沙五州,据新、旧《唐书·地理志》所载,五州共有 172000 余人,加上凉州境内少数族吐浑等八州府的 17000 余人,整个河西当时应有人口近 19 万。这一数字是两汉以后河西人口最高的数字。

唐代前期河西的繁荣,我们从唐朝在这里屯田、和籴等情况也可以看出:武则天时,陈子昂在论及甘州屯田时就说过,甘州土地肥沃,四十余屯,“每年收获常不减二十余万”③。甘州刺史李汉通置屯开垦,“数年丰稔,乃至一匹绢粟数十斛,积军粮支数十年”④。粮价大幅度的下降,只有原来粮价的 1/10,乃至数十分之一。在推行“和籴”法以后,天宝八年(749),唐王朝从河西收购了 371000 石粮食,占当年全国和籴总数的 32% 强。由此可见河西富庶的一斑。

唐代河西的繁荣,也是与中西交通分不开的。早在隋末唐初,就有许多西域胡人入居河西。唐初割据河西的李轨,一是利

---

① 《旧唐书》卷六二《李大亮传》,第 2388 页。

② 《资治通鉴》卷二一六,第 6919 页。

③ 《陈子昂集》卷八《上西蕃边州安危事》,中华书局 1960 年版,第 195 页。

④ 《旧唐书》卷九七《郭元振传》,第 3044 页。

用了薛举的降人;二是利用了安国人安兴贵、安修仁兄弟组织的胡人队伍而取胜的。贞观初年,玄奘西行,他曾在凉州见到大量的西域胡商。他说:“凉州为河西都会,襟带西番,葱右诸国,商旅往来,无有停绝。”①当时的凉州、甘州、瓜州、沙州,都是著名的中西贸易的城市。后来到唐肃宗至德二年(757),武威九姓胡商发动了一次叛乱,并占了武威七城中的五城,杀死了节度使周泌,由此可见河西胡商之多、势力之大。

安史之乱爆发后,唐调河陇兵力东去平叛,河西空虚,吐蕃因此乘虚而入。到唐德宗贞元二年(786),沙州陷落,河西全部落入吐蕃之手。吐蕃当时尚处于奴隶制阶段,占有河西后,河西人民很多沦为吐蕃奴隶主的奴隶,河西经济、文化等各方面也遭到了严重的摧残。以后,随着吐蕃在封建化过程中所形成的封建割据的日益加剧,随着河西人民反抗斗争的不断加强,吐蕃在河西的统治被大大地削弱了。到唐宣宗大中二年(848),沙州张议潮领导人民起义,赶走了吐蕃势力,唐因以张议潮为归义军节度使。到咸通二年(861),收复凉州,河西全部光复。但是,当时唐王朝已十分衰弱,对河西亦无暇顾及,因此归义军实际上是一个半独立的地方政权。到五代朱梁时,张氏之后断绝,沙州人士因推曹议金为节度使。曹氏的统治一直到 1036 年瓜、沙两州为西夏攻陷才正式结束。不过,这里要说明的是:张氏为归义军节度使时,其初期是统有整个河西,而到了五代朱梁乾化年间(913—915),甘州回鹘的势力已逐渐强大起来,自称“白衣天子”的张承奉在战败后,被迫称回鹘可汗为父,归义军不再统有整个河西,而是仅有瓜、沙一隅之地了。曹议金大体上也是继承了这种“父子”关系的,事实上曹氏已成了甘州回鹘的附庸。据《旧五代史 · 吐蕃

① 慧立、彦悰:《大慈恩寺三藏法师传》,中华书局 1983 年版,第 11 页。

传》所载，当时河西内部除归义军曹氏以外，甘州、肃州是回鹘的势力，凉州则是一夷夏杂处的地区，也是“自立守将”，不受中原政权统辖的。可以这样说，河西当时是处在四分五裂的状态之中。到1028年，西夏攻占甘、凉两州，1036年又先后攻占肃、瓜、沙三州，河西才全部为西夏占有。

隋至西夏时期的河西，我们主要参观了一些古城遗址、唐代写经、石碑及瓜州榆林窟、敦煌莫高窟等。

大业五年，隋炀帝西巡，经大斗拔谷而进到张掖，《隋书·炀帝纪》说：“六月……癸卯，经大斗拔谷，山路隘险，鱼贯而出。风霰晦冥，与从官相失，士卒冻死者大半。”六月冻死士卒，过去很难理解。这次我们在7月17日到了古称大斗拔谷的扁都口，只见两边山势高峻，谷口蜿蜒曲折达四十余公里，山崖上的小径在某些地段仅能鱼贯而过。当时河西各地的小麦均已收毕，唯独民乐以南至谷口一带的小麦仍青青在野。当地同志介绍，此地气候变化甚大，常有冰雹风雪，九月就降霜封冻。由此推想，隋炀帝于盛夏在此遭遇风雪，也完全是有可能的。

唐代的古城遗址，我们走访了锁阳城。该城原名苦峪城，向达先生认为这即是唐代的瓜州治所晋昌县。该城位于锁阳城镇南坝村正南7公里处。城呈长方形，夯土版筑，南北约470米，东西330米，城墙高处近10米。城中南北有一隔墙，将城分为两部，西大东小。西城约16.5万平方米，东城约1.7万平方米。城内杂草丛生，一片荒芜。当地盛传薛仁贵兵困锁阳城的故事，说薛仁贵兵败受困此城，士兵全靠采集城中所产的锁阳充饥，后有救兵，才得解救。该城由此又名锁阳城。又说，唐朝在这里与少数民族军队进行过多次的战争，后来少数民族军队由祁连山口冲入，截断城东疏勒河上游的水源，于是城被废弃。据《唐书》记载，高宗开耀元年(681)，薛仁贵确实曾被任命为瓜州长史，但兵困此城、锁阳充饥之事,则史无记载,也许是子虚乌有。至于少数民族截断水源一说,倒可能是真的。这里本来是缺水的沙碛地区,饮水、耕种,全靠渠道引来祁连山的雪水,唐玄宗开元年间,吐蕃曾攻陷瓜州,毁坏了全部渠道和瓜州城。后来玄宗以张守珪为瓜州刺史,修复城池,重整水渠,人民才得安顿下来。为了感谢张守珪的德政,瓜州人民还曾"刻石以纪其事"。①

隋唐在河西留下的文物,当以壁画和写经为最多。莫高窟和榆林窟中绝大多数是隋至宋的塑像和壁画。这一时期的建筑形式和艺术风格与北朝时有明显的不同。从洞窟建筑来说,北魏时期那种带有中亚风味的禅窟、中心塔柱没有了,代之以魏晋以来宫殿形式的殿堂窟;从塑像来说,垂肩发绺、高鼻深目或"面短而艳"的形象,被曲眉丰颊、肢体健美、色彩鲜艳、写实逼真的形象所代替了;从壁画来说,隋唐以前的画面粗犷、奔放,内容多是释迦牟尼本生故事及佛教事迹画,给人以古拙朴实之感,而隋唐以后则日趋雍容,清新华贵,精彩绝艳,画面多是大幅的经变,给人以富丽堂皇的印象。这些变化,当然是与隋唐时期高度发展的经济、文化分不开的。莫高窟和榆林窟出现在河西,应该说是河西地区当时经济、文化长足发展的一种反映。

石窟中的壁画当然是宣传佛教的,但壁画中却真实地反映了隋唐时期社会生活各个方面的情况,诸如农业、手工业生产的场面,地主庄园的规模,唐代音乐舞蹈的状况,当时的服饰与社会风尚,民间的婚丧礼仪与官吏的出行仪仗等等,都是研究历史的形象资料。至于壁画上的题记,更是研究历史,特别是研究河西地方史的最可靠的文字记载。可惜这方面研究尚不甚多,有待于今后的努力。

---

① 《旧唐书》卷一〇三《张守珪传》,第3194页。

这次在河西考察所见的敦煌遗书，以敦煌市博物馆所藏《唐书地理志残卷》最为宝贵，可用来补正两《唐书·地理志》及研究唐代官高利贷的概况。在兰州及敦煌，我们还看到了数量较多的藏文写经，大概是吐蕃占领时期的遗物，应是研究当时民族关系及吐蕃历史的珍贵资料。可惜同行的同志都不懂藏文，我们亟待专治藏族古代史的同志去进行整理与研究，用以补充这方面的不足。

关于古代河西的民族关系，唐代吐谷浑在河西留下的文物值得我们注意。在武威，我们看到了弘化公主、慕容神威及大唐故武氏墓志等七块墓志，还到武威城南 40 里的青咀、喇嘛湾实地观看了出土这些墓志的墓葬。据两《唐书》所载，高宗初年，吐谷浑为吐蕃打败，在首领诺曷钵率领下走投凉州。后来薛仁贵进援吐谷浑反为吐蕃所败，吐谷浑国亡。唐在灵州特设安乐州以安置吐谷浑部众。墓志表明，弘化公主和慕容忠等均在灵州死后归葬这里的。这里应是吐谷浑王族的祖茔。其中武氏一志，是研究武则天以后唐上层统治集团内部几个大族关系的重要资料。

唐代河西的墓葬，《陇右金石录》除收有慕容氏家族的几块志以外，还有毛裕、康阿达两块墓志，石碑或其抄本也仅有敦煌李府君、阴处士、吴僧统、僧洪辩及索公、杨公等几块。近年敦煌曾发掘了几座唐墓，亦仅获得几块莲花砖、麒麟砖而已。不像河西的汉墓，到处皆是。河西在汉、唐两代最盛，为什么汉墓多，文物亦多；唐墓少，所得文物也少，令人费解，有待于今后进一步去探索。

吐蕃及西夏的文物在河西发现甚少。除藏文写经、壁画和题记，以及居延黑城子曾出土了一批西夏残文书以外，要算武威的《重修护国寺感应塔碑》和 1977 年在武威西郊林场发掘的两座西夏墓所得的彩绘画版、木塔等最引人注目了。木塔塔顶书有

“故考任西经略司都案刘德仁,寿六旬有八,于天庆五年岁次戊午四月十六日亡殁,至天庆七年岁次庚辰孟夏十五日兴工建缘塔,至中秋十三日入课讫”的墨书。塔身有黄色书写的梵文咒语。随葬的还有木桌、木衣架、木宝瓶等等。这些东西应是研究西夏职官、建筑艺术及文化的可贵资料。

自吐蕃统治河西至1127年蒙古占有河西,河西的经济和文化又走了一段迂回曲折的道路。从全国范围来说,它已成了一个后进的地区了。关于这一点,元初著名的史学家马端临敏锐地指出,河西“自唐中叶以后,一沦异域,顿化为龙荒沙漠之区,无复昔之殷富繁华矣”[①]。在元代,甘肃行中书省之下,属于河西的有甘州路、永昌路、肃州路、沙州路和亦集乃路。据《元史·地理志》,五路中仅记载了甘、肃两路的人口。甘州路有1500户,口23987;肃州有1262户,口8679。而这两路人口,还包括了元代初年统治者强行从瓜、沙两州迁徙而来的人口在内的。[②] 以此数与唐代相比,唐甘、肃两州有户8500多,元代只有2800多,数字相差很大,由此亦可见元代河西日见衰落的状况。

明得河西,划嘉峪关而守,不暇经理关外。洪武(1368—1398)末年及永乐(1403—1424)时期,在关外曾设立了七个卫所,即所谓“关西七卫”。到明英宗正统(1436—1449)以后,这些卫所在吐鲁番的进逼下,全部迁入关内。在嘉峪关以东的走廊内部,明代则设有凉州卫、永昌卫、肃州卫及甘州五卫。为了确保这一边防重地,明朝曾强迫这里的回民迁入内地,如英宗正统中,一

---

① 马端临:《文献通考》卷三二二《古雍州》,中华书局1986年版,第2537页。

② 《元史》卷一七《世祖纪》:“至元二十五年……沙州、瓜州民徙甘州,诏于甘、肃两界划地使耕,无力者给以牛具农器”,中华书局1976年版,第366页。

次把甘、凉两州的回民1700余人迁往江南。[①] 但也不断派遣大量军队在河西驻防屯垦。据统计,从洪武到弘治(1488—1505),凉州等十一卫有正式屯军7万余人,下屯旗军近4万人。屯田面积最高时达26000余顷。除了下屯正军以外,还有余丁及正卒家属下屯耕种。正是这些屯田军丁及其家属,与河西各族人民一起辛勤地劳动,使河西又逐渐兴盛起来。在这一基础上,清王朝初年又大量召民到河西屯种,如雍正(1723—1735)年间,一次就召民2405户至敦煌屯种。[②] 同时,又实行了诸如改变凉州戍军为屯丁,把明藩王的土地归民户经营,以及免除钱粮、兴修水利等措施,使河西更加繁荣起来了。所谓"金张掖,银武威"的传说,也就从那时起一直流传到今天。

四

从古代河西历史发展的进程来看,在河西历史上曾经出现过三个波浪式的高峰:从原始社会到两汉时期,这是河西历史上第一个大发展的时期,前凉、前秦以后,则逐渐衰落,至北魏时成了一个地广人稀的区域。从北魏后期到隋唐时期,河西又慢慢兴盛起来,出现了河西历史上的第二个大发展的时期,唐玄宗开元、天宝年间是其顶峰,但到吐蕃占领河西,经西夏而到元代,河西又走了一条迂回曲折的道路,到明后期及清代初年才又有了迅猛的发展。纵观古代河西历史发展的进程,我们得到了以下几点认识:

---

① 顾炎武:《日知录》卷二九,《万有文库》本,商务印书馆1929年版,第109页。

② 常钧:《敦煌随笔》"沙州"条,载《敦煌丛刊初集》,台北新文丰出版公司1985年版,第76页。

一、河西本身有优越的自然条件,它是河西得以开发和发展的最重要的条件。河西地处黄土高原,气候干燥。走廊北部和西部,年降水量在50—200毫米之间。走廊南部稍好一点,年降水量也仅有100—500毫米左右。降雨量少而蒸发量大,从气候条件来说,显然是不利于农业发展的。但所幸者是走廊南边的祁连山却拥有丰富的冰川积雪。每年春夏,融化的雪水从祁连山北麓流入走廊,网织成了三个较大的内陆河流域,与此相适应的,走廊内部也出现了三块面积较大的平原,这就是:石羊河流域——武威、永昌平原;黑河流域——张掖、酒泉平原;疏勒河流域——玉门、敦煌平原。由于这三块平原有祁连山雪水的滋润,所以自古以来就是一个水草肥美、可耕可牧的区域。早在秦汉时,匈奴因为失去了河西,就曾发出“亡我祁连山,使我六畜不蕃息;失我焉支山,使我妇女无颜色”的哀叹。《汉书·地理志》也说到,河西“地广人稀,水草宜畜牧,故凉州之畜为天下饶”。因此,历代都把河西作为重要的屯垦地区。良好的自然环境是历代各族劳动人民在这里生养蕃息的基础。

从历史上河西的兴衰我们还可以清楚地看到这样一点:兴修水利,引水溉田,充分利用优越的自然条件,这是河西农牧得以发展的关键。河西在汉唐两代最盛,这同两代在这里兴修了许多水利工程是分不开的。如上所述,汉在居延,唐在甘州、敦煌,都曾修建过许多渠道,并在这里设监牧马,推广先进生产技术,故河西是当时国内的一个殷富之区。而到魏晋时期和吐蕃、西夏统治的时候,社会离乱,水利失修,肥沃的土地得不到灌溉,故良田亦变成了沙漠。

二、河西的兴衰,它是同当时全国的形势紧密联系在一起的。这也就是说,当中原王朝国势比较强盛、社会比较安定的时候,河西地区相应地亦得到了迅速的发展,如两汉、隋唐、明清三个时期,中原都是一个大一统封建王朝,由于实行了一系列轻徭薄赋和发展生产的政策,国内安定,生产持续发展,这当然对河西发展起了一定的作用。更重要的,还是因为安定和强盛,中原王朝才可能有雄厚的人力、物力作为后盾来经营这块地区。汉唐及明清几朝,统治者大多都在河西采用过诸如设郡驻军,移民屯垦,兴修水利,发展交通等措施,不仅给河西增加了大量的劳动力,同时也带来了先进的生产技术,直接为河西的发展和繁荣创造了条件。相反的,当中原处于动乱、争战不休的时期,或者是少数民族统治者用落后的生产方式来统治这个地区的时候,河西的社会经济发展就会出现缓慢、停滞的状态,如十六国时期及唐中叶以后的几百年时间就是如此。

三、古代河西的兴衰,是与它在中西交通上的重要地位有关的。河西所以称之为走廊,固然是由于它本身是一块形似长廊的区域,但更重要的还是因为它是古代通往西域、中亚的必经之路。河西的地形是:走廊南边是著名的祁连山,终年积雪,不易翻越。祁连山以南,亦多是大坂山、大通山、宗务隆生等大山,道路极其艰险。走廊的北面,则是龙首山、合黎山及马鬃山等等,在山的外面是腾格里沙漠和巴丹吉林沙漠,渺无人烟,一片荒凉。在古代人走马行的条件下,在走廊南北以外行走是非常困难的。相反的,在走廊内部却是一个可耕可牧的地区,因此,在海路未通之前,自古以来,东来西去的行人、商队大多都是通过这条走廊。从东往西,进入走廊的路线,我们通过这次考察和查阅资料,大概主要有以下三条:北道,经过景泰县,沿腾格里沙漠边缘进到武威;南道,因祁连山从酒泉至永昌一带除扁都口一个山口以外,皆是海拔4000米以上的雪山,所以,此道多由西宁北上,穿过扁都口而至武威或张掖;中道,即由兰州经永登,翻过乌鞘岭而到武威。三道中似乎南道较早,秦汉、魏晋时行人多从南道进入河西,如法显、隋炀帝就是走的此道。隋唐以后,中道渐成主要的干线。玄奘、岑参就是循此道西去的。至于北道,据有人考证,认为是秦汉时行军作战时的一条通道。

正因为河西走廊是古代中西交通的必经大道——丝绸之路的东段大道,中原和西域的精神和物质文明都是通过这条走廊交流的,所以商业一直比较兴盛,敦煌、武威两地,自秦汉以后就是一个非常繁华的城市。河西各地历代都住有大量的胡商、胡僧。特别是在汉、唐两代,国势强盛,中西交往极其频繁,它必然对河西经济、文化的发展起了促进的作用。隋唐时期在河西出现那样绚丽多姿的壁画,有风靡一时的西凉歌舞,这都是与中西交通分不开的。唐代著名诗人元稹写道:"吾闻昔日西凉州,人烟朴地桑柘稠","狮子摇光毛彩竖,胡姬醉舞筋骨柔。大宛来献赤汗马,赞普亦奉翠茸裘。"①可以说这是中西交通与河西繁荣之间存在关系的最直接的资料。后来到了宋元时期,由于海路的畅通,中亚商人多从海路进至中原,这也就大大地影响了河西经济文化的发展。元代河西所以未能恢复起来,这也是一个重要的原因。

四、河西的兴衰,也是与它在古代军事设防上的重要地位分不开的。自汉以后,河西从来就是古代中原王朝西北边防上的重地。汉唐建都长安,为解除西来少数民族统治者的威胁,确保秦陇、河西的安全是一必不可少的条件。顾祖禹曾说:"欲保秦陇,必固河西,欲固河西,必斥西域。"②汉武帝所以进军河西,一来是要解除匈奴来自西边的威胁,二来也是为了要"断匈奴之右臂",隔绝北方游牧民族与祁连山南边羌人之间的联合,减轻后方的压

---

① 元稹:《元氏长庆集》卷二四《西凉伎》,《四部丛刊初编》本,商务印书馆1919年版,第89页。

② 顾祖禹:《读史方舆纪要》卷六三《甘肃镇》序言,中华书局2005年版,第2972页。

力。不仅如此，占有河西这块可耕可牧的土地，还可以以此为根据地，进而向西域发展。后来少数民族虽迭有兴衰，但这种形势仍然没有改变。也因此，历代中原的王朝都在河西修城筑塞，开屯布防。走廊北面虽有龙首山、合黎山、马鬃山等，但这些山与地面相对高度仅500—1000米之间，驼马都易翻越，故汉代在此修了长城。走廊南面则因有祁连山的天然屏障，故只把守几个重要的山口，如庄浪河谷口、扁都口、当金山口等。唐代时军事重心虽然已西移到天山南北路，但河西仍是唐防突厥、吐蕃的重要阵地。唐在河西先后设立了凉州都督府、河西节度使等重要军事机构。河西节度使有驻军7.3万人，是当时仅次于陇右的一个最大的军镇。

河西既为古代边防重镇，于是驻军屯垦、移民实边也就随之而来，这对于河西的开发与发展势必带来巨大的影响。河西在汉唐之所以兴盛，应是同两朝在河西大力地进行军事经营有关的。

（原载丝绸之路考察队《丝路访古》，甘肃人民出版社1983年版）

河西历代人口简述

甘肃地形犹如蜂身，黄河以西的狭长地带如蜂腰，被称为河西走廊。河西区域地当蒙古高原与青藏高原的交会处，南北有祁连山和合黎山相对，东南有乌鞘岭和陇坂高原相隔，东西长达1200 公里，南北宽度自五六公里至200 公里不等。

河西走廊是历代封建王朝向西发展的根据地，同时也是中西交往的必经通道，是马可·波罗所说的“丝绸大道”的主要路段。由于地理位置的重要，自两汉以来，封建统治者一直非常注意经营这一地区。移民实边、徙民屯垦，是封建统治者常用的两种最主要的政策。河西地区也正是在中原大量汉族移民与本地各族人民一起辛勤劳动下开发起来的。

本文试就河西地区历代人口的增减及其原因和对当时经济、文化的影响，作一些粗线条的描述与探讨，给研究人口学的同志提供一份历史资料。

一

河西地区最早的居民主要是叫氐羌或羌戎的少数民族。到了战国时期，月氏、乌孙成了这一地区的主人。据《汉书·张骞传》所说，后来乌孙为月氏所灭，而月氏又被匈奴所逼西迁。秦汉之际，匈奴成了河西的统治者。匈奴取得河西以后，臣服南羌，威慑西域，并对汉王朝的西北边境“侵盗不止”，造成了对汉王朝的严重威胁。西汉初年,由于刚经战乱,无力征讨,为求得边境安宁,只得采用和亲的办法,给匈奴贵族送去大量的缯帛财物。但是,匈奴贵族并不以此为满足,仍然不断扰乱边郡,进行掳掠与屠杀。到了汉武帝时,他凭借自汉初以来几十年休养生息而大大加强了的国力,先后发动了河南之战、河西之战和漠北之战三次战役,收复了河南之地,控制了河西走廊,迫使匈奴退居漠北。

河西地区归汉以后,为"断匈奴右臂",加强对这一地区的统治,武帝在此设立了武威、张掖、酒泉、敦煌四郡。与此同时,他还组织了大规模的徙民活动。见于《汉书》之《西域传》及《武帝纪》的,有两次较大规模的徙民河西诸郡。① 这些徙民,大概亦同西汉时徙民其他边郡一样,多是中原地区的贫民和所谓的"罪犯"及其家属。徙民的到来,使河西人口迅速增加。据《汉书·地理志》所载,西汉末人口达户61270,口280211。其中武威郡,县十,户17581,口76419;张掖郡,县十,户24352,口88713;酒泉郡,县九,户18137,口76726;敦煌郡,县六,11200,口38335。据劳贞一先生统计,武威每平方公里有0.9人,张掖为0.7人,酒泉为1.3人,敦煌为0.3人。②

其实,西汉河西地区的人口还应高于此数。司马迁曾说过:"初置张掖、酒泉郡,而上郡、朔方、西河、河西开田官,斥塞卒六十万人田之。"③上郡、朔方、西河皆郡名,河西则应指武帝所设四

---

① 《汉书》卷九六上《西域传上》:"骠骑将军破匈奴右地,降浑邪、休屠王,遂空其地,始筑令居以西,初置酒泉郡,后移发徙民充实之",第3873页;卷六《武帝纪》:"乃分武威、酒泉置张掖、敦煌郡,徙民以实之",第176—177页。

② 劳榦:《两汉郡国面积之估计及口数增减之推测》,载《中央研究院历史语言研究所集刊》第5本第2分,1935年。

③ 《史记》卷三〇《平准书》,第1439页。

郡。即使以四个地区平均计算,河西亦应有田卒 15 万人。这 15 万人加上原有的 28 万人,则西汉河西人口应在 40 万以上。

大量人口的迁入,加以诸如代田法、耧耕等先进耕作技术的使用和推广①、水利的不断兴修②,使河西农业和畜牧业得以很快发展。西汉末年,窦融就因为"河西殷富"而要求去张掖属国为都尉。③ 居延发现的汉简,其中就有一条记载到汉元帝永光二年(前 42),内地连年灾荒,大司农调拨了西北十一农都尉屯田所存储的余粮去救济之事。④《汉书·匈奴传》也说,自汉武帝以后,"是时边城晏闭,牛马布野,三世无犬吠之警,黎庶亡干戈之役"。河西从此进入了稳固发展的时期。

西汉末年,河西为窦融所据有。刘秀在统一全国的过程中,窦融曾利用河西的人力、物力,作出过积极的贡献。东汉王朝到了明帝以后,一方面由于北匈奴的逐渐强大,不断进扰河西,另一方面,由于西汉中叶以来,河湟、陇右不断爆发羌族人民的反抗斗争,河西成了东汉政权与羌人进行争夺的一个区域,长期的动乱,使经济的发展受到了很大的影响,人口亦随之迅速下降。据《续汉书·郡国志》所载,东汉顺帝时河西户口如下:武威郡,十四城,户 10042,口 34226;张掖郡,八城,户 6552,口 26040;酒泉郡,九城,户 12706,无口数;敦煌郡,六城,户 748,口 29170;张掖属

---

① 《汉书》卷二四《食货志》:"武帝末年,……赵过能为人代田,……又教边郡及居延城",第 1138—1139 页。

② 《史记》卷二九《河渠书》说,武帝时"朔方、西河、河西、酒泉皆引河及川谷以溉田",第 1414 页。

③ 《后汉书》卷二三《窦融传》,第 796 页。

④ 《居延汉简释文》卷一:"守大司农光禄大夫臣调,昧死言,……武威以东至河西郡十一农都尉官,官调物钱谷漕转为民困乏,启调有余结",商务印书馆 1949 年版,第 70 页。

国，户 4656，口 16952；张掖居延属国，户 1560，口 4733。按武威、张掖两郡平均每户近四人推算，酒泉郡当约有 5 万余口。另外，敦煌郡户口的比例与武威、张掖等郡相差很远，一户竟达 38 人之多，可能“百”字系“千”字之误，应为 7048 户，这样，每户平均也是四人，与其他郡相当。如此，东汉河西共有户 42656，口 160000 左右。与西汉相比，户数下降了近 2 万，口数下降了 12 万，几乎都下降了 1/3。户口的减少，也间接说明了东汉时期这一地区的经济也已大不如前了。

西汉时期的河西四郡均属凉州管辖。东汉末年献帝时，曾一度废凉州，为雍州之地，“自三辅距西域皆属焉”①。曹丕代汉，又分置凉州。据洪亮吉《补三国疆域志》所说，曹魏时凉州有 10 郡，除金城、西平、安定、北地外，河西地区应有武威、西郡、张掖、西海、敦煌、酒泉等 6 郡。《三国志》一书没有地理志，户口缺载，我们只能根据有关资料约略加以估计。

经东汉后期镇压羌人战争和继之而来的军阀混战，河西遭到了极大的破坏。曹魏政权建立前后，河西又有“武威颜俊、张掖和鸾、酒泉黄华、西平麹演并举郡反，自号将军，更相攻击”。凉州卢水胡伊健妓妾、治元多等也乘机起兵，于是“河西大扰”②。不断的战乱，使河西人口再度下降。曹丕时，苏则为金城太守，初到任时，“户不满五百。则至官，内抚凋残，外鸠离散，今见户千余”③。东汉时金城郡有户 3858，口 18947。曹魏时只剩下了 1000 户，比东汉时剩下不到 1/3。如果我们以金城郡的户口下降比例来推算河西其他各郡，那么，东汉时河西有户 4 万余，口 16

① 《晋书》卷一四《地理志》，第 430 页。

② 《三国志》卷一五《魏书·张既传》，第 474 页。

③ 《三国志》卷一六《魏书·苏则传》引《魏名臣奏》，第 491 页。

万左右,到曹魏时期,河西则应仅有户 14000 左右,口约 5 万。

西晋统一全国以后,曾出现过一个短暂的安定局面。占田制的推行,使大乱以后的流民逐渐回到故土,全国人口比前有所增长。河西地区除了流民还乡、安定的环境使人口自然增殖较快以外,一些少数民族这时亦相继迁入河西,如鲜卑族的秃发氏等等。因此,河西人口这时比前有了明显增长。《晋书·地理志》记载:武威郡,县七,户 5900;张掖郡,县三,户 3700;西郡,县五,户 1900;酒泉郡,县九,户 4400;敦煌郡,县十二,户 6300;西海郡,县一,户 2500。《晋志》没有具体记出口数。合六郡户数共有户 24700,按河西历来一户 4 口计算,则应有 10 万人左右,与三国时期相比,增长了近一倍。

西晋统一的局面没有维持多久,经永嘉之乱后即进入了十六国大分裂的时期。河西在十六国时期先后为前凉、前秦、后凉、北凉、西凉所据有。在这些政权统治时期河西户口史无记载,我们也只能根据有限的文献进行估计。

早在晋惠帝统治时期,张轨就“以晋室多难,阴图保据河西”[①],要求出牧河西。惠帝永宁(301—302)初年,张轨被任命为凉州刺史。当时凉州统属 9 郡,即金城、西平、武威、张掖、西郡、酒泉、西海、敦煌、晋昌。金城、西平不属河西走廊,当时河西应实有 7 郡。以后,张轨上表,“请合秦雍流移人于姑臧西北,置武兴郡”[②]。这样,河西在张轨时实有 8 郡。永嘉乱起,中原沦没,河西与司马氏政权完全隔绝,才演变成一独立政权,史称前凉。

前凉的河西虽也有过一些动乱,但基本上是安定的。当时有

① 《十六国春秋辑补》卷六七《前凉录》,第 481 页。

② 《晋书》卷一四《地理志》,第 434 页。

民谣说:"秦川中,血没腕,惟有凉州倚柱观。"[①]秦、雍人民为避乱不断移来凉州。《晋书·张轨传》说过,在洛阳、长安被刘曜攻陷后,"中州避难来者日月相继"。占据秦州的南阳王司马保兵败后,"其众奔散凉州者万余人"。咸和(326—334)初年,张骏还曾"使将军宋辑、魏纂将兵徙陇西、南安人二千余家于姑臧"。由于中原及秦陇地区人民的徙入,这时河西人口比西晋应略有增加。后来,前凉在河西走廊增置了建康、祁连、临松、凉兴、延兴等郡,这固然是与前凉统治者多设郡县以虚张声势有关,但人口的增加也应是一个重要原因。

376年,前凉传至张天锡时为前秦所灭。苻坚虽也和当时的统治者一样,将征服地区的豪强迁徙到自己国都附近,以加约束,如曾徙姑臧"豪右七千余户于关中"[②]。但因河西是苻秦与东晋争衡的大后方,因此,苻坚又将中原地区掠夺的人口迁徙到河西来。《晋书·凉武昭王李玄盛传》说:"初,苻坚建元之末,徙江汉之人万余户于敦煌。中州之人,有田畴不辟者,亦徙七千余户。"由此看来,前秦时河西的户口不仅没有减少,反而有所增加。迁出7000户,迁入17000户,净增1万户。我们以一户4人计,应净增4万人。西晋时即有10万人,加这4万,当时河西应实有14万人。

淝水之战后,苻秦政权瓦解。河西先后为后凉吕光、北凉段业及沮渠蒙逊、西凉李暠等分据。由于这几个政权之间的混战,人民分散和惨遭屠杀,河西户口应有大幅度下降,如后凉吕隆统治下的姑臧,史称:"谷物踊贵,斗值钱五千文,人相食,饥死者十

---

① 《晋书》卷八六《张轨传附张寔传》,第2229页。

② 《晋书》卷一一三《苻坚载记》,第2898页。

余万。”[①]走廊西头的西凉,初时战事较少,走廊东头居民多向西奔走,所以李暠这时曾增设了会稽郡、广夏郡等,但到沮渠蒙逊进攻西凉时,经过几次大的战役,加以敦煌被攻陷时,蒙逊“屠其城”[②],走廊西头的人户也因战乱而散失了。总之,自前秦亡后,河西走廊人口急剧地减少,到北魏取得河西后,据《魏书·地形志》记载,凉州统郡十,县二十,户 3273,比西晋的 24000 多户,只剩下了 1/8 了。

《魏书·地形志》所载数字,是孝静帝武定年间的数字。这时北魏已罢镇为州[③],整个河西分属凉州和瓜州。凉州所计户口,其中建昌、泉城、东泾、梁宁 4 郡史无可考,我们姑且都算是走廊内部的郡,也仅只有 3000 多户,以一户 4 人计,则约有一万二三千人。瓜州户口魏书阙载,依徐文范《东晋南北朝舆地表》所载,共有 7 郡,比凉州还少 3 郡,因此,估计瓜州户口也不会比凉州多,即使也算成与凉州的户数一样,也是一万二三千人,整个河西充其量也只 25000 多人。这一时期户口的锐减,首先是同北魏统治者推行掠夺性的人口政策有关的,如《魏书·世祖纪》记载,北魏攻灭北凉时,沮渠牧犍降后,太武帝曾经“徙凉州民三万余家于京师”[④]。其次,因为战乱,民户大量逃亡和投依豪族,这也是注籍于国家的人口大量减少的原因。

---

① 《十六国春秋辑补》卷八三《后凉录》,第 586 页。

② 《晋书》卷八七《凉武昭王李玄盛传》,第 2271 页。

③ 北魏初年于河西走廊西头曾设敦煌镇,管辖敦煌至酒泉的大片土地;于走廊东头设凉州镇,管辖武威、张掖大片土地。见张维《元魏诸镇考》,载《还我书楼文存》,生活·读书·新知三联书店 1970 年版,第 145 页。

④ 《魏书》卷四上《世祖纪》曾说:“收其城(姑臧)内户口二十余万,仓库珍宝不可胜计”,第 72—72 页。这可能是极度夸张之数字,隋、唐盛世河西亦仅 20 来万人,而说北凉时姑臧一城有 20 万人,这是绝不可能的。

二

到了北周和隋代，统治者对全国各地的州郡进行了一次大合并。据《隋书·地理志》所载，河西仅有武威、张掖、敦煌 3 郡。这 3 郡的户数是：武威郡，统县四，户 11500；张掖郡，统县三，户 6126；敦煌郡，统县三，户 7779。3 郡共计有户 25405。如以一户四人计，整个河西有十一二万人。此时河西户口的增加，是与北魏以来实行均田制度和河西社会比较安定有关的。同时，自隋以后，中西交往及国际贸易日趋繁荣，河西是中西交往的必经通道，如隋炀帝时，史称："西域诸蕃多至张掖，与中国交市。"[①]著名的二十七国交易会就是在张掖附近召开的。因为中西交通的繁荣，这里不仅移入了许多中原商人，也移入了好多胡商。隋末唐初的凉州安氏即是最著名的胡贾。当时割据凉州的李轨便是依靠以安修仁为首的西域胡商势力才立住脚跟的。[②]《隋书·食货志》还曾说到，北周、隋初，"河西诸郡，或用西域金银之钱，而官不禁"。河西居然通行胡商钱币，由此也可见河西胡商之多。

入唐以后，由于统治集团实行了一系列恢复和发展生产的措施，唐代户口迅速增长。高宗永徽年间（650—655），当时全国有户 380 万，而玄宗天宝十三载（754），全国有户达 9069154。[③] 这时的河西，也再度出现了繁荣的景象。《资治通鉴》卷二一六记天宝十二载时说："是时中国盛强，自安远门西尽唐境万二千里，闾阎相望，桑麻翳野，天下称富庶者无如陇右。"当时河西户口也

① 《隋书》卷六七《裴矩传》，第 1578 页。

② 《旧唐书》卷五五《李轨传》，第 2248—2249 页。

③ 《资治通鉴》卷一九九、卷二一七，第 6279、6929 页。

出现了自两汉以来的又一次增殖高峰。《新唐书·地理志》所载玄宗天宝年间户口如下:凉州武威郡,户 22462,口 120281;沙州敦煌郡,户 4265,口 16250;瓜州晋昌郡,户 477[①],口 4987;甘州张掖郡,户 6284,口 22092;肃州酒泉郡,户 2230,口 8476。合计天宝时河西各州有户 36718,口 172086。另据《旧唐书·地理志》,凉州境内尚有吐浑部落等八州府,有户 5048,口 17212。加上这一数字,河西实有户 41760,口 189298。

唐经安史之乱,河西为吐蕃占领。吐蕃贵族对汉人的统治是十分残酷的。《沈下贤文集》卷一〇《对策》中说:"又尝与戎降人言,自轮台以东,神鸟、敦煌、张掖、酒泉,东至于金城、会宁,东南至上邽、清水,凡五十郡、六镇、十五军,皆唐人子孙,生为戎奴婢,田牧种作,或从居城落之间,或散居野泽之中。"敦煌石室发现的《张淮深变文》中亦说到,在张议潮收复沙州后,"甘、凉、瓜、肃,雉堞凋残"。由此看来,由于吐蕃贵族的暴虐,人民流散及内迁的一定很多,自然增殖也必然大大下降,这时河西户口显然比盛唐时要减少得多。至于减少的具体数字,史无记载,也无从推断。

到唐宣宗大中二年(848),沙州爆发了张议潮领导的各族人民起义,赶走了吐蕃势力。接着,张议潮又收复了瓜、伊、甘、肃、凉等州。唐以张议潮为归义军节度使,管辖整个河西地区。至 10 世纪,甘州回鹘逐渐强大,归义军便成了回鹘的附庸,甘州回鹘则成了河西的主人。北宋统一,势力未及河西。至宋仁宗景祐三年(1036),西夏李元昊打败回鹘,攻陷瓜、沙,从此河西又归西夏统治。在归义军、甘州回鹘以及西夏统治时期,河西户口无从查考。但在这一长段的时间里,由于河西内部不断争战,特别是

---

① 瓜州有户 477,而口却有 4987,平均每户 10 口人,疑《旧唐书》卷三七《地理志》(第 1045 页)有误。可能在这一数字前脱"千"字,应为1477 户。

西夏统治时，东与宋、金抗衡，西又有于阗的威胁，连年烽烟迭起，估计这时河西户口绝不会超过吐蕃统治时期，或者更少一些。

1227年，西夏为蒙古所灭，河西开始属元朝管辖。元分全国为11个行中书省，河西属甘肃等处行中书省。甘肃行中书省又分7路，即甘州路、永昌路、肃州路、沙州路、亦集乃路、宁夏府路、兀剌海路。7路中，除宁夏府路外，皆在河西走廊。但《元史·地理志》在这6路中只记了甘州路与肃州路的户口：甘州路，户1550，口23987；肃州路，户1262，口8679。仅以这两路户口数与唐代相比，唐甘州有户6280，肃州有户2230，户数相差很大。以口数相比，唐甘州有口22092，肃州有口8470，则几乎相等。按这一比较，元代甘、肃两路既与唐代甘、肃两州口数相等，其他各州应亦相似。但其实不然，因为元代在河西内部曾进行过徙民的活动，如瓜州，《元史·地理志》说："瓜州，唐改为晋昌郡，复为瓜州。宋初陷于西夏。夏亡，州废。元至元十四年复立，二十八年徙居民于肃州，但名存而已。"《元史·世祖纪》亦载，至元二十五年，"沙州、瓜州民徙甘州，诏于甘、肃两界划地使耕，无力者给以牛具农器"。看来，蒙古统治者为便于管理，曾将河西西头居民多集于甘、肃两路。因此，这两路的人口中还应包括来自瓜、沙两路的人口，如果减去这部分数字，元代甘、肃两路就必然要比唐代的甘、肃两州为少。以此来推，元代河西人口亦仍应比唐代少。这除了长期战乱的影响外，还同河西走廊在中西交通上的地位日益衰落有关。元代海上交通非常发达，西域胡商、僧侣多从海上往还，他们到河西来定居的比前就大大减少了。

明代初年，明太祖于洪武五年派宋国公冯胜取得河西以后，即划嘉峪关而守，未曾经营关外。到太祖洪武末年和成祖永乐年间，方才在关外设立卫所，即所谓的"关西七卫"：曲先卫、安定卫、罕东卫、赤斤蒙古卫、沙州卫、哈密卫、罕东左卫。后来到明中叶以后,这些卫先后为吐鲁番所逼,全部迁入关内。《明史·西域传》说:“先是,太宗置哈密、沙州、赤金、罕东四卫于嘉峪关外,屏藩西陲。至是(指英宗正统年间),沙州先废,而诸卫亦渐不能自立。”

河西是明王朝西北边防的重要地域,除关西卫所以外,在嘉峪关之东,明王朝还设立了凉州卫、永昌卫、山丹卫、甘州五卫、肃州卫等。除派有大量军队驻守外,明还在这时进行了大规模的屯田。有人统计,从洪武末年到弘治年间,凉州11卫共有正式军队(旗军)7万余,下屯旗军近4万人。① 此外还有许多军卒家属及河西军户所繁衍的子孙。这些屯军及家属到河西后,就在河西安家落户,与本地各族人民共同开发河西。

明代河西的户口,《明史·地理志》无具体数字。《重修肃州新志·户口》记载,明洪武中肃州卫户5855,口13575;嘉靖中户5633,口9963;万历中户5352,口7986。以洪武年间为最高。乾隆时修的《甘州府志》卷六记载,甘州五卫有民户14444,口30883;屯户,嘉靖中12567,口17961;山丹民户6363,口12720。关于凉州户口,乾隆所修之《五凉考治六德集全志》卷一记载,武威县洪武中户5480,口39815;嘉靖中户1693,口9354。以上三种资料都记了嘉靖中的户口,因此我们只能将嘉靖年间户口作一统计。总加肃州卫、甘州5卫、武威县、山丹卫户数,共有户40700,口80881。这一数字虽然因州县不全不能称作河西走廊全部之户口数,但如以这一数字同元代相比,则明显有了大幅度的增加。《元史·地理志》载肃州路只1000多户,8000多口,而明代增至5000多户,近1万口;《元史·地理志》载甘州路仅1500多户,23000多口,而明代甘州五卫就有14000多户,30000

① 参唐景绅:《明代河西的军屯》,载《敦煌学辑刊》第1辑,1980年。

多口，另外还有屯户12000多户，近18000人。如与唐代相比，唐代肃州有2000多户，8000多口，而明代有5600多户，22000多口，唐代甘州有6200多户，22000多口，而明代甘州五卫就有14000多户，3万多口，加上屯户1万多户，18000口，共有27000多户，48000余口。如按口计算，肃州卫比唐代增加了2/10，甘州卫则增加了一倍多。唐代整个河西约不到20万人，以此推论，明代河西应有口近30万。

清贵族进入河西后，烧杀掳掠，一度使河西遭到破坏。当时甘肃整个情况是："灾死徙之余，田亩之荒废者十有一二，军民之存活者十无一二"[①]，土地荒芜，民户逃散。后来，清政府不得不采取一系列恢复、发展生产的措施，如"改编凉州戍军为屯丁，除免军名，令种屯地"[②]，将甘肃明代藩王土地改归民户经营，以及招民开垦屯种等。如雍正年间，即曾招民户2405去敦煌屯垦。[③]通过这些措施，加以清初略定西域，河西社会安定，经济日渐恢复、发展，这时户口又迅猛增长。《嘉庆重修大清一统志》载：甘州府，原额民丁共5850，今滋生民丁男妇大小共282496名口，屯丁男妇大小共531119名口，统计79841户。凉州府，原额民丁共24335，今滋生民丁男妇大小共284131名口，屯丁男妇大小共1220367名口，统计182862户。肃州直隶州，原额民丁共6908，今滋生民丁男妇大小共319768名口，屯丁男妇共132295名口。安西直隶州，民丁原额缺载，今滋生民丁男妇大小共77873名口，统计6094户。据此，嘉庆年间，甘、凉、肃、安西四州府共有人口

---

① 中国西北文献丛书编辑委员会编：《甘肃通志稿》卷四〇甘肃巡抚董题《免编审丁徭疏》，兰州古籍出版社1990年版，第625页。

② 慕寿祺辑著，李炳、赵元贞校：《甘宁青史略正编》卷一七"改甘肃卫军为屯丁"条，兰州俊华印书馆1936年版，第13页背面。

③ 常钧：《敦煌随笔》"沙州"条，第76页。

2848049。如果与原额民丁相比,则增长了七八十倍。河西户口骤增,大约有以下原因:第一,《一统志》所说原额民丁,应是指成年男丁,老小妇女皆不计在内;第二,清初为恢复生产,不断从其他各地移民河西,如上述敦煌一次就移来2405户;第三,清初河西原来驻有大量军队屯田,后改卫军为屯丁,加以带来家属落户。《一统志》中所记屯丁人口比滋生民丁人口还多,正是反映了这一情况;第四,清初康、雍、乾三代有上百年的安定局面,人口自然增殖数量亦是很大的。

三

综上所述,从秦汉至清代中叶,河西人口曾经历了三升二降的过程:西汉设立河西四郡,开始出现了人口增长的第一个高峰,后来则就逐渐下降,至北魏时,河西几乎成了一个荒漠地区。北魏以后,又慢慢上升,至隋唐出现了河西人口增长的第二个高峰,由原来的几万人增长到20万人。但从唐中叶吐蕃占领河西起,直至元代,河西户口又逐步下降,而到明清两代,特别是清代中期,一下猛增到280万人,出现了河西人口增长的第三个高峰。

从河西人口的三升二降可以看出:

一、河西人口的增减是与河西地区的开发紧密联系在一起的。人类社会的物质资料生产和人口的生产是既有区别而又互相制约的。物质资料生产是人口生产的前提,而人口生产又反过来对物质资料生产有很大的影响。在以自然经济为主体的封建社会里,人口生产对于物质资料生产的影响尤为突出。因为在封建社会里,主要的生产就是自然经济下的农业生产,生产的发展主要表现为农产品产量的增加,而这种增加,则大多是通过扩大耕地面积和提高单位面积产量而取得的。在当时生产技术水平低下的状况下,无论扩大耕地面积还是提高单位面积产量,都得付出繁重的体力劳动。这也就是说,社会生产的发展,都是和使用更多的劳动力分不开的。从河西人口增减过程来看,也正是这样:西汉、隋唐、明清三个时期是河西经济最繁荣的时期,而这三个时期又恰好是人口最多的时期。由于劳动力的增加使河西这块水草肥美的土地得到了开发。相反,在南北朝及五代、西夏时期,河西土地大量荒芜,生产凋敝,这也是河西人口不断减少时期,劳动力少了,自然影响到生产的发展。

二、一个地区人口的增减是同当时整个国家的形势直接相关的。斯大林说过:"人口的增长当然能影响到社会的发展,促进或延缓社会的发展,但它不能成为社会发展中的主要力量,它对于社会发展的影响不能是决定性的影响。"①对于社会生产起决定作用的应是当时的生产力和生产关系的状况。人口增减固然能影响到生产的发展,但人口增减本身却又是与当时的生产水平、政治状况分不开的。在我国封建史上,秦汉、隋唐、明清都是大一统的王朝,国势很强盛,出现这种局面,当然首先归功于当时劳动人民的生产斗争和阶级斗争,而统治阶级实行诸如缓和矛盾、减轻赋役、与民休息、发展生产的措施,也对当时社会生产起了促进的作用。正是由于当时国内安定,生产持续发展,人口自然繁殖就比较快。同时,也正因为国家有雄厚的人力、物力基础,统治者才有可能经营边远的地区,采用诸如驻军设郡、移民垦田、发展交通、兴修水利等措施,使边远地区得到开发。河西在西汉、隋唐、明清时期人口增长很快,应当认为这是与当时社会安定,国势强盛,统治者在河西实行了一系列发展生产的措施分不开的。

① 《列宁主义问题》,外国文书籍出版局印行1950年版,第859页。

三、河西人口的增长是同历代统治者的移民政策分不开的。西汉、隋唐、明清时期河西人口的三次大幅度增长都是和当时统治阶级在这里兴办过大规模的军屯和民屯直接相联系的。统治阶级在河西屯田的目的当然是在于充实边防,增加赋役,防止周边少数民族贵族的扰乱,但是,设屯必先移民,而大量移民进入河西,这不仅大大增加这一地区的劳动力和人口,同时,也因移民多来自中原,带来了先进的生产技术,加速了河西的开发进程。所以,河西的开发是同中原劳动人民的不断徙入分不开的。今日河西的繁荣,即是中原人民与本地各族劳动人民共同辛勤劳动的成果。

(与章一平合作,原载《西北人口》1981 年第 2 期)

敦煌沿革与人口

敦煌地处河西走廊的西端，它的南面有三危山、鸣沙山，是河西走廊内部一系列直线形断层隆起的断块山。北面是一片戈壁，中部则是由党河下游所冲积的一块平原，这就是著名的敦煌绿洲。现在全市20万人，都生活在这块绿洲上。

敦煌自古以来是中西交通要道。裴矩在《西域记》中曾说过，去西域道路有三，即北道、中道、南道，但无论哪一道，都是“发自敦煌”。因此，他说：“总凑敦煌，是其咽喉之地。”①因地位重要，它早就引起人们的注意了。

自清代以来，许多学者都注目于西陲史地，对敦煌的沿革曾作过一些研究，其著名的如清代官修的《大清一统志》、《皇舆西域图志》，齐召南的《水道提纲》，顾祖禹的《读史方舆纪要》，徐松的《汉书西域传补注》、《西域水道记》等等。至1900年敦煌莫高窟石室遗书发现以后，有《沙州都督府图经》、《敦煌录》、《沙州伊州地志残卷》、《寿昌县地境》等资料的出现，我国许多学者对敦煌的史地又进行了许多的研究与订正工作，如王国维、罗振玉、刘师培以及向达、王重民等前辈，曾作出了很多的贡献。夏鼐、阎文儒、宿白等同志还到敦煌作过实地的考察。然而，多年以来，对于敦煌历代的沿革与人口还没有人进行过系统的整理和介绍，以致有些同志在谈到敦煌的历史时，往往作了不正确的描述，有的郡

① 《隋书》卷六七《裴矩传》，第1580页。

县不分,将古代敦煌郡同现在的敦煌市等同起来;有的将汉唐时代的敦煌说成是个"小上海",人口竟达到 80 万人。为此,我以为对敦煌的沿革及人口作一系统的介绍还是极其必要的。

一

敦煌这个名字,是汉武帝立郡时命名的。东汉应劭注释这两个字的意义时说:"敦,大也;煌,盛也。"①有人据此把西汉时的敦煌说成是一个很繁华的城市。唐代李吉甫的《元和郡县图志》对这两字也有过解释,他说:"敦,大也,以其开广西域,故以盛名。"②指的是这个地方对开发广大的西域地区有很重要的作用,故名之曰敦煌。对这两种解释,我是比较同意《元和郡县图志》的说法,因为西汉时期的敦煌,与中原其他城市比较,算不得是一个繁华的城市,尤其当武帝立郡之时,此地人口还是极其稀少的。原来居住在河西西部地区的匈奴昆邪王,在降汉以后,其四万部众被安置在"五郡故塞外"。河西大部分人口被迁走了。正因为边防空虚,武帝才不断地把内地的贫民迁徙到这里来。如果认为武帝把这块地方命名为敦煌,就是指它很繁荣的意思,显然是一种夸大和误解。当然,我们认为立郡之初的敦煌是一个地广人稀的地方,但也并不否认它在中西交通及西汉边防上却有重大的意义。在地理位置上,它的确是一个极其重要的"咽喉"地区。

敦煌在汉武帝立郡之前,中国古代的史籍早就对这一地方有过记载。我国最早的地理学著作《尚书·禹贡》说:"黑水西河惟雍州。"《文献通考》卷三二二《舆地考八》"古雍州"条注释说:

① 《汉书》二八下《地理志下》,第 1614 页。

② 李吉甫:《元和郡县图志》卷四〇,中华书局 1983 年版,第 1026 页。

"西据黑水，东距西河，西河即龙门之河也，在冀州西故曰西河，黑水出今张掖郡鸡山，南流至今敦煌，经三危山，过今南溪郡而入南海。"又说："汉之京兆、扶风、冯翊、北地、上郡、安定、天水、陇西、金城、武威、张掖、酒泉、敦煌，皆其分地。"即把现今的敦煌是包括在古雍州的境域之内的。

在我国远古神话和传说的时代，有些记载也曾涉及敦煌这个地区。在神农氏时，《淮南子·主术训》说："昔者神农之治天下也，……其地南至交趾，北至幽都，东至旸谷，西至三危，莫不听从。"在帝颛顼时，《史记·五帝本纪》说："北至于幽陵，南至于交趾，西至于流沙，东至于蟠木，动静之物，大小之神，日月所照，莫不砥属。"在虞舜时，《尚书·舜典》说，帝舜曾经"流共工于幽州，放欢兜于崇山，窜三苗于三危，殛鲧于羽山"。这些神话传说不约而同地将三危、流沙都作为当时最西边的地区，而这个地名，根据后人的一些注释，都认为在现在敦煌县的境内。三危，许多人以为即指三危山，在今敦煌的南面。《水经注》说："三危山在敦煌县南。"[①]《元和郡县图志》卷四〇说："三危山在县（敦煌县）南三十里，山有三峰，故曰三危，《尚书》窜三苗于三危，即此山也。"清人常钧所写的《敦煌杂抄》卷下"三危山"条说："尚书孔安国传，三危西裔之山，舜窜三苗于三危，《禹贡》三危既宅是也。《隋志》敦煌县有三危山，《括地志》山在沙州东南三十里，山有三峰故名。《都司志》三危为沙州望山，俗名升雨山，在今城东南三十里，三峰耸峙，如危欲堕故名。"至于流沙，有的以为在张掖居延泽，有的则以为在敦煌的西面。颜师古说："流沙在敦煌西。"[②]杜

---

① 郦道元：《水经注》卷四〇《禹贡山水泽地所在》，巴蜀书社 1985 年版，第 616 页。

② 《汉书》卷二八上《地理志上》注，第 1534 页。

佑也说,流沙在敦煌郡西八十里。[1] 从这些记载来看,在远古时代,现今的敦煌地区不仅与中原地区早有联系,而且,被称为“三苗”的部族也早在这里栖息和生活。这些部族原来是在中原部落战争中失败以后被迁徙到这里来的。

到了夏商周三代,包括现今敦煌、瓜州在内的广大地区都属于古瓜州的范围。《禹贡·山水泽地篇》注说:“杜林云,敦煌古瓜州也,州之贡物,地出好瓜,民因氏之。”在这里居住的是三苗的后裔,当时称之为羌戎。《通典》卷一七四“沙州”条:“沙州,昔舜流三苗于三危,即其地也。其后子孙为羌戎,代有其地。”《后汉书·西羌传》也说:“西羌之本,出自三苗,姜姓之别也。”三代时,亦有历史记载说到羌戎与中原地区的交往。夏禹治水,周行九州,《禹贡》曾说他“道黑水至于三危,入于南海”。对这个地方作过亲自的调查。至殷商时,武丁伐鬼方,三年乃克,《诗经·商颂》说:“自彼氐羌,莫敢不来享,莫敢不来王。”春秋初期,《左传》也曾记载过羌戎的活动。昭公九年,“詹桓柏辞于晋曰,允姓之戎,居于瓜州”。以后,到襄公十四年,又载:“晋将执戎子驹支,范宣子亲数诸朝,曰,来,姜戎氏,昔秦人迫逐乃祖吾离于瓜州,乃祖吾离被苫盖,蒙荆棘,以来归我先君。我先君惠公有不腆之田,与汝剖分而食之。”以上的这些记载,仅仅只是一些传说,有些地名,至今也有不同的看法,当然未必是一定可靠的。

如果说战国以前,史籍上有关这个地区的一些记载是值得怀疑的话,那么,战国及秦一段,月氏占有这块地方则倒是比较可信的了。这时,古瓜州地区的羌戎,逐渐为月氏所兼并,也就是《汉书·地理志》所说的:“瓜州之戎,并于月氏者也。”当时居住在瓜州的,不仅有月氏,还有塞种胡人、乌孙等等。荀济《论佛表》说:

① 杜佑:《通典》卷一七四,中华书局1988年版,第4556页。

“《汉书·西域传》,塞种本允姓之戎,世居敦煌,为月氏迫逐,往葱岭南奔。”①关于塞种胡人,《汉书·西域志》曾说:“昔匈奴破大月氏,大月氏西君大夏,而塞王南君罽宾。塞种分散,往往为数国。自疏勒以西北,休循、捐毒之属,皆故塞种也。”可见塞种胡人也原是居住在敦煌一带的,是由于月氏的强大,才将他们赶到现今的帕米尔地区。至于乌孙,张骞说:“臣居匈奴中,闻乌孙王号昆莫,昆莫父难兜靡,本与大月氏俱在祁连、敦煌间,小国也。大月氏攻杀难兜靡,夺其地,人民亡走匈奴。”②乌孙也同样是被月氏从河西赶出来的。

月氏强盛时,曾占有以后的凉、甘、延、沙等州③,“控弦十余万”④。在秦汉之际,因其强盛,匈奴头曼单于曾将太子冒顿质于月氏。后来,冒顿从月氏逃归,杀父自立,发兵征服了月氏。至冒顿子老上单于时,他杀掉月氏王,“以其头为饮器”,于是月氏部众大多西逾葱岭,进入今天的阿富汗,“其余小众不能去者,保南山羌,号小月氏”⑤。整个河西遂为匈奴所占有,这时正是汉文帝的初年。

在敦煌立郡之前的历史,大概有以上这些记载。

二

匈奴是我国历史上北方的一个古老民族,长期过着游牧的生活。秦末汉初,乘中原王朝边防松弛的时机,它不断向南发展。

---

① 道宣:《广弘明集》卷七,上海古籍出版社 1991 年版,第 134 页。

② 《汉书》卷六一《张骞传》,第 2691—2692 页。

③ 《史记》卷一一〇《匈奴列传》注引《括地志》,第 2888 页。

④ 《汉书》卷九六上《西域传上》,第 3890 页。

⑤ 《史记》卷一二三《大宛列传》,第 3162 页。

到冒顿单于的时候,它东面灭掉东胡,西边击走大月氏,向北威服了丁零,向南击破楼烦、白羊,控制了我国东北部、北部和西部的广大地区。它有“控弦之士三十余万”,时常侵扰汉王朝的边境,对汉王朝造成严重的威胁。当时的敦煌地区,在匈奴赶走月氏以后,匈奴单于“使其部昆邪王驻牧”[①],与河西走廊东段的休屠王一起成为匈奴进扰汉王朝西方边境的一个根据地。

汉代初年,由于国家刚刚建立,经济尚未恢复,内部统治亦不够巩固,当然无力进行反击,因而只得采取和亲的政策,每年给匈奴贵族送去絮缯、酒食,企图以此来换取北方边境的安宁。但是这种政策,正如后人所讥刺的:“汉家青史上,计拙是和亲”,它并没有也不可能减少匈奴贵族对北方边境的掳掠。相反的,边境的紧张形势,越来越严重。一直到汉武帝即位以后,由于经过了几十年的积蓄和准备,才开始了大规模的军事反击。

西汉武帝时期对匈奴主要发动了三次进攻,而攻占河西的战争,则是在武帝元狩二年(前121),由骠骑将军霍去病率领的。这年春天,霍去病率万骑出陇西,大破匈奴,越过了焉耆山(在今甘肃山丹县东南),猛追了千余里,俘虏了浑邪王的王子,缴获了休屠王的祭天金人。到了这年夏天,霍去病又引军出陇西、北地,过居延泽,进至祁连山,斩获甚众。这次战争的胜利、促使了匈奴内部的分化,匈奴单于“怒浑邪王居西方,数为汉兵所破,亡数万人”,欲诏诛浑邪王,因之,“浑邪王、休屠王谋欲降汉”。[②] 汉武帝便命霍去病将兵前去迎接。休屠王中途反悔,为浑邪王所杀。浑邪王带领四万部众,投降了汉朝,被安置在陇西等边五郡塞外,称作“五属国”。至此,河西遂为汉王朝所直接统辖。就在这一年,

---

① 道光十一年《敦煌县志》卷二,台北成文出版社1970年版,第87页。

② 《汉书》卷五五《霍去病传》,第2482页。

汉王朝在河西设立了武威、酒泉二郡。[①] 敦煌一带，则属酒泉郡所管辖。到元鼎六年(前111)汉武帝又“分武威、酒泉地置张掖、敦煌郡”[②]。历史上所谓的“河西四郡”，到这时完全确立了。敦煌这个名字，也是从这时才开始有的。

西汉时期的敦煌郡，根据《汉书·地理志》所载，统辖六个县，即敦煌、冥安、效谷、渊泉、广至、龙勒。当时的敦煌郡，大致上是疏勒河以西，阳关、玉门关以东的一大块土地，包括现今敦煌市、瓜州县及肃北蒙古族自治县的一部分。这六个县的具体所在大致如下：

敦煌县，在今敦煌市的西南，滨临党河西岸。常钧说：“沙州之西，本有故城，即汉敦煌郡治，经党水北冲，圮其东面，雍正三年，于故城东另筑卫城，周围三里三分，开东南西三门。”[③]《重修敦煌县志》亦说：“城在县西里许，滨临党河西岸，遗址尚存，其西北一角，高犹数丈。”[④]现在的敦煌城在党河东南，是清代雍正初年所建，非汉代之敦煌县。

冥安县，冥安以冥水得名。《元和郡县图志》之“瓜州晋昌县”条：“晋昌县，本汉冥安县，属敦煌郡，因县界冥水为名也。”冥水，即疏勒河。《玉门县志·古迹》“冥安废县”条：“……《汉书·地理志》云，冥安县有南籍端水出南羌中，西北入境，其泽溉民

① 《汉书》卷六《武帝纪》，第176—177页。有人根据《汉书》卷九四《匈奴传》：“是时，汉东拔濊貉、朝鲜以为郡，而西置酒泉郡，以隔绝胡与羌通之路”(第3773页)，以为酒泉郡最先设置，武威郡在后。

② 《汉书》卷六《武帝纪》，第189页。有人根据《汉书·地理志》：“敦煌郡，武帝后元年分酒泉置”(第1614页)，以为敦煌置郡最后。此点齐召南在《汉书·地理志》注释中载有辨正，敦煌置郡应在元鼎六年。

③ 常钧：《敦煌杂抄》卷上《沙州里》，第23页。

④ 吕少卿：《重修敦煌县志》卷二《敦煌废郡》，甘肃人民出版社1981年版，第34页。

田,即今之疏勒河,水界于柳沟、靖逆之间,今之卫城,不必即古之县治,其西为冥安县地方无疑也。"①汉代冥安县的县治,这里只说在玉门以西,并没有具体位置。《甘肃新通志》、《甘宁青史略》以及《重修肃州新志》都认为汉代的冥安县在安西的西南,似不正确。据《汉书·地理志》补注,汉之冥安县,"晋为晋昌县,唐为瓜州治"。《通典》卷一七四:"晋昌,汉冥安县地。"《重修敦煌县志》卷二"冥安废县"条:"冥安在今县治东,《元和志》瓜州晋昌县本汉冥安县,东南至肃州四百八十里,西至沙州三百里,云冥安有籍端水,今苏赖河,故城疑在今小湾、双塔堡、布隆吉等处。"吴承志《汉书地理志水道图说补正》:"冥安,晋昌故城。洪氏亮吉《乾隆府厅州县图志》云,在安西州东,《元和志》县东二十步有玉门关,东北八十里有合河戍,南一百六十里有雪山,积雪夏不消。玉门关为玉门县西出之关,合河即冥水与玉门县水合流之河,水道记,枯河与靖逆渠古时会合于此,故曰合河。雪山今布隆勒河源以南之大山。以三地地理数校之,晋昌所在乃州东南,非正东。"向达、阎文儒同志以为现在的锁阳城废圩即唐代的瓜州城。②《中国历史地图集》所标汉冥安县亦在今瓜州县的东南,与阎文儒同志所指大致相符,我以为是正确的。

效谷县,颜师古注曰:"本渔泽障也,桑钦说孝武元封六年,济南崔不意为鱼泽尉,教力田,以勤效得谷。因立为县名。"其地理位置,《甘宁青史略》、《甘肃新通志》以为在敦煌东,《重修肃州新志》、《甘肃地理沿革图表》,则以为在安西卫西。《读史方舆纪

① 此《玉门县志》系手抄本,无年代,其书所载最晚为嘉庆甲子年(1804),约为嘉庆晚期或道光年间所修。

② 向达:《两关杂考——瓜沙谈往之二》,载《唐代长安与西域文明》,河北教育出版社2001年版,第378页。阎文儒《河西考古杂记》,载《文物参考资料》1953年第12期。

要》则又说："效谷城，在［沙州］卫东北。"都没有说出具体的地点。《中国历史地图集》亦依此，虽把效谷县标在敦煌县的东北，但未标明县治的具体位置。据敦煌石室发现的《沙州都督府图经》："古效谷城在州东北三十里，是汉时效谷县。"《重修敦煌县志》卷二"效谷废县"条："辛卯侍行记，师古曰渔泽障，疑在今敦煌东北折腰湖左右。"折腰湖，考道光《敦煌县志》之《疆域总图》在敦煌城东北，位于黄墩堡及清水墩之间。该书卷三《牧地》；"黄墩营牧地一处，在东南折腰湖一带，距本营三十里。"又《敦煌随笔》卷上《沙州》："东北七十里至黄墩营。"①以此校《沙州都督府图经》，道里完全相符。向达先生以为汉效谷县在今瓜州县的西湖②，距敦煌似乎太远了。

渊泉县，《汉书·地理志》颜师古注引阚骃云："地多泉水故以为名。"王先谦《补注》说："后汉因《续志》作拼泉，《一统志》故城在今渊泉县东，其县东二百五十里有三道沟，自此西至柳沟卫东二里又有四道至三十道七沟，皆草地出泉，北入苏赖河，惟四道沟泉流特盛，即所云昌马河，乃苏赖河源也，阚谓地多泉水，并即指此。"《读史方舆纪要》卷六四亦说："渊泉城在［沙州］卫东北，汉时属敦煌郡。"《补注》、《纪要》虽指出了渊泉县的大概方位，但未指出县治具体地点，《甘宁青史略》、《甘肃新通志》以及《新斠注地理志集释》等均以为清初所置的柳沟卫，即汉代的渊泉县地，县在安西之东。《重修敦煌县志》卷二"渊泉废县"条说："阚骃云，多泉水，章怀太子注《后汉书·张奂传》云，故城在晋昌县东北，当在今州东四道沟、柳沟堡诸处。"常钧《敦煌随笔》卷上

① 道光十一年《敦煌县志》卷三《城池》也说："黄墩堡在敦煌城正北六十三里"，第129页。

② 向达：《西征小记——瓜沙谈往之一》，载《唐代长安与西域文明》，第340页。

《柳沟》说："其四道沟之北，柳沟卫旧堡在焉，东南至三道沟二十里，西南至布隆吉七十里。四道沟原系昌马河故道，水势最旺。"又《甘肃新通志》卷一三《安西直隶州·渊泉废县》以为渊泉废县在"州东旧柳沟卫东"，而旧柳沟卫故城则在布隆吉尔，其东则亦在四道沟一带。[①] 以此对照《汉志补注》，亦大致相符。《中国历史地图集》所标渊泉县，也在此处附近。

广至县，《后汉书·盖勋传》注："（广至）故城在唐常乐县东，谓之悬泉堡。"唐代的常乐县，不是西凉的常乐郡治和隋代的常乐县，此点《读史方舆纪要》已经指出："常乐城，在废瓜州西百里，汉冥安县地，……西凉于此置常乐郡……隋开皇初废郡，因改县为常乐。唐武德四年，改置晋昌县，五年又于汉广至县地，改置常乐县，属瓜州。"向达先生在《两关杂考》一文中亦曾加以辨正。唐代的常乐县，按《元和郡县图志》，"东至州一百十五里"，唐代的瓜州，有的说在锁阳城废圩，有的说在双塔堡附近，而悬泉堡，则由悬泉水而得名，吕少卿以为悬泉水即敦煌"甜水井以南之挖密泉，距甜水井六七里"[②]。向达先生也说："贰师将军之悬泉据云即在甜水井南十余里三危山下，俗名吊吊水。"[③]距唐之瓜州就不止百里之数了，显然，把悬泉堡作为广至县址是不正确的。《读史方舆纪要》卷六四，以为广至城"在废瓜州西北"。而《重修敦煌县志》卷二《广至废县》以为在今瓜州县踏实堡，或踏实堡西北二十里之破城子。广至，至北魏改名大至，"踏实，大至之转音"。如果我们以锁阳城废圩为唐之瓜州，踏实堡附近之破城

---

① 柳沟卫于雍正初年移布隆吉，见常钧《敦煌随笔》卷上《柳沟》，第65页。

② 吕少卿：《重修敦煌县志》卷二《悬泉水》，第31页。

③ 向达：《西征小记——瓜沙谈往之一》，载《唐代长安与西域文明》，第336页。

子,恰在州之西北,惟两地距离不如《元和郡县图志》所说有115里,此点未得正确解释。

龙勒,因龙勒山而得名。据晋天福七年州学翟博士所写《寿昌县地境》说:"龙勒山,县南百八十里,周时龙马朝出咸阳,暮止寿昌,因以此山之下,遗其衔勒,故名龙勒山。"龙勒,即唐之寿昌县。"西北(应是东北之误)去州一百二十里,公廨一百九十五千,户三百五十九,乡一,右本汉龙勒,魏正光六年改为寿昌郡,属瓜州,故书云,旧瓜州即沙州是也。"今敦煌县西南南湖公社,即当时的龙勒县,阳关、玉门关俱在龙勒县境内。① 还要说一点是,根据《寿昌县地境》,汉时的渥洼水,即唐时的寿昌海。"寿昌海,源出县南十里,方圆一里,深浅不测,即渥洼水也,长得天马之所。"道光《敦煌县志》及《重修敦煌县志》均以敦煌城南之月牙泉为汉时的渥洼水,是不正确的。

西汉武帝时敦煌郡所置六县的位置,大致如上。至王莽统治时期,曾将敦煌郡改名敦德郡,县亦改名敦德亭,广至改名广桓。至东汉时,敦煌郡仍设六县,只不过是将渊泉改名为拼泉罢了。

至于西汉时敦煌郡之人口,自浑邪王率部众迁居五属国以后,这里人口是很稀少的。在敦煌还属于酒泉郡时,武帝于元狩五年即下令"徙天下奸猾吏民于边"。大概也有些民户被迁到敦煌一带的。到元鼎六年设置敦煌郡后,立即又"徙民以实之"②。根据《汉书·地理志》所说:"自武威以西,本匈奴昆邪王、休屠王地,武帝时攘之,初置四郡,以通西域,隔绝南羌、匈奴。其民或以关东下贫,或以报怨过当,或以悖逆无道,家属徙焉。习俗颇殊,

① 向达:《西关杂考——瓜沙谈往之二》,载《唐代长安与西域文明》,第336页;陈梦家:《玉门关与玉门县》,载《考古》1955年第9期。

② 《汉书》卷六《武帝纪》,第189页。

地广民稀,水草宜畜牧,故凉州之畜为天下饶。”整个河西四郡,还都是个人口稀少、比较荒凉的地区。西汉之户口,以平帝元始时为最盛,当时敦煌有户 11200,口 38335。劳贞一先生曾以此作过推算,前汉时敦煌郡共有六县,面积约合 149750 平方公里,以上面的人口数除之,则每县仅有 6389 人,每平方公里只 0.3 人。[①]每户不到 4 人。

至东汉时,据《续汉书·郡国志》,顺帝永和年间,敦煌郡有户 748,口 29170。以口而论,比西汉减 9,195,而户则减 10452 户。显然,郡国志所记户数是有错误的。我以为七百四十八之“百”字,当为“千”字,按西汉时户与口之比约为 1:4,以此计算,东汉有口 29000 余,户应有 7000 余。按县平均每县约 5000 人左右。东汉敦煌郡之户口所以比西汉为少,这是由于东汉初年与匈奴不断冲突,将人口徙于内地的结果,以后曾招民实边,或募死囚发边郡,但边郡人口仍未复原。以敦煌郡而言,东汉时户口固然比西汉少了一些,如果我们把西汉的北方边郡来做一比较,敦煌郡还是人口减少最少的一郡。[②]

三

敦煌在立郡以前,据《尚书·禹贡》属于古雍州。汉武帝设立了河西四郡之后,敦煌郡属于凉州。至东汉末年,汉献帝又曾一度设置雍州,“自三辅距西域皆属焉”[③]。曹丕代汉建魏,又分

---

① 劳榦:《两汉郡国面积之估计及口数增减之推测》,载《中央研究院历史语言研究所集刊》第 5 本第 2 分,1935 年,第 218 页。

② 劳榦:《西汉户籍与地理之关系》,载《中研院历史语言研究所集刊论文类编》,中华书局 2009 年版,第 44—45 页。

③ 《晋书》卷一四《地理志》,第 430 页。

置凉州，敦煌郡重新划归凉州管辖。

《三国志》一书，没有地理疆域的专篇，敦煌虽然称郡，但领县多少，至今尚有争议。清代学者洪亮吉作《补三国疆域志》两卷，以为曹魏时敦煌郡领县11，除原有汉代所置的敦煌、龙勒、效谷、广至、冥安、渊泉以外，尚有：

> 昌蒲，《郡国志》敦煌无昌蒲及新乡二县，今从《晋书·地理志》。
>
> 阳关，《元和郡县图志》魏立。
>
> 宜禾，魏分广至立。
>
> 伊吾，《元和郡县图志》，汉置伊吾司马，至魏立为县。按《晋书·地理志》有新乡，为晋惠帝所立，今不录。
>
> 乾齐，汉旧县，属酒泉。①

可是，谢钟英的《三国疆域表》以为当时敦煌郡只有八县，除了汉代原有的六县以外，另有宜禾、拼泉两县。吴增仅、杨守敬的《三国郡县表附考证》也认为三国曹魏的敦煌郡只有八县，在汉原有六县之外，有宜禾（《元和郡县图志》魏分广至立）、阳关（《元和郡县图志》魏立）。显然，洪氏《补三国疆域志》的领县数是根据《晋书·地理志》而来的。对此，谢钟英在《补三国疆域志补注》中作了一些修正，以为昌蒲县"无魏立明文"，不应列入；《三国郡县表附考证》也认为"洪《志》据《晋志》以昌蒲为郡治，今按敦煌太守屡见于《志》，昌蒲一县略无可考，疑洪氏误，今从《郡国志》"。我觉得他们所说是很有道理的，三国的敦煌郡，不应列入昌蒲县。

---

① 洪亮吉撰，谢钟英补注：《补三国疆域志》卷二，载《二十五史补编》，开明书店1936—1937年版，第3081页。

阳关县,谢氏《补注》说:"钟英按《元和郡县志》,阳关在寿昌西六里,后魏尝于此置阳关县,周废,洪氏以元魏为曹魏,误甚。"阳关县三国时尚未设立,当然也不应算作敦煌郡之领县。

宜禾县,"《元和郡县志》,魏分广至置宜禾县,后魏明帝后置常乐郡,武德五年置常乐县,钟英按,故城在今敦煌县东一百十五里"①。此点在论后汉广至县时即曾说过,唐代的常乐县不是隋之常乐县。隋之常乐县,即唐之晋昌县,为瓜州的治所。唐之常乐县应在踏实堡附近。谢氏《补志》没有加以区分,将两地混同起来了。《读史方舆纪要》说:"宜禾城,在废瓜州东北二十里,汉广至县有昆仑障,为宜禾都尉治。"而《方舆考证》以为宜禾废县在"(安西)州西北。"《太平寰宇记》:"晋昌县宜禾故城,汉宜禾都尉所居,城在县西北界。"昆仑障,《方舆考证》认为即"安西州西北一带之山碛也"。根据以上材料,宜禾县应在今瓜州县的西北,《太平寰宇记》所说在晋昌西北,唐之晋昌为锁阳城废圩,则今瓜州县正好在其西北。至于《读史方舆纪要》所说在废瓜州东北,疑东字为西字之误,抑或所指废瓜州不是唐之瓜州,系指今瓜州县西南之瓜州故城。

拼泉县,即渊泉县。《续汉书·郡国志》渊泉作拼泉。《晋书·地理志》有渊泉而无拼泉,疑是一地。

乾齐县,两汉时属酒泉郡,至曹魏时,据《三国志·阎温传》,文帝初年,酒泉黄华、张掖张进发动叛乱,敦煌长史张恭遣其从弟张华"攻酒泉沙头、乾齐二县"。则乾齐仍属酒泉郡甚明,不应算为敦煌郡之内。

伊吾县,《三国郡县表附考证》说:"今考《通典》、《元和志》、《寰宇记》诸书,言汉后皆为伊吾屯田兵镇之所,未为郡县,至后

---

① 《补三国疆域志》,第3081页。

魏始置为县,疑晋氏已误,洪氏又误据也。”据此,伊吾县亦不应列入曹魏时敦煌郡所属的县。

从以上可见,三国曹魏时敦煌郡属县除了两汉原有六县之外,仅只增了宜禾一县,但从地理面积来说,并没有增加。

曹魏时敦煌郡的人口,《三国志》一书没有记载,但我们根据有关资料可以作出大概的估计,经东汉末年战乱之后,州郡残破,人户萧条,杜恕即说过:“今大魏奄有十州之地,而承丧乱之弊,计其户口,不如往昔一州之民。”①河西地区,因东汉政权镇压羌人的战争,受到了严重的破坏,及至魏政权建立前后,又有“武威颜俊、张掖和鸾、酒泉黄华、西平麹演等并举郡反,自号将军,更相攻击”。这时凉州卢水胡伊健妓妾、治元多等也乘机起兵,于是“河西大扰”②。不断的战乱,使河西人口急剧下降。如魏文帝时,苏则为金城郡太守,初至官时,“户不满五百,则到官,内抚凋残,外鸠离散,今见户千余”③。东汉时金城有户3858,曹魏时则只剩下1/3强一些了。敦煌郡的情况大致亦应当同河西各郡相似。如果我们以金城的比例来计算敦煌的人口,敦煌郡东汉时有户七百(误千字)四十八,口29170,曹魏时的敦煌郡,比东汉时1/3强,大约只有10000余人了,每县平均不到2000人。

西晋时的敦煌郡,按《晋书·地理志》,统县十二,即昌蒲、敦煌、龙勒、阳关、效谷、广至、宜禾、宜安、深泉、伊吾、新乡、乾齐。《晋志》原以武帝太始、太康的建置为准的,而其实却又不然,正如方恺所说,书中体例不一,自相矛盾。④ 毕沅亦说:“若以太康之前为据,则南郡不宜有监利也,以太康之后为据,则南郡不宜有

① 《三国志》卷一六《魏书·杜畿传附杜恕传》,第499页。

② 《三国志》卷一五《魏书·张既传》,第474页。

③ 《三国志》卷一六《魏书·苏则传》引《魏名臣奏》,第491页。

④ 方恺:《新校晋书·地理志》序,载《二十五史补编》,第3561页。

华容也,而今《志》则两县并载。"[①]这类情况亦存在于敦煌郡。据《晋志》所载,"元康五年,惠帝分敦煌郡之宜禾、伊吾、宜安、深泉、广至等五县,分酒泉之沙头县,又别立会稽、新乡,凡八县,为晋昌郡"。新乡县既是元康时建立,就不应列入太康时敦煌郡的属县,同时,新乡立县之后,即属晋昌郡,也更不应算作太康以后敦煌郡的属县。

至于阳关县、伊吾县,上面已经说过,乃元魏时所立,当然也不应算在敦煌郡之内。这样,西晋时敦煌郡实有属县为九县,即昌蒲、敦煌、龙勒、效谷、广至、宜禾、宜安(即汉冥安)、深泉(即渊泉)、乾齐等县。除汉所置六县及魏所置宜禾外,尚有昌蒲、乾齐两县。昌蒲县,如上所引,史志各书,略无可考。《中国历史地图集》将此县标在今肃北蒙古自治县的治所,不知何据。道光《敦煌县志》、《敦煌疆域总图》在此处标为党城,并在卷七"党城"条说:"卫志在敦煌城南百余里,党水所经,墙垣犹存,年代莫考。"《重修敦煌县志》卷二亦说:"党城在县南一百六十里党河口,城基尚存,不知建自何年。"有待进一步考证。

乾齐县,原为西汉所置,属酒泉郡。《汉书·地理志》补注引《一统志》,以为乾齐在"今玉门县西南"。《甘肃省新通志》、《方舆考证》皆同。据《读史方舆纪要》则认为乾齐城"在(肃州)卫西北"。《甘肃省地理沿革图表》将乾齐县标在今玉门镇的东北,而《中国历史地图集》则又标在今玉门镇附近,并不指明县治所在地点。乾齐县治到底应在何处,还有待考证,但原为酒泉郡的属县一点,是无可怀疑的。

尽管昌蒲、乾齐两县的县治还不可能指出其具体地点,但根据以上资料,我们还可以划出敦煌郡的大致范围,即包括今敦煌

---

① 毕沅:《晋书地理志新补正》,载《二十五史补编》,第3529页。

市、瓜州县及肃北蒙古族自治县的北部,玉门市的西部,比之两汉时的敦煌郡则更大一些了。

西晋时敦煌郡面积虽比两汉时为大,但户口却比两汉时减少了。按《晋志》所载,西晋时敦煌郡有户 6300,没有人口的数字,如果我们以西汉时每户不到 4 人的比例计算,则当时实有人口不到 25000 人。以当时实有九县平均,每县不到 3000 人,和西汉时之户口比,少了一半还多,比之曹魏时期,则又大大地增加了。这大概是西晋初年社会比较安定,流民逐渐回到故土的缘故。

四

西晋统一的局面没有维持很久,经永嘉之乱,即进入了十六国的大分裂时期。敦煌于十六国时期前后为前凉、前秦、后凉、西凉、北凉等政权所管辖。

前凉政权是张轨所建立的,早在晋惠帝统治时期,张轨就“以晋室多难,阴图保据河西,追窦融故事”①。惠帝永宁初年,他即谋求到了护羌校尉、凉州刺史的职位,出牧河西。当时的凉州统属九个郡,即金城郡、西平郡、武威郡、张掖郡、西郡、酒泉郡、敦煌郡、西海郡以及惠帝元康五年分敦煌、酒泉所立的晋昌郡。②张轨至凉州后,所谓“征九郡胄子立学校”③,即指此九郡。以后,张轨又上表“请合秦雍流移人于姑臧西北,置武兴郡”,“又分西平置晋兴郡”④。所以,在张轨统治河西时期,凉州实有十一个郡。及至永嘉大乱,中原沦没,司马睿跑到江东建立起东晋政权,

① 《十六国春秋辑补》卷六七《前凉录》,第 481 页。

② 《晋书》卷一四《地理志》第 434 页。

③ 《晋书》卷八六《张轨传》,第 2222 页。

④ 《晋书》卷一四《地理志》,第 434 页。

张轨虽然仍奉晋室年号,但河西一隅,事实上已与东晋政权完全隔绝,形成一个独立的地方政权,后来演变为前凉政权。

前凉时的敦煌郡,原属凉州,至张轨时,《晋书·地理志》说:"骏分……敦煌、晋昌,西域都护,张茂以校尉,玉门大护军三郡三营为沙州。"所以称之为沙州,《元和郡县图志》说:"前凉张骏置沙州,盖因鸣沙山为名。"至此,敦煌又改属沙州。然而,《晋书》的这段材料是有些疑问的,所说沙州三郡,实际上只指出了敦煌、晋昌两郡,尚缺一郡;所说三营,实际上仅指出了两营,即西域都护、玉门大护军。对这段记载,洪亮吉氏在《十六国疆域志》中曾指出《晋志》"文法不甚可解,疑有错误"。他以为:"张骏分凉、河诸州,内无西海,则西海属沙州无疑。""疑敦煌、晋昌四字下,脱西海二字。"[①]洪氏所说《晋志》原文有脱漏,无疑是正确的,然而以西海属沙州,似乎不甚妥当。按《晋书·地理志》所载:"西海郡,故属张掖郡,汉献帝兴平二年,武威太守张雅请置。"统县一,即居延。从地理位置上来看,居延在张掖的北面,所以汉时居延属凉州张掖郡。而按前凉的建置,属于沙州的晋昌郡,在今瓜州、玉门之间,其东才是凉州的酒泉郡与张掖郡,如按洪氏所说,那就是西海郡不同相近的张掖、酒泉两郡一起,归属于凉州,而是要越过酒泉、张掖两郡,由沙州来管辖了,这在中国郡县划分上是没有先例的,也是绝不可能的。因此,我以为前凉的沙州三郡,不应包括西海郡,除《晋志》所指出的敦煌、晋昌以外,我想应指的是高昌郡。《晋书·张轨传》说,张骏时"分州西界三郡置沙州,东界六郡置河州"。前凉西界三郡,当然是高昌、敦煌、晋昌,不应将西海郡列入。关于这一点,《魏书·张骏传》说得最为确切:"以敦煌、晋昌、高昌、西域都护、戊己校尉、玉门大护军三郡

① 洪亮吉:《十六国疆域志》卷七,文海出版社1968年版,第534页。

三营为沙州,以西胡校尉杨宣为刺史。”前凉时的沙州有高昌而无西海,我以为是没有疑义的。

至于《晋志》中“张茂以校尉”一句,《东晋南北朝舆地表》据此便以为沙州系张骏所置①,显然是没有根据的。我以为“茂”、“戊”两字的字形极其相似,“张茂以校尉”,应是“戊己校尉”之笔误,所谓三营,即指戊己校尉、玉门大护军、西域都护。上引《魏书·张骏传》便是将戊己校尉作为沙州的一营。

为了证明高昌郡不应列入沙州三郡之内,洪氏引《晋书·张轨传》说:“初,戊己校尉赵贞不附于骏,至是骏出擒之,以其地为高昌郡。”又引《元和郡县图志》:“晋成帝咸和中,张骏于高昌壁置高昌郡。”认为张骏设置沙州在前,建立高昌郡在后,因此沙州三郡不应有高昌在内。然而,高昌郡之设立,据现有资料来看,大约有两种说法:一是《周书·异域传》所说:“高昌者,车师前王之故地。……汉西域长史及戊己校尉,并治于此。晋以其地为高昌郡。张轨、吕光、沮渠蒙逊据河西,皆置太守以统之。”即是说西晋及张轨统治时已设置高昌郡。二是顾野王《舆地记》所载:“晋咸和二年置高昌郡立田地县。”《前凉录》也说,张骏太元四年(晋成帝咸和三年),“西域长史李柏,请击叛将赵贞,为贞所败”。太元六年(晋成帝咸和五年)张骏擒赵贞,“以其地为高昌郡”。至太元十二年(晋成帝咸康二年),才记载张骏分西界三郡置沙州。② 由上可知,如若以前一种说法为据,高昌郡早在西晋时即已设立了,张骏设置沙州当然在后。就以后一种说法为据,也应是高昌郡设立在前,在晋成帝咸和年间,划分沙州在后,这时已是

---

① 徐文范:《东晋南北朝舆地表·年表》太宁元年,载《二十五史补编》,第6742页。

② 《十六国春秋辑补》卷七〇,第501页。

晋成帝咸康年间的事了,时间顺序也正好说明高昌郡应属于沙州。《前凉录》的记载是完全同《晋书》及《魏书》相吻合的。

还有一点尚需解释的是,张骏既以戊己校尉之地置高昌郡,那么,《晋志》所指三郡三营既有戊己校尉,又有高昌郡,岂不是一地两名了吗?其实不然,自汉魏以来,郡是行政系统,校尉原属军事性质的屯戍组织,两种组织同时存在完全是有可能的。这种例子在西晋十六国时期是很多的,如西晋敦煌郡的宜禾县,既有县令,也有宜禾都尉①,又如西凉李暠时,就以其子李让为西夷校尉、敦煌太守,地方行政组织与军事屯戍组织共同存在。

前凉在张骏以后,又曾一度取消了沙州,乃为敦煌郡。至张祚时,《晋书·地理志》说:"张祚又以敦煌郡为商州。"《十六国疆域志》在说到商州时,以为商州"凡统旧郡一,增置郡二,县可考者九"。关于此点,我以为也是有些疑问的。先从属郡来说,所谓郡一,即指敦煌郡;增置郡二,即指凉兴郡、延兴郡。延兴郡,洪氏亦曾注出:"不知何时所立,郡名亦惟见《前凉录》,他书无之,今姑附凉兴郡后。俟考。"可见以延兴郡属商州本来就是没有根据的。凉兴郡,按《晋书·凉武昭王传》所载,段业"分敦煌之凉兴、乌泽、晋昌之宜禾三县为凉兴郡"。据此凉兴郡应在北凉初年建置,前凉时尚没有凉兴郡。然而,《晋书·吕光载记》又说,吕光征讨王穆时,他"率步骑二万,攻酒泉克之,进次凉兴"。则凉兴在后凉时已经置郡。《资治通鉴》在记述此事时,胡注云:"凉兴郡,河西张氏置,在唐瓜州常乐县界。"②则凉兴郡又系前凉所置了。如按胡注,当然可以将它称作前凉时商州的属郡了。其

---

① 洪亮吉:《十六国疆域志》卷七"凉兴郡宜禾县"条,第539页。

② 《资治通鉴》卷一〇七,第3381页。

次，到底在敦煌一带是否曾设过商州的问题，洪氏曾引《前凉录》说："隆和元年，张玄靓以商州为祁连郡。"此事记载在张祚的"以敦煌郡为商州"之后，如按这一记载，似乎敦煌郡又曾改称祁连郡了。可是，《晋书·地理志》又载：永兴中，张祚"置汉阳县，以守牧地，张玄靓改为祁连郡"。此一祁连郡又似乎不是商州改名的。一般来说，郡以祁连为名，多在张掖、酒泉附近。《凉州记》云："祁连山，张掖、酒泉二界之上，东西二百里，南北百余里。"《中国历史地图集》及《甘肃地理沿革图表》均将前凉的祁连郡标在张掖的西南。《甘肃省新通志》卷一三"甘州府"条也认为"祁连郡在[张掖]县西南。……胡氏《通鉴》注城在祁连山旁故名。《方舆考略》，即单于城，在卫南洪水堡南三十里，故址尚存。"因此，我疑商州恐系沙州之误，否则如此矛盾就无法可以解释了。

前凉时的敦煌郡，按洪氏《十六国疆域志》所载，领县六，即昌蒲，敦煌、龙勒、阳关、效谷、乾齐。昌蒲县，史无可考。阳关县，上面已曾指出，阳关立县是在元魏时期，此时有阳关而尚无阳关县。乾齐县，原系酒泉郡最西边的一县，晋惠帝初年，曾一度隶属敦煌郡，但是，在元康五年分敦煌、酒泉两郡置晋昌县以后，乾齐似不应为敦煌的属县。晋昌郡的范围，大约是现在玉门之西、瓜州之东的一大块地方，而乾齐县不管按《汉书·地理志》补注引《大清一统志》所说，在玉门西南，还是按《读史方舆纪要》所载，在肃州之西北，在乾齐县与敦煌之间，都隔着个晋昌郡，要敦煌郡跳过晋昌郡来管辖乾齐县，这是不可能的。由此可见，前凉时的敦煌郡，洪氏所指六县，实际上管辖的应是四县，即昌蒲、龙勒、敦煌、效谷。另外，据《晋书·凉武昭王李玄盛传》及《资治通鉴》胡注，尚有凉兴、乌泽二县，前凉时原属敦煌郡，后来改属凉兴郡。乌泽，史无可考。凉兴，据《西凉录》，李暠"遣宋繇东伐凉兴，并击玉门以西诸城,皆下之"①。可见凉兴应在敦煌之东,玉门之西。《读史方舆纪要》以为:"凉兴城在废瓜州西百七十里。"《甘肃地理沿革图表》将其标在今瓜州县的东边,紧靠安西城。我们如果以唐代的瓜州定在废锁阳城的话,将凉兴标在今瓜州县之东,对照《纪要》所计道里,亦约略相似。

从上可见,以前凉时敦煌郡管辖地区最大的时候来看,也即是在分立凉兴郡之前,凉兴、乌泽二县仍属敦煌郡统辖时期,敦煌一郡曾统辖六县,即昌蒲、敦煌、龙勒、效谷、乌泽、凉兴。大致相等于现在敦煌市及瓜州县的西部,肃北蒙古族自治县的北部。比起西晋时的敦煌郡则要少得多了。到建立凉兴郡以后,敦煌郡只有四县,大致只有今敦煌市及肃北蒙古族自治县北部了,统辖范围就更小了。

前凉政权传至张天锡的时候,为前秦所灭,凉州郡县悉为前秦所管辖,敦煌郡是前秦凉州的属郡。前秦的敦煌郡,按《十六国疆域志》所载,领县十二,即昌蒲、敦煌、龙勒、阳关、效谷、广至、宜禾、冥安、渊泉、伊吾、沙头、乾齐。同西晋时的敦煌郡相比,除新乡换为沙头以外,其余十一县是完全相同的。对这一点洪氏在"晋昌郡"条之下有一解释:"案《元和郡县志》,张骏以西胡校尉杨宣为沙州刺史,后三年宣让州,复改为敦煌郡,疑前秦时敦煌郡所属诸县,已归敦煌,晋昌郡所属县,当止惠帝时别立会稽、新乡二县也。俟再考。"洪氏对这一划分法,他自己也是抱着怀疑的。我们如果对照有关的记载,并将这些县放在今日的地图上加以校订,也觉得有许多疑问不能解释。第一,洪氏所列敦煌郡属县是自相矛盾的。宜禾县,洪氏既将之作为敦煌郡属县,又在凉兴郡下记有宜禾县;敦煌郡有沙头县,在酒泉郡下亦有沙门县

① 《十六国春秋辑补》卷九二《西凉录》,第635页。

（沙门，当为沙头之误）。第二，晋惠帝元康五年，《晋志》所载将敦煌郡的宜禾、伊吾、冥安、渊泉、广至五县，以及酒泉郡的沙头县划归晋昌郡，前凉、前秦时，晋昌郡未废[①]，何以将晋昌所属各县改归敦煌？所引《元和郡县图志》“［杨］宣让州，复改为敦煌郡”一事，只能有两种解释，一是杨宣让掉沙州刺史的职务以后，沙州废掉了，本来沙州的治所在敦煌郡的，现在既没有这个行政组织，自然是重新改为敦煌郡。如按此说，沙州本来属郡有三，即敦煌、晋昌、高昌，这三郡都是地位相等的。为什么晋昌所属县都划给敦煌管辖而只剩下了两个县呢？二是杨宣让掉沙州刺史职务以后，沙州未废，他的职务改为敦煌太守。如按此说，沙州仍然存在，沙州不仅统辖敦煌的所有属县，同时也统辖前凉西界三郡所有的县，而为什么将晋昌郡中的会稽、新乡两县又要同其他县分开呢？不管按哪一种说法，都不应如洪氏的划分。第三，对照现在的地图，那就更无法解释了。据《晋志》，晋惠帝时，已设立了晋昌郡，《资治通鉴》胡注以为前凉时就建置了凉兴郡。这两郡的位置，无论是《中国历史地图集》还是《甘肃地理沿革图表》，都是标在瓜州与玉门之间。前凉时，各种史籍都没有废止这两个郡的记载，洪氏亦承认当时存在这两个郡，可是，如按洪氏所说，沙头、乾齐是归属敦煌郡管辖的，而这两个县却又是在玉门与嘉峪关之间，那就是说，敦煌郡除了附近的一大块地方以外，尚有一块飞地，即越过晋昌、凉兴两郡，管辖了汉代酒泉郡的两个县了。我以为这在中国历史上是不可能的。

如上所述，前秦时既没有废掉过晋昌郡、凉兴郡，我们也就没有理由将这两郡的属县改归敦煌管辖，因此，前秦时的敦煌郡，我

---

① 《晋书》卷一二二《吕光载记》说：“蒙逊从兄男成，先为将军，守晋昌”，第 3061 页。可见前秦到后凉时期仍有晋昌郡。

以为仍同前凉时一样,只有四个县,即昌蒲、敦煌、龙勒、效谷。洪氏所列其他各县,应仍分属晋昌、凉兴两郡,不应当作敦煌的属县。

前凉、前秦时敦煌郡的户口,史无记载,不可能说出它的具体数目,我们只有根据当时河西的形势以及一些人的议论来加以推测。永嘉之乱,中原及秦雍地区备受匈奴贵族的蹂躏及屠杀,这些地区的人民,为了求得活路,多四散奔逃,有逃往江南的,有逃到两湖的,有逃入四川的,也有逃往凉州的。当时的凉州,虽也有小的动乱,如鲜卑的反叛,曹祛企图取代张轨的战争等等,但总起来说,河西是安定的,所以,当时长安有民谣说:“秦川中,血没腕,惟有凉州倚柱观。”①秦雍人民,不断地移来凉州。据《晋书·张轨传》所载,在张轨统治河西初期,洛阳、长安被攻陷后,“中州避难来者日月相继”,张轨于是分武威郡建立了武兴郡。又说,当时秦州为晋室南阳王司马保所据,到保死后“其众散奔凉州万余人”。《魏书·私署凉州牧张寔传》亦说:“于时天下丧乱,秦雍之民死者十八九,唯凉州独全,实自恃众强,转为骄恣。”后来,到了张骏统治时期,史称:“骏有计略,于是厉操改节,勤修庶政,总御文武,咸得其用,远近嘉咏,号曰积贤君。自轨据凉州,属天下之乱,所在征伐,军无宁岁,至骏境内渐平。”②一直到前凉为苻坚所灭,河西地区总的来说,没有什么大的动乱,也因此,《晋书》作者在《张轨传》后说:“美哉张君,内抚遗黎,外攘捕寇,世既绵远,国亦完富。”由上可见,前凉时期河西的人口,是不会比西晋时期少的,如果说因小的战争而减少了些人口,而秦雍避乱而来的人户,则完全可以抵得上这些减少的户口。西晋时敦煌九县的人口

① 《晋书》卷八六《张轨传附张寔传》,第2229页。

② 《晋书》卷八六《张轨传附张骏传》,第2237页。

25000 人，每县不到 3000 人，以此比例计算，前凉敦煌郡初时 6 县，后为 4 县，最多时大约有不到 20000 的人口，置凉兴郡后，则大约不到 15000 的人口了。

前秦灭掉前凉而取得河西，亦没有经过大的战争。苻坚虽然也同当时一些统治者一样，将被征服地区的人强迁到自己的国都附近，在灭掉前凉后，他曾徙姑臧"豪右七千余户于关中"①。但是，苻坚建都关中，要想统一全国主要是与东南的东晋争衡，而比较安定的凉州，实系苻秦政权的后方，所以，尽管苻坚将姑臧的豪右迁到关中，用以防止再出现割据的局面，但另一面，苻坚又将东南所掠得人户安置到河西。《晋书·凉武昭王李玄盛传》说："初，苻坚建元之末，徙江汉之人万余户于敦煌，中州之人有田畴不辟者，亦徙七千余户。"由此看来，至前秦时期，敦煌郡的人口，不仅是没有减少，相反的，比之于前凉时期有较大的增加。两汉时，敦煌的户平均不到 4 口，前秦迁来的户，我们如按一户 3 口人左右计算，17000 户就有 50000 多口。这里所指的敦煌，没有明确指是西晋时的敦煌郡，还是前凉、前秦时的敦煌郡，因为这关系到敦煌所辖地区的面积及属县人口的平均数问题。我们即以面积最大时的西晋的敦煌郡来计算，当时敦煌郡统有 9 县，以 50000 口平均分配，每县就增加了 5000 人，加上原西晋时敦煌郡每县有不到 3000 人的数目，则每县竟达 7000 人了。若以全郡人口计算，西晋时敦煌有口 25000 左右，加上新迁来 50000 口，那前秦时就有 75000 多人了。以这一数字与西汉相比，前秦时的敦煌郡比西汉时面积增加不大，而户口则大大增加了。后来李暠所以能以敦煌郡为根本，建立起西凉政权，这也是同前凉、前秦时户口有较大增加，有人力、物力的基础是分不开的。

---

① 《晋书》卷一一三《苻坚载记》，第 2898 页。

五

前秦自376年灭前凉占有河西之后,到383年淝水之战,苻坚大败,前秦苻氏政权亦随之迅速土崩瓦解。河西遂为吕光所据有。

吕光原是苻坚手下的大将。早在淝水战前,苻坚曾命他“总兵七万,铁骑五千,以讨西域”①。他在西域曾平定了焉耆、龟兹等国,然后引军东还,于玉门关击败了苻秦凉州刺史梁熙,遂占有河西。后来,他于389年自称三河王,置官建号,史称后凉。

吕光的后凉政权在河西没有统治很久,397年(即吕光称天王后龙飞二年),沮渠蒙逊推吕光的建康太守段业为凉州牧,攻陷西郡,与吕光对抗。继之,吕光的晋昌太守王德、敦煌的太守孟敏先后降于段业。后来段业自称凉王,史称“北凉”。到400年,段业为沮渠蒙逊所杀,与此同时,北凉晋昌太守唐瑶移檄敦煌、酒泉、晋昌、凉兴、建康、祁连等六郡。推李暠为沙州刺史、凉公,建立了西凉政权。在河西走廊的西端,这时就有北凉、西凉两个政权。及至403年后凉主吕隆降于后秦姚兴,后凉亡,河西走廊东头遂为秃发辱檀所据,史称南凉。这样在公元5世纪的初年,整个河西走廊,便出现了北凉、西凉、南凉三个政权并立的局面。

前秦瓦解之后,敦煌郡先后为后凉、北凉、西凉等政权所官辖。后凉和北凉段业统治时期的敦煌郡,《十六国疆域志》认为他的地盘已比前秦时大大缩小了,即从十二个属县减少到了六个,同前凉敦煌郡所统六个县一样。我认为洪氏所说同前凉统

---

① 《晋书》卷一二二《吕光载记》,第3054页。

辖的地区一样一点是完全正确的,但不是六县,而是四县,即昌蒲、敦煌、龙勒、效谷。理由已如上述,不赘。不过,后凉和北凉段业统计时期的敦煌郡尚有一点应当指出的,后凉时敦煌郡,据现有的资料来看,其上没有州的设置,它只是后凉统属下二十多个郡中的一个,而北凉段业统治时期的敦煌郡,其上还有过沙州的名称。据《北凉录》所载,段业命沮渠蒙逊攻取了西郡之后,“于是王德以晋昌、孟敏以敦煌降业。业封蒙逊临池侯,以德为酒泉太守,敏为沙州刺史,徙男成为晋昌太守”①。《西凉录》亦称,段业“以敦煌太守赵郡孟敏为沙州刺史”②。这沙州刺史是虚衔,还是有实辖的地方,史无所载,但从段业所据的地盘来看,他当时仅有建康、临松、西郡、酒泉、晋昌、凉兴、敦煌七郡,似乎还没有必要将这仅有的七个郡再划分成几个州。北凉的资料中,还没有见到有其他人有州刺史的职称。再者,与敦煌临近的晋昌郡,当时的太守是沮渠男成。他是沮渠蒙逊的从兄。段业为北凉国主,就是沮渠氏兄弟共同推举出来的。在北凉政权中,男成的地位是很高的。男成为晋昌太守,似不可能成为孟敏的下属,所以,我以为沙州刺史一职,亦可能只是个虚衔,并没有实辖的郡县。

北凉段业是397年称凉州牧开始独立的,敦煌太守孟敏降于段业后,敦煌即属北凉统治。不久,孟敏死,敦煌的地方官吏遂推效谷令李暠为敦煌太守。至400年(晋安帝隆安四年),晋昌太守唐瑶移檄六郡,推李暠为沙州刺史、凉公,领敦煌太守,“遣宋繇伐凉兴,并击玉门以西诸城,皆下之,遂屯玉门关、阳关,广田积

① 《十六国春秋辑补》卷九五《北凉录》,第654页。

② 《十六国春秋辑补》卷九二《西凉录》,第633页。

谷,为东伐之资"[1]。这就是十六国历史上的西凉。西凉初以敦煌为郡城,后来,后凉吕隆降于后秦姚兴,酒泉为李暠所得,于是迁都于酒泉。根据现有史书的记载,西凉敦煌郡领县的数目也似乎没有什么变动,仍同后凉、北凉时期一样,只有四个县。但是,敦煌郡因系李暠建立西凉的发源地,所以备受重视,不仅在城内有靖德堂、谦德堂、嘉纳堂等建置,而且还修筑敦煌旧塞,以防周边少数民族的侵扰。这里值得一提的是《西凉录》及《晋书·凉武昭王李玄盛传》皆有李暠"筑城于敦煌南子亭以威南虏"的记载。敦煌藏经洞所出《寿昌县地境》亦有西紫亭山的名字,其注下云,在"县西南一百九十八里,其山色紫,故以为名。时语讹为子亭山"。《地境》中的子亭系唐时寿昌县三戍之一。据向达先生的考证,子亭应作紫亭,李暠所筑城,可能就是唐代的子亭镇。在敦煌之南,党河上游[2],该地俗称党城湾,通过党河谷地可到达青海,确系敦煌南边的门户,现为肃北蒙古族自治县的治所。

西凉自李暠死后,渐趋衰败,至421年,李歆出兵攻打沮渠蒙逊,结果兵败国灭,酒泉、敦煌重新为沮渠蒙逊所占领。《北凉录》虽有索元绪及沮渠唐儿为敦煌太守的记载,但也没有见到敦煌郡的建置有任何变动。

后来,到442年,沮渠无讳率领北凉的残余势力离开敦煌西奔鄯善,敦煌随之为北魏拓跋氏所占有。

北魏取得敦煌以后,据《元和郡县图志》卷四〇所载:"后魏太武于郡置镇,明帝罢镇置瓜州,以地为名也,寻又改为义州,庄

① 《晋书》卷八七《凉武昭王李玄盛传》,第2258页。

② 向达:《记敦煌石室出晋天福七年写本寿昌县地境》,载《唐代长安与西域文明》,第425页。

帝又改为瓜州。”当时敦煌镇所属，有酒泉军[1]、晋昌戍[2]、乐涫戍[3]，等等，似乎已经管辖到了西汉时酒泉郡的地区。所以，从历史上来看，以敦煌为名的州郡、军镇，要算北魏时期的敦煌镇的范围为最大的了。也正因为如此，所以北魏镇守敦煌的官吏，品秩也很高，不仅有大将、镇将的名号，而且有敦煌镇都大将的名号，如孝文时有“敦煌镇都大将穆亮”[4]，“敦煌镇都大将阎提”[5]。北魏时期，全国军镇林立，但凡假都大将名号的，多系元魏宗室或朝廷重臣，如武川镇，见于《魏书》的都大将仅只宗室元英一人[6]，抚冥镇都大将亦仅有江阳王元继[7]。北魏军镇中，都大将之名，以长安镇、统万镇、凉州镇为最多，但这些都大将也多是元魏的宗室。[8] 在敦煌镇，北魏统治者也派出都大将的重臣，这正如韩秀所说，敦煌一地，“进断北狄之觇途，退塞西夷之窥路”[9]。地理位置重要，不得不加以重视。

北魏末年，敦煌罢镇罢瓜州，而瓜州所属有多少郡县，《魏书·地形志》阙载，根据杨守敬《隋书地理志考证附补遗》所说，当时瓜州之下有敦煌郡、效谷郡、寿皇郡、常乐郡、玉门郡、会稽

---

① 《元和郡县图志》卷四〇：“魏太武平北凉以酒泉为军，属敦煌镇，明帝孝昌中改镇立瓜州，复置酒泉郡”，第 1023 页。乐史《太平寰宇记》卷一五二所记略同，中华书局 2007 年版，第 2944 页。

② 《魏书》卷一一二《灵征志》：“敦煌镇上言，晋昌戍木连理”，第 2961 页。

③ 《元和郡县图志》卷四〇：“后魏太武帝平沮渠茂虔，改县为戍，隶敦煌镇”，第 1024 页。

④ 《魏书》卷二七《穆崇传》，第 667 页。

⑤ 《周书》卷二〇《阎庆传》，中华书局 1971 年版，第 342 页。

⑥ 《魏书》卷一九下《南安王桢传》，第 495 页。

⑦ 《魏书》卷一六《道武七王传》，第 401 页。

⑧ 张维：《元魏诸镇考》，第 143 页。

⑨ 《魏书》卷四二《韩秀传》，第 953 页。

郡。然据徐文范《东晋南北朝舆地表》,以为孝明帝孝昌二年(526)改敦煌镇为瓜州,当时所属仅五郡,即敦煌、酒泉、玉门、常乐、会稽。到西魏文帝大统十一年(545)平定瓜州邓彦之乱后,又分置效谷、寿昌二郡,共有七郡。显然,杨氏据《隋书》所说的寿皇郡系寿昌郡之误。北魏时的酒泉军原属敦煌镇,镇改州后,亦仍属之。所以,我以为《舆地表》所说的瓜州七郡是正确的。至于北魏改州后,瓜州所属的敦煌郡领县的数目,仅见于《隋书·地理志》,有敦煌、平康、东乡、效谷、龙勒、鸣沙等。然据《元和郡县图志》,敦煌县本汉旧县,属敦煌郡,"周武帝改为鸣沙县,以界有鸣沙山,因以为名"。由此可见,北魏时,仅有敦煌县而无鸣沙。又据《太平寰宇记》所载,龙勒县"后魏正光三年改为寿昌县"。则寿昌、龙勒两名,实为一地。另外,谢钟英《补三国疆域志补注》以为北魏时敦煌郡尚有阳关县,在寿昌西。这样,北魏敦煌郡实仅有敦煌、平康、东乡、效谷、龙勒(或寿昌)、阳关等六县。平康、东乡两县,史无可考。敦煌、效谷、龙勒三地,仍在汉代所置的地方。约略估计,北魏时之敦煌郡,大致与今敦煌县面积相差不远。到西魏统治时期,效谷、寿昌两县改郡,那敦煌郡的面积就仅只是现在敦煌县城附近的一块地方了。

至宇文氏代魏建立起北周政权之后,又对敦煌地区的郡县进行了一次大合并。敦煌仍是瓜州的一郡,但据《隋书·地理志》"敦煌县"所载:"敦煌,旧置敦煌郡,后周并效谷、寿皇(昌)入焉。又并敦煌、鸣沙、平康、效谷、东乡、龙勒六县为鸣沙县。"效谷郡与效谷县,寿昌郡与龙勒县,都是郡县并立,实是同一地方。敦煌、鸣沙,《元和郡县图志》及《太平寰宇记》都认为是周武帝保定中改名的,其实也是一个地方。北周的合并,实际上就是将敦煌县、平康、效谷、东乡、龙勒等合并起来,改名鸣沙县。敦煌郡,仅只鸣沙一县而已。北周时的敦煌郡的面积,亦同北魏由镇改州郡时差不多,大致相当于现在敦煌县的范围。

后凉、北凉、西凉以及北魏、北周时敦煌郡的户口,史书亦无记载,我们也只可能根据一些有关的资料加以推测。北凉、西凉时期,敦煌是河西的一个大郡。孟敏降段业以后所以有沙州刺史的头衔,李暠能以敦煌为根据地建立起西凉,正是敦煌郡郡大人多的缘故。李暠在迁都酒泉时,曾手令戒其诸子曰:“此郡(敦煌)世笃忠厚,人物敦雅,天下全盛时海内犹称之,况复今日,实是名邦。”在他上东晋朝廷的奏表中亦说到:“敦煌郡大众殷,制御西域,管辖万里,为军国之本。”①由此可见,当时敦煌的人户是西凉统辖区中最多的一郡。西凉敦煌户口较多,这当然首先是前秦时移来17000户的缘故。同时,据《西凉录》及《晋书·凉武昭王李玄盛传》所载:后凉郭麐起兵反对吕氏政权时,“武威、张掖以东人西奔敦煌、晋昌者数千户”。更大大增加了敦煌的人户。后来,李暠由敦煌迁都酒泉时,将这些人户都东徙于酒泉,“分南人五千户置会稽郡,中州人五千户置广夏郡,余万三千户置武威、武兴、张掖三郡”。我们根据这些记载来估计后凉、北凉、西凉时敦煌郡的户口,在李暠迁都酒泉以前,理当不少于前秦时75000余口,到李暠迁都酒泉,带着人户东迁,敦煌的人口则就大大减少了,但最少也不应低于前凉时敦煌郡的数目。

西凉政权末年,沮渠蒙逊进攻敦煌李恂时,据《北凉录》记载:“蒙逊自率众攻敦煌,乃筑长堤,以水灌城,数十日不下,恂武卫宋承、广武张弘等,举城出降,杀恂而屠其城。”到此,敦煌郡遭到了一次浩劫,把原来“郡大众殷”的一个河西大郡,变成了荒漠地带。到北魏取得河西,这一地区则因先后有后凉、北凉、西凉、南凉几个政权的混战,互相掠夺人口,人户散失很大。北魏灭北

---

① 《晋书》卷八七《凉武昭王李玄盛传》,第2264页。

凉时,又“徙凉州民三万余家于京师”。故凉州人口更是所剩无几了。《魏书·地形志》所载,凉州统领十郡,县二十二,有户3273,如每户以4人计,也只有13000人,按此数平均每郡只300余户1000余人,每县160户,仅只500来人。北魏置敦煌镇时人口不详,而到改镇为州,设立瓜州以后,瓜州统领七郡,敦煌郡最多时有六个县,如按凉州的人户数来比较的话,尽管瓜州七郡中,以敦煌、酒泉两郡为最大,当时敦煌郡有六县,最多也只3000人左右。比之前凉、前秦时期,仅留下1/10还不到。出现这种情况,这当然首先是同北凉沮渠蒙逊的屠杀有直接关系。同时,我们也应当看到,敦煌在前凉、前秦时户口的激增,本来就是当时统治者推行掠夺性的移民政策造成的。以后,随着移民的逃亡,统治者的强迫迁徙(如李暠将敦煌人户迁往酒泉),不断的战乱和人户投靠豪强等等,国家控制的人口数字自然就急剧地下降了。

到了北周时期,统治者虽对敦煌郡的州县进行了一次合并,但实际上只是将西魏时所增设的一些郡合并回敦煌郡,将敦煌郡所属的县,合成一个县而已,其管辖面积,仍约略同北魏时期的敦煌郡相似,其户口因史无记载,我们只能根据《隋书·地理志》的记载推算,隋代敦煌郡统辖三县,有户7779,以三县平均,每县为2600户左右,每户以不到4人计算,则应有口八九千人。隋时的敦煌县,约略相等于北周时的敦煌郡,估计北周敦煌郡的人口也大致是八九千人,不会相差得太远。

六

581年杨坚篡夺了北周政权,建立起隋王朝。589年杨坚出兵平陈,从永嘉之乱以后经过近二百八十年的南北分裂局面,至此复归统一。

杨坚政权建立之后，鉴于当时“或地无百里，数县并置，或户不满千，二郡分领”，和“官多民少，十羊九牧”的状况，于是在文帝开皇初年“罢天下诸郡”①，把过去地方上的州郡县三级制，改成州县两级制。在《隋书·地理志》所载各州郡之下多有“开皇初郡废”的字样，便是当时这种改革留下的痕迹。

隋代的敦煌郡，在开皇初年亦曾一度罢废，废郡为县。隋初的敦煌县是当时瓜州的治所。至隋炀帝大业三年，全国又罢州置郡，复称敦煌郡。

隋代的敦煌郡，据《隋书·地理志》所载，属县有三，即敦煌、常乐、玉门三县。

敦煌县，即北周时的鸣沙县，“系大业初改名”，其统辖范围约略与今敦煌县相似。

常乐县，据《隋书·地理志》所载：“常乐，后魏置常乐郡。后周并凉兴、大至、冥安、闰泉，合为凉兴县。开皇初郡废，改县为常乐。有关官。”常乐郡，据《十六国疆域志》所载，系西凉所置，原汉冥安县地。《读史方舆纪要》亦说：“在废瓜州西北，汉冥安县地。……西凉于此置常乐郡，后魏因之，后周并凉兴、广至、冥安、渊泉四县为凉兴县，仍为常乐郡治，隋开皇初郡废，因改县为常乐。”汉代的冥安县，在今瓜州县双塔堡附近，魏周以来的常乐郡，亦当在这一带。

另外，从《隋书·地理志》所说“有关官”一点来看，隋代的常乐县，应在隋唐时玉门关附近。唐代的玉门关，据向达等先生考证，亦在双塔堡附近。他还说：“隋常乐县属瓜州，唐于敦煌置沙州，别于晋昌郡置瓜州，治晋昌，即在隋常乐县，而于旧广至则立

① 《隋书》卷四六《杨尚希传》，第1253页。

常乐县。隋常乐有关官其治所为玉门关无疑也。”[①]隋代的常乐县,即唐之晋昌,这一点,《太平寰宇记》之“晋昌县”条也说:“本汉冥安县……晋置晋昌郡及冥安县,隋初改为常乐县,唐武德四年又改为晋昌县。”《元和郡县图志》、《新唐书·地理志》都说到唐代的晋昌县即隋代的常乐县。唐代的晋昌县,许多同志都认为是今双塔堡附近的琐阳城废圩,隋代的常乐县治亦应在此。至于唐代的常乐县,《元和郡县图志》、《太平寰宇记》等书都认为在原汉广至县地,即在今瓜州县踏实堡附近。两代虽都有常乐县,但不是一地。

玉门县,《隋书·地理志》说:“玉门后魏置会稽郡,后周废郡,并会稽、新乡、延兴为会稽县。开皇中改为玉门,并得后魏玉门郡也。”会稽郡,系西凉李暠时将敦煌附近的南人东迁时所侨置。据《太平寰宇记》之“晋昌县”条:“宜禾故城,汉宜禾都尉所居,城在县西北界,乃后魏明帝正光元年侨立会稽郡于此。”汉宜禾县在今瓜州县西北,后魏的会稽郡亦应当在这一带附近。新乡县亦系晋惠帝元康五年所置,属晋昌郡。据《通典》:“瓜州南至新乡镇一百八十里。”杨守敬先生《隋书地理志考证附补遗》认为:“新乡在今安西州东南一百八十里”。《甘肃地理沿革图表》所标北魏新乡在今玉门镇附近,约略相似。延兴,史无可考。《重修肃州新志》之“延寿废县”条说:“在肃州西南……《元和志》石脂水在玉门东南一百八十里,延寿县当即其地,或曰《隋书·地理志》之延兴郡即此。”至于后魏时的玉门郡,《元和郡县图志》说:“玉门县东至州(肃州)二百二十里,本汉旧县,后魏孝明帝改为玉门郡。”《太平寰宇记》亦说在肃州之西二百里。以此

① 向达:《两关杂考——瓜沙谈往之二》,《唐代长安与西域文明》,第377页。

相距的里数校对,其治所当在今玉门镇之东,约在今赤金堡一带。

从以上可见,隋代敦煌郡所领三县,其所辖的范围大约有今敦煌县、瓜州县、玉门县及玉门市四县、市之地,比之北魏的敦煌镇要少一些,但以郡而言,比两汉以来任何时候的郡都要大得多。

隋代敦煌郡的人口,按《隋书·地理志》所载,有户7779,以一户4人计算,全郡约30000人左右,以县平均,每县约10000万人。以此数字对比两汉时期,隋代敦煌郡管辖面积比两汉都大得多,几乎是等于两汉时敦煌全郡和半个酒泉郡,但户口数字却还不如西汉,约略同东汉时敦煌郡相近。如果我们以此数字同北魏时期相比,北魏凉州十郡仅有户3000多,按这一比例,瓜州七郡,还包括酒泉在内,只2000多户,而隋代的敦煌郡并不包括酒泉郡全部,就有户7000多,显然人户大大增加了。隋代敦煌郡户口的增加,我想是同魏周以来推行均田制和河西地区社会相对安定有关的。

到了唐代,唐高祖武德年间又对敦煌郡的名称及管辖区作了一番更改。据《旧唐书·地理志》之"沙州"条所载,"沙州,隋敦煌郡,武德二年置瓜州,五年改为西沙州。贞观七年去西字,天宝元年改为敦煌郡,乾元元年复为沙州"。在同书"瓜州"条下又说:"瓜州,下都督府,隋敦煌郡之常乐县,武德五年置瓜州。"《新唐书·地理志》之"瓜州"条亦说:"瓜州晋昌郡,下都督府,武德五年析沙州之常乐置。"由此可见,唐政权在取得隋代敦煌郡之后,一度曾改名为瓜州,统辖原敦煌郡的地区。至武德五年,又将瓜州分成两州,即瓜州、西沙州。瓜州治所在原晋昌县,统晋昌、常乐两县;西沙州治所则在原敦煌县,统敦煌、寿昌两县。到了贞观七年,则去西字,称为沙州,至唐玄宗天宝元年,全国都改州为郡,又称敦煌郡。安史乱起,肃宗即位后,又改郡为州,仍称为沙州。

唐代的沙州,在唐太宗贞观年间属陇右道,至睿宗景云中,分陇右道黄河以西的地区为河西道,沙州为河西道所管辖。

唐代沙州所属敦煌、寿昌两县,即隋时的敦煌郡分为敦煌、寿昌两县。敦煌县治所仍在今党河以西之旧城;寿昌,即原汉龙勒县地,在今敦煌南湖,据《寿昌县地境》:"本汉龙勒县,魏正光六年为寿昌郡。……宇文保定四年,省入敦煌县,武德二年,又析置寿昌县,永徽元年废,乾封二年又置。"[①]敦煌、寿昌两县,都在今敦煌县境内。由此可知,唐代的沙州所辖地区,大略如现在的敦煌县所管的面积。

唐代至安史之乱,唐政权调陇右、河西的驻军东去参加平定安史,吐蕃于是乘机蚕食了河西之地。从公元764年至776年,吐蕃先后占领了凉州、甘州、肃州、瓜州。到786年,又占领了沙州[②],吐蕃在沙州的统治,根据石室发现的文书,只知有乞利本、节儿、部落使等职官[③],而在沙州的建置,则尚不清楚。一直至唐宣宗大中二年(848),沙州首领张议潮发动起义,赶走了吐蕃奴隶主的统治,才又重新归于唐王朝所统辖。唐王朝以张议潮为归义军节度使,统辖瓜、沙、伊、肃等十一州。只不过当时的唐王朝因社会矛盾的日趋尖锐,对河西一隅已无法顾及,"惟名存有司"而已。张议潮恢复河西后的沙州,从现在所能见到的资料来看,还没有发现在州县建置上有什么变革,大概仍同以前一样,有两个属县,即敦煌、寿昌。

---

① 《新唐书》卷四〇《地理志》同,第1045页。

② 《元和郡县图志》以为沙州在"建中二年陷于西番",第1025页。

③ 藤枝晃:《吐蕃支配期の敦煌》,载《东方学报》(京都)第31册,1961年,第199—292页。

唐代的沙州户口，新旧《唐书·地理志》都记旧有户4265，口16250。[①] 一般的郡，新旧《唐书·地理志》还有天宝时的领户数，可是沙州却没有这一数字。这4265户，按两《唐志》所记，系开元二十八年的户口数。如按这一数字计算，大约亦是每户平均4人左右。沙州所属两县，每县平均约8000人。

可是根据《通典》的记载，沙州有户6395，口32234。[②] 比之两《唐志》所载多2000多户，16000多口。以比例来计，《通典》所载沙州户口，户比两《唐志》增加了1/3，口则增加了一半。《通典》所载的这一数字，大约是天宝十三载户部所申报的数目。当时全国有户9069154，口52880488，是唐朝户口的最多数字。[③] 我们如果以《通典》户口比例来计，则沙州每户平均有5人，沙州所属两县，每县有16000余人，这一数字，显然比隋代要增加得多了，可以说是自西汉以来敦煌户口最多的时期。

吐蕃占领敦煌时期和张议潮收复瓜、沙以后的户口，史无明载，但据《新唐书·吐蕃传》所记，吐蕃在攻占沙州时曾遭到以唐朝都知马使阎朝为首的沙州人民的激烈抵抗，在“粮械皆竭”的情况下，向吐蕃提出了“苟毋徙佗境，请以城降”[④]的条件，得到许

① 《太平寰宇记》卷一五三亦载沙州“唐天宝户四千二百六十”，第2956页。

② 《元和郡县图志》载沙州“开元中户六千四百六十六”，第1025页。又比《通典》多41户。

③ 《资治通鉴》卷二一七，第6929页。在唐玄宗开元末年和天宝年间，唐王朝曾有三次户口的统计。开元二十八年，当时有户8412871，口48143609。天宝元年有户8525763，口48909800，比之天宝十三载户相差50多万，口相差500多万。两《唐志》所载户即是开元二十八年的数字。《通典》所载河西各郡户口皆比两《唐志》所载为多，应当是天宝十三载时唐代户口最盛时的数目。

④ 《新唐书》卷二一六下《吐蕃传下》，第6101页。

诺,出降于吐蕃。依此看来,吐蕃占领沙州后,并未强迫人民迁徙,因此,估计敦煌这时的户口仍同以前相差不远。《太平寰宇记》虽没有记载这时敦煌的户数,但在瓜州条下曾说:“唐天宝户四百七十七,至长庆一千二百。”长庆是唐穆宗的年号,这正是吐蕃占领瓜州时期,瓜州与沙州是相邻的,瓜州这时户口反而比天宝时有所增长,沙州的户口至少亦应当不会比原来减少得太多。

张议潮收复沙州以后,沙州是归义军节度使的驻所,比之河西其他州郡,自应繁荣一些。敦煌石室发现的《张淮深变文》即反映了这一情况。其中说到,唐僖宗时,张淮深在击破甘州回鹘后,朝廷派遣使节到了沙州。这位天使一路上看到:“甘、凉、瓜、肃,雉堞雕残,居人与蕃丑齐肩,衣着岂忘于左衽。独有沙州一郡,人物风华,一同内地。”看来,这时敦煌的户口应当相应地比吐蕃统治时期有所增长。后晋天福十年所写的《寿昌县地境》所载,寿昌“户三百五十九,乡一”。而据敦煌石室发现唐天宝年间的文书(P. 2738)敦煌一县共有十三乡,即敦煌、洪池、悬泉、莫高、神沙、龙勒、玉关、洪润、效谷、寿昌、平康、慈惠。如以寿昌县一乡有户359的比例来计,敦煌县十三乡则应有户4600余。沙州二县,即敦煌、寿昌两县合计,大约应有户5000余,这一数字,比之于两《唐书》所载4200户显然就有所增加了。

沙州自唐宣宗大中二年张议潮起义以后,一直到宋代初年,中间经历了张氏、索氏、曹氏的统治,张承奉一度还曾建立西汉金山国,自称白衣天子,以敦煌为都城,总可谓是归义军统治时期。在归义军统治后期,据敦煌莫高窟等429窟室檐正梁的题记:“维大宋太平兴国五年岁次庚辰二月甲辰朔廿二日乙丑敕归义军节度瓜沙等州观察处置管内营押蕃落等使特授检校太尉同中书门下平章事谯郡开国公食邑一千五百户实封七百户曹延禄之世创建此窟檐记”、“窟主节度内亲从知紫亭县令兼衙前都押衙银青光禄大夫检校刑部尚书兼御史大夫上柱国阎员清”，则宋代初年，曹氏还曾于沙州境内设立了紫亭县。紫亭县，大约就是西凉时李暠所筑之子亭城，即今肃北蒙古族自治县的治所，唐时为子亭镇，至宋时则升为县了。这样，到宋代初年，沙州境内已不只是敦煌、寿昌两县，而应是敦煌、寿昌、紫亭三县了。

沙州在归义军统治下一直到宋仁宗景祐二年（1035），为赵元昊所攻占，开始进入西夏统治时期。① 西夏的地方行政组织亦分州（府、军）、县（城、堡、砦）二级制。敦煌当时仍称沙州。至于沙州的属县及户口，史均不详。现在能知道的，就是在敦煌莫高窟及瓜州榆林窟中有西夏文的一些题记。榆林窟第29窟石壁门南侧下层供养人中，第二身的题记是“施主长子瓜州监军司……一心皈依”，上层第三身的供养人是：“故……沙州监军……一心皈依。”瓜州是西夏十二军司之一——西平军司的驻所，瓜、沙两州在军事上皆属西平军司所统辖。瓜州和沙州监军司大概是西平军司下两个武官，从这些题记来看，西夏曾用瓜、沙两州的名字是没有问题的。

至公元1227年，西夏为蒙古所灭亡，《元史·地理志》说：“沙州路……元太祖二十二年，破其城，以隶八都大王。至元十四年复立州，十七年升为沙州路总管府，瓜州隶焉。”其下注说：

---

① 《宋史》卷四八五《夏国传》说，元昊于景祐二年攻取了“瓜、沙、肃三州”，中华书局1977年版，第13994页。而另据《宋史》卷四九〇《沙州传》说，曹贤顺“自景祐至皇祐凡七贡方物”，第14124页。景祐以后，沙州曹氏尚入贡于宋，对此，《陇右金石录》作者认为：“或者景祐之初，元昊新殁，其子谅祚以童孩袭位，母后设藏氏专政，故沙州尚贡于宋，盖祐之故国之思。”按《宋史》卷四八五《夏国传》，元昊死于宋仁宗庆历八年（1048），沙州早已归入西夏版图。曹贤顺景祐以后向宋进贡，应与谅祚童孩袭位无关，可能这时曹氏在失去沙州后，仍有残余势力，保有一地，故尚自通于宋。

“沙州去肃州千五百里,内附贫民,欲乞粮沙州,必须自之肃州,然后给予,朝廷以其不便,故升沙州为路。”从上可以得知,元太祖二十二年,即公元1227年,是西夏降于蒙古的一年,敦煌在西夏亡后,归蒙古所统治。八都大王,即拔都,是元太祖成吉思汗长子术赤的儿子,沙州原是他的封地。到了元世祖至元十四年,即公元1277年,忽必烈为要加强中央集权,实行行中书省制度,地方行政组织有省、路、府、州、县各级,敦煌复立为沙州。沙州原为甘肃等处行中书省下肃州路所管辖,而后来到了至元十七年(1280),因沙州距离肃州太远,沙州境内贫民乞粮,须于肃州请示,往返不便,故而将沙州升为路。与此同时,将瓜州也改隶沙州路管辖。至于沙州的属县和户口,据《元史·地理志》“瓜州条”下所说:“瓜州……至元十四年复立,二十八年,徙居民于肃州,但名存而已。”《元史·世祖纪》亦曾记载,至元二十五年“沙州、瓜州民徙甘州,诏于甘肃两界划地使耕,无力者则给以牛具农器”。这也就是说,敦煌地区的人民在元世祖的末年曾经有过一次大迁徙,都被迫搬到甘、肃两州交界的地方居住了。经过这次迁徙,敦煌这块地方自然就逐渐荒凉了。到了元成宗时,《元史·成宗纪》说,大德七年“御史台言,瓜、沙二州,自昔为边镇重地,今大军屯驻甘州,使官民反居边外非宜,乞以蒙古军万人分镇险隘,立屯田以供军实为便,从之”。敦煌似乎已变成了一个军队的屯田区了。元代在瓜、沙屯田,收获量是很大的,元武宗时,中书省曾经上言:“瓜、沙摘军屯田,岁入粮二万五千石,撒的迷失叛,不令其军入屯,遂废,今乞仍旧遣军屯种,选知屯田地利色目汉人各一领之,皆从之。”①

在元代,敦煌居民已极稀少,到了明代,则已完全成了少数民族人民活动的地区了。明太祖洪武五年,宋国公冯胜出兵西征,

---

① 《元史》卷二三《武宗纪》,第514页。

划嘉峪关而守，未曾经理敦煌地区。成祖永乐以后，才开始在敦煌有沙州卫和罕东左卫的建立。沙州卫，《明史·西域传》说："永乐二年，酋长困即来、买住率众来归。命置沙州卫。"后因瓦剌强大，曾率领几百部众走附塞下，"自是不复还沙州，但遥领其众而已"。到了明英宗正统五年，困即来死后，两子争立，甘肃镇将任礼进兵沙州，"遂收其全部入塞，居之甘州，凡二百余户，千二百三十余人"①。当困即来所率蒙古部逐步离开敦煌的时候，原来在今瓜州境内游牧的罕东卫蒙古部逐渐占领了沙州。清人常钧说："初罕东部人俺章与种族不相能，数仇杀，乃率其众逃居沙州耕牧，部落日蕃，益不受罕东统属，至其子班麻思结，久住沙州，朝廷屡勒还本卫，不奉命。正统中，沙州全部内徙，思结遂尽有其地。到只克嗣职，部众稍盛，时吐鲁番侵据哈密，只克请自立一卫与相抗，乃置罕东左卫。"②罕东左卫"在沙州卫故城"③。后来到了明武宗正德年间，由于吐鲁番强盛，只克子乞台不能自立，相率迁肃州境内，沙州遂为吐鲁番占领。

到了清代，康熙发兵西征，开始经理关外。康熙时在今瓜州、玉门一带设立赤金、靖逆两卫。至雍正元年，"复置沙州所"，三年"旋升沙州所为卫"。④ 同年，因原沙州卫城受党河河水侵蚀，东墙坍坏，"于故城东另筑卫城，周围三里三分，开东西南三门"⑤。雍正

---

① 《明史》卷三三〇《西域传》之《沙州卫》，中华书局1974年版，第8562页。

② 常钧：《敦煌杂抄》卷下《罕东左卫》，第42页。

③ 《明史》卷三三〇《西域传》之《罕东左卫》，第8564页。《读史方舆纪要》卷六四将罕东卫与罕东左卫当成一地，应误。罕东卫，据陶保廉《辛卯侍行记》卷五，以为大约"在沙州东南山谷石苞城至踏实诸处"，甘肃人民出版社2002年版。

④ 《清史稿》卷六四《地理志》，中华书局1977年版，第2125页。

⑤ 常钧：《敦煌杂抄》卷上《沙州卫》，第23页。

三年所筑卫城,即今敦煌县城,在党河之东,到乾隆二十五年,改沙州卫为敦煌县,隶安肃道。

明清两代的敦煌户口,没有明确记载,据《明史·西域传》之《沙州卫》、《罕东左卫》的记载,明代沙州卫入迁内地时有户200余,口1230余人,罕东左卫入迁肃州时,户口数不详,但说到:"乞台既内徙,其部下贴哥、土巴二人仍居沙州,服属吐鲁番,岁输妇女、牛马,会番酋征求苛急,二人怨。嘉靖七年夏率部众五千四百人来归,沙州遂为吐鲁番所有。"总起来看,明代时敦煌地区的人口虽先后迁徙不常,但住居的人口大概不会上万,比之于隋唐时期相差得就很远了。这也难怪石之瑛在《开设沙州记》中说:"敦煌户口,汉唐极盛,迨于明季,而西丑蹂躏,兹土遂同昏垫。"①

清代雍正初年,由于岳钟琪的提议,开始在敦煌招民屯种,雍正七年,从甘肃各地分来到敦煌屯种的贫民共有2405户。而据1941年吕少卿的《重修敦煌县志》卷三所说:"敦煌人口,旧《志》二万另八百四十人,当乾隆中时,丁口最繁,有八万余人,同治兵乱后,仅二千五百人,清季安晓峰省《通志》载一千四百另三人。"1927年,"有户四千五百七十,口一万八千九百五十三",然而,据《敦煌乡土志》所载,咸丰、同治年间经兵乱以后,"实在二千零七十二户,统计男丁女口大小共一万五千人",比《重修敦煌县志》所记清代末年要多得多。总之,敦煌户口到清代乾隆年间,达历史最高纪录,有8万人,在此之后,则又逐渐减少,清末及民国初年,大约不会超过2万人。

(原连载《敦煌学辑刊》1980年第1辑、1981年第2辑)

---

① 黄文炜:《重修肃州新志》之《沙州下》,甘肃省酒泉县博物馆1984年版,第543页。

简述敦煌、吐鲁番文书中有关职田的资料

敦煌、吐鲁番文书的发现，为研究我国中世纪封建土地所有制提供了最直接的资料。近年以来，关于均田制的实施状况，寺院经济的发展，以及当时的租佃关系的性质，许多同志都曾撰文论述，然而，对于文书中所涉及的有关官田的经营和管理，却很少有人进行专题的研究。为此，我将所能见到的有关唐代职田的一些文书集中起来作一介绍，并进行一些初步的探讨，其中一定存在错误和疏漏，希望能得到同志们的指正。

一

敦煌、吐鲁番文书中有关职田的资料，按日本东洋文库所编《西域出土汉文文献分类目录》一书的统计，共为19件。近年以来，由于考古的新发现，增添了不少的资料。陈国灿同志在《对唐西州都督府勘检天山县主簿高元祯职田案卷的考察》一文中[①]，就曾列举了22件有关文书，其中除了东洋文库所收的4件大谷文书及1件伦敦斯坦因文书之外，其他17件均出自新疆阿斯塔那230号墓及214号墓的新资料。此外，检阅已出

① 载唐长孺主编：《敦煌吐鲁番文书初探》，武汉大学出版社1983年版，第455—485页。

版的五册《吐鲁番出土文书》,其中也有不少涉及职田的资料,如阿斯塔那337号墓第10、11、14、15、16等五件,以及阿斯塔那338号墓第6号文书,都是前官及主簿领取佃户交来水头麦、蓟薪、粟、青稞等的单据。又如新疆哈喇和卓1号墓所出《唐西州高昌县顺义等乡勘田簿》①中,记载到田亩四至时有"西县尉田"、"东户曹",这县尉田和户曹田应就是官吏的职田。至于文书中提到"官田"、"官部田"的则就更多了。当然,官田不单指的是职田,官田还包括公廨田、驿田、军田以及国家经营的各种土地,但其中亦必然包括了一部分的官吏职田。总括以上所得,在已发表的敦煌、吐鲁番文书中,涉及唐代官吏职田的文书不下五十来件。

在五十来件文书中,我们如加以粗略的分类,可分以下几种:第一种是官府往来的公文中涉及有关职田的一些事情,如盖有"右领军卫岸头府之印"的《唐开元十九年正月西州岸头府到来符帖目》中,第4行载:"户仓符,为镇戍阙官职田",第31行载:"户曹符,为括检高昌县百姓口分讫申事。一符,为勘见任官职田斛斗四至具申事。"②盖有"天山县之印"的《唐开元十九年正月至三月西州天山县到来符帖目》中,第14行记载:"户曹符,为州府县镇戍官职田顷亩亩斛斗。"第88行载:"户曹符,为当县诸色阙官职田,仰符到当日勘申事。"第97行载:"戍官现任职田,不得抑令百姓佃食、处分讫申事"③等等。这些都是当时地方政权机构为贯彻执行国家有关职田法令的来往公文

① 唐长孺主编:《吐鲁番出土文书》第5册,文物出版社1983年版,第113、114、119、120、121、141页。

② 《吐鲁番出土文书》第4册,文物出版社1983年版,第19页。

③ 池田温:《中国古代籍帐研究》录文部分,东京大学东洋文化研究所1979年版,第357—358页。

记录。第二种是有关职田的诉讼文书，如陈国灿同志所列举的有关天山县主簿高元祯职田案的22件，其中记录了天山县主簿高元祯在南平乡占有职田的亩数及租佃情况。文书内容还涉及高元祯是否违反国家法令“营种还公、逃死、户绝地”的问题。第三种是在一些登记田亩牒文中记到了官吏的职田，如《周天授二年西州高昌县诸堰头等申青苗亩数佃人牒》①、《周如意元年西州高昌县诸堰头等申青苗亩数佃人牒》②，以及《周圣历二年三月敦煌县检校营田人等牒》③等等，其中记载到了都督、司马、主簿、参军、县令、仓曹等人的职田。最后一种是在国家的籍帐中记载田亩四至时涉及官吏的职田，如上面举出的“县尉田”、“户曹田”。还有些是耕种职田的佃户交纳“地子”的抄单，如上举的阿斯塔那337、338号墓的6件文书，以及《唐开元至广德间西州高昌县周氏纳税抄类》。④

以上各种职田文书，公文往来及田亩四至记载中涉及的，因没有记载具体的土地数字及租佃状况，无法用表格表述出来，其他各件试用表格形式列述于下：

① 《中国古代籍帐研究》录文部分，第353—361页。
② 《中国古代籍帐研究》录文部分，第322—331页。
③ 《中国古代籍帐研究》录文部分，第332—334页。
④ 《中国古代籍帐研究》录文部分，第336页。

<table>
<tr><th>年代</th><th>官吏姓名</th><th>土地数量</th><th>承佃人</th><th>种植的作物及缴纳实物数量</th><th>资料来源</th><th>说明</th></tr>
<tr><td>高宗永徽□年</td><td>前官高柱仁</td><td>不详</td><td>范阿伯</td><td>水头麦肆斗半</td><td>《吐鲁番出土文书》第5册113页</td><td rowspan="5">此5件同出阿斯塔那337号墓，所出文书最晚有纪年的是高宗龙朔三年(663)</td></tr>
<tr><td>□□元年</td><td>前官令狐怀恚</td><td>不详</td><td>范阿伯</td><td>蓟薪壶车</td><td>同上114页</td></tr>
<tr><td>□□二年</td><td>主簿欢文</td><td>不详</td><td>患</td><td>①二年地子粟叁硕肆□□□围②□年地子粟叁硕贰□</td><td>同上119页</td></tr>
<tr><td>□□五年</td><td>主簿欢文</td><td>不详</td><td>范海绪</td><td>地子粟叁硕贰□</td><td>同上120页</td></tr>
<tr><td>□□年</td><td>不详</td><td>不详</td><td>马岳</td><td>折冲地子青稞</td><td>同上121页</td></tr>
<tr><td>永徽五年(654)</td><td>前官令狐怀熹</td><td>不详</td><td>范阿伯
张埴子</td><td>二人各纳□壹车</td><td>同上140页</td><td>此件出阿斯塔那338号墓文书</td></tr>
<tr><td>武后天授二年(691)</td><td>主簿高元祯</td><td>南平职田共五十五亩八十步，其中三十亩出租，二十五亩八十步自种</td><td>知田人郭文智</td><td>不详</td><td>大谷文书4937、4940</td><td>参阅陈国灿文①</td></tr>
</table>

① 《中国古代籍帐研究》录文部分，第336页。

续　表

<table>
<tr><th>年代</th><th>官吏姓名</th><th>土地数量</th><th>承佃人</th><th>种植的作物及缴纳实物数量</th><th>资料来源</th><th>说明</th></tr>
<tr><td rowspan="2">天授二年(691)</td><td>司马</td><td>十二亩</td><td>范僧护</td><td>不详</td><td>大谷文书2369</td><td rowspan="5">此5件均见《周天授二年(691)西州高昌县诸堰头等申青苗亩数佃人牒》</td></tr>
<tr><td>仓曹</td><td>七亩</td><td>朱贞行</td><td>不详</td><td>大谷文书2367</td></tr>
<tr><td rowspan="3">天授二年(691)</td><td>都督</td><td>捌亩半</td><td>焦智通</td><td>种粟</td><td rowspan="2">大谷文书2372</td></tr>
<tr><td>都督</td><td>拾壹亩半</td><td>宋居仁</td><td>种粟</td></tr>
<tr><td>牛参军</td><td>陆亩</td><td>索定刚</td><td>不详</td><td>大谷文书1217</td></tr>
<tr><td rowspan="3">如意元年(692)</td><td>县令</td><td>陆亩</td><td>自佃</td><td>苜蓿</td><td>大谷文书2846</td><td rowspan="3">此3件均见《周如意元年(692)西州高昌县诸堰头等申青苗亩数佃人牒》</td></tr>
<tr><td>县令</td><td>贰亩</td><td>奴集聚</td><td>不详</td><td>大谷文书2845</td></tr>
<tr><td>县令</td><td>贰亩</td><td>自佃</td><td>不详</td><td>大谷文书2851</td></tr>
<tr><td rowspan="2">圣历二年(699)</td><td>缺职司马</td><td>拾肆亩</td><td>宋怀道</td><td>种麦</td><td rowspan="2">大谷文书2836</td><td rowspan="2">此件见《周圣历二年(699)三月敦煌县检校营田人等牒》</td></tr>
<tr><td>缺职主簿</td><td>拾亩</td><td>索怀亮</td><td>种麦</td></tr>
</table>

续 表

<table>
<tr><th>年代</th><th>官吏姓名</th><th>土地数量</th><th>承佃人</th><th>种植的作物及缴纳实物数量</th><th>资料来源</th><th>说明</th></tr>
<tr><td>玄宗开元廿七年(739)</td><td>缺官</td><td>不详</td><td>周通生</td><td>草价钱捌拾文</td><td>大谷文书5806</td><td rowspan="8">此8件均见《唐开元至广德间西州高昌县周氏纳税抄类》</td></tr>
<tr><td rowspan="2">开元廿八年(740)</td><td>杨别驾</td><td>不详</td><td>周祝子</td><td>青麦壹硕贰斗并□</td><td>大谷文书5805</td></tr>
<tr><td>别驾</td><td>不详</td><td>周通生</td><td>地子草 围</td><td>大谷文书5807</td></tr>
<tr><td rowspan="2">开元廿九年(741)六月、同年十二月</td><td>别驾</td><td>不详</td><td>周祝子</td><td>别驾地子硕贰斗</td><td>大谷文书5809</td></tr>
<tr><td>别驾</td><td>不详</td><td>周祝子</td><td>别驾地子</td><td>同上</td></tr>
<tr><td rowspan="2">开元廿九年(741)</td><td>别驾</td><td>不详</td><td>周通生</td><td>贰斗</td><td rowspan="2">大谷文书5810、5834</td></tr>
<tr><td>别驾</td><td>不详</td><td>周通生</td><td>职田草肆围</td></tr>
<tr><td>天宝元年(742)</td><td>别驾</td><td>不详</td><td>周祝子</td><td>地团□围</td><td>大谷文书5835</td></tr>
</table>

从上述资料与列表,我们明显地得到了如下的印象:

一是从文书出土的地点来看,除了圣历二年一件是出自敦煌以外,其余都是出于吐鲁番地区,当然,在敦煌遗书中,也曾见到有关官田情况的记载,但未明确说明是职田。因此,我们研究职田时难于引用。这样,根据这些有关职田的文书,我们也只能主要用来说明吐鲁番地区一些官吏占有土地的状况。

二是从有关职田文书的数量来看,按说有五十来件,但从内容着眼,实在是非常贫乏的。有的文书记载了职田的亩数,但却没有记载交纳谷物的数量;反之,有的记载了交纳职田地子的数量,却又没有记下土地的亩数。不仅如此,就是有记载的数字,也往往是残缺不全的。可以这样说,没有一件是比较完备的。因此,这就给我们研究唐代官吏的职田问题带来了极大的困难。我们不得不运用有关文献资料和其他文书的记载来加以推断。

二

敦煌、吐鲁番文书中有关职田的记载虽然都是残缺不全的,但根据这些资料,可以使我们对以下几个问题作出一些分析和推断:

第一,关于在敦煌、吐鲁番地区实行官吏职田制度的时间问题。敦煌地区因资料较少,无法论断。而吐鲁番地区,我们所见最早的有关职田文书是唐高宗永徽年间西州武城乡范阿伯交纳水头麦及莿薪的抄单。永徽是高宗李治即位后的第一个年号,共有五年,即650—655年。这也就是说在高宗即位的前后,吐鲁番地区早已实行了官吏职田的制度。根据《旧唐书·太宗纪》所记,贞观十三年(639)的十二月,唐太宗以侯君集为交河道行军大总管,率师进讨高昌。第二年八月,高昌平,“以其地置西州”。因此,我们所见到的最早的职田文书距离唐平高昌仅有十几年的时间。可是,根据吐鲁番出土的《唐贞观十四年西州高昌县李石住等户手实》[1],在贞观十四年九月,李石住等户即已向当地政府申报本家人口状况和土地数字,其中已分有丁男、中男、黄男以及已受田、未受田等名目,说明唐于今吐鲁番设置西州时即已着手推行均田制度了。唐在中原地区推行均田制和官吏职田制度虽不是同一时间,但颁行官吏职田制度在前,是高祖武德元年(618)[2],施行均田制在后,是武德七年[3]。这大概是与李渊在建立政权后为积极拉拢在关中的隋王朝官僚集团有关的。同样,唐平高昌,亦有一个拉拢当地人士及优待驻守官吏的问题,所以我们可以估计,唐政权既能在立州后的第二个月即着手推行均田制,也就完全有可能与此同时推行官吏的职田制度。我们所见文书虽然是在立州后的十几年,但并不排除唐在平高昌以后就颁行职田制度的可能。

唐代官吏职田制度从高祖武德元年制定之后,中间虽经过几次停废,但为时都不长,如太宗贞观十年一度废止,十八年恢复[4];玄宗开元十年再度废止,十八年又重新实行。从整个历史阶段来看,唐前期基本上是实行了职田制度的。吐鲁番发现最晚的有关职田的文书是玄宗天宝元年(742),这也就是说在安史之乱前职田制度在这里是得到贯彻执行的。特别是盖有"右领军卫岸头府之印"和"天山县之印"的两份开元十九年的"到来符帖目",是最可靠也是最直接的证明。其中曾提到"勘现任官职田斛斗四至"及"州府县镇戍阙官职田顷亩斛斗",这就是开元十八年恢复职田以后,西州官府为贯彻这一诏令所做的具体工作。

---

① 《中国古代籍帐研究》录文部分,第437—446页。

② 《吐鲁番出土文书》第4册,第71页。

③ 王溥:《唐会要》卷九二《内外官职田》,中华书局1955年版,第1669页。

④ 《旧唐书》卷四八《食货志》,第2088页。

及到安史之乱,吐蕃强大,由东向西,逐步吞并了河西走廊及西域。至德宗建中年间,吐鲁番地区遂为吐蕃占领。从历史文献记载来看,安史之乱后,肃宗、代宗都下过有关职田的诏令,如代宗广德二年(764)十年"宰臣等奏减百司职田租之半,以助军粮,从之"[①]。永泰二年(766)十一月,又下诏:"京诸司官等自艰难已来,不请禄料职田,苗子又充军粮,颇闻艰辛,须使均济。其诸州府县官及折冲府官职田,据苗子多少三分,每年宜取一分,依当处时价,回市轻货,数内破脚差纲部领送上都,纳青苗钱库。其阙官职田,据数尽送。……从今年职田并依次数征收发遣。"[②]这些诏令虽说到减田租之半,把三分之一的青苗税转交中央,但并未说废止职田。因此,在吐鲁番地区陷蕃之前,职田制度仍然是推行的。所以,我以为唐代职田制度是与唐在这里的统治相始终的。

第二,唐在敦煌、吐鲁番地区既是实行了官吏的职田制度,那么,有些官吏的职田是否完全按照制度的规定得到了呢?从所见文书得知,官吏的职田并没有按规定授足。

《唐会要》卷九二《内外官职田》载:

> 武德元年十二月制,内外官各给职分田,京官一品十二顷,二品十顷,三品九顷,四品七顷,五品六顷,六品四顷,七品三顷五十亩,八品二顷五十亩,九品二顷。雍州及外州官二品十二顷,三品十顷,四品八顷,五品七顷,六品五顷,七品四顷,八品三顷,九品二顷五十亩。

---

① 李文澜在《唐代职田的渊源及其演变》(载《中国古代史论丛》1982年第3辑,福建人民出版社,第254—273页)一文中以为"贞观十年正月诏是开元十年正月诏之误","贞观十年并未有诏令官收职田之事。"但《文献通考》卷一九《征榷六》中说到贞观十五年,复置公廨本钱,褚遂良上疏谏止,"太宗乃罢捉钱令史,复给京官职田",第185页。贞观中似曾停过职田。

② 《唐会要》卷九二《内外官职田》,第1670页。

外州官的职田比京官要多,这大概是因为京师官多地狭的缘故。《唐会要》只记载了京师和外州官的职田,并未记军府官吏的职田,《新唐书·食货志》又有如下记载:

> 镇戍、关津、岳渎官五品五顷,六品三顷五十亩,七品三顷,八品二顷,九品一顷五十亩。三卫中郎将、上府折冲都尉六顷,中府五顷五十亩,下府及郎将五顷;上府果毅都尉四顷,中府三顷五十亩,下府三顷;上府长史、别将三顷,中府、下府二顷五十亩;亲王府典军五顷五十亩,副典军四顷;千牛备身左右、太子千牛备身三顷;折冲上府兵曹二顷,中府、下府一顷五十亩。外军校尉一顷二十亩,旅帅一顷,队正、副八十亩。

敦煌、吐鲁番有关职田文书中所涉及的官职有主簿、司马、仓曹、都督、县令、别驾等等。根据两《唐书·职官志》或《百官志》及《通典》的有关记载,试析他们的官品及应得职田数如下:

都督:唐于贞观十四年平高昌后在其地置西州都督府。西州为中都督府,都督为正三品。按唐初职田制度规定,中府都督应有职田 10 顷,即 1000 亩。可是,所见大谷文书 2372,只有一块 8.5 亩,一块 11.5 亩,共计 20 亩。

司马:都督府及州皆有司马,西州中都督府司马为正五品,沙州下都督府司马为从五品;西州司马为正六品,沙州司马为从六品。按规定外州官五品职田 7 顷,六品为 5 顷,而所见大谷文书 2369 有西州司马职田 12 亩;大谷文书 2368 沙州阙职司马 14 亩。

参军:都督府及州皆有参军。都督府参军有正七品、从七品及从八品的区别;中州参军有正八品和正九品的等级。文书未载明是何种品级的参军,我们如以最低的九品中州参军事来计算,其应得职田是 2 顷 50 亩。大谷文书 1217 所记的参军职田却只有6亩。

主簿:地方上只有县设主簿。按《新唐书·地理志》所记,敦煌、天山两县均为下县,其主簿应是从九品上阶;按《元和郡县图志》载,敦煌县是上县,郭下,天山县为上县,其主簿应是正九品的下阶。不论正九品或者从九品,外州九品官职田均是2顷50亩,而所见文书有敦煌县阙职主簿地10亩,西州天山县主簿高元祯职田55亩80步。另据高宗初年有主簿欢文得到某年地子3硕4斗,即以当时最低的地租每亩2斗计,其职田亦仅17亩。

仓曹:中都督府的仓曹参军是从七品,中州司仓为正八品,他们分别应有职田4顷或3顷,而大谷文书2367中所记仓曹只有7亩。

别驾:《唐六典》卷三〇《三府督护州县官吏》中记载:"中都督府,都督一人,正三品,别驾一人,正四品下。"其下注云:"汉司隶校尉有别驾从事一人,校尉行部则奉引录众事。旧解以为别乘传车,故曰别驾,诸州刺史亦有之。……皇朝因之,永徽中改别驾为长史,垂拱初又置别驾,多以皇家宗枝为之。神龙初罢,开元初复置,始通用庶姓焉。"唐代州别驾"贰都督刺史之职",是州郡长官的副手。中都督府别驾为正四品下,中州别驾为正五品下。我们以西州别驾正五品计算,应得职田为7顷。吐鲁番所出一组租种别驾职田的周祝子、周通生交纳租税的抄单未载田亩数字,但其中有交纳"青麦一硕贰斗","硕贰斗"、"贰斗"等字样,估计土地面积亦不会很大。

县令:西州高昌县,按《新唐书·地理志》所载,天宝元年改西州为交河郡,其下前庭县注云:"本高昌,宝应元年更名",为下县,而按《元和郡县图志》:"前庭县上,廓下",是"天宝元年改为前庭县"。据大谷文书4906上盖有"高昌县之印"的《唐天宝四载交河郡高昌县纳税抄》的文书,可见天宝四载尚称高昌县,《元和志》所说天宝元年改县名应是改郡名之误。诸州上县县令为从六品,下县县令是从七品,他们的职田分别是 5 顷和 4 顷。我们所见文书中县令职田只有 6 亩和两个 2 亩。

从以上对照可见,我们所见到的有关官吏职田文书中的土地数字与制度规定的田亩数相差很远。文书中最多的官吏职田是天山县主簿,有 55 亩 80 步,如与规定数 2 顷 50 亩相比,仅只 1/5。其他官员职田数则相差得就更远了。当然,我们所见文书不可能反映出当时西州及敦煌两地官吏所得职田的全貌,但职田未按规定受足应是无疑的。唐在敦煌、吐鲁番地区推行均田制时百姓也就没有按规定受足土地。按《通典》所记,当时西州垦田仅有 900 顷,有一万一千多户[①],如按平均计算,每户只有 10 亩地。有人根据吐鲁番出土文书作过估计,以为当地“丁男一人仅为十亩,而且还受的土地都登记为永业田”[②]。敦煌地区似乎比吐鲁番稍好,韩国磐先生曾作过统计,现存的有授田的户籍共有 56 户,其中 1 户受田类别不明,3 户全未受田,留下的 52 户中,11 户全无口分田,41 户虽有口分田,但依令授足者仅有 1 户,其余都未授足。另外,他按丁计算,以为“平均每丁可得 34.95 亩”[③]。这也就是说吐鲁番地区百姓实际授田数只有按规定的 1/10,敦煌县 1/3。百姓授田既与田令相差得甚远,同样,官吏职田也就

---

① 王钦若等:《册府元龟》卷五〇六《邦计部·俸禄二》,中华书局 1960 年版,第 6073 页。按代宗永泰二年即大历元年,因为永泰二年十一月改元。

② 《通典》卷一七四《州郡典四》,第 4558 页。

③ 西嶋定生:《从吐鲁番出土文书看实施均田制的情况——以给田文书和退田文书为中心》、西村元佑《唐代均田制下的授田的实际情况——以大谷探险队携来唐代西州高昌县出土文书与欠田文书为中心》,皆载周藤吉之等著,姜镇庆、那向芹译《敦煌学译文集——敦煌吐鲁番出土社会经济文书研究》,甘肃人民出版社 1985 年版,第 168—659 页。

不可能真的按规定授足的,在西州发生有人告发主簿高元祯侵占逃死户、绝户土地,也正是因为授田不足的缘故。

当然,我们也应认识到,官吏职田与百姓受田虽都不足,但程度仍有差别。我们如以高元祯职田来算,他所得的实际土地是按规定数的1/5,而一般百姓则只是1/10,比一般百姓所得比例高了一倍,显然这也是同官吏有权有势分不开的。

第三,从所见文书来看,官吏所得职田不仅没有按规定授足,同时,所授土地还是十分零碎的。五十来件文书中,所记职田最多的是天山县主簿高元祯的55亩80步,其中分自种及租佃两个部分,自佃的25亩80步又分五段,可见土地不是连在一块的。其他职田最多的是14亩、12亩、11亩、8.5亩等等,地块也都不很大。从所存文书、户籍中也可见到,官田、县令田、县尉田、户曹田、都督田、司马田都是和民田连接在一起的。它不是想象中的把大片的土地作为官吏的职田。这一现象,使我们完全有理由答出这样的推论,官田,也包括职田在内,并不是在否定了农民对土地的私有而来的,它是继承了前代的官田,或者是没收罪犯、接受逃户、绝户的土地,以及圈划荒地而来的。正因为如此,所以这些土地是零散的,掺杂在民田中间。否则,如果否定了农民对土地的私有,出现这种现象倒是很难解释了。

三

关于职田的耕作与收获物的分配问题。一般来说,唐代官吏的职田都是交给百姓佃种的。敦煌、吐鲁番文书所记有关职田大多数亦是由民户佃种的,只有一小部分由官吏自佃。自佃的土地,文书中所见最多的是武后天授二年天山县主簿高元祯,在南平有地25亩多。另外还有武后如意元年高昌县县令自佃苜蓿6

亩和不知种何作物的2亩。自佃土地的收获物,按唐规定:“凡王公已下,每年户别据已受田及借荒等,具所种苗顷亩,造青苗簿,诸州以七月已前申尚书省,至征收时亩别纳粟二升,以为义仓。”[①]除每亩应交2升义仓外,均为官吏自己所有。上述县令自佃土地,就是当时高昌县上报青苗亩数牒文中的记载。

至于交百姓佃种的职田,唐政府虽曾规定“并取情愿,不得抑配”[②],但由于职田为当地官吏所有,必然仗势盘剥,故百姓多不愿佃种这种土地。元稹为同州刺史时即曾指出,同州耕种职田的农户“比量正税,近于四倍加征”,为此,这种土地只得由州县逐年抑配百姓租佃。同州如此,吐鲁番地区也不例外。吐鲁番出土的《开元十九年正月至三月西州天山县到来符帖目》中记载有:“仓曹符,为宴设及公廨田萄,不高价抑百姓佃食讫申事”、“戍官现任职田不得抑令百姓佃食处分讫申事”、“镇戍现任官职田,非抑百姓租,并迟由同上事”等,说明吐鲁番地区职田亦存在抑配百姓佃种的事实。

另外,《周圣历二年三月敦煌县检校营田人等牒》所载,平康乡司马地十四亩和主簿地十亩,分别由平康乡百姓宋怀道、神沙乡百姓索怀亮种麦。平康乡的土地不是由平康乡人耕种,而是由神沙乡的人耕种,这正是元稹在《同州奏均田状》中所说“或有隔越乡村被配一亩二亩之者”的具体实例[③],是职田在敦煌、吐鲁番地区实行抑配的又一佐证。

耕种职田的民户状况,敦煌、吐鲁番所见文书多没有记载,大

① 韩国磐:《北朝隋唐均田制度》,上海人民出版社1984年版,第213、216页。

② 《通典》卷二《食货典二》,第32页。

③ 元稹:《元稹集》卷三八《同州奏均田状》,中华书局1982年版,第435—437页。

概也同佃种官田的民户一样,最多的应是一般百姓,如上举的敦煌县平康乡百姓宋怀道、神沙乡百姓索怀亮,又如天山县西平老人王嘿子佃种了主簿四亩的土地。租种官田的百姓,还往往租种其他的民田,如《周天授二年西州高昌县诸堰头等申青苗亩数佃人牒》中记到,佃人唐智宗,既佃种了县公廨田7亩100步,又佃种了康索典田1.5亩、赵寅贞0.5亩。又如《周如意元年西州高昌县诸堰头青苗亩数佃人牒》中,奴集聚租种了县令的2亩职田,还租种了康倚山的2亩土地。说到奴集聚,有些人以为租种职田的还有奴婢。我以为这是不大可能的,因为按唐朝法令规定,"奴婢贱人,律比畜产"①,如是官奴,就应属于官府;如是私奴,则应从属于主人,不管那种奴婢,都不能自立门户,更不能去租种两家的土地。我倒以为奴集聚的"奴"是一种姓,不是代表身份。奴集聚是一般的农户。大谷文书2831有《唐贞观十七年六月西州奴俊延妻孙氏辩》②,这奴俊延的奴,也应是姓,不是奴婢。

在租种职田的佃人中,最为复杂的应是《唐开元至广德间西州高昌县周氏纳税抄类》一组文书中所说到的周祝子、周通生等人。这组文书说到了周祝子、周通生、周思温、周义敏等四人。文书连在一起,内容都是他们纳税的抄单,似乎四人是同一宗族中的亲属。在这四人中,佃种职田的有周祝子、周通生两人。他们分别种了别驾及阙官的土地,交纳了青麦、地子谷物、草及草价钱等。交纳这些职田租草有年代记载的是开元二十七年至天宝元年(739—742),说明他们租种职田有四年以上的时间,租佃关系相对地比较稳定。与租种职田周祝子有关的还有两件关于土地

① 长孙无忌等:《唐律疏议》卷六《名例二》,中华书局1983年版,第132页。

② 《中国古代籍帐研究》录文部分,第314页。

的文书是:

一、大谷文书 5831:

1. 史伏奴于周祝子领得北渠□

2. 贰亩地子小麦伍斛伍斗,天□

3. 五日领麦人史伏奴父领

4. 见人□□□

二、《唐天宝五载四月西州籍库典麹福牒》:

1. 籍库

2. 户周祝子一段贰亩常田城北新兴东渠、西道、南泽、北渠。

3. 右依检上件人天宝三载籍下新兴分

4. 常田具亩数四至如前。又检周祝子所共

5. 魏立竞地、有一至同、三至不同。其祝子牒

6. 渠名与籍不同。事须付□□□逐

7. 牒件检如前,谨牒。

8. 天宝五载四月　日典麹福牒[①]

第一件是周祝子租种了史伏奴的土地,史伏奴父在周祝子手上领去了小麦 5 斛 5 斗,如按当地租价每亩交小麦 0.66—0.73 斛计。[②] 周祝子就应租种了史伏奴的十来亩的土地。第二件说的是周祝子常田 2 亩在新兴,与魏立发生争执,让籍库典麹福检查原来的登记档案。从这两件文书可见,周祝子既有自己的土地,同时也租种了杨别驾的职田和史伏奴的土地。他们租种的土地

① 《中国古代籍帐研究》录文部分,第 441、467 页。

② 孔祥星:《唐代前期的土地租佃关系》(载《中国历史博物馆馆刊》1982 年总第 4 期)一文中对吐鲁番一季交租租额的计算是 0.66—0.73 斛,高的有达 1 斛以上。

是比较多的。

除以上与土地有关的文书之外,周氏各人还交纳过名目繁多的税收,例如周通生交纳过"天宝三年户税莿柴贰拾束"、"天宝三载后限税壹佰壹拾陆文";周祝子交纳过"天宝三载勾征税价钱壹佰文",又与周思温交纳过"赊放緤布"、"长行预放緤布"、"瀚海军预放緤布"等。周义敏则交过"和市緤布"、"番课緤布"。以柴代税,这是高昌以来的地方惯例。至于交纳各种名目的緤布,史不见载。緤布,当即是叠布。《南史·高昌传》载:"高昌国多草木,有草实如茧,茧中丝如细纑,名曰白叠子,国人取织以为布,甚软白,交市用焉。"据许多同志研究,这白叠布即是棉布。西州已种植棉花,纺织成布,同内地以绢代钱一样,当做货币使用。吐鲁番发现的文书中有《唐年次未详西州租田课布历》[①],就是以布代替租谷。周氏所交纳的各种緤布中有周义敏所交"番课緤布"、"和市緤布",在"番课緤布"这件文书后记有"队正范忠敏抄",似乎应属于府兵系统中的士兵,因为队的建制只在府兵中存在,以緤布代番与以绢代役是相同的。"和市緤布"从文义上看应是官府向民购买布匹的意思,性质应与和籴一样。和籴应是官出钱,民出谷,但实际上是"配户督限,蹙迫鞭撻,甚于赋税"[②]。同样,"和市緤布"亦应是官府强加在民户上的一种负担。至于周祝子所交的"长行预放緤布"、"瀚海军预放緤布",我以为可能是一种官方的高利贷。从大谷文书5795来看,周祝子于上元元年十月纳长行预放緤布两段,十一月八日又纳二段,第二年正月、三月又各纳一段。又据大谷文书5799、5794,周祝子又交纳上元二年四月、六月、十月的緤布。交纳如此频繁,几乎是每月都得交

---

① 《中国古代籍帐研究》录文部分,第491页。

② 《文献通考》卷二一《市籴二》,第206页。

纳,看来不应当是一种正规的税收。在唐代,官府按月收钱的只是官高利贷。《唐会要》卷九一《内外官料钱》记载开元"十八年九月四日,御史大夫李朝隐奏,请籍民一年税钱充本,依旧令高户典正等捉,随月收利,供官人料钱"。这里指的是公廨钱随月收利,在西州叠布既可代作货币,那么,周祝子每月所交緤布应即是官高利贷的每月利钱。他可能就是典捉官高利贷的高户。这也就是说,耕种职田的民户中亦有较富的农户。前举高宗永徽年间佃种职田的范阿伯,出土文书有《唐西州高昌县范阿伯买舍契》①,这范阿伯亦可能是一较殷实的民户。

至于职田的租额,这几件文书都未有记载,但据有些同志研究,以为唐初吐鲁番租额部田每亩在0.66—0.73斛之间,常田则还稍高。然据大谷文书1305《周年次未详西州柳中县官田租谷簿》的记载,官田分有交豆和交粟两种土地,交豆最高的是"一段三亩",佃人曹悦隆"亩别三斗七升五合",其他的都是"亩别二斗五升"。交粟的土地没有按亩计算,而是合计数,最低的"一段十亩",佃人僧恭慈,"计粟二石五斗",平均每亩二斗五升。最高的是"一段四亩四十步"佃人宋恭慈,"计粟二石九斗",平均每亩近七斗。其他交粟的土地平均每亩约在5斗左右,如"四段十二亩",佃人赵海才,"计粟六石",平均每亩5斗。根据《册府元龟》卷五〇六《邦计部·俸禄二》记载,开元十九年四月,玄宗曾下诏"天下诸州县并府镇戍官等职田四至顷亩造帐申省,仍依元租价对定,六斗以下者依旧定,以上者不得过六斗"。《唐会要》所载基本相同,但最后有一句作:"地不毛者亩给二斗。"这也就是说,职田地租因地好坏不同,大约在2—6斗之间。《柳中县官田租谷簿》所载最高近7斗,最低2斗5升,同官方规定及私田租额基本

① 《吐鲁番出土文书》第5册,第115页。

相当。

既然职田租额与私田租额基本相当,那为什么又有抑配问题呢?每亩2—6斗是官方的规定,登记在官方的官田簿中当然不能违反这种规定,但事实上根据有关文献的记载,耕种职田佃户附加的税收甚多,如天宝元年六月玄宗在诏敕中说到:“河东、河北官人职田,既纳地租,仍收桑课,田树兼税,民何以堪?”①这里说的是河东、河北,没有涉及西域,但官府仗势派生出来的各种税收在全国恐怕是普遍的。另外,根据《唐会要》等记载,耕种职田还要交纳“脚价”钱;同州地区还有“变米雇车般送”,所有这些都成了职田的附加税,加重了佃户的负担。还有一点应予注意的是土地的质量问题,穆宗长庆元年七月曾有制说到:“百司职田,在京畿诸县者,访问本地,多被所繇侵隐,抑令贫户佃食蒿荒,百姓流亡,半在于此。”②隐没好地,将荒田作为职田强民耕种,这大概也是各地存在的。《柳中县官田租谷簿》中许多地每亩只2斗5升的租粟,恐怕就是“地不毛者”的租额。所以,官田簿中记载的租额虽不很高,实际上耕种职田的农户负担应是很重的,这也就是职田佃种存在抑配的原因所在。至于有一些耕种职田的人是比较殷实的民户,这应是官吏为保证自己有可靠收入而想出的一种办法。

(原载《中国史研究》1986年第1期)

① 《唐会要》卷九二《内外官职田》,第1670页。

② 《册府元龟》卷五〇六《邦计部·俸禄二》,第6089页。

敦煌、吐鲁番文书中有关法律文化资料简介

研究古丝路上的法律文化，敦煌、吐鲁番文书是宝贵的资料。古代的丝绸之路，在我国境内的主要是经过甘肃省的河西走廊、新疆维吾尔自治区的天山南北麓及塔克拉玛干沙漠的南北缘。这些地区在古代是中原政权与西北古代少数民族政权争夺的场所，也是中西文明交流的中继站。因此，这些地域的文化带有很浓厚的西部特色。但是，在漫长的历史发展过程中，强盛的中原王朝不断向西部伸展，由河西设立四郡到在天山南北设立郡县及羁縻州府，使中原的文化不断传入古称西域的区域。中原封建的法律文化自然也就因之在这些地区逐步传播，许多封建王朝的法律在这些地区实行。在这些地区，古代留下来的文献甚少，过去的研究者总因资料不足，无法进行探讨。而敦煌、吐鲁番文书的发现，却为我们了解这个地区的政治、经济、文化等各个方面提供了最直接的资料。我们探索古西域的法律文化，也就不得不先来介绍这方面的内容。

所谓法律文化，狭义来说，主要指的是立法、司法的状况。如从广义来说，其实是包括了社会生活各个领域内的全部内容。因为自进入阶级社会以后，统治阶级为保有自己的特权和地位，在政治、经济、文化等各个方面订立了许多法律和规范，借以镇压被统治者的反抗，维护封建秩序。在敦煌、吐鲁番文书中，除了佛经、文学作品之外，可以说都与法律文化有关。就是佛经、文学作品，从某种意义来看，它也是反映了统治阶级意

愿、要求的东西，也带有法律文化的内容。在这里，我只简要介绍一些有关法律的文书和与法律紧密相关的政治、经济及审判案件的资料。

一

敦煌、吐鲁番文书，从时代来说，大约是前凉到五代、宋初时期的遗留，即4世纪中叶至11世纪初。在此之前，在今新疆维吾尔自治区及甘肃河西走廊曾发现过一些简牍，其中也有涉及法律文化方面的记载，如武威发现的《王仗诏令册》，就是记载汉代国家颁布的尊老养老制度的法令。因不属于敦煌、吐鲁番两地文书的范畴，故在另文中阐述。这里只介绍敦煌、吐鲁番文书中的法律文书和与之有关的资料。

中国封建社会自秦始皇统一全国后，即在原秦国的基础上制订了统一的法律推行于全国。汉继秦制，在秦律的基础上加以扩大，有所谓“九章律”、“傍章律”、“越宫律”等等，在形式上，除律之外，还有令、科、比等等。经魏晋南北朝而至隋唐，有《开皇律》、《大业律》、《武德律》、《贞观律》、《永徽律》等等，这些都是在前代的基础上加以修订而成的。流传至今的《唐律疏议》，即是唐高宗永徽三年(652)由长孙无忌等对《永徽律》逐条逐句进行注释，颁行天下，作为统一的唐王朝通用的法律。从法律的形式来看，这时已发展为律、令、格、式四种。所有这些，反映了中国封建社会到隋唐时期法律体系已非常系统化和周密化了。

在敦煌、吐鲁番发现的文书中，未见有唐以前有关法律条文的写本。有关法律条文及律疏、令、格、式的抄本，都是唐律的遗留。刘俊文同志曾撰有《敦煌吐鲁番唐代法制文书考释》一书，

收录了各类法典写本28件,其中律10件,律疏6件,令2件,格5件,式4件,令表式1件。兹介绍如下:

关于律,共10件:

一、《名例律》三个残卷,皆出于敦煌。分别藏于俄罗斯科学院圣彼得堡东方文献研究所和英国图书馆。都是残存的片断,最长的一卷15行。另两卷为5行,一为2行,经核对,是《名例律》中《十恶》、《八议》、《同居相为隐》、《官户部曲官私奴婢有犯》、《化外人相犯》、《本条别有制》,《断罪无正条》等七条。

二、《擅兴律》二个残卷,皆出自吐鲁番。一藏日本龙谷大学图书馆,一在德国东方学与亚洲历史研究所,分别为8行、11行两卷。内容有《征讨告贼消息》、《主将守城》、《非公文出给戎仗》三条。

三、《贼盗律》一个残卷,分成两个碎片,出于吐鲁番,现藏日本龙谷大学图书馆,仅只3行,记录了《知略和诱和同相卖》条。

四、《诈伪律》,亦出吐鲁番,现藏日本龙谷大学,一卷分成两个碎片,仅3行,录《伪造御宝》、《伪写官文书印》两条。

五、《职制律》有两个卷子,皆出敦煌,一在中国国家图书馆,一在法国国家图书馆。国图一卷,仅3行,载《乘驿马赍私物》、《长官及使人有犯》两条。法国藏一卷,不仅抄录《职制律》,还抄录了《户婚律》、《厩库律》,其卷较长,共10纸171行。《职制律》中,起《大祀散斋吊丧》条,至《称律令式不便于事者》,共51条。

六、《户婚律》,同上卷,起《脱户》至《嫁娶违律》,共41条,记录了唐律中《户婚律》的全部内容。

七、《厩库律》,同上卷,起《牧畜产课不充》,讫《乘官畜车私驮》,只4条。

八、《捕亡律》,是一断片,14行,出自敦煌,现藏于伦敦印度事务部图书馆。起《主守不觉失囚》,止《知情藏匿罪人》,共录

4 条。

《唐律》共 12 篇 502 条。在敦煌吐鲁番文书中,除去重复,现已知道有 8 篇 113 条作了抄写。

唐代的律法,从高祖武德年间开始修订,至高宗永徽年间进呈律疏,基本上已经定型。但后来在武后、唐玄宗时也曾作过一些修订。发现的十件文书,大多都是抄写永徽年间的律文,其中只有两件似乎能确定出更具体的年代,一是《捕亡律》,因未避唐高宗李治的讳,研究者以为是唐太宗贞观年间的抄本。另一是藏于法国巴黎图书馆中长达 171 行的卷子,其中有武后所制的许多新字,因此,该卷应是武后执政时期的抄本。武后执政时,据《旧唐书·刑法志》载,在垂拱元年(685),她曾命裴居道等删定律令,改律二十四条。所以,此卷应是垂拱律无疑。

敦煌吐鲁番发现的文书中,律疏为 6 件:

一、《名例律疏》残卷有三个。其中两卷出自敦煌,一藏巴黎法国国家图书馆,有 104 行,为律疏卷一《名例·十恶》条之一部分。一藏北京国家图书馆,存 148 行,起《名例·官当》条至《除名》条。另外一卷出自吐鲁番,现藏新疆维吾尔自治区博物馆,存 41 行,起《称日者以百刻》条至《称加者就重》条。

二、《职制律疏》断片一卷,出敦煌,藏巴黎法国国家图书馆,仅存 12 行,起《合物御药有误》条,讫《乘舆御服持护修整不如法》条。

三、《盗贼律疏》断片,出敦煌,藏伦敦英国图书馆,仅存 8 行,仅载《谋反大逆》条。

四、《杂律疏》残卷,亦出敦煌,今下落不明,录文见《敦煌石室碎金》,有 80 行,起《毁人碑碣、石兽》条,讫《得宿藏物》条。

六件律疏,除《职制律疏》为永徽年间所写,其他几件都是开元年间的抄本。

令有2件,均出于敦煌,现都藏于巴黎法国国家图书馆。其中一为《东宫诸府职员令》残卷,存215行,起《司经局》,止《王公以下府佐国官亲事帐内》,是有关东宫、王府职员设置人数的标准。此卷标明为《令卷第六——东宫诸府职员》,最后有"永徽二年刑部郎中贾敏行上"等字样,是永徽年间所定之令。另一为《公式令》,存104行,上有"凉州都督府印",其中载有《移式》、《关式》、《牒式》、《符式》、《制授告身式》、《奏授告身式》等官文书的书式。其中有"左丞相"、"右丞相"等官名,应是唐玄宗开元六年官名改称后的抄本。

格共5件,一为《散颁刑部格》残卷,出于敦煌,被分割成两段,一藏法国,一在英国。全卷120行,第一行有"散颁刑部格卷"六字,二行有"银青光禄大夫、行尚书右丞、上柱国臣苏瓌等奉敕删定"的记载,应是中宗神龙年间所定。其中有"伪造官文书印"等有关处罚15条。二为《垂拱格后敕》,出吐鲁番,现藏柏林东方学研究所,仅16行。内容都以"敕唐德宗即位时"字开头,是有关百官奏事、出入门及三省补令史等规定。从其中"文昌台郎官"等名称推断,系武后改官名后所定。其中又不避玄宗李隆基的名讳,则其时代应是在玄宗即位之前。因此,研究者定为武后"垂拱"定格后的敕,又称《垂拱后常行格》。三为《开元户部格》,出敦煌,现藏伦敦英国图书馆,存69行。抄本中记有高宗、武后、中宗及玄宗时的敕令。《唐六典》记载,"格以禁违止邪"。这69行的抄本,多是有关户部职掌之内的户口、土地、赋役等的一些"禁违止邪"的敕文,应是户部格,共有17条的禁令。四为《职方格》,出自敦煌,现藏北京中国国家图书馆,仅存7行,其中规定镇戍、烽火违时失宜的处罚,应是属兵部职方郎中职掌范围,故人称《职方格》。五为《兵部选格》,出于敦煌,现藏法国,存18行。内中即有"兵部格"和"开元七年"字样,是关于武选的选人资格、年资等一些规定。

式有4件。一为《吏部式》，出自敦煌，现藏法国，存9行，残留有“凉州都督府之印”，是有关对隋代官员叙阶及子孙用荫的规定。因文中提到唐高祖“武德”的年号，怀疑是太宗贞观年间的吏部式。二为《度支式》，共两卷，皆出吐鲁番，都藏新疆博物馆。其中一卷是两个残片，合存19行。是有关庸调之征输、折纳、分配的一些规定。其形式如《水部式》，故研究者以为是“度支式”。另一卷，有6个碎片，存11行。残碎太甚，只见其中有“轻税人”、“申度支”字样，又与前一卷同出一墓，可能也是“度支式”。三为《开元水部式》残卷，出敦煌，现藏法国，共存144行，《白氏六帖事类集》曾引《水部式》的条文，此卷内即存有引文的全部内容，所以应是《水部式》无疑。其内容是关于全国各地水利建设、修渠、造堰、用水、管理等方面的规定。

律、令、格、式是唐代法律的四种主要形式。《唐六典》说：“律以正刑定罪，令以设范立制，格以禁违止邪，式以轨物程事。”经过一千多年的时间，唐代留下《唐律疏议》一书，律和律疏都整齐、完整，但留下的令、格、式则几乎没有，只在一些唐人著作中有片段的引文，发现的敦煌吐鲁番文书不仅有律、律疏，还有比较完整的令、格、式，使我们更具体地了解到唐代立法的状况和行政组织、公文往来、事务处理的规程。还要提到的是，敦煌吐鲁番文书中，除了上述的一些法律形式以外，还曾发现有一卷《天宝令式表残卷》，出于敦煌，现藏法国巴黎图书馆。用表格的形式节录了天宝时期的田令、禄令、假宁令、公式令、品官令、祠部式和吏部式。这种形式，一般是有关部门为能依法行事，制成表格，贴在墙上，以便寻览。这卷文书大概是敦煌地方官府所制的表格，所以其中包含了各个部门的令式。

二

在发现的敦煌吐鲁番文书中,除了抄写律、令、格、式等由国家颁布的条文、规范之外,还有许多地方政权的官府文书。这些官文书有些是地方割据政权所颁布的制度,或者是推行这些制度而留下的公文;也有些是地方政权执行中央政权法令而留下的各种记录。这些官文书都是与法律文化有密切的关系的。

在历史上,敦煌、吐鲁番地区曾隶属于前凉、前秦、后凉、北凉、西凉、高昌王国等地方割据政权。因此,在发现的文书中,这几个"凉"及高昌王国的文书甚多,特别是吐鲁番出土文书中,有好几百件,分别收在《吐鲁番出土文书》第一、二、三、四册中。不过,要说明的是,吐鲁番文书大多都是墓葬用来糊作纸柩、纸鞋、纸帽的,所以残损太甚,其中完整者为数甚微,但就这些文书,也给我们提供了当时推行各种政令最直接的资料。

有关前凉、前秦、后凉、西凉、北凉几个政权的法令,《晋书》中没有作专门的记述。《十六国春秋》中亦只是简略地记述了这些政权兴亡的过程,至于推行了什么样的政令,不甚清楚。但在吐鲁番文书中,我们却看到了这方面的记录。据《晋书》所载,前凉统有河西及吐鲁番时,增设郡县,首次在今新疆地区立郡,即设置了高昌郡,这是新疆历史上的大事,也是前凉建制史上的大事,吐鲁番出土的《前凉王宗上太守启》的文书,就直接证明了这件事情。而这件文书也可作为当时吏民上书太守的一份书仪,类似后代"式"中的一种。前秦、后凉统治这两地区时间虽短,但也遗有《建元二十年(384)韩盆为自期召弟应见事》、《仓曹属为罗八緵布事》等文书。前一件说的是韩益按照前秦所规定的法令,应在限期内送其弟至官府报到服役,如违限则"受马鞭一百"。后一件说的是仓曹樊霸、梁斌让人代买緵布未得，统军、主簿下文催办。说明前秦政令在这些地区得到有效的执行。至于西凉、北凉的文书，数量就比较多了，涉及政治、军事的文书如《西凉建初四年(408)秀才对策文》、《西凉建初二年(406)功曹书佐左谦为以散翟定□补西部平水事》、《北凉功曹下田地县符为以孙孜补孝廉事》、《北凉中部督邮残文书》、《北凉请奉符敕尉推觅逋亡文书》、《建□某年兵曹下高昌、横截、田地三县符为发骑守海事》等等。从这些文书中，我们可以知道，这时在吐鲁番设立的高昌郡不仅有田地县，还有高昌、横截、高宁三县，共为四县。在县之上，继两汉时的建置，有督邮的官员。所谓"西部平水"，应是管理灌溉用水的官员。西凉、北凉尽管地处西陲，从文书可知，高昌郡仍行两汉的察举制度，郡举孝廉、秀才。所有这些都是研究当时职制、选举制度的直接资料。上列所举"发骑守海"，据一些研究者的意见，"海"，指的是沙海，是当时西凉、北凉政权为防御柔然骚扰，征发兵役，用以戍守边地。在这一时期的文书中，兵役、徭役文书较多，如戍国、守海、屯田、守水、治幢和代养军马、官马等等。我们可以根据这些文书研究当时兵役方面的各种法规。

继五凉之后，敦煌为北魏所辖，吐鲁番地区则进入高昌国时期。在北魏统治时期，敦煌遗书所见官文书甚少，只有在佛经中有一些题记，但在高昌国时期，吐鲁番出土的高昌国文书中则非常丰富，涉及许多方面。仅以地方政权机构设置来看，高昌国的机构源自中原，但又同中原不尽一样。从所发现文书得知，许多文书都是门下校郎或某将军兼门下事为首的诸官，会同以高昌令尹、某部郎中为首的官员共行签署的。细致分析起来，这是两个系统的职官。魏晋以来，许多割据政权都同中原中央政权一样，曾设立了尚书、中书、门下等省。但凉州从前凉以后，因称臣于晋，所以设置的官署，多是"微异其名"，不敢与中央机构等同。

大致说来,中央官职只有丞郎以下的职位。及至北魏册沮渠蒙逊为凉王,也只准其任命文官刺史、武官抚军以下的官僚。也因此之故,从沮渠氏残部在吐鲁番建立高昌政权开始,其国就没有尚书、门下、中书等省的完整体系。文书中所写的门下校郎一职,在中原是中书省下称中书校郎的官员,其任务是典校诸官府及州郡文书。高昌国没有中书省,故此职并归门下,它承担了审核文书、通传敕令的职责,是宫中掌管机密的高官。官文书所以先得由它来签署。

至于高昌令尹一职,从文书来看,它是高昌国各部的首脑。高昌国没有设尚书省,而高昌令尹一职大致等于中原尚书省的首脑尚书令。中原政权尚书令之下设立许多曹,西晋、北魏各有三十六曹,而高昌国在高昌令部下不称曹,称作部,下有吏、库、祀、兵、民、仓、库、屯田、主客等部。因为这是主管多种政令的部门,故在门下校郎签后,由高昌令尹所属各部会签。

从上可以看出,高昌国中枢的官制,它既继承了汉晋的遗制,又吸收了诸凉政权的法度,在这两者的基础上,将原高昌的地方政权加以扩大,成为一种独特的职官制度。

到了隋唐时期,高昌被唐王朝所灭,敦煌、吐鲁番都建立为郡县,敦煌称沙州,原高昌地区称西州。在统一的中央政权管辖之下,行政建制就与中原的郡县完全一样了。只是到安史之乱后,吐蕃占有河西、陇右。后来,沙州张议潮又发动起义,河西、陇右为归义军所辖。所以,吐蕃及归义军统治时期又留下了许多官府的文书。

吐蕃占领时期,敦煌留下了许多汉文、藏文的官文书。近年以来,许多同志对这些文书进行了研究,作出了可喜的成绩。据现在所知,吐蕃在占有河西之后,曾大力推行吐蕃化的政策,在行政体系上,唐代所设的节度使、刺史官职都改名了,吐蕃文书中有乞里本(节度使)、节儿(千户长)、都督、监军、部落使、将等职。似乎吐蕃还将敦煌地区分成部落来进行统治,所以文书中有悉董萨部落、曷骨萨部落、丝绵部落、行人部落、僧尼部落、擘三部落、上部落、下部落等名号。甚至在服饰上也规定汉人只准在过年祭祖时穿汉族服装,其他时间都得穿着蕃服。

在敦煌发现的吐蕃文书中,有《古藏文历史文书》、《仓曹会计牒》、《左二将百姓氾履倩等户口状》、《左三将纳丑年突田历》、《沙州诸户口数地亩计簿》等等。涉及了吐蕃统治河西时期的政治、军事、赋税、宗教等各方面问题。其中如“突田”一词,研究者以为吐蕃亦行计口授田制度,一突十亩,突为土地面积的计数。在此基础上,吐蕃按土地收“地子”和突税。值得注意的,还有直接与律法有关的一些文书,藏于法国的有《狩猎伤人赔债律》、《纵犬伤人赔偿律》、《盗窃追赔律》。研究者认为,这是吐蕃进入阶级社会之后,效法李唐王朝,在农牧并重时代所制定的法律。其中说到吐蕃将官员等级分为九级,有大玉告身、小玉告身、大金告身、小金告身、金间银告身、大银告身、小银告身、大铜告身、小铜告身、铁告身。不同身份的人,狩猎伤人、纵犬伤人等等有不同的赔偿价码。如最高的大玉告身家族亲人非狭仇狩猎相伤,或被百姓以上有告身人射中,死者赔偿银一万两,伤者银五千两;王室家臣一切庸(指吐蕃军事奴隶中从事劳动的阶层)被大论以下因狩猎射中,如中箭身亡赔银二百两,受伤未亡,赔一百两。身份不同,命价也不同。这些律令,直接反映了吐蕃奴隶主阶级的意愿。文书于敦煌发现,说明敦煌也推行了这种法律。

在吐蕃统治时期,在敦煌发现的文书中,很多都是有关寺院里的事情。在这些寺院文书中,涉及了寺院内部的阶层划分,寺院中带有极其浓厚的人身依附关系的隶农的生活和生产状况、僧人遗产的纠纷和处理等等,应当说也都是与律法相关的。如其中涉及寺院中称为“寺户”的隶农，不列于吐蕃部落的官府名籍中，隶属于寺院衙门“都僧统司”。这些隶农都要为寺院轮番服役，耕种寺院土地，交纳“突课”、“差役”。而且，“寺户”是“当色为婚”，如要免除寺户身份，需要经过“放免”的手续。所有这些，使我们对吐蕃统治下寺院中的经济关系和律法规定有了更深刻的了解。吐蕃这些法律，它与唐律所规定的“部曲”、“家客”、“奴婢”是否相关，这也是我们值得研究的一个课题。

吐蕃统治在唐末为张议潮推翻之后，敦煌进入了归义军节度使统治时期。在唐末五代时，中原战乱频繁，无暇西顾，归义军名义上臣属于中原王朝，但实际上处于半独立的状态。归义军辖地原来包括河西走廊及今新疆东部地区，而后来许多地方势力强大，自立政权，如西州、甘州出现了两个回鹘政权，在凉州出现了汉蕃混合政权。因此，反映在敦煌文书中，既有归义军上表中原王朝，推行中原政令的文案，也有据地称雄，号称白衣天子或大王，自行其是的记载。还有归义军统治瓜州、沙州时增设军镇，与甘州回鹘、吐浑、嗢末和战的记录。这些都涉及了归义军统治时期地方政权的建置、土地关系，以及赋役情况等方面的法制。归义军代替了吐蕃统治敦煌，有许多制度改变了，各部落制改成了乡里制，然而吐蕃笃信佛教，有关寺院的许多规定却被继承了下来，如上面所说到的“寺户”，仍是寺院的依附人口，给寺院纳课、服役，只是到了后期，差役减轻了，逐渐同世俗地主一样，形成了租佃的关系。

在敦煌、吐鲁番文书中，除了地方割据政权的官文书之外，更大量的应是中原政权所属各州县的文案和记录。特别是在唐代，敦煌、吐鲁番两地均同内地州郡一样，各种政令都在这里推行，官文书的内容极其丰富。在政治方面，有地方向中央汇报地方状况的《申报河西情状》，有《张议潮进表》，有《唐永淳元年（682）氾德达飞骑尉告身》、《天宝十四载骑都尉秦元告身》、《罗法光受度告牒》、《敕归义军度牒》、《唐高昌县勘申应入考人状》等,这些都是有关政治任命、人员身份和地方选举的档案。敦煌、吐鲁番两地,均是唐代西部的边防要地。因此,在这两个地区有关军事镇戍、府兵建制、屯田开垦的文书甚多,如《唐永隆元年(680)军团牒为记注所属卫士征镇样人及勋官签符诸色事》、《唐史卫智牒为军团点兵事》、《武周天山府为追校尉以下并团佐等分番到府事》、《唐开元十年(722)伊吾军上支度营田使留后司牒为烽铺营田不济事》、《唐开元十一年(723)状上北庭都护府所属诸守捉垦田顷亩牒》、《唐纳职守捉使屯种文书》、《河西都防御招抚押蕃落等使牒》等等。还有许多与军事镇戍有关的文书,如征镇诸色人等名籍、卫士配马文书、点人上烽文书、军府市马文书、车坊和长行坊文书等等。值得注意的是,在敦煌、吐鲁番发现的文书中,还有如今日的身份证和护照之类的“公验”和“过所”,如《唐垂拱元年(685)康艺罗施请过所案卷》、《武周府阴正牒为请给公验事》、《唐开元二十年(732)瓜州都督府给西州百姓游击将军石染典过所》、《唐开元二十一年(733)唐益谦、薛光泚、康大之请给过所案卷》等等。后一件中,唐、薛两人的事情记载得比较完整。唐益谦一案,说的是他原从四镇带奴两人,婢两人,马四匹,拟回福州,路上失落“过所”。同时在路上又买来四个奴婢,附有市券,请按验补发“过所”,以便经过玉门、金城、潼关等处查验。薛光泚则拟从西州返回老家甘州,同行的有老母、妻室,并有驴 10 头,原已发给“过所”,因病未行,隔年病好,请改给“过所”。这两件事使我们清楚地知道,唐代西州人进入内地,必须持有“过所”,在申请时,既要证明自己的身份、同行人之间的关系,奴婢是否有保人、市券,牲口是何种毛色等等,也规定有效时间。一一核实,才能动身。所经过的镇戍、关津,经查验签证,方可放行。由此可见,唐代在边防上的各种法制是非常严密的。

在经济方面,唐代的文书数量最多。如果说在唐之前,两地只发现了一些户籍、计帐,如《西凉建初十二年(416)敦煌郡敦煌县西宕乡高昌里籍》、《西魏大统十三年(547)敦煌地方计帐》等等,而唐代的文书则包括户籍、土地、赋役、租佃、市制等各个方面的内容。土地一项,其中有民户给田、欠田、退田文书,还有官田、职田、驿田、屯营田、公廨田文书。在赋税文书中,有租庸、户税、地税、青苗、色役、杂徭、赀课、和籴、和市等各种项目。所有这些文书,都是与唐代的土地、赋役制度紧密相连的。在敦煌、吐鲁番文书发现之前,我们只知道史籍上一些有关制度,如均田、租庸、两税等等,但到底如何具体推行,都是不甚清楚。甚至对均田制的推行也有人提出怀疑。可是,当这两地文书公布以后,唐行均田制的疑问解决了。因为不行均田,何来给田、欠田、退田的记录?《唐代敦煌差科簿》的发现,为我们研究唐代前期色役制度提供了典型的材料,"色"就是"类"的意思,色役就是某一种徭役由某一种身份的人来担任,如"执衣"由中男充当,"纳赀"是勋官或勋官子弟才能以资代役,"土镇兵"则以壮年的白丁为主,"府史"、"郡史"、"县史"等由品子及勋官的人担任。而职事官及老男、笃疾、僧人、学生,则是免除色役的。再如唐有市估法,只知"三贾均市",但具体如何定估,起何作用,史无明载。敦煌的吐鲁番文书中的《唐沙州某市口马行时估》、《天宝二载交河郡市估案》,使我们了解到各地都行每旬定估,分上、中、下三等,即每一种货物有三个品种,每一品种都分三个价格。这种价格是根据当地民间行市估定的。定估之后,不仅对民间交易有约束作用,即上浮不得高于上估,下跌不少于下估,同时,也作为官方买卖、折算租税、平赃定罪的依据。

无论是割据政权,还是中原统辖下的地方政权,在敦煌、吐鲁番发现的官文书中,很多都涉及了政治、经济、军事等各方面的法律制度。有的填补了史籍所载的遗漏,有的则使我们看到了一些法律制度在执行过程中的状况。在中国法制史研究中,这是一份值得我们进一步去挖掘的遗产。

三

在敦煌、吐鲁番遗书中,有关法律的文书,令人感到最有兴趣的是一些诉讼的案卷和地方政权将许多判词收集在一起的判集。前者使我们了解当时诉讼的程序,处理案件的法律依据。后者则使我们具体地知道当时地方政权要处理的各种各样的问题,以及如何按法评判,写出符合规格的判词。

关于诉讼的文书,据现在初步判断,已有几十件之多,比较完整的,如《唐贞观年间西州高昌县勘问梁延台、曹陇贵婚娶纠纷案卷》、《武周天授二年(691)安昌合成老人等牒为勘问主簿职田虚实事》、《唐年次末详西州寡妇梁氏辞》、《唐西州高昌县上安西都护府牒为录上讯问曹禄山诉李绍谨两造弁辞事》、《唐宝应元年(762)康失芬行车伤人案卷》、《吐蕃丑年(821)沙州僧龙藏牒》、《后晋开运二年(945)十二月河西归义军左马步都押衙王文通勘寻寡妇阿龙还田陈状牒》等等。这些文书都涉及有关唐代、吐蕃、后晋时期的各种律法。如唐初贞观年间婚姻纠纷案卷,主要是涉及唐律中是否“以妻为妾”,或者是“女家妄冒”的条文。因文书残阙,不甚清楚审理的结果。再如职田的案卷,是关于天山县主簿高元祯是否营种了还公、逃犯、绝户的田地的问题,文书有二十多件。按唐户婚律规定,老年、逃死、户绝的土地都应还公,不得自行侵占,如果“诸在官侵夺私田者,亩以下杖六十,三亩加一等。……罪止徒三年”。这件事的告发者是天山县安昌城人唐建进,西州都督府让天山县对此事进行了审勘。从案卷所知,调查了安昌城“知水”、安昌城老人、里正及佃户等等,核对了高元祯所种职田的具体方位、亩数。最后的结果,因文书已残,无从知道,但从此可见,唐代的法制在天山县是得以贯彻执行的。

如果说上两种案子因文书残阙,没有见到最后的判决,使人感到遗憾,那么,寡妇梁氏、曹禄山诉状、康失芬行车案及寡妇阿龙还田状四件,都有调查后的判词,使人比较完整地了解诉讼的前后经过及最后的处理情况。寡妇梁氏一案,说的是西州寡妇梁氏,家无人力,将葡萄园租佃给卜安宝,应按时复盖,以免寒冻,但佃人未盖,因此梁氏上诉官府。经过官府批示,勒令盖复。曹禄山诉状案比较复杂,说的是唐高宗时期,居住京师的胡人曹禄山向西州都督府提出申诉,说是汉人李绍谨在弓月城向其兄曹延炎借绢 200 匹,另曹延炎还有驼 2 头、牛 4 头等许多财物。李绍谨与曹延炎同去龟兹,但未到达,不知下落。因此,曹禄山追查其兄下落及财物,要求官府解决。这个案卷分八个残段,虽有残阙,但基本情况是清楚的。此案交由高昌县审理。经两相对质、调查,因曹延炎与曹毕娑“相打”被捉,只有李绍谨按原定计划去了弓月城。李绍谨承认曾向曹延炎借绢一事,前不知曹禄山即为延炎之弟,今已明确,愿意偿还本利 275 匹。这个案卷是高昌县向西州都督府报告的文件。这个案卷说明,唐王朝的律法在高昌、弓月都得以执行。同时,曹为胡人,李为汉人,两人结伴去弓月兴贩,并且曹给李借绢 200 匹,是一件胡汉两族间的纠纷。尽管如此,当地官府并不因为曹为胡人,偏袒汉族,而是不分胡汉,根据律法进行调查对质,给予公正的处理。

康失芬一案,是唐肃宗末年西州发生的事情。说的是处密部落百姓靳嗔奴任用扶车人康失芬去城外运土,在回到城南门口时,因用的是借来的车牛,不谙性行,以致失控,辗伤坐在张游鹤店前的两个孩子金儿和想子，因此，孩子父母上告州府。经过勘问，靳嗔奴及康失芬承认事实，“情愿保辜，将医药看待，如不差身死，情求准法科断”。州府判词为“放出勒保辜”。

寡妇阿龙还田借状牒的文书，是关联到土地所有权的案件。其中说到，寡妇阿龙，夫主早丧，有男名义成，犯法遣瓜州，家中原有口分地32亩，义成出去时卖掉10亩，留下22亩交由伯父索怀义佃种。后来，索怀义弟弟索进君从贼中回来，并偷得贼马，交给官府一匹，受到奖励。同时，进君又“分居父业”，将原在索怀义名下的22亩划给进君。可是，索进君因久居部落，“不乐苦地”，很快离开了家乡。此地便为索怀义子佛奴所种。寡妇阿龙在儿子义成死后，与孙子幸通生活困难，所以上书归义军衙门，要求收回土地。此案交由左马步都押衙王文通“细与寻问”。王文通勘问了索怀义、佛奴的记录，并附有见人签字的当年给索怀义佃种的契约。最后判词是，如进君不再回来，“其地便任阿龙及义成男女为主者”。这一案卷，详细地记载了归义军衙门审理、调查、取证的整个过程。特别要提到的是，当年义成外出，交由伯父佃种，有见人签字的佃种契约，写明义成回来，“却收本地”，是此案最有力的证据。在敦煌、吐鲁番的文书中，有大量的租佃契约，一般是由田主及佃种人、“知见人”共同签字的，有的预收租价，有的秋后分成。这种契约是为官府承认的。

说到契约，在敦煌、吐鲁番文书中，除佃种文书之外，还有许多借贷文书，有借粮食的，有借钱的，借绢帛的，雇驼的，雇人上烽的，这些借贷文书中，有的写明按月生利，有的以家产作保证，有的以劳力代偿债务，类型是多种多样的。按《宋刑统》所载杂令：“诸公私以财物出举者，任依私契，官不为理。每月取利不得过六分，积日虽多，不得过一倍。”“诸以粟麦出举，还为粟麦者，任依私契，官不为理，仍以一年为断，不得因旧本更生新利，又回利为本。”这里说明私契具有法律效力,只有超过官府所规定的利率,允许提起申诉。同样,租佃契约亦应具有法律的效力。

在敦煌、吐鲁番发现的文书中,官府留下的一些判集,则是我们了解当时判案应如何引征律令条文,如何撰写判词的直接资料。这些判集中,比较完整的有《文明判集残卷》、《开元廿四年(736)岐州郿县尉□勋牒判集》、《河西巡抚使判集》、《麟德安西判集残卷》、《开元判集残卷》等等。在这些判集中,有的是如《龙筋凤髓判》的判词范文,如《开元判集残卷》就是这种文书。唐代判词多是用骈体文撰写的,讲究四六对仗,音韵铿锵,辞藻缛丽,排比典故。这件判词文书充分运用了这一文体,但其中没有具体所指的内容,如“王乙门传钟鼎,地列子男,化偃百城,风高千里。妻妖舞雪,翠郁重山之眉!诞育仙娥,庆符悬帚之兆”。又如“父母之丧,三年服制,孝子之志,万古增悲。朝祥暮歌,是亵于礼。以哭止乐,斯慰所怀”。读起来很有韵味。

在发现的文书中,有一种与判词范文相类似的,但又结合当时一些事实的判集,如被伯希和掠走的《文明判集残卷》,现存 201 行,有 19 个判词,其中 1 个残阙。在这 18 个判词中,用的姓名是古代的人名,而这种事例则在当时亦可能发生。例如其中一判说到,石崇殷富,原宪家贫,崇用百钱雇宪涛井,井崩压宪致死,崇不告官,弃宪尸于门外,于是捉崇请断。官府以为“执崇虽复送官,仍恐未穷由诸。直云压死,死状谁明?空道弃尸,尸仍未检。检尸必无他损,推压复由根由,状实放可科辜,事疑无容断罪,宜勘问得实,待实量科”。又如其中说到,赵孝信妻张氏,原有安昌郡君诰身,夫主犯法,张不知情,不服夺去告身,判词是:“皮既斯败,毛欲何施,疑云不委夫奸,此状未为通理。告身即宜追夺,勿使更得推进。”又如其中一判说到,长安县人史婆陀,资财巨富,身有勋官骁骑尉,奢侈违制,其亲弟颉利家贫壁立，被邻居告发一案，判词是："奢之罪，律有明文，宜下长安，任被科决。"至于对其弟颉利"分兄犬马之资，济弟倒悬之命"。

在敦煌、吐鲁番发现的文书中，直接判决当时实人实事的判集，现已知晓的有《麟德安西判集》、《岐州郿县尉□勋牒判集》、《河西巡抚使判集》等等。《麟德安西判集》出于敦煌，现藏巴黎。其中判文六道，共 81 行。其中有伊州人元孝仁、魏大师造伪印事，裴都护左右私向西州事，伊州镇人侯莫陈请安西效力事等等，大多是关于军事方面的判词。《岐州郡县尉□勋牒判集》亦出于敦煌，现存巴黎，共 95 行，判文 8 道。内容有"不伏输勾征地税及草"、"许资助防丁"、"判问宋智咆悖"等案。《河西节度使判集》是判集中留下文字最长，判事最多的文书，共有 288 行，有 48 件事情，其中一件不完整，完整的 47 件。据近年来学者的考证，这巡抚使是唐代宗永泰元年（765）河西节度使杨志烈被沙陀杀死后的继承者，有的认为就是四镇节度使马麟。从判集所涉及的内容看，多是河西地区军政、税收、支出等事。例如，其中一判是："肃州请闭籴，不许甘州交易"，判文是"邻德不孤，大义斯在，边城克守，小利须通，岂唯甘、肃比州，抑亦人烟接武，见危自可奔救，闭籴岂曰能贤，商贾往来，请无雍塞，粟麦交易，自合流通"。又如"沙州地税，耆寿诉称不济，军州请加税四升"一条，判文为："艰难之时，仓廪虚竭，耆寿计料，准合权宜，亩别税四升，计亦不损百姓，兼之官吏，各处田苗，立限征收，并须戮力。"再如"瓜州别驾杨颜犯罪，出斛斗三百石赎罪"条，其判文为："杨颜所犯，罪过极多，纵不累科，事亦非少。既愿纳物，以用赎刑。正属艰难，打煞何益！虽即屈法，理贵适时。犯在瓜州，纳合彼处，事从法断，义不可移，既有保人，任出输纳。"其他还有"豆卢军请西巡远探健儿全石粮"、"思结首领远来请粮事"、"瓜州尚长史采矿铸钱置作”等等。这些判文也同唐代其他判文一样,用的是骈体文,据实引律,作出决定。这些判文不仅是研究唐代律法在河西具体实施情况的资料,也是研究唐代河西与少数民族关系、军队供应、赋税收支等的重要依据。

敦煌、吐鲁番文书的发现,为我们研究我国中世纪社会提供了直接的资料。文书涉及社会生活的各个方面,而社会生活各方面又都是同律法相关的。在这里,我们只简略地介绍了一些与律法关系比较密切的文书,至于这些律法有什么样的特点,它的阶级实质,以及对后代的影响等问题,则不再涉及了。

(原载《敦煌学辑刊》1993 年第 1 期)

有关遗产继承的几件敦煌遗书

在介绍敦煌、吐鲁番有关法律文书的同时，我也翻阅了一些有关家庭遗产分配、纠纷的卷子，总算起来，大约有二十多件。这些卷子，对于我们研究唐宋时期家庭发展的状况，儒家文化对家庭的影响，当时家庭遗产分配的法规，以及民间不成文的习俗等等，都是很有意义的。今提出来略作介绍，以就教于学界同好。

在敦煌、吐鲁番文书中，涉及家庭遗产分配、纠纷问题的卷子，包括与之有关的分书样式、遗书样式、立嗣文书、判案文书，大约有二十余件，今录其卷目于下：

1. P. 3774《吐蕃丑年（821）十二月僧龙藏牒》；

2. P. 3730《吐蕃寅年（846）正月沙州尼惠性牒》（附洪辩判二通）；

3. P. 3744《吐蕃年代未详（840？）沙州僧张月光兄弟分书》；

4. P. 3410《吐蕃年次未详（840？）沙州僧崇恩析产遗嘱》；

5. P. 2685《吐蕃年次未详（828？）沙州善护、遂恩兄弟分家契》；

6. S. 1132《吐蕃戊申年（828）四月六日沙州善护、遂恩兄弟分家契》；

7. S. 2199《唐咸通六年（865）十月沙州尼灵惠遗书》；

8. P. 3711《唐大顺四年（893）正月瓜州营田使武安君牒》（附判）；

9. P. 3257《后晋开运二年（954）十二月河西归义军左马步都

押衙王文通勘寻寡妇阿龙还田陈状牒》；

10. S. 2174《唐天复九年(909)董加盈兄弟三人分家契》；

11. S. 4489V《宋雍熙二年(985)六月沙州慈惠乡百姓张再通牒稿》；

12. P. 6417《年代不详(10 世纪前期)孔员信三子为遗产纠纷上司徒状》；

13. S. 4654《丙午年(946)前后沙州敦煌县慈惠乡百姓王盈子兄弟四人状》；

14. P. 4992《年代未详(10 世纪后期)马军氾再晟状》；

15. S. 4577《癸酉年(973)十月五日杨将头遗物分配凭据》。

除以上 15 件之外，一些判集中也涉及了兄弟分家、遗产继承问题，如 P. 2942《唐永泰年间河西巡抚使判集》、P. 3813V《唐(7 世纪后期)判集》等。

至于立嗣文书和遗书、分书的样本，还有十来件之多，同样都说到了家庭财产的继承、分配的问题，如 P. 3443《壬戌年(962?)胡再成养男契》、《沙州文录补》所收《宋乾德二年(964)史氾三立嗣文书》、S. 5647《吴再昌养男契》、S. 343《析产遗嘱》(样式)、S. 5647、S. 4374 和 S. 6537《分书》(样式)，S. 6537《慈父遗书》(样式)等等。

综览这二十多件文书，我觉得有几点值得我们注意：

一、从年代来看，这二十多件文书中，有纪年的卷子，最早的是吐蕃统治时期的《龙藏牒》及《沙州善护、遂恩兄弟分家契》；最晚的则是五代、宋初寡妇阿龙及张再通的两个牒稿。如果将其他涉及家庭遗产继承、分配的文书、判集都计算在内，最早的应是 7 世纪和 8 世纪的两个判集。在这段时间里，敦煌地区先是唐王朝的州郡，至唐德宗统治时期，河西陷蕃，为吐蕃所占有。848 年，张议潮于沙州起义，收复河西，唐以张议潮为归义军节度使领河西诸州。此后，唐王朝内部藩镇割据，人民不断起义，长安政权再也无力顾及西部，归义军事实上形成半独立的世袭的地方政权，先是张氏，后为曹氏。但不管张氏也好，曹氏也好，为同周边的回鹘、吐谷浑势力斗争，都向中原政权称臣纳贡。所以，在这二十多件文书中，既有用唐代年号的卷子，有吐蕃统治时期用干支纪年的卷子，也有用五代时期后晋的年号和宋初的年号的卷子。这也就是说，这些卷子分别反映了唐代后期、吐蕃统治时期、归义军统治时期的家庭遗产继承、分配状况。

值得注意的是，在这些有纪年文书中，有唐大顺四年、天复九年的记载。昭宗大顺只有二年，三年春正月即改元景福；昭宗天复只有三年，四年闰四月即改元天祐，大概因为敦煌边远，加以中间少数民族地方政权间隔，不知改元，故按原来的年号顺推了。

还有三件以干支纪年的文书，即《丙午年王盈子兄弟分书》、《癸酉年杨将头遗物分配凭据》及《壬戌年胡再成养男契》。用干支纪年是汉、藏两族都通行的方法。吐蕃占领敦煌时期的文书，大多仅用地支纪年，但也有用天干地支连用的，如 P. 2567《吐蕃癸酉年二月沙州莲台寺诸家散施历》、S. 1686《大蕃岁次辛丑沙州释门都僧统□教授和尚画功德佛像记》等。P. 3677《沙州报恩寺故大德禅和尚金霞迁神志铭并序》中有“蕃中辛巳岁五月一日”的记载。归义军建立之后，一般多用中原王朝年号，但也有仅记干支的，如莫高窟第 401 窟有“壬午六月五画毕功记也”。这是曹议金统治时期以隋窟翻修的洞窟。一些民间借契中，也多以干支纪年，如 P. 3565《甲子年(904)三月氾怀通兄弟贷生绢契》、S. 4454《己丑年(929)十二月陈佛德贷褐契稿》等，另外，在有关租佃、雇工、卖舍等文书中也是多用干支纪年的。似乎给人这样的印象，民间私契，大多用干支纪年，官方文书则多用当时年号。当然，这并不是绝对的。我们列举的这 20 多件文书也是不完全一致的,有的记年号,有的记干支。

二、在这二十多件文书中,为家庭财产、继承、纠纷问题,所涉及的人的身份也是很广泛的,有一般的百姓,如沙州善护兄弟分家契、董家盈兄弟分家契、孔员信三子为遗产纠纷上司徒状、王盈子兄弟四人状、曹富盈牒、张再通牒等等,也有僧尼,如僧龙藏牒、尼惠性牒、僧张月光兄弟分书、僧崇恩析产遗嘱、尼灵惠遗书等。还有涉及官吏、士兵的,如杨将头遗物分配凭据、马军氾再晟状等。从这些文书所涉及问题的性质来看,多数是兄弟分家、僧人按遗嘱分配遗物的卷子。但从这些文书中,我们也可见到有追回祖先产业、追回夫主土地的,如武安君牒、寡妇阿龙牒、张再通牒。还有妻妾按遗嘱分配财产的,如杨将头遗物分配凭据。在一些判集、立嗣书仪中,我们还看到了绝户财产处理及养男的义务和继承财产权利的规定等。

三、在这批涉及家庭遗产继承的文书中,我们还看到:不论是按遗嘱分配,还是兄弟均分,一般都有中见人的签字。所不同的,兄弟均分时,还要有当事人自己的签字。中见人则应是立遗嘱者或准备均分财产之家的亲属、邻里及当地在官府任职的官员的签字。例如在分家契中,善护、遂恩分家契除有善护、遂恩两人签字外,还有"诸亲兄程进进、兄张贤、兄索神神"的签字。张月光兄弟分书中除有兄月光、弟日兴签名外,还有侄沙弥道哲、弟和子、姐什二娘、妹八戒胆娘、表侄郭日荣、邻人索志温、解晟以及证人索广子等七人。董加盈兄弟三人分书中除有董加盈、怀子、怀盈兄弟三人签字以外,还有中见人阿舅石神神、耆寿康常清、兵马使石福顺的签字。就是分书的样式,如 S. 4374 也开列了要有"亲见"、"兄"、"妹"等人的画押。

在所见的遗书中,尼灵惠遗书中也列有许多的见证人,有弟金刚、索家小娘子,还有三个外甥,三个侄男、索郎水官、左都督成真等一共10人。僧崇恩的遗嘱见证人则有表弟大将阎英达、侄僧惠朗、侄都督索、侄虞候索、侄兵马索荣彻及侄女夫二人。

在所见完整的文书中，只有尼惠性牒没有见证人，这大概是因为尼惠性只是代为僧的外甥转达遗言，只需僧官批准就行了。

四、从这二十多件文书中，我们也大致可以了解到唐宋两代家庭财产分配、继承的一些原则。这些原则是：

1. 根据尊长或死者的遗嘱分配。按这一原则分配的文书有《僧崇恩析产遗嘱》、《尼灵惠遗书》、《杨将头遗物分配凭据》、《吐蕃寅年(846)正月尼惠性牒》等。崇恩、灵惠都是出家的僧尼，自然没有子孙可以继承。因此，两人生前就立有遗嘱，死后按遗嘱分配。尼灵惠似乎只是一个平常的尼姑，并没有很多的财产，“只有家生婢子一名威娘，留与侄女潘娘，更无房资”。潘娘得到灵惠赠婢的条件则是“灵惠变迁之日，一仰潘娘葬送营办”。也就是侄女潘娘要代为营办丧葬事宜。僧崇恩的遗产则就比较丰厚了。崇恩其人，据一些同志研究，应是吐蕃统治瓜沙末期和归义军初期敦煌僧界的领袖之一。留在今莫高窟的《僧洪辩告身碑》，其中曾引了唐宣宗的一段诏书：“其崇恩等师宜并存问之。今赐师及崇恩等五人少信物，具如别录。”看来，崇恩曾参与了张议潮驱逐吐蕃势力的活动。郑炳林同志将P. 4010和P. 4615接拼，定名为《索崇恩和尚修功德记》[①]，从而使我们更进一步了解到崇恩出自敦煌大族索氏，其祖上都曾在当地担任官职。崇恩本人据P. 5579《教授崇恩等帖》，他担任过教授一职。教授之职，原是吐蕃统治敦煌时所设的僧官，都教授、副教授是沙州僧界的最高首领。至归义军统治时期，都教授仍是僧界最高职务，亦称

① 郑炳林：《敦煌碑铭赞辑释》，第285—292页；《〈索崇恩和尚修功德记〉考释》，载《敦煌研究》1993年第2期。

都僧统,教授则是都僧统属下儭司的负责人,掌握着当地僧界的财政大权。崇恩是敦煌的教授,不仅负责敦煌寺院财产的支配权,同时自己也拥有可观的土地、农具、牲畜及其他财物。P.3410这份《崇恩遗嘱》中,有不详亩数的田庄,有无穷渠地两突和延唐地两突施入三世净土寺,支瓜渠上地贰拾亩给优婆姨清净意。牲畜有施入三世净土寺的"车乘牛驴农具依当寺文籍,随事支给",还有"别有文籍"的"岁草马壹匹",施给合城大众的有"五岁草驴壹头","四岁父驴",给清净意的有牛"五头",给僧文信"耕牛一头"。其他财物有铧、镰、锴、车、楼犁及各种绫罗、白练、緤布的衣衫和织品。还有"拾伍两金银间腰带"、"银碗"、"铜碗"、"大床"、"拾伍两银碗"、"七两银盏"等贵重器物。这份遗嘱中值得注意的是:崇恩为僧官,还有一个管家之类的人物,即僧文信,其中写道:

> 僧文信经数年间与崇恩内外知家事,劬劳至甚,与耕牛壹头,冬粮麦叁硕。

崇恩不仅有管家,还有养女及婢女:

> 娲柴小女在乳哺来,作女养育,不曾违逆远心,今出嫡事人已经数载。老僧买得小女子一口,待老僧终毕,一任娲柴驱使,莫令为贱。崇。

这份遗嘱虽然不全,但从中可以了解到唐代寺院中的僧侣是分有等级的,他们也同世俗的民户一样,拥有个人财产。民户财产一般由儿女继承或根据遗嘱分之,而僧尼没有后嗣,当然就只能按遗嘱分配处理了。

在按遗嘱分配中,还有一份是《吐蕃寅年(846)正月尼惠性牒》,是尼惠性根据外甥僧贺阇梨的"遗言",将所留"锴一口,剑一口,蹬三只,皮裘一领"作为追斋所用,请求僧官批准。文书后有洪辩的批示："铛、剑、蹬、皮裘等物，依遗嘱，一任追斋破用。其缫两具，亦任缘窟驱使。更不许别人忤挠。"这也是按遗嘱行事的例子。只不过这份文书并不是死者的遗嘱，是死者贺阇梨嘱咐其出家的长辈尼惠性代予报告僧官的。

S. 4577《杨将头遗物凭据》，其开头就写有"癸酉年十月十五日申时杨将头遗留"字样，应亦是杨将头死亡前的遗嘱。他将自己的所有的财产分给小妻富子、妻子仙子及定千、定女、定胜等人。

同样，在敦煌发现的遗书样式中我们也看到了必须按尊长遗嘱分配家产的习俗和规定，例如 S. 343《析产遗嘱》即写道："今吾醒悟之时，所有家产、田庄畜牧什物等，已上并已分配，……已后更不许论偏说剩。"S. 5647 遗书样式中也写道："右件分制，准吾遗嘱，分配为定。或有忤逆之子，不凭吾嘱，忽有争论，……但将此凭呈官，依格必当断决者。"这里说到可以将遗嘱呈官断决，说明尊长遗嘱是国家律法所承认的。

根据遗嘱处理遗产，这是自古以来的传统习惯。从原始社会以来，血缘宗族关系就是维系社会一条纽带。西周以后，这种关系更同政治、经济联结在一起，形成了以宗法制度为基础的大分封和井田制度。所谓的"礼治"，就是为了要肯定封建的等级制度，并使宗法制度与政治制度结合起来，树立起尊长在家族中的权威。按遗嘱处理财产，可说是"父在观其志，父没观其行，三年无改于父之道"的主张的具体实践。西汉以后，独尊儒术，三纲五常更成了神圣不可侵犯的准则，"君为臣纲，父为子纲"，把家长制作为实行专制主义统治的一个有力的支柱。国家举人亦以孝悌为最重要的标准。所以，两汉以后，由家长遗嘱决定家庭财产继承、分配的原则，就是在这种儒家伦理学说支配下形成的。汉晋律令中我们没有见到关于遗产分配、继承的条文，但爵位的继承、敬老养老的规定，可说是这种伦理学说指导下的产物。汉初陆贾以千金分五子，每子二百金，他自己的生活则在五子中轮流，“十日而更”、“所死家，得宝剑车骑侍从者”。[①] 陆贾所为，应说是生前立嘱。晋“以孝治天下”，王祥遗命要子孙“扬名显亲”、“兄弟怡怡”、“临财莫过乎让”[②]，虽没说明家产的具体分配办法，但也说了个原则。而晋初石苞在临终时则提出了具体方案：“苞临终，分财物与诸子，独不及崇。”[③]唐代刘弘基遗命给诸子奴婢各十五人，良田五顷，“余财番以散施”。[④] 这都应是按遗嘱分配的实例了。

在我国古代，按遗嘱分配家庭财产，也是与父母在不得有私有财产的儒家礼法有关的。《礼记》里多次提到父母在不得有私财，所谓“父母在不敢有其身，不敢私其财”，“子妇无私货、无私蓄、无私器”。东汉以后，更是提倡累世同居，兄弟同财。东汉时汝南缪肜“少孤，兄弟四人，皆同财业。及各娶妇，诸妇遂求分异，又数有争斗之言，肜深怀愤叹”。在他教诲之下，弟及诸妇“更为敦睦之行”。[⑤] 及到南北朝隋唐时期，父母在，“别籍异财”，则成了重大的罪行，要处以“徒三年”的惩罚。[⑥] 正因为封建统治者将宗法制度作为安定社会的重要工具，所以历史上出现了许多大家族、大家庭。而为避免家庭成员之间财产的争执，于是有按尊长遗嘱分配的原则。按遗嘱分配，从政治学及社会学角度来说，可说是古代宗法制度的遗留，也是儒家伦理说教的具体表现。

---

① 《汉书》卷四三《陆贾传》，第 2114 页。

② 《晋书》卷三三《王祥传》，第 989 页。

③ 《晋书》卷三三《石苞传》，第 1004 页。

④ 《旧唐书》卷五八《刘弘基传》，第 2311 页。

⑤ 《后汉书》卷八一《独行传》，第 2685—2686 页。

⑥ 《唐律疏议》卷一二《户婚》，第 236 页。

当然，从经济学观点来看，这是私有财产的支配权的问题了。无论从哪一个角度来说，按遗嘱分配在当时来说是完全合情合理的。

2. 家庭遗产分配的另一重要原则就是均分。上面所列的几件兄弟分家契或分书，最明显的一点是均分，如 P. 3744《张月光兄弟分书》，其内容似乎分成两个部分，前一部分说的是张月光兄弟分割“在城舍宅”的事情，由张月光、日兴、和子三人“停分”，是否是均分，由于文书残阙，无法确定，但后一部分“平都渠庄园田地林木等”，是兄月光与弟日兴“对邻人宋升取平分割”的。就房屋分割来看，“兄僧月光取舍西壹半居住”，“弟日兴取舍东分一半居住”。屋前空地及治谷场亦各人一半。至于土地，按文书所列，兄月光有“口分地取牛家道西三畦共贰拾亩，又取厝坑地壹畦拾亩，又取舍南地贰亩，又取东涧沙坑正东地叁畦共柒亩。孟授□地共拾伍亩内各取壹半。又东涧头生荒地各取壹半。”除各取一半的孟授渠地及生荒地外，兄月光共得地 39 亩。弟日兴的土地是：“口分地取七女道东叁畦共贰拾亩，又取舍南两畦共柒亩，又取阴家门前地肆亩，又取园后地贰亩，又取与涧头舍方地柒亩。”弟日兴则为 40 亩，比之于月光多了 1 亩。文书中还写到：“园后日兴地贰亩，或被论将，即于师兄园南地内取壹半。”此句不好理解，师兄地少 1 亩，怎么还要取师兄舍南地一半？可能应是将日兴园后贰亩中的南边一半分给师兄，这样，两人土地就完全均平了。当然，这也只是猜测。而就文书其他内容看，房屋各人一半，孟授渠地拾伍亩各人一半，生荒地各取一半，另外“太门道及空地车敝并井水，两家合。其树各依地界为主。又缘多少不等，更于日兴地上，取白杨树两根。塞庭地及员佛图地，两家亭分”。这说明张月光与日兴这次分家完全是按均分的精神处理的，不仅是房屋、土地、空地，就是所分地内树木有多有少，也以均分精神加以补偿。

P.2685 和 S.11332《沙州善护、遂恩兄弟分家契》应是同一件的两份文书。按这两份文书内容来看,也完全是均平分割的。房屋的分配,"城内舍,兄西分叁口,(弟)东分叁口;院落西头小牛庑舍合,舍外空地,各取壹分;南园,于李子树已西大郎,已东弟;北园渠子已西大郎,已东弟,树各取半"。土地的分配,大郎善护分得的有:渠北地叁畦拾壹亩半、向西地肆畦拾肆亩、多农地五亩、又向南地一畦陆亩、西边捌亩、舍坑子壹亩、舍边地及渠北南头寻渠地计五亩、北仰大地并畔地贰亩,共计为52.5亩。弟遂恩分得的土地是:舍东、舍西及渠北共拾壹亩、渠子西拾陆亩、长地五亩、寻渠南头长地子壹亩,合计为53亩。另外还有北头长地子壹畦贰亩,各壹亩,西边地子弟,东边兄。兄弟两人的土地仅只差半亩,这是否与土地远近、肥瘠有关,不得而知。而仅房地两项,我们可清楚地看到其基本精神是兄弟均分。

S.2174《董加盈兄弟三人分家契》中所列亦大致是均分的原则。董加盈兄弟三人,即家盈、怀子、怀盈。家盈分得的是:"兄加盈兼分进例,与堂一口,椽梁具全,并门","园舍三人停支",土地是"取索底渠地叁畦,共陆亩半……葱同渠地,取景家园边地,壹畦共肆亩"。在谈到土地时,文书说到"又葱同上口渠地贰亩半,加盈、加和出卖与集、集断作直麦粟拾硕,布一匹,羊一口,领物人董加和、董加盈、白留子"。即房屋一间,土地十亩半。他还曾将贰亩半土地卖给别人,收取了麦、布、羊等实物。弟怀子分得的是:"取索底渠地大地壹半肆亩半、葱同渠地中心长地两畦五亩","城内舍,堂南边舍壹口,并园落地一条,共弟怀盈二人停分,除却兄加盈门道。"即房屋一间,地九亩半。另外还有白杨树及李子树。怀盈分得的是:"索地渠大地一半肆亩半,葱同渠地东头方地兼下头两畦五亩。……城内舍:堂南边舍一口,并院落一条,除却兄门道,共兄怀子二人亭分。”所得土地也是九亩半,房一间。

由上可知,三人的房屋各人一间,土地只有兄加盈为十亩半,怀子、怀盈均是九亩半。加盈所以多分一亩,可能与文书上所说“兄加盈兼分进例”一语有关。文书前面曾说到三人“小失父母,无主作活,家受贫寒,诸道客作……”,加盈为长兄,在“小失父母”之后,加盈负担起全家的生活,所出功力最多,因而给予“兼分进例”的条件,房屋由他取中间的“堂壹口”,土地亦多分一亩。而怀子和怀盈,则完全是一样的,房一间,地九亩半。这种解释是否妥当,不得而知,但从三人分得的房屋、土地来看,应该说基本是按均分原则处理的。

按均分原则兄弟分家,在敦煌发现的遗书样式和分家样式中也有明确的交代,如S. 437分书样式中写道:“家资产业,对面分张,地舍园林,人收半分,分枝各别,具执文凭。”又写道:“右件家产,并以平量,更无偏党丝发差殊。”S. 5647分书样式,说的是叔侄两人的分家,侄为叔所养大,为报养育之恩“与叔某物色目”,但是“城外庄田车牛驼马家资什物等,一物已上,分为两分,各注脚下。……叔侄对坐,以诸亲近,一一对直,再三准折均亭,抛钩为定”。这里说的“一物已上,分为两分”,显然也是均分。均分可说是当时敦煌社会中公认的准则。

在中国封建社会中,兄弟均分遗产在汉代即已见诸记载,上述陆贾在汉初即以千金分其五个儿子,各二百金。颜之推说,东汉安帝时汝南薛包,父母亡故,“弟子求分财异居,包不能止,乃中分其财”①。南朝萧梁吴均所写的《续齐谐记》中记到:“京兆田

① 颜之推:《颜氏家训》之《后娶》,上海古籍出版社1980年版,第51页。又见欧阳询:《艺文类聚》卷二〇《孝》引《汝南先贤传》,上海古籍出版社1985年版,第370页。

真,兄弟三人,共议分财,生赀皆平均",就是堂前的一株紫荆树,也准备劈成三片。所谓"中分其财","生赀皆平均",皆指的兄弟均分家庭遗产。相反的,不均分倒成了不合情理为人指责的事情了。东汉时会稽人许武,以两弟许晏、许普未显,"欲令成名",故意分家,"割财产以为三分,武自取肥田广宅奴婢强者,二弟所得并悉劣少"。结果是"乡人皆称弟克让而鄙武贪婪,晏等以此并得选举"①。

到了唐代,均分则成了法律,《唐律疏议·户婚》载:"同居应分不均平者,计所侵,坐赃论减三等","准户令,应分田宅及财物者,兄弟均分,妻家所得之财,不在分限,兄弟亡者,子承父份,违此令文者,是为不均平。"对于不均平,律疏还解释说,兄弟二人分一百匹绢,一为60匹,一为40匹,所侵10匹,合杖八十。均分既是法律,官民当然遵照实行。上面曾经述及,唐初刘弘基遗令诸子奴婢各15人,良田5顷;唐玄宗时名相姚崇亦是"先分其田园,令诸子侄各守其分"②。这应该都是均分的例子。

兄弟均分家庭遗产的准则,自汉以后似乎是社会所公认的事情,但是,这一准则起于何时,好像还没有定论。按西周大分封的制度,嫡长子为大宗,是法定的继承人,爵位及封国、采邑都由他来继承,庶子只能得到其中一部分的土地。这种制度大约至战国以后,随着地主经济的兴起及至取代了领主经济,大分封的制度也因之为中央集权制度所代替。在实行中央集权制度的历史时期,为确保中央最高统治集团的相对稳定,也曾将实行大分封制度时的一些东西保留了下来,例如王位、爵位的嫡长子继承制,以及后来的高级官僚的任子、门荫制度等等,但是,要加强集权,大

① 《后汉书》卷七六《循吏传》,第2471页。

② 《旧唐书》卷九六《姚崇传》,第3026页。

分封的那种世官世禄的用人制度显然是不能实行了,各级官僚的人选逐步地变成了由国君任命的制度,官僚制度形成了。官僚制度的形成,无疑地是对以血缘宗族为纽带的大分封制度的否定。随之而来的,"宗室非有军功论,不得为属籍","民有二男以上不分异者,倍其赋"①,提倡实行小家庭的办法。这样一来,没有爵位的民户就出现了家庭财富的分配问题。如何分配呢?无非是这两种办法,一是按照尊长的意见。因为尊长是家庭中的权威,也是财产的所有者。这种办法,就是历来的按遗嘱分配的方式。另一种就是尊长无所偏爱,或者是避免兄弟纠纷,于是乎公平分割,这就是我们所说的均分或中分。如果说前一种是古老血缘宗族的遗留,后来为提倡儒学的统治者所认可,那么,均分家产的办法,应是地主经济发展后的产物。特别是到汉代以后,汉武帝听主父偃的建议,实行推恩令,"使诸侯王得分户邑以封子弟"②,这种家产均分的风俗更找到了法律的依据,以致到隋唐时期成为国家的律令。

正因为中分既已成为习俗定规,而儒家提倡的兄弟财产互让便成了值得大大表彰的事情了。汉武帝时河南卜式,在分家时,"独取畜羊百余,田舍财物尽与弟",后来弟又破产,卜式多次再分给自己的财产。③ 汉宣帝时,王商父死嗣为侯,但他"推财以分异母诸弟,身无所受"④。东汉高凤"推其财产,悉与孤兄子"⑤。这些事情所以被史家特意记出,正因为他们突破了均分的惯例,体现了儒家"兄良弟悌"的伦理标准。

---

① 《史记》卷六八《商君列传》,第2230页。
② 《汉书》卷一四《诸王侯表》,第395页。
③ 《汉书》卷五八《卜式传》,第2624页。
④ 《汉书》卷八二《王商传》,第3369页。
⑤ 《后汉书》卷八三《逸民传》,第2769页。

3. 家产兄弟均分是当时通行的习俗，但从文书来看，有一些私人财产并不列入均分的家产之内。P. 3774《僧龙藏牒》就是一个例子。从文书中得知，齐周家原是一个从祖父一代起就是“同籍共财”的家庭。祖父亡后，由伯父经管。齐周父在外，还做过吐蕃统治时期的部落使。伯父在世时，“伯伯数度分割财物，各有处分”。但到堂兄大哥得知齐周要出家为僧，“便生别居之意”，并且“取外人之言，亡谈异端，无种渲竞，状称欺屈”。所以齐周牒告官府，要求“齐周所有运为斛斗及财物、畜牲、车牛、人口请还齐周”。为诉说原委，齐周将过去自己所得一一列出，请求公断。在这件文书里，齐周提出：其妻阴二娘死后有“緤罗裙一腰，红锦绔一，罗衫子一，碧罗被子一，皂绫袄子一，剪刀及针线等物，并大哥收拾”。还有齐周“父是部落使，经东衙算赏，羊卅口，马一匹、耕牛两头、雌牛一头，绯毯一。齐周自出牧子，放经十年。后群牧成，始雇吐谷浑牧放”。后来齐周“身充将头，当户突税差科并无。官得手力一人，家中种田驱使，计功年别卅驮。……计卅年，计突课九百驮，尽在家中使用”。另外，齐周自己开过酒店，所得利润放在家中使用；堂兄嫁女得麦 40 石，当房使用，齐周嫁女所得 40 石大家使用；齐周母亡衣物为堂兄收用；齐周看硙所得麦粟 130 石为大家所用等等。

按唐代法令，祖父母及父母在，不得“别籍异财”，只有祖父母令别籍或父母死后才能分家。分家的办法是上引的“兄弟均分”，“兄弟亡者，子承父份”，“兄弟俱亡，诸子均分”，“妻家所得之财，不在分限”。齐周在这份牒状中述及其母与妻阴二娘死后财物为大哥所收，显然是违背当时法令的，所以齐周要求追回。妻财不分，唐代虽已经成为国家所订的法令，但在唐代以前，似乎早已约俗成例，为社会所公认的了。《后汉书·独行传》中说到，陈留人李充，兄弟六人，家中贫困，其妻就同他说：“今贫居如此，难以久安，妾有私财，愿思分异。”可说是妻财不分的早期例证。

至于齐周所说的其父任部落使所得，自己充将头有手力一人为家中种田，以及他经营酒店，看碾所得，嫁女所得，应否列为私人财产，这就要具体分析了。按这件文书所说，“今大哥先经伯伯数度分割财产，各有处分”，似乎齐周当伯父在世时即已经有过分割，但文书又说到“齐周不幸，父母早亡，比日已来，齐周与大哥同居合和，并无私己之心”。好像伯父虽有过分配，而齐周并未同大哥完全分割清楚，仍然生活在一起的。这样就使这个案件显得十分复杂。按唐代均分的原则，如齐周早与大哥异籍分居，分后经营所得自然归于齐周。但是实际上齐周与大哥仍生活在一起，也即是“同籍共财”，所以大哥在听到齐周要出家，不仅“所有好者，先进大哥收捡”，而且，还要“妄谈异端”，于是齐周内心不平，在牒状中罗列了自己的各种收入，要求官府公断了。当然我们不知道官府如何判处此类案件，但从中可以得知，分家之后个人经营所得，应属于个人的。齐周所以罗列各种收入，无非是强调在“伯伯数度分割财产”后对家庭的贡献，要求追回各种财物。

在这批文书中，我们不仅接触到了分家后个人经营所得的归属问题，同时也看到了兄弟间私债如何处理的问题。《丙午年前后沙州敦煌县慈惠乡百姓王盈子兄弟四人状》说到，王盈子有王盈君、王盈进、王通儿等兄弟四人，“所有父母居产田庄屋舍四人各分支”，可是盈进与君“一处同活”，盈进“身得患累”，“今岁次着重役”，“役价未可填还”，加以后来盈进病亡时“油麦债将甚繁多，无人招当”。于是盈群将盈进分得的“城外有地七亩，有舍壹、城内有舍况……与兄盈君……取填还债负”。私债由自己分内填还，这也应是当时流行的习俗。

4. 在这批涉及家庭遗产的文书中,还有涉及追回祖上及父母遗产的案例。如《唐大顺四年(893)正月瓜州营田使武安君牒并判语》、《后晋开运二年(954)河西归义军左马步都押衙王文通勘寻寡妇阿龙还田陈状牒》、《宋雍熙二年(985)六月慈惠乡百姓张再通牒》、《年代不详孔员信三子为遗产纠纷上司徒状》等等。

武安君牒说的是"父祖田水"被董悉清占,因而上书归义军衙门,要求追回。归义军节度使索勋的判文是:"系是先祖产业,董悉卑户,则不许入,权且承种,其地内割(?)与外甥安君地七亩佃种。"因文书不全,判语不太好理解。说"董悉卑户,则不许入",似乎是让董悉退出所占土地,而后面说就其地内割七亩与武安君佃种,则七亩应只是其中一部分。给人的印象是,先还七亩,以后再全部退回,但总共有多少土地不清。判语还说到武安君是外甥,外甥追回先祖产业,土地所有者应是武安君的外祖,按唐文宗时规定:"唐开成七月五日敕节文,自今后,如百姓及诸色人死绝无男,空有女,已出嫁者,令文合得资产。"①大概是武安君母家无人,故武安君母得以继承这份"先祖产业"了。

王文通勘寻寡妇阿龙还田牒则比较复杂了。这件文书说的是寡妇阿龙夫主早丧,其子索义成又去瓜州,于是将所有的32亩土地中卖了10亩,余22亩交兄索怀义佃种。后来,另一亲叔索进君从南山部落回来,以进君为户主请射了义成的22亩土地。而进君"不乐苦地",仅住了一二年便回到南山去了,土地被侄索佛奴所继承,阿龙因子义成死后,与孙阿通无以为生,要求收回这22亩土地。经归义军左马步都押衙王文通勘问,结论是"其义成地分赐进君,更不回戈。其地便任阿龙及义成男女为主者"。这

① 窦仪等:《宋刑统》卷一二《户绝资产》,中华书局1984年版,第198页。

也就是说,由义成地变成进君地是向官府“请射”过的,应予承认,但进君去南山不回,这22亩地由义成儿子继承。是否可以这样说,这一判决是间接地承认了阿龙对父祖遗产的继承权。

宋雍熙二年张再通牒也是为父祖遗产上告的。说的是张再通从甘州回来,“因兄张富通先广作债负,买却再通所有父祖地水,不割分支”,“其养男贺通子不肯割与再通分料舍地”。无地无舍,故而上告。这件文书没有判语,无法知道最后的处理情况,但从这件文书可知,父祖遗产是应当兄弟均分的,而张富通以“广作债负”,将再通所有地水卖掉还债,不给再通分割,似乎这债应是再通私债,这同上面所说私债应在自己分内偿还是相符的。

孔员信三子为遗产上司徒状这篇文书更说明父祖遗产得由直系子孙继承。这篇文书说到,孔员信有三子,死时三子幼小,交阿姨二娘子抚养,所有资产亦交阿姨二娘子掌管,而到三子长大成人,二娘子不予分配,“如此不割父财,三子凭何立体”。子继父产,名正言顺,二娘子虽有抚育之恩,但孔员信财产仍应分给他的三个儿子,因为二娘子不肯放手,所以三子只好请官府公断了。这件文书也没有最后判语,不知结果如何。

我国封建社会的立法,以儒家思想为指导,“大其宗族”是“孝”的根本。因此,直系子孙继承爵位、财产是大家公认的准则,也是当时法律条文所规定的。按唐宋时期的法规,父祖产业得由直系子孙继承,即所谓的“兄弟均分”。如果发生兄弟亡故等其他情况,唐代又规定:“兄弟亡者,子承父分。兄弟俱亡,则诸子均分。其未娶妻者,别与娉财。姑姐妹在室者,减男娉财半。寡妻妾无男者,承父分。”①这里排列出一个继承分配的顺序和办

① 《宋刑统》卷一二《卑幼私用财》,第197页。

法。如果没有直系的子孙,则就是上面说到的女儿、外甥继承。

5. 最后还要说到一些判集谈到的绝户财产处理原则及养男、立嗣文书中涉及的家庭财产继承问题。

关于绝户的财产,P. 2947《唐永泰年间河西巡抚使判集》中有这样一条判词:"肃州朱光身死,承袭都无子孙,资畜已闻官收,且取用充市牛直。"这也就是说绝户财产,没为官有。按《宋刑统》所引唐丧葬令规定:"诸身丧户绝者,所有部曲、客女、奴婢、店宅、资财,并令近亲转易货卖,将营葬事及量营功德之外,余财并与女。无女均入以次近亲,无亲戚者官为检校,若亡人在日,自有遗嘱处分,证验分明者,不用此令。"后来,到唐文宗开成元年,又有敕文,即上面曾引述的"绝户无男之家,女已出嫁者","令文合得资产"。这也就是说,绝户无男之家,财产得由女儿继承,无女则由近亲继承,只是既无女儿、又无亲戚的绝户,才"官为检校"。朱光户绝,资产入官,按唐代律令,应属于既无子孙、又无亲戚的绝户。

至于养男、立嗣的财产继承问题,按唐代规定:"依户令,无子者听养同宗子昭穆相当者。"这也就是说只能养同宗的子弟,不允许收养异姓的孩子。如养异姓的子弟,按唐律规定,要处以"徒一年"的惩罚。[①] 认养以后的义务与财产继承问题,唐宋两代都无明文的法律规定,但我们从敦煌发现的立嗣、养男文书中得到了一些明确的答复。P. 3443《壬戌年胡再成养男契》中说道,敦煌龙勒乡百姓胡再成养同母弟兄王保住男清朵为腹生子,即清朵是"二人的同父儿子","自养已后,便须孝养二亲","所有城内屋舍城外地水,家资(后缺)并共永长会子停支,一般各取一分。"又《沙州文录补》所收《宋乾德三年(965)史氾三立嗣文书》中说,

① 《唐律疏议》卷一二《户婚》,第237页。

史氾三养兄史粉堆亲男愿寿为腹生子，“自今以后，其叔氾三不得二意三心，……所有家资地水活业什物等便共氾三子息及阿朵准亭愿寿各取壹份，不令偏拼”。后面又说到如愿寿长大娶妇，“不孝顺父娘”，“不肯作于活之计”，“氾三将此文书呈告官中，倍加忤逆之罪”。

养子对于养父、养母必须像亲子一样孝顺，这是养子的义务与责任。唐律中有“诸养子所养父母无子而舍去者徒二年”的规定，就是从反面提出了养子的责任。入继后的财产继承，按上两份文书的记载，一说是“共永长会子亭支，一般各取壹份”，一说是“所有家资地水活业便共氾三子息并及阿朵准亭愿寿，各取壹份”。这首先明确地告诉我们，养子可以有取得壹份的继承权。其次，那么养子为什么没有全部继承权呢？文书字句不太好理解。在史氾三的文书中有这样词句：“若或氾三后有男女，并及阿朵长成人，欺屈愿寿，倚大猥情作私，别荣小□□帮非理打棒，押良为贱者，见在地水活业，各取壹份。”似乎阿朵是氾三在室之女，按唐宋律令，在室女亦可分得一分。

总括以上各条，唐宋两代家庭财产继承的原则仍是古来的按遗嘱分配和均分两条。妻财不分，私债自负也是古已有之。只不过到唐代以后，这些原则都已变成为国家的法令，作为民事诉讼的根据而已。

（原载《敦煌学辑刊》1994 年第 2 期）

读 P. 3813《唐判集》札记

这几年我集中翻阅了敦煌遗书中有关法律方面的卷子，对唐代的几个判集很感兴趣，做了一些笔记。今将读 P. 3813《唐判集》的笔记整理出来，用以求教学界的同好。

P. 3813 卷子在池田温先生《中国古代籍帐研究》、唐耕耦与陆宏基先生《敦煌社会经济文献真迹释录》中均有录文。唐、陆二先生书中还附有原件照片。两件录文虽都是按原件行数、字数照录的，但两录对照，却有差异。先从标点符号看，池田先生所录只有顿号、句号两种，而唐先生所录则有逗号、顿号、分号、问号四种。按中国语文文法，后一种似乎比较准确一些，读起来更为方便、流畅。两录不仅使用标点符号不一样，而且断句也有不同，如 11 行末尾至 12 行，唐录是："准律以官物自贷用，无文记，以盗论；若有文记，减准盗论。"池田录则是："准律以官物自贷、用无文记、以盗论。若有文记、减准盗论。"此判所引之律条见《唐律疏议·厩库》，原律文是："诸监临主守，以官物私自贷，若贷人及贷之者，无文记，以盗论；有文记，准盗论。"两种录文的标点都可读通。这种例子还有第 98 行，池田录是："据法法不可容、论情情实难恕。"唐录在"据法"、"论情"后都加逗号。又如 114 行，池田录是"家兴贩资财巨富"，唐录在"家兴贩"后加一逗号。但是，也有因标点不同，使有些语句不好理解了。例如赵孝信妻张氏夺告身一案，第 51 行，池田录是："张本缘夫职、因夫方给郡君。在信久已、甘心于张、岂劳违拒。"唐录是："张本缘夫职，因夫方给郡君。在信久已甘心，于张岂劳违拒。”对照两录，唐录的标点应是准确的。又弘教府队正李陵一案，第 53 行，池田录是：“弘教府队正李陵、往者从驾征辽、当在跸驻、阵临战遂失马亡弓。”唐录移“跸驻”后的标点在“阵”字后，读起来似乎更好理解。再如豆其、谷遂一案中，第 77 行，池田录是：“行李与其相遇、同此鷲款、生平良宵。同宿主人、遂乃密怀奸匿。”唐录是：“行李与其相遇，同此鷲欵生平，良宵同宿，主人乃密怀奸匿。”细加斟酌，唐录的标点应是准确的。

在录文中，有些字也有差别。如 25 行“斋为盗本”，池田录误“斋”为“赍”；33 行，按原件照片应是“因尔致殂”，唐改“尔”为“而”。35 行，“望坟垅而无依”，唐录作“填垅”；45 行，“负墎”，唐录作“负墩”。92 行，“然刘固此一心”，对照原件照片，池田录漏一“然”字，多加一“阿”字；为“阿刘固此一心”。108 行至 109 行，按照片原件应是“所叹虽言未合”，唐录误为“所疑叹言未合”，池田录误为“所欵虽言未合”。120 行，“纡罗袂以惊风”，唐录误“纡”为“行”，作“行罗”。127 行，“同居已经三纪”，池田录“已经”作“已径”，应误。140 行“悴彼沉魂”，池田录作“沈魂”，亦误。148 行，“选人忽属泥涂”，唐录以“忽”作“勿”。163 行，“绝波璠玙”，池田录误作“璠玙”，璠玙是成语。《太平御览》卷八〇四引《逸论语》有“子曰：美载璠玙”，指鲁国的两种美玉。164 行“慈颜致参商之隔”，池田录误“参商”为“参同”。

此件文书，两种录文都定名为《唐判集》，我以为是准确的。两录未说定名的理由，我试说之。

所以定名为“判集”，因此件文书说的是具体案例。每件案子前都有“奉判”两字开头，这同 P. 2593《唐判集》、P. 2754《唐安西判集残卷》是完全一样的，应是唐代写判文的一种格式。唐代判文，皆用四六骈体，讲究用典、对仗，文字华丽，留至今日的《龙筋凤髓判》，是武后时张鷟所撰，可称为唐代判案文书的典范。洪迈在《容斋续笔》之"龙筋凤髓判"条说，此书"百判纯是当时文格，全类俳体，但知堆垛故事，而于蔽罪议法处不能深切"。然《四库总目》卷一三五《子部》之"类书一"以为："鷟作是编，取务程试之用，则本为录事而作，不为定律而作，自以征引赅洽为主，言各有当，固不得指为鷟病也。""取备程试之用"，一语道破了此书的性质。P.3813卷子类似张鷟所撰，应是判集无疑。有些学者认为这是判集，并还以为这份判集都是实有其事。我不太同意这种意见，以为这件文书是写判案的范文，是为写判案文书者作参考之用的，并不是指实有其事。所以持这种看法，首先是案件中所涉及的人名，大多是人所熟知的古代名人，例如第五道判文中说到"石崇殷富，原宪家贫"，石崇雇原宪掏井一事。石崇是众所周知的西晋大富翁，至今犹作为富豪的象征。原宪是孔子的学生，是古来有名的穷人，《孔子家语》说他"居蓬蒿之中，并日而食"。《庄子》说："原宪居鲁，环堵之室，茨以生草；蓬户不完，桑以为枢；而瓮牖二室，褐以为塞；上漏下湿，匡坐而弦。"以原宪受雇于石崇，显然是一种比喻，即穷人受雇于富翁。再如李陵征辽失马亡弓一事，李陵是汉代名将，勇冠当世，在征讨匈奴中曾立过功勋。这里用以比喻唐征高丽，并不是真有李陵其人参加征辽之役。再有阿刘夫死守志，其兄夺之，许配张衡一案，张衡为东汉著名文学家、科学家，可能这里也是借用古人的名字。其次，有一案说到，居住于长安的少数民族两个兄弟，兄史婆陀豪富，弟颉利清贫，邻人康莫鼻向史借贷不得，因而告史"违法式事"。史、康皆是昭武九姓胡。九姓胡以善于经商闻名于世，颉利则应属突厥族的名字，这里都凑到一起了。这一资料如果用来说明长安有很多少数民族居住，倒是非常典型的，但如用来说明此判是实人实事，恐怕就有些牵强了。再次，判文中还说到选人赁马，途中马死，马主索赔一案。这道判文既未指选人为谁，也未说出马主姓名，可见这只是一件案例而已。根据以上判断，是否可以这样认为：这件文书并不是处理实际案件的判文，而是一件教人如何撰写判文的范文。

至于这件文书的写作年代，因未见原件，只看到照片，无法从纸质、尺寸等方面进行判断，但就判文所涉及的内容分析，池田、唐两位先生均定为7世纪后半，愚意以为7世纪是妥当的。是否还可以更确切一些，是在高宗、武后前期，即7世纪中叶。首先，判集中曾说到田智聘孔平妹为妻一事，其妹“贞观十七年大归”，即回娘家长住。“至永徽二年，智父身亡，遂不来赴哀。”显然，这件文书只能在永徽二年(651)之后，不可能在此之前。那么，是在永徽二年以后什么时间呢？判集中有这样几件事值得注意。一是判文中说到宋里仁兄弟三人，并是军籍，皆在“边贯”，而母在扬州，无人侍奉，他们提出了迁籍从母的要求。判文写道：“昔随季道销，皇纲弛紊，四海波骇，五岳尘飞。兆庶将落叶而同飘，簪裾共断蓬而俱逝。但宋仁昆季，属此凋残，因而播迁，东西异壤，遂使兄居张掖，弟住蓟门，子滞西州，母留南楚，俱沾边贯，并入军团，各限宪章，无由覲谒。”说是隋末大乱造成了母子、兄弟各在一方。如从年代来看，这一案例只能发生在唐代初年。唐王朝真正统一全国，是在太宗初年，隋末唐初遗留下这类兄弟并入军团、皆在“边贯”的事情，只能在唐代前期具有实际意义。二是上面说到李陵征辽立功的案例。唐代大举征辽，都在太宗、高宗时期，判文说到“我皇亲跱龙施，天临日镜，掩八纮而顿纲，笼万代以翔英，遂乃亲总六军，龚行九伐”，说是皇帝亲征。唐代皇帝亲征高丽，只有太宗贞观十九年(645)一次。按《两唐》书所载，贞观十八年十一月，太宗命张亮、李勣分道攻打高丽，至第二年，太宗从洛阳出发，五月，至辽东城下，破之，置辽州(今辽宁辽阳),进至安市(今辽宁海城南营子城),久攻不下退回。判集将这次重大战争作为背景来撰写案例,应该距离发生这次战争的贞观时代不远。

其次,确定敦煌卷子的年代,避讳是最直接的证据。在这件文件中,第120行至121行有这样的句子:“骑士游童,转金鞍而照日。”第131行:“亲亲之义既隆,怡怡之颜斯在。”这里并没有避武后、玄宗的名讳。武后改名为曌(即照),按《资治通鉴》是在永昌元年(689)的十一月。因此,这件判集应在此年之前。

根据以上推论,此卷文书是永徽二年之后,武后永昌元年之前,即公元651—689年之间,也即高宗和武后前期。

P.3813《唐判集》存201行,有十九道判文,前后两道皆有残阙,全的是十七道。这份判集显然是供人撰写判文参考用的范文,并不一定实有其事,但我们从中可以看到唐代判案中提倡礼法、依律令判处、重视实地调查等一些特点。

在我国封建社会的发展史中,对如何维持这种等级社会的秩序问题,春秋战国时即有所谓的儒法之争。儒家提倡“礼治”,使贵贱、长幼、尊卑、亲疏各有礼数,各守其分,用以达到社会安定,天下大治的目的。法家并不否认贵贱、尊卑等的差别,但强调的是法,认为维持社会秩序是在于赏罚,即劝善、止奸。在法律面前均需平等,“百度皆准于法”。两家对于治理天下不同的观点,就有所谓“礼治”、“德治”与“法治”之争。儒家的“礼治”、“德治”后来还发展成人治。其实,两家虽然强调的主体内容有所不同,但并不是相互排斥的。他们之间只是以礼为准、以刑为辅,还是一准于法的争论。到汉武帝独尊儒术之后,这种争论已逐渐消失。以礼入法,礼法并用,奠定了中国古代律法的发展道路。两汉即以经义决狱,魏晋则有八议入律,又除异子之科,准五服以治罪,使以礼入律大大跨进了一步。北魏制定留养之制,准官爵当刑，北齐以十恶入律，从而完成了法律儒家化的进程。隋唐继承了这些成果，都反映在唐律这部法典中。所以，对《唐律疏议》一书，《四库总目》说它是一部“一准乎礼”的法典。我们现在讨论的这份《唐判集》，就是根据这部法典的条文所写的判案范文，所以强调礼法这一点是非常显著的。儒家礼法提倡孝悌，这份判集中一案是：“赵州人赵寿，兄弟五十余人，同居已经三纪，上下和睦，名著乡闾。虽恭顺有闻，更无瑞膺，申请义门，未知合不?”判文写道：“赵寿早遇昌辰，幸沾唐化，遂能怀恭履信，砥义栖仁，穆彼家风，光斯里闬。故以天伦义重，嗟断臂而增怀；同气情深，叹唇亡而轸虑。遂乃一门之内，五十余人，人耻薛苞之异居，慕姜肱之共被。一荣花萼，三纪于兹。亲亲之义既隆，怡怡之颜斯在。虽尺布斗粟，俱愉饮啄之欢；弟瘦兄肥，无惮干戈之险，遂使恒山四鸟，长销离别之声；田氏三荆，永茂连枝之影，宜可嘉其节义，旌以门闾，庶使无赖之人，挹清风而知耻；有志之士，仰高躅而思齐。宜即下州，允其所请。”这里用了许多兄弟友爱的典故，如西汉的田真兄弟三分紫荆的故事，以及东汉姜肱兄弟友爱、常共起卧的故事。还有引《孔子家语》中恒山鸟生四子，长成后其母悲鸣而送之的故事。用了这么多典故，无非在说一个“悌”字。这道判文，无疑是一篇表彰儒家伦理的檄文。唐代统治者大力提倡儒家礼法于此可见。同样，上面说到宋里仁由于隋末离乱，兄弟俱入军团，并为边贯，母在扬州，无人侍奉一案，判文说：“恂恂老母，绝彼璠玙；悠悠兄弟，阻斯姜被。慈颜致参商之隔，风气为胡越之分，抚情论事，实抽肝胆。”先是表示了极大的同情，继之又说：“至若名沾军贯，不许迁移，法意本属防奸，非为绝其孝道，即知母年八十，子被流配，据法犹许养亲，亲殁方至配所，此则意存孝养，具显章条，举重明轻，照然可悉。且律通异义，义有多途，不可有执军贯之偏文，乖养亲之正理。今若移三州之兄弟，就一郡之慈亲,庶子有负养之心,母息倚闾之望,无亏户口,不损王徭,上下获安,公私允惬,移子从母,理在无疑。"《唐律疏议·名例》中有条律文是:"诸犯死罪非十恶,而祖父母、父母老疾应侍,家无期亲成丁者,上请。犯流罪者,权留养亲。"唐律以礼为准,先养亲完孝而后服罪。判文以此为据,指责一些不明礼义的官员"执军贯之偏文,乖养亲之正理"。他们的结论是:"移子从母,理在无疑。"在《唐律》中,像这种维护伦常,提倡孝道的律文很多,例如"匿父母夫丧"、"居父母丧生子"、"子孙不得别籍异财","居父母丧嫁娶"以及"诸詈祖父母、父母者绞、殴者斩"、"告祖父母、父母绞、诸子孙违犯教令及供养有阙者徒二年"等等,都反映了儒家礼法的要求。

在儒家礼法中,君权、父权、夫权是神圣不可侵犯的,臣子、儿孙、妻子只能居于从属的地位。这份判集中也反映了这一观点。第六道判文说到,前折冲赵孝信妻张氏,有安昌郡君诰身,赵犯奸除名,主爵于是夺张诰身,张氏以夫犯奸不知其委,不服夺去诰身。判文写道:"[折冲]奸源已露,罪合除名。除名官爵悉除,资荫理从斯尽。妻张本缘夫职,因夫方给郡君。在信久已甘心,于张岂劳违拒。皮既斯败,毛欲何施?""告身即宜追夺,勿使更得推延。"在儒家礼法中,男尊女卑,夫为妻纲,妇女只能处于从属的地位。唐律也有明确的规定。《唐律疏议·名例》中"妇人官邑号"条下说:"依礼,凡妇人从其夫之爵命。""若犯除免、官当者亦准男夫之例。"赵孝信既已犯奸除名,其妻张氏当然跟着除去郡君告身,这是毫无疑义的事情,所以判文理直气壮地说:"皮既斯败,毛欲何施?"催着赶快追夺,不能拖延了。

在判集中,涉及妇女、婚姻的还有第九、第十八两案。第九道案子是说妇女阿刘,夫死守志,数年后与亡夫梦合,生有一子。其兄以为耻辱,将妹私许张衡,收其聘财,但阿刘不从,结果是其兄以女代嫁,被人告发。同时有人为阿刘提出申请"孝妇",予以旌表。第十八道案子说的是田智聘孔平妹为妻,贞观十七年返娘家长住。贞观廿一年团貌时,田智"乃诈大疾",欺骗当地官府。贞观廿二年,田智对邻里"作离书弃放",与妻子离婚,但户籍仍留田家。后来到永徽二年,田智父亡,智妻不来"赴哀",引起纠纷,让官府裁判,这桩离婚案是否能够成立?对前一件阿刘与亡夫梦合生子、申请"孝妇"一事,判文以梦合"未可依凭",求为"孝妇","于理难从"。至于其兄以妹许张衡,则是"未闲礼法"之故。尤其是"以女代姑,因此便为伉俪。昔时兄党,今作妇翁;旧日兄夫,翻成女婿,颠倒昭穆,移易尊卑",那就更加不能容忍。所以判文说:"据法,法不可容;论情;情实难恕。"按唐律规定:"诸夫丧服除而欲守志,非女之祖父母、父母而强嫁之者,徒一年。期亲嫁者,减二等,各离之,女追皈前家,娶者不坐。"又规定:"诸为婚,而女家妄冒者,徒一年"①,所以判文称这种不由父母,以女代姑的婚姻是违背礼法的"惘冒成婚",须深入调查,严加惩处。后一件田智的婚姻,判文首先追究田智装病"规避王徭"的罪责,因为唐律中有"诸诈疾病有所规避者,杖一百"②的条文。其次,婚姻离弃不由父母,也是礼律所不容许的,故判文写道:"法有画一之规,礼无再醮之义,违礼如嫁女弃女,皆由父母,纵无恃怙,仍问近亲。一纸离书,离书不载舅姑,私放岂成公验。"不由父母签字的离书,官府按律不予承认,更何况户籍留在田家,"籍是生人之大信",所以判定田智必须回到田家。

---

① 《唐律疏议·户婚》。

② 《唐律疏议》之《诈伪》、《诈疾病有所避》。

唐律“一准乎礼”,判文遵礼按法,可说是这件判集文书的一大特点。

读这件判集,另一突出的印象是唐代前期判案多引用律令条文,执法比较严肃。上面所说遵礼的几个案子,都是有律令依据的。同样,在其他案件中亦是如此。如判集第二个案件中河南丞使用官钱之事,判者明确指出:“准律以官物自贷用,无文记,以盗论;若有文记,减准盗论。”再如第四个案子,说是秦鸾母病,家贫无以致福,于是去进行偷盗,以作塑佛设斋之用。按儒家礼法,为母求福,应为孝子;据唐律条文,偷盗则应据赃惩罪。如何处理这个问题,判文写得极其透彻明白:“今若偷财造佛,盗物设斋,即得着被孝名,成斯果业,此即斋为盗本,佛是罪根。假贼成功,因赃致福。因恐人人规未来之果,家家求至孝之名。侧镜此途,深乖至理。据礼全非孝道,准法自有刑名。行盗理合计赃,既无匹数,不可悬科。”待落实赃物,才进行“量断”。这里明确指出,假孝亲之名而盗窃,必将危害社会的安定,不能予以纵容,必须按法计赃进行惩处。

在这份判集中,引律判案、严格执法的还有第九、第十一道的判文。第九道判文说的是豆其、谷遂两人,本不相识,同宿一处,谷邀豆饮,加药令豆闷乱,因盗其财,当绢十匹。事发用刑,谷挛双脚,成为残疾,对此应作如何判处?判文对这个案子,按唐代律令,条分缕析,逐一加以判处,令人叹服。对用药一事,判文明确说“加药自当强法”,即严格按法律规定处以死刑。因为唐律有规定:“诸以毒药药人及卖者绞。”[1]但是该犯用刑后已成残疾,按《唐律疏议·名例》中规定:“诸犯罪时虽非老疾,而事发时老疾者,依老疾论。”依老疾则可收赎,即输财代刑,唐律规定死刑“赎

---

① 《唐律疏议·贼盗》。

铜一百二十斤”,即按此规定判处。至于所盗十四绢,判文说:“宜依上估。”《唐律疏议·名例》中有一条规定:“诸平赃者,皆据犯处当时物价及上绢估。”其下解释说:“依令,每月旬别三等估其赃。平所犯旬估定罪,取所犯旬上绢之价。”细续判文,可说条条皆有律令依据。

第十一道判文就是上面曾说到的史婆陀案,史以兴贩致富,有骁骑尉勋官的身份,但居室服饰,比于王侯,其弟颉利,“家贫壁立”,史却不予资助。邻人康莫鼻借衣不得,于是以史有违法式,告到县衙。根据唐代律令,房舍、衣饰皆有等级规定。《旧唐书·舆服志》载:“贞观四年又制,三品已上服紫,五品以上服绯,六品、七品服绿,八品、九品以青,带以鍮石。妇人从夫色。”至高宗时,以为“深青乱紫”,八品、九品改为着碧。又唐《营缮令》规定:“王公已下,房屋不得施重拱藻井。三品已上堂舍,不得过五间九架,厅厦两头门屋,不得过五间五架。五品以上堂舍,不得过五间七架,厅厦两头门屋,不得过三间两架。乃通作乌头大门。勋官各依本品。六品、七品已下堂舍,不得过三间五架,门屋不得过一间两架。非常参官,不得造轴心舍及施悬鱼,对凤瓦兽、通袱乳梁装饰。”“诸营造舍宅,于令有违者,杖一百。虽会赦令,皆听改正。其物可卖者听卖。若经赦百日不改去,及不卖者,论如律。”[①]案中史婆陀系商人出身,骁骑尉勋官比正六品。高宗、武后时勋官已经泛滥,勋官六品比平民稍高,但没有什么权势。更何况京师重地,史婆陀又是少数民族,谈不上有很高的社会地位。这种在京师违式建筑及造作服饰、器皿,当然要严加惩罚。所以判文说:“此自不惩,法将安措?”怎么惩处呢?这就是律令所定:“衣服违式,并合没

① 《唐会要》卷三一《杂录》。

官。屋宇过制,法令修改。”并且还说:“奢僭之罪,律有明文,宜下长安,任彼料决。”至于其弟颉利贫困,判文说:“颉利纵已别居,犹是婆陀血属,法虽不合征给,深可哀矜。分兄犬马之资,济弟倒悬之命,人情共允,物议何伤?并下县知,任彼安恤。”这里说得很清楚,兄弟分居后,各自过日,按法不能提出分兄的财产,“法虽不合征给”,就指的是这个意思。但从礼法来说,兄弟友悌,所以行判者建议“分兄犬马之资”,至于要分多少?就让长安县与史婆陀去商量解决。从这一案的判文可知,唐代前期判案中必须按律令办事,执法是非常严格的。

读 P.3813《唐判集》还有一点值得后人借鉴的是,在处理案件中,行判者非常重视调查研究,讲求实际,使每个案件得以得到合情合理的处理。上面说到的一些案子中都强调过这一点,说秦鸾行窃造佛设斋一案,判文中说“更问盗赃,待至量科”,即是要求调查出赃物多少,以便定罪。阿刘兄以女代姑出嫁一案,判文中说到“两家事状,未甚分明,宜更下推,待至量科”,也是要求深入调查,据实判刑。其他案件如石崇雇原宪淘井一案,折冲杨师七十强仕不退,其子诈疾不上番宿卫一案,皆是如此。石崇雇原宪掏井一案,说原宪在掏井中井崩被压致死,崇不告官,将尸体弃于青门外,被武侯巡检时发现报官。判文说:“执崇虽复送官,仍恐未穷由绪。直云压死,死状谁明?空道弃尸,尸仍未检。检尸必无他损,推压复有根由,状实方可科辜,事疑无容断罪,宜勘问得实,待实量科。”这里判者明确指出,许多情况尚未调查清楚,需要深入调查,例如原宪是否就是掏井时压死?尸体检验过没有?压伤以外有没有其他伤痕?井崩之处是否实地勘察过?判文中一一提了出来,从中可见判案者重视调查、实地取证的求实精神。折冲杨师一案,指出“七十车悬”是国家的规定,“何得自比廉颇,安居爵禄”,而子又“托疾推延,不令侍卫”,本来这些皆可据以定罪,但判者“恐伤猛浪”,下令对其子患疾进行检验,然后“检勘待实量科”,充分体现了判事者讲真求实、谨重用刑的用心。

根据律令合情合理地处理案件,在李陵征辽立功,李膺、郭泰船覆溺水及选人赁马、马倒主人索赔三案中都显示了这一点。李陵一案,说他临阵亡弓失马,可他“援石代戈”,奋勇进击,敌人溃败,于是总管叙勋第一。但是兵部以陵“临阵亡弓”,不予记勋。对此应作何处理呢?判事者分析说:“军事多权,理不专一。陵或不便乘马,情愿步行;或身拙弯弓,性工投石,不可约其军器,抑以不能。苟在破军,何妨取便。”首先肯定了李陵破敌的功勋,指出了不应限定用何种军械才能立功的看法。继之,判文又写道:“若马非私马,弓是官弓,于战自可录勋,言失亦须科罪。”也即是说勋是一定要录的,亡弓失马问题,如是官物,亦应有罪过,两者应分开评判。只有这样,才能做到“赏罚合宜,功过无失”。所以判文撰者提出要求先行落实弓马是否官物的问题,然后再加以判断。现在我们读这一则判文,也深感判事者深入细致,判得合情合理,令人信服。

李膺、郭泰舟覆溺水一案,说两人落水后,共争一桡(船桨),泰争得后游至岸边得救,膺则失桡溺死。膺妻宋氏乃告郭泰害死其夫。判文撰者认为,“膺死元由落水”,“溺死岂伊人咎?”指出李膺之死在于舟覆落水,并不是郭泰所害,宋氏告官,只是“夫妻义重,伉俪情深”,可以理解,所以判文最后写道:“宋无反坐,泰亦无辜”,不应再为此纠缠了。

选人赁马一案,讲的是选人赁马向省,泥深马瘦,因而马倒致殂,马主要选人赔偿,这里写判的人作了一个反问,说马死因人,要进行赔偿,那么,“马倒不伤,人便致死”,马主是否承担人命案呢?所以判文写道:“以人况马,彼此何殊,马不合赔,理在无惑。”

从李膺溺死和选人赁马可以看出,判案得从实际情况出发,入情入理地分析案情的缘由,并从正反两面加以考虑,才慎重地作出判断,这应当说是难能可贵的。

P. 3813 判集所涉及的面甚广,有些问题尚需进一步研究,如宦者缪贤娶妻问题、阿刘新妇赵氏产子不举问题等等。还有些语句难以释读,不知所云,更谈不上研究了。这里所谈几点,也只是自己读这份卷子的一些体会,很不成熟,盼能得到学界同人的指正。

(原载《敦煌学辑刊》1996 年第 1 期)

五凉政权与西域

今日甘、新两省区，是古代中西陆路交通的必经之地。历来研究中西交通史的学者，多着重于论述汉唐两代的业绩，而对于魏晋一段，特别是十六国时期，则甚少着力。甚至给人以这样的印象：当时中原纷乱，军阀纷争，中原政权无力西顾，对西域经营已处于停顿状态，中西交往亦几乎断绝。有些通史著作，对此段时期的西域状况往往也略而不述。事实上这种看法是不全面的。在这一时期，中原政权虽因内部分裂割据，与西域的联系曾受到一定的影响，但并未中断，特别是靠近古称西域的、在今甘肃境内建立的几个称"凉"的政权，这时与西域各国的联系仍是非常密切的。可以这样说，称"凉"的几个政权，曾为我国西部各族的融合，为中原与西域的经济、文化交流作出过重要的贡献。

一

自张骞始通西域，至汉宣帝神爵三年（前59）以郑吉为西域都护，汉之号令已颁于西域，使中原与西域在政治、经济等各方面的联系大大地加强了。西汉末，经王莽之乱，匈奴势力重新进入西域。至东汉和帝时，于龟兹设西域都护，于高昌壁设戊己校尉，西域再次为东汉王朝所统一。后来虽有过反复，东汉王朝一度在敦煌设西域副都护，对西域各国仅羁縻而已，但到汉安帝时，敦煌太守张珰上书请击匈奴，乃以班勇为西域长史，进屯柳中（今新疆鄯善县鲁克沁镇),平车师,降于阗,于是龟兹、疏勒、于阗、莎车等十七国皆来服从。东汉于伊吾(今新疆哈密)置司马,继续屯田。一直到桓帝、灵帝时,因国内纷争,关系才逐渐疏远下来。

三国时期,《三国志》一书没有《西域传》,但在其书的《乌丸鲜卑东夷传》中曾写道:

> 魏兴,西域虽不能尽至,其大国龟兹、于阗、康居、乌孙、疏勒、月氏、鄯善、车师之属,无岁不奉朝贡,略如汉氏故事。

三国时曹魏与西域的交往,见于记载的有:

> 延康元年(220)三月,"焉耆、于阗王各遣使奉献"。(《三国志·魏书·文帝纪》)
>
> 黄初二年(221),敦煌长史张恭"拜西域戊己校尉。数岁征还,将授以侍臣之位,而以子就代焉"。(《三国志·魏书·张恭传》)
>
> 黄初三年二月,"鄯善、龟兹、于阗王各遣使奉献。……是后西域遂通,置戊己校尉"。(《三国志·魏书·文帝纪》)
>
> 太和三年(229)十二月,"大月氏王波调遣使奉献,以调为亲魏大月氏王"。(《三国志·魏书·明帝纪》)
>
> 景初三年(239)二月,"西域重译献火浣布"。(《三国志·魏书·三少帝纪》)

上述记载之外,《三国志·魏书·崔林传》还说到,崔林在魏文帝时曾任大鸿胪,其时:

> 龟兹王遣侍子来朝,朝廷嘉其远至,褒赏其王甚厚。余国各遣子来朝,间使连属,[崔]林恐所遣或非真的,权取疏属贾胡,因通使命,利得印绶,而道路护送,所损滋多。劳所养之民,资无益之事,为夷狄所笑,此曩时之所患也。乃移书

敦煌喻指，并录前世待遇诸国丰约故事，使有恒常。

本世纪以来，在罗布泊至民丰、于阗等地的遗址发掘中，曾出土不少魏晋的简牍，其中就有"景元"、"咸熙"年号，属曹魏时期的遗物。在《流沙坠简》一书中，王国维先生对这些发现曾进行过细致的考释，以为曹魏在置戊己校尉的同时，即置西域长史，驻于海头（罗布泊楼兰遗址）；并指出，《三国志·魏书·仓慈传》中所说，仓慈死后，西域诸胡"悉共聚于戊己校尉及长吏治下发哀"，这"长吏"的"吏"字，应是"史"字之误。

这样，我们大致可以知道，曹魏同东汉时一样，于西域设长史，驻海头；设戊己校尉，驻高昌。由这两个机构管理西域事务。至于西域各国内部事务，由各国首领自己管辖。据《三国志·魏书·乌丸鲜卑东夷传》注引《魏略》所记，当时新北道有东、西且弥国、单桓国、毕陆国等，皆属车师后部王，王治于赖城，魏赐其王壹多杂守魏侍中，号大都尉，受魏王印。这同上面所引大月氏王波调类似，只不过大月氏距魏甚远，力所不及，故封为"亲魏大月氏王"，仅羁縻而已；车师后部王则离西域长史、戊己校尉较近，受魏影响较大，故未得封王，仅为"守侍中"，"号大都尉"。名义上虽有差别，实际上这些国还是由其首领管理的。至于《魏略》说到西域"于今有二十道"。道虽为两汉有蛮夷居住的县一级的行政机构，但其具体情况则不得而知了。

在三国时期，洪亮吉《补三国疆域志》敦煌郡下有伊吾县，其下注说："《元和郡县志》，汉置伊吾司马，至魏立为县。"因此，有同志以为这是郡县制度推行到今新疆维吾尔自治区的最早记录。其实，《元和郡县图志》卷四〇"伊州"条下在"至魏立伊吾县，晋立伊吾都尉"两句之后，又说："并寄理敦煌北界，非今之伊州。"曹魏于今新疆立县之说，似难以确认。

至西晋时期，司马氏统一中原后，仍继曹魏的设置，于海头、

高昌分设西域长史与戊己校尉来处理西域事务。根据《晋书·武帝纪》的记载,晋初似乎在西域发生过反晋事件:

> 咸宁元年(275)六月,“西域戊己校尉马循讨叛鲜卑,破之,斩其渠帅”。
>
> 咸宁二年(276)秋七月,“鲜卑阿罗多等寇边,西域戊己校尉马循讨之,斩首四千余级,获生九千余人,于是来降”。

好像经过这两次战斗之后,西域安定下来了。至太康六年(285)冬十月有“龟兹、焉耆国遣子入侍”的记载。此外,在《晋书·四夷传》中,还曾记载有:大宛在泰始中“遣使贡汗血马”,康居王那鼻“遣使上封事”,大秦王于太康中“遣使贡献”等等。

更值得注意的是,《流沙坠简》的《补遗考释》中曾提到于尼雅河下游发现的四枚木简,是西域长史营抄写大鸿胪下给西域各国逮捕罪人的文书,其中三、四两简写的是:“晋守侍中大都尉奉晋大侯亲晋鄯善、焉耆、龟兹、疏勒、于阗王……”,经王国维先生考证,此五国为西域长史所统辖。与这些简同出一地的尚有西晋时关吏所录“过所”的简牍,其中有敦煌太守于泰始五年(269)十月签发的记录。

以上说明,魏晋时期,中原与西域的交往并没有中断,关系仍是密切的。特别是在西晋统一全国之后,西域各国不仅接受西晋封号,而且皆遣子入侍。西晋政权还可向西域诸国下达限期逮捕罪人的命令,这同两汉时期的有效行政管理是基本相同的。

三国是一分裂混战的时期,西晋统一的时间也很短,接着又是更长的分裂割据时代。可以这样说,中原各割据政权都忙于相互吞并,没有更多的余力顾及西域,可是,就在这样的情况下,西域各国却不断遣使入贡,魏晋两代,也包括后来靠近西域的一些政权都能够行使行政职权,而并不像两汉时期一样,西域总同中原对抗，这是什么原因呢？我以为这应从西域周围形势的变化及西域本身的条件两个方面进行探讨。

从魏晋时期西域周围的形势角度考察，自东汉匈奴分裂为南、北两部以后，北匈奴几经打击，有些加入鲜卑，有一部分西迁西域，至东汉末年，逐渐销声匿迹；南匈奴降汉，被安置在北边诸郡，如北地、朔方、五原、云中、定襄、雁门、代郡、上谷等地。后来在朔方、上郡、西河一带的部落，又逐渐向南进入汾河流域，与汉人杂居在一起。到曹操执政时，他将汾水流域的匈奴分为五个部落，派汉人任司马实行监督，使之再也无力反抗中央政权。这样，自两汉以来，对中原政权威胁最大的北方强敌匈奴，彻底崩溃了。匈奴瓦解后，鲜卑檀石槐在东汉后期曾一度据有匈奴故地，役属西域诸国，但在檀石槐死后，部落离散，漠北仍处于分裂状态。这也就是说，东汉后期至魏晋时期，在中原出现军阀混战的同时，漠北也未曾出现一个强大的游牧帝国。因此，这时也就没有可能出现一股强大的势力来役属西域，使之与中原王朝相对抗。

从西域各国本身的状况考察，由于自然条件的限制，在今新疆境内，古代曾出现过许许多多的小国，这就是《汉书》上所说的西域三十六国，或者是《后汉书》上所说的五十五国。实际上，这些小国都是一块绿洲一个王国。他们之间，不相统一，征战不已。当漠北出现一个强大的游牧帝国时，如匈奴、柔然、突厥等等，西域各国往往为这些强大的游牧帝国所役属。游牧帝国统治阶级的暴虐与掠夺，给西域各国人民带来了深重的灾难，所以，在中国古代的历史上，西域各国为抗击游牧贵族的掠夺，都愿与中原王朝保持密切的联系。魏晋时期，漠北虽无大的威胁，但西域各国为保持均衡和相对安定的局面，争取中原政权强有力的支持，也是非常必要的。

基于以上两个原因，所以魏晋两代，西域各国都不断主动地向中原强有力的王朝进贡,用以争取外援,维持均衡,保持自身的独立。

二

五凉是建立在今甘肃河西走廊和青海湟水流域的五个政权。这些地方割据政权在中国古代的历史上虽然都只能说是一些小国,力量并不很强,但对于西域分散的绿洲小国来说,却仍是值得依靠的力量。也正是出于这个原因,当这些称"凉"的政权(南凉离西域稍远,主要是前、后、西、北四凉,习惯上把这些称五凉政权)处于比较稳定的状态时,西域的绿洲王国也同魏晋时期一样,便主动与之联系,争取它们的支持。

永嘉乱起,河西走廊为晋凉州刺史张轨所辖。当时中原纷争,河西又有鲜卑反叛,所以张轨在镇压走廊内部叛乱之后,全力支援司马氏政权,根本无力向西发展。经张寔、张茂,到张骏统治时期,东向取得河州,前赵刘曜的长安政权又为石勒所牵制,这个都于姑臧(今甘肃武威)、史称"前凉"的张氏政权,已基本稳定下来了。也正是在这一时期,我们在《十六国春秋辑补·前凉录》中看到如下记载:

太元四年(327),"西域献汗血马、火浣布、犁牛、孔雀、巨象及诸珍异二百余品"。

"西域长史李柏,请击叛将赵贞,为贞所败。议者以柏造谋致败,请诛之,骏曰:'吾每以汉世宗之杀王恢,不如秦穆之赦孟明。'竟以减死论,群心咸悦。"

太元六年(329),"初,戊己校尉赵贞不附于骏,至是骏击擒之,以其地为高昌郡"。

太元十一年(334),"使其将杨宣率众越流沙,伐龟兹、鄯善,宣以其部将张植为前锋,……于是西域并降”。

太元十二年(335),“鄯善王元孟献女妹好,号曰‘美人’,立宾遐观以处之。焉耆、前部、于阗王并遣使贡方物”。

从上几段资料得知,前凉继魏晋仍置有西域长史及戊己校尉。张骏时,长史为李柏,校尉为赵贞,都是由前凉派出的官员。赵贞曾经背叛前凉,打败长史李柏。但过了两年,赵贞被擒,张骏于其地置高昌郡。今新疆之有郡县,有可靠根据的应起于此时。关于这点,《晋书·地理志》亦有记载:

张骏分……敦煌、晋昌、高昌、西域都护、戊己校尉,玉门大护军三郡、三营为沙州。

平定赵贞,建立高昌郡,增强了前凉在西域的势力,但并不等于西域各国都已臣属于前凉。正如上面所述,西域各国主动朝贡,只不过是出于争取外援、保持均衡的目的,内部事务还是各行其是的。所以,张骏在高昌建郡之后,进一步向西扩展,派大将杨宣越流沙,击败龟兹、鄯善等国。到这时,西域一些小国才正式臣属于前凉。

关于前凉的这些史事,汉晋遗书、敦煌卷子中亦有印证。如李柏为西域长史一事,《流沙坠简》的《附录》中即载有日人橘瑞超从罗布泊西北古城所得的《前凉西域长史李柏表文》的草稿。经考证,是张骏平定赵贞后,李柏再任西域长史时所定的,是通报与焉耆使臣往来之事。其中说到“海头”的地名,也说到“诏家”派人“慰劳诸国”的字句。海头,应即是西域长史的驻地;“诏家”即指张骏或其子张重华的前凉政权统治者;“诸国”即指西域北道诸国。这说明前凉与西域各国的联系比前更紧密了。

前凉平定西域一事,史书只记载了是大将杨宣率军前往的,但杨宣何职,不得其详。敦煌发现的《沙州图经》却为我们提供

了些信息:

1. 阳开渠,长一十五里。

2. 右源在州南十里,引甘泉。旧名中渠。据《西凉

3. 录》,刺史杨宣移向上流,造五石斗门,堰水溉

4. 田,人赖其利,因以为号。

× × ×

1. 北府渠,长卌五里。

2. 右源在州东三里甘泉上中河斗门,为其渠

3. 北地下,每年破坏,前凉时刺史杨宣以家粟万斛,

4. 买石修理,于今不坏。

这里称杨宣为刺史,则应是州一级长官,上引《晋书·地理志》说到,张骏以西边三郡、三营为沙州,则文书所指刺史杨宣,应即是沙州刺史了。

376年,前凉为前秦所灭,苻坚以梁熙为凉州刺史。仅过两年,苻坚建元十四年(378),西域诸国即主动前来朝贡:

> 先是,梁熙遣使西域,称扬坚之威德,并以彩绘赐诸国王,于是朝献者十有余国,大宛献天马千里驹,皆汗血朱鬣五色,凤膺麟身,及诸珍异五百种。
>
> 建元十七年(381),"鄯善王、车师前部王来朝,大宛献汗血马,肃慎贡枯矢,天竺献火浣布,康居、于阗及海东诸国,凡六十有二王,皆遣使贡其方物。"①

这里的西域,高昌仍为前秦最西的一郡,苻坚兄子苻阳谋反,曾被

① 《十六国春秋辑补·前秦录》。

徙于高昌。后来吕光西征东还，高昌太守杨翰曾建议凉州刺史梁熙拒守高桐、伊吾两关，表明高昌郡仍然存在。至于西域各国，正如车师前部王弥真、鄯善王休密驮朝贡时所说：

> 大宛诸国，虽通贡献，然臣节未纯，请乞依汉置都护故事。若王师出关，请为乡导。①

这也就是说，在前秦继前凉统辖西域的过程中，靠近前秦的车师前部王、鄯善王仍是臣属前秦的，而稍远的焉耆、龟兹、温宿、尉头、大宛诸国，则因前凉的灭亡而又疏离了。因此，在 383 年，苻坚命吕光率军七万出征西域，并以车师前部王为西域都护，充作向导。当年，焉耆请降；第二年，吕光战败龟兹及其来援的温宿、尉头等军，“王侯降者三十六国”。苻坚于是以吕光为西域校尉。这样，苻秦在西域应有二个机构，一是在龟兹的西域校尉，一是在高昌的西域都护。

也正在此时，苻坚淝水战败，前秦瓦解，吕光东回，在 386 年，于姑臧建立起后凉政权。吕光曾以高昌地居形胜，“外接胡虏，易生反复”，以其子吕覆为西域大都护，坐镇高昌，威慑西域。但是，吕氏政权从建立之日起，就不断内争外战，极不稳定。397 年，段业、沮渠蒙逊起于建康（今甘肃高台县骆驼城），秃发乌孤起于廉川堡（今青海民和县西北）。400 年，李暠起于敦煌，在河西走廊及湟水流域，出现了后凉、南凉、北凉、西凉四个政权并存的局面。在这些政权中，西凉紧靠西域，所以李暠于 405 年迁都酒泉之后，第二年鄯善、车师王即来贡献。李暠在上东晋安帝表中说到，“敦煌郡大众殷，制御西域，管辖万里”，又说他以李让为

① 《十六国春秋辑补 · 前秦录》。

敦煌太守是为了“统摄昆裔,辑宁殊方”①,可见西凉与西域的密切关系。

西凉立国仅21年,420年为北凉沮渠蒙逊所灭。随着西凉的灭亡,西域的制御权也转入北凉之手。《十六国春秋辑补·北凉录》载:

> 玄始十年(421),“于是鄯善王比龙入朝,西域三十六国皆诣蒙逊称臣朝贡”。
>
> 玄始十四年(425)七月,“西域贡吞刀,吐火秘幻奇伎”。

在《晋书·沮渠蒙逊载记》中还说到,蒙逊的司马隗仁东击西秦时,为乞伏炽磐所俘,后来放回,“以为高昌太守,有惠政之称,然颇以爱财为失”。可见西域仍在北凉统属之下。不过,在这一段的历史中,有一点值得注意的,就是柔然在5世纪初不断强大,雄踞漠北。420年,其首领郁久闾社仑自称丘豆伐可汗,拓地甚宽,“其西则焉耆之地,东则朝鲜之地,北则渡沙漠,穷瀚海,南则临大碛,其常所会庭则敦煌、张掖之北”②。柔然这时势力亦进入西域。至大檀时,“西域诸国焉耆、鄯善、龟兹、姑墨东道诸国,并役属之”③。当沮渠蒙逊灭西凉之后,李暠之孙李宝,原被俘至姑臧,后来随舅唐契西奔伊吾,臣于柔然。这时,原在西凉统治下的二千户河西汉族,向西迁徙,投依李宝,可说此为河西向西域地区的一次大规模的移民。

在柔然强大的同时,北魏拓跋氏亦迅速崛起,到拓跋焘在位时(424—452)逐步统一了北中国。由于兵强势壮,西域诸国亦曾主动前来朝贡。《魏书·西域传》说:

---

① 《晋书》卷八七《凉武昭王李玄盛传》,第2264页。

② 《魏书》卷一〇三《蠕蠕传》,第2291页。

③ 《宋书》卷九五《索虏传》,第2357页。

> 太延中(435—440),魏德益以远闻,西域龟兹、疏勒、乌孙、悦般、渴槃陀、鄯善、焉耆、车师、粟特诸国王始遣使来献。世祖以西域汉世虽通,有求则卑辞而来,无欲则骄慢王命,此其自知绝远,大兵不可至故也。

拓跋焘把西域贡献的目的,真是一语道破。北魏初年与西域交往,都是通过河西走廊,由北凉派人护送的。鉴于北魏之强,沮渠蒙逊在统一河西之后不久,即入贡于魏。431 年,遣子沮渠安周入侍。至蒙逊死,子牧犍继位,拓跋焘又令其世子封坛入侍,并以妹武威公主嫁于牧犍,用以羁縻北凉及联络西域各国。但随着北魏在中原统治的巩固,为向西扩张,于是以"牧犍虽称藩致贡,而内多乖悖"为理由,下诏征讨。在诏书所列的十二条罪状中,其中有两条涉及与西域交往之事,即"知朝廷志在怀远,固违圣略,切税商胡,以断行旅","扬言西戎,高自骄大"。至 439 年,牧犍出降,北凉败灭。

在牧犍降魏之后,其弟无讳还曾一度据有酒泉,但在北魏大军攻击下,无讳先遣弟安周率众五千,度过流沙,西击鄯善,以后又自"将万余家,弃敦煌,西就安周"。这是五凉时期第二次较大规模的河西人户迁入西域。鄯善王比龙在北凉残余势力的攻击下,西奔且末,无讳、安周遂据有鄯善。

在沮渠氏残余势力进入西域之时,当时西域东部有三股力量,即在鄯善的沮渠无讳,在伊吾的唐契,还有一个在高昌自称太守的阚爽。伊吾唐契为扩大势力,曾率众西攻高昌,阚爽因此求救于鄯善的无讳。于是无讳引兵北上。而在这一过程中,柔然出兵攻杀唐契,高昌解围,而无讳至高昌后,乘机击败阚爽,遂据有高昌。仅二年,444 年,无讳死,安周继位,他进一步灭掉西部交河城的车师前部王车伊洛,统有整个吐鲁番盆地,自称凉王,建立起一个独立的地方王国。《凉王大沮渠安周功德碑》就是当年沮渠安周建于高昌城中央佛寺遗址的东南角上。可惜此碑为德国人格伦威尔运至柏林后，毁于第二次世界大战的柏林战火。这个北凉的残余政权，一直到460年为柔然所灭，柔然另立阚伯周为高昌王，吐鲁番盆地进入高昌国时期。

在柔然不断向西扩张的时候，北魏亦不断西进。沮渠氏由鄯善北上高昌后，拓跋焘即遣万度归进取鄯善，留军屯守，后来，“拜交趾公韩拔为假节、征西将军，领护西戎校尉、鄯善王以镇之。赋役其人，比之郡县”①，大大地加强了统治力量。接着，北魏又进一步逼降焉耆、龟兹、于阗、疏勒等国，西域成了北魏与柔然争夺的场所了。

三

从上所述可见，五凉时期，几个凉政权与西域的关系是极为密切的。称“凉”的几个政权虽为地方割据政权，但它继承了魏晋以来对西域的控制权。西域各小国为寻求保护与支持，都曾主动与这几个政权联系。也正是在这一段时期，称“凉”的政权第一次在西域设立郡县，实行更有效的行政管理。不仅如此，由于中原离乱，人口大量西移，进入河西，而后河西四凉并立，争斗不已，于是河西人口再向西迁入西域。西凉、北凉灭亡后，河西人口二次西入西域，这就是最好的说明。应该认为，五凉时期对西域的开发是起了重要作用的。

这里特别要提出的，是20世纪以来，尤其是新中国成立以来，吐鲁番地区出土的大量文书，为我们了解五凉时期与西域各国的关系提供了更具体、更可靠的资料。

---

① 《北史》卷九七《西域传》，第3208页。

《吐鲁番出土文书》10 册是由武汉大学教授、国家文物局古文献研究室主任唐长孺先生主编的。文书主要出自吐鲁番阿斯塔那和哈拉和卓的古墓。其中第 1 册所收的 16 个墓的出土文书,都是涉及五凉时期的资料。其中以西凉、北凉的文书为最多。这些文书涉及政治、军事、经济、文化等各个方面,内容十分丰富。在这里仅作简略的介绍。

涉及前凉的有哈拉和卓 3 号墓和阿斯塔那 39 号墓的文书,共五种。署有“建兴三十六年”绢质柩铭的哈拉和卓 3 号墓,出土文书有《前凉王宗上太守启》和一份残券。建兴是西晋愍帝的年号,仅四年,即 313—316 年。建兴四年十一月,愍帝降于刘曜,西晋亡。据《晋书 · 张轨传》所说,“太宁元年(323),[张]骏犹称建兴十二年”,又说,“[骏]虽称臣于晋,而不行中兴正朔”。这就是说张骏不按东晋纪年,愍帝虽降,而张氏仍沿用愍帝建兴年号。太宁为东晋明帝年号,太宁元年,即 323 年,如按愍帝建兴年号,则 323 年正是建兴十二年。该墓柩铭书建兴三十六年,则应是公元 348 年,也即是张重华执政的第一年,此时高昌仍是前凉的一郡。阿斯塔那 39 号墓出土有《升平十一年王念卖驼券》及两份残券。升平为东晋穆帝年号,仅五年,即 357—361 年,没有升平十一年。但我们结合前凉史事得知,张重华死后,其子耀灵嗣位,不久即为其伯父张祚所杀,张祚自立,“改建兴四十二年为和平元年”[①],仅三年,为其部下张瓘攻杀。张瓘立耀灵弟玄靓,于是“废和平之号,复称建兴四十三年”,后来张天锡执政,“改建兴四十九年,奉升平之号”,于是在高昌地区出现了升平的年号。升平五年,穆帝死,哀帝立。哀帝立四年死,废帝立,年号为太和。升平十一年,实为废帝太和二年,也即公元 367 年。如果从前凉

① 《晋书》卷八六《张轨传》,第 2246 页。

统治者来算,正是张天锡杀玄靓自称凉州牧的第五年。这份卖驼券未说明是用钱或物买卖的,但其中说到卖买二主不能"还悔","若还悔者,罚毯十张供献"。反悔罚毯,说明当时高昌实物交换仍是主要的。

376 年,前凉为前秦所灭,西域为前秦所辖。阿斯塔那 305 号墓有《前秦建元二十年韩盆为自期召弟应见事》文书:

1. 建元廿年三月廿三日,韩盆自期二日召
2. 弟到应见。逋违,受马鞭一百。期
3. 具。

建元二十年,为苻坚执政的最后一年,也即公元 384 年。此时,淝水之战已败,苻秦正趋于迅速瓦解之势。但西边的凉州和西域尚在前秦官吏严格控制之下,特别是吕光西征,建元二十年破龟兹,威震西域,各国顺服。文书说到韩盆二日召弟应见,"违受马鞭一百",应是他向官府保证的一个期限,可能是其弟逃避某种徭役而迫其立限追回。可见这时前秦对高昌仍实行着有效的行政管理。

淝水战后,前秦很快覆灭,吕光西征东返,建立了后凉。但从第 1 册所刊文书来看,没有后凉的遗留。我猜测有两个原因:一是从所刊文书得知,属于前凉、前秦的文书甚少,是否发掘的墓葬多为后期的?后凉以前的墓还未曾挖出?二是后凉立国很短,从 386 年吕光改元大安,自称凉州牧,到 403 年吕隆降于后秦,仅只 18 年。就在这短短的 18 年中,后凉内部还是篡夺相继,内争不断。在 397 年,段业等即起于建康,隔断了后凉与西域的联系。所以,实际上后凉统有西域仅十多年时间,时间短,遗留当然也就少了。

397 年,段业自称凉州牧、建康公,改元神玺。到 399 年,又

改元天玺。400 年，李暠建西凉，隔断北凉与西域间的联系，一直到 421 年沮渠氏灭西凉，北凉才再统有西域。439 年，沮渠氏被赶出河西，在高昌地区，则延续到 460 年沮渠安周为柔然所灭才止。在这段时间里，出土文书较多，收在第 1 册中的十六个墓的文书，明确涉及西凉的有四个墓，涉及北凉的有七个墓。

段业刚建北凉时的年号为神玺，这一史实在文书中即有记录。阿斯塔那 59 号墓出土有《北凉神玺三年仓曹贷粮文书》：

1. ________主[者]赵恭、孙殷：今贷深石________
2. ________拾斛，秋熟还等斛，督入本________
3. ________克给。明案奉行。
4. 　　　　　　　神玺三年五月七日起仓[曹]
5. □簿况　　　录事朗位白。

神玺仅两年，这里所说三年，应是高昌路远，不知三年（399）已改天玺。文书是仓曹给主管赵恭、孙殷的批件，说贷给某人几拾斛粮食，秋熟相等偿还。这件文书说明北凉建立之初，其政令即在高昌得到了贯彻。

西凉建立之后，西域为西凉所辖，第 1 册出土文书中除了有李暠建初年号（405—416）的随葬衣物疏之外，还有建初年间租赁蚕桑、人贷粮食的残文书。在西凉文书中，值得注意的有两件，一是哈拉和卓 91 号墓出土的《西凉建初四年（408）秀才对策文》和阿斯塔那 59 号墓出土的《西凉嘉兴四年（420）残文书》。前一件共七十行，应是李暠亲自参加的一次“策问”，对策者为谘、马骘、张弘。所问提了五个问题，如何以上古易治而今难理？《诗》何故以《关雎》为首？等等。从这件文书可知，西凉仍继汉晋实行察举，州选秀才，郡举孝廉。后一件仅有几个字：

1. 嘉兴四年□

2. 博士颉

3. □凌、宋□

嘉兴为李恂年号,仅四年,即417—420年。也就在这一年,沮渠蒙逊攻陷酒泉、敦煌。这件仅有几个字的文书,却使我们知道郡置博士,不是《通典》所说的起于隋代,西凉即已建置。两件文书更加深了我们对西凉大力提倡儒学的认识。

北凉文书较多,约有七八十件。从文书年号来看,除了有沮渠蒙逊的玄始、义和,沮渠无讳和沮渠安周的承平以外,还有贞兴、缘禾年号的文书,与有玄始纪年的北凉文书同出于一个墓中,书有贞兴年号的有四件,书有缘禾年号的有三件。贞兴是十六国时夏国赫连勃勃的年号。他于419年改昌武为贞兴,共六年,至425年赫连昌继位,改元永光。文书署有贞兴六年纪年的两件,七年的一件,有贞兴无具体年代的一件。检寻文献,夏未统辖过西域,也未见有北凉称臣于夏的记载。《晋书·赫连勃勃载记》说到,沮渠蒙逊曾与赫连勃勃结过盟,是两相平等的;未为臣属,是否在以后夏取长安之后,北凉为要拉夏作外援,用以牵制西秦、南凉,因而向夏称臣?那就不得而知了。这也仅是一种猜测。有缘禾年号的三件,两件是五年、六年的随葬衣物疏,一件是翟阿富残券。北凉无缘禾年号,只有义和、永和年号。因此,有人曾怀疑缘禾为义和之误。但出土文书中,我们即见到有《义和二年残文书》、《义和三年幢赵震上言》、《义和某年员崇辞为眼痛请免屯守事》、《义和某年兵曹行罚部隤五人文书》等六件文书,所以,我们以为缘禾不应是义和之误。文书编者从酒泉白双氏造经石塔上刻有"凉故大且渠缘禾三年岁次甲戌"得知甲戌为434年,即北魏拓跋焘延和三年,也即北凉沮渠牧犍永和二年。上面我们述及,沮渠蒙逊父子曾经称臣于魏,在高昌出现北魏年号是完全有可能的。只不过延和仅有三年，而文书有五年、六年，可能是当时北凉并未严格按照北魏纪年的缘故。

在出土的北凉文书中，不仅件数多，内容也极为丰富。既涉及北凉在高昌的行政建置，兵役、徭役征发，买奴、买婢文书及借贷文书，也发现有关佛教、古代典籍的写本等等。

根据第1册所收的文书，北凉高昌郡已不是仅有田地一县，而已有高昌、田地、横截、高宁四县。在县之上，有督邮的设置。督邮是汉代郡太守的佐吏，每郡设二至五部不等，掌督察纠举，宣达命令等事，北凉文书中即有“东部督邮”、“中部督邮”、“下二部督邮”的记载。县的僚属有主簿、兵曹、铠曹、录事等等。县以下，也同内地一样有“都乡”及“里”的基层组织，这说明郡县行政组织是非常健全的。

关于兵役、徭役文书，所占比重最大。我们从这些文书中可知农民兵役、徭役负担甚重，常被征调去从事戍边、守海、屯田、治幢、守水等事，还要代养军马、官马，失马就得赔偿，其中一件就是《北凉玄始十二年失官马责赔文书》。农民因负担太重，于是设法逃避，消极怠工，遭受处罚。反映在文书中即有上面曾引到过的员崇为眼痛请免屯守事，还有如《兵曹补代马子郭氏生文书》，《催遣部伍残文书》、《兵曹行罚部隤五人文书》、《兵曹白为胡愍生永除□佃役事文书》等等。在北凉文书中，还有《功曹下田地县符为以孙孜补孝廉事》、《买奴残文书》、《北凉承平八年翟绍远买婢券》、《北凉承平五年道人法令弟阿奴举锦券》、《北凉玄始十二年翟定辞为雇人耕床事》，以及《古写本〈佛说七女经〉》、《古写本〈毛诗关雎序〉》等等，反映了北凉高昌地区仍实行察举，有奴婢买卖、雇人耕地、借贷举债等具体事例，也使我们了解到高昌文化、宗教的具体状况。

总之，吐鲁番地区出土的五凉时期的文书，使我们更清楚地了解到在魏晋以后中原大乱的时期,被称为凉州的今甘肃河西地区,与古称西域的今新疆吐鲁番盆地,有着密切的政治、军事、经济、文化的联系。自张骞"凿空"以来,经河西而至西域的这条古代陆路通道,在这一时期仍起着重要的作用。

(原载《丝绸之路》试刊号,1992 年)

凉州文化与武威的开发

一

近年以来,“西部文学”、“西部电影”、“西部文化”等名词,不断见诸报刊。就其内容来说,大多是黄土高原上的人情风俗及民间歌谣、故事;就其地域来看,似乎绝大多数是在今陕西省的境内。今日的陕西省,在建国初行政区域划分时,属于西北行政区,同时,陕西北部的黄土高原,占全省面积的45%,在陕西提倡“西部文化”、“西部电影”,应当说是有所根据的。“文化搭台,经济唱戏”,陕西的经验值得我们很好的学习。

但是,如果我们从中国历史的发展和文化的源流来进行考察,真正的所谓“西部”,则不在关中,而是在今陕西以西的凉州了。

从中国的历史发展来看,在秦统一以前,春秋战国时的关东六国,在历史、文化的舞台上曾扮演了主要的角色。当时的秦国,人称之为“西戎”,还是一个比较落后的国家。秦始皇统一六国,以咸阳为都城,并在此筑宫殿,修驰道,迁来六国贵族及富豪,咸阳就成为全国的政治、文化中心了。秦亡汉兴,汉以长安为都城,关中地区仍是汉王朝的腹心地区。这里既是政治中心,也是经济、文化最发达的区域。《汉书·地理志》说,关中“沃野千里,民以富饶”。汉都长安,迁徙来许多功臣、长吏及高訾富人,以至长安一带“五方杂厝,风俗不纯。其世家则好礼文,富人则商贾为利,豪杰则游侠通奸”。西汉以后,前赵、前秦、后秦、西魏、北周、隋、唐等代,皆以长安为都城。特别在隋唐时期,据今人研究,唐代长安人口将近百万,商贾云集,坊市星列。争名于朝,争利于市。这里有来自全国各地的官僚、士人,也有来自世界各国的使臣、僧侣、商人。长安不仅是当时全国的政治、文化中心,也是当时世界最大的城市之一。也因此之故,汉唐的长安我以为不应称之为西部了。而就文化渊源来说,汉唐以来的关中文化,应是中原文化的发展,同真正的所谓西部文化,还是有些差别的。

所谓“西部文化”,我以为有以下几点特色:

从地域上来说,当然首先是在我国领土的西部。我国西部从地貌上而言有哪些特点呢?西部多沙漠、戈壁、草地,有大片的黄土高原,也有世界著名的许多高山。我国地形是西北高而东南低,故国内许多大河都发源于西北。西北也因地处内陆,降雨量少而蒸发量大,故气候干燥,易生旱灾。因在自然条件上有以上的特点,所以居住在这个区域上的居民亦不得不努力去适应这种环境。因多戈壁、沙漠和大山、草地,这里自古就居住着很多的游牧民族。入居这一地区的农业民族,则多是修渠引水,把荒漠、草地变成良田。农业与畜牧业相结合,汉族与少数民族共同开发了西部地区,这就是西部地区的发展史。而从文化这一角度来看,农业民族的文化与游牧民族的文化的并存和融合,应是这一地区不同于内地的一大特点。

如果说“西部文化”还有其他特点的话,那就是西域文化与中原文化的融合,使它具有不同于其他地区的风格和内容。在古代,丝绸之路是沟通欧亚大陆的最重要通道。以长安为中心的汉唐王朝,在与中亚各国的交往中,主要是通过丝路进行的,故人称丝路为中西经济、文化交流的大动脉。丝路在我国境内,主要是经过长安以西的今甘肃、新疆、青海等省区。因此,所谓“西部文化”,也就融进了许多西域来的内容,如宗教、语言、文学、音乐、舞蹈、绘画、百戏等等,大大丰富了西部文化的内涵。

根据以上的一些看法,我以为所谓的“西部文化”,在古代,应是中原汉族的农业文化、西北的游牧民族文化,以及与西来的西域文化相互交汇的融合体。

如果说这一观点能够成立的话,那么,以长安为中心的今天关中地区,应属于中原文化的系统,不属于西部文化的范畴,真正的西部文化,应指的是古称凉州的长安以西的地区。

二

凉州之名,起自西汉。《汉唐地理书钞》引应劭《地理风俗记》说:“汉武帝元朔三年(前126),改雍曰凉,以其金行土地寒凉故也。”《晋书·地理志》亦说:“汉改周之雍州为凉州,盖以地处西方,常寒凉也。”谈到凉州的民情风俗,《汉书·地理志》有简要的论述:

> 自武威以西,本匈奴昆邪王、休屠王地,武帝时攘之,初置四郡,以通西域,隔绝南羌、匈奴。其民或以关东下贫,或以报怨过当,或以悖逆亡道,家属徙焉。习俗颇殊,地广民稀,水草宜畜牧,故凉州之畜为天下饶。

西部称为凉州,是从汉武帝开始的。不过当时所谓凉州刺史部,只是个监察区,为十三州刺史部之一,并不是一级地方的行政机构。经东汉而至魏晋,凉州逐步成了西部地方上最高的一级政权。据洪亮吉《补三国疆域志》所考,凉州为“魏黄初元年(220),复分雍州置,得汉郡九,治武威”。西晋时,统郡八,县四十六。

后来,建立于今河西走廊及湟水流域的地方割据政权,都以“凉”作为国号。

凉州不仅地处西部,而且,古凉州同我国西北的游牧民族有着密切的联系。凉州本身的自然条件就是一个“水草宜畜牧”的地方,史书记载,塞种、月氏、乌孙、昭武九姓胡等游牧民族皆出于宜耕宜牧的河西走廊。凉州周边,古代北有匈奴、柔然、突厥、回纥、蒙古,南邻诸羌、吐谷浑、吐蕃,这些都是游牧民族。在漫长的历史进程中,汉族自汉武帝时进入凉州,与周边的游牧民族糅合在一起,形成了特有的中原农业文化与西北的游牧民族文化、西来的西域文化的三结合。

古代真正的西部文化应在凉州,而凉州的中心,则是武威郡。汉武帝置凉州,仅是监察区,未有治所。至三国魏文帝黄初年间,分雍置凉,凉州刺史“领戊己校尉,护西域”,并把治所从冀县(今甘肃甘谷县东)移置武威郡姑臧县,自此,武威姑臧成为凉州的政治中心。西晋时,张轨为凉州刺史,即坐镇姑臧。后来几个称凉的地方割据政权,除西凉仅统辖河西走廊西端、以敦煌或酒泉为都城以外,其他四凉均先后以武威的姑臧为都城。十六国中的前秦,也以武威之姑臧为凉州的治所。及至周隋,中原王朝的地方行政建置由三级变成两级,即州郡同级,有时称州,有时称郡,凉州这时才成为武威郡的专名。到了唐代初年,因山川之便,于州郡上设道,后来形成像汉一样的监察区。凉州属于陇右道。至唐睿宗景云二年(711),分陇右道的西部,于今甘肃河西走廊设河西节度,统凉、甘、瓜、肃四州,治所亦在凉州武威郡的姑臧县。安史之乱后,陇右、河西大片土地陷于吐蕃,至北宋曾于此地置西凉府,西夏亦为西凉府治。

凉州武威郡不仅是古代汉唐王朝西部的政治中心,而且也是古代西部的军事重镇和经济、文化的中心。汉取河西,目的就在于“断匈奴右臂”、“隔绝羌胡”，保障西部边境的安全。所以，汉武帝占有河西后，很快就在河西设郡、移民、屯田、筑塞。武威郡在两汉时即是抗击匈奴的一处重要据点。窦融占有河西期间，史称“河西民俗质朴，而融等政亦宽和，上下相亲，晏然富殖”。他还“修兵马，习战射，明烽燧之警”，用以对抗羌胡。他以孔奋守姑臧长，史称：“而姑臧称为富邑，通货羌胡，市日四合。”[①]是当时河西最为繁华的地方。以后任延为武威太守，征集“武略之士”，屯据要害，防止羌胡侵袭。他还以“河西旧少雨泽，乃为置水官吏，修理沟渠，皆蒙其利。又造立校官，自掾史子孙，皆令诣学受业，复其徭役”[②]。对武威地区的经济、文化发展起了推动的作用。三国以后，武威已成凉州治所，因之经济、文化更有了长足的发展。曹魏初年，毌丘兴为武威太守，他“内抚吏民，外怀羌胡”，使这块“民夷杂处”之地的吏民“尽力田”。[③] 后来，魏明帝以徐邈为凉州刺史，他到郡之后，以为“河西少雨，常苦乏谷，邈上修武威、酒泉盐池以收虏谷，又广开水田，募贫民佃之，家家丰足，仓库盈溢，乃支度州界军用之余，以市金帛犬马，通供中国之费”。他还“率以仁义，立学明训，禁厚葬，断淫祀，进善黜恶，风化大行，百姓归心焉”。对于少数游牧民族，他恩威并施，“不问小过”，赢得了少数民族部众的信任。[④] 他应是武威地区发展史上一位有贡献的封建官吏。

西晋只有短期统一，很快就爆发了“八王之乱”，紧接着是少数民族入据中原，整个北方先后出现了一些割据政权。在河西，先后出现了五个称“凉”的政权。上已述及，五凉中，除西凉外，

① 《后汉书》卷三一《孔奋传》，第1098页。

② 《后汉书》卷七六《循吏传》，第2463页。

③ 《三国志》卷二八《魏书・毌丘俭传》，第760页。

④ 《三国志》卷二七《魏书・徐邈传》，第740页。

其他四凉均曾建都姑臧。后凉、南凉因不断内乱和征战,在经济、文化方面未有大的建树,而前凉、北凉,立国较长,对河西特别是对武威地区的经济、文化的发展作出了极其重要的贡献。前凉张氏据有河西时,为稳定地方,“劝课农桑”,发展农业生产;拉拢地方士族,“征九郡胄子五百人,立学校,始置崇文祭酒,位视别驾,春秋行乡射之礼”。张骏、张重华两代,境内安定,于是“轻赋敛,除关税,省园囿,以恤贫穷”,使河西成为当时北方经济、文化最为发达的地区。这时,中原有许多士人来河西避难,在这里讲学传授,形成了历史上著名的河西儒学,对于北朝、隋唐都产生过重大的影响。张氏政权立足河西时,还在武威地区的建设上作出很多的业绩。张轨时就曾“大城姑臧”,张茂时增筑城垣,并修了灵钧台。到张骏在位,“又于城南筑城,起谦光殿”,殿之四周,又各建青、赤、白、黑四殿,分四季居住。其旁还有“值省内署”。北凉沮渠蒙逊时,亦曾于姑臧“缮宫殿,起城门诸观”,“起游林堂于内苑,图列古圣贤之像”。据《晋书》所录,当时姑臧城内堂、观、苑、阁甚多,其著名的有闲豫堂、明堂、游林堂、宾遐观、紫阁、东苑、西苑等等。在前凉立国之前,《晋书·地理志》载,武威七县有户5900,以一户5人计,不足3万人。可是到中原大乱,大量人口避乱西来,前凉即于武威附近建立了武兴、昌松、番禾等郡。到前凉为苻秦所灭,仅姑臧一地,豪右被迁到关中的就有7000余户,应有3万多人了。后来,北魏灭北凉,《十六国春秋·北凉录》载:“迁茂虔及宗室士民十万户于平城。”(《魏书·世祖纪》作“三万户”)这一数字可能被夸大了,但姑臧为凉州最大的城市,是当时西部经济、文化最发达的所在,这应是毫无疑义的。

北魏占有河西,初置镇,后复为凉州。此时姑臧改名林中,是否为州治,至今尚有争议。然而,在《魏书》中,贾彝、段承根、阴仲达三人皆称“姑臧人”,可能用林中之名时间甚短,很快又改原名为姑臧了。北魏末年诗人温子升有诗曰："远游武威郡，遥望姑臧城。车马相交错，歌吹日纵横。"可见魏末仍叫姑臧，城市仍相当繁华。所以到北周时，姑臧仍为凉州治所，统郡四，即武威、广武、番和、泉城。《周书·韩褒传》还说到，当时凉州"户口殷实"，是北周西部最好的地方。

隋唐以后，凉州已成武威的专名，辖地虽大大缩小了，大约只今武威专区及金昌市的范围，但其在军事、经济、文化上的重要性，却是西部任何一个城市不能与之相比的。武威地处河西走廊东口，当时北有突厥、回纥，南有吐谷浑、吐蕃，武威是防御厥、浑的重镇。隋炀帝为经营西域，以裴矩坐镇张掖，以樊子盖"检校武威太守"，用以应接西突厥处罗可汗及高昌王"二番"款塞。后来炀帝西巡，于燕支山召见西番二十七国使臣，"复令武威、张掖士女盛饰纵观"，以示中原繁盛景象。据《隋书·地理志》所载，隋时河西仅武威、张掖、敦煌三郡，其中武威人户最多，为11000多户，张掖为6000多户，敦煌7000多户。于此亦可见武威为西部最大、也最繁华的城市。李轨在隋末能建立起割据政权，我想这是与武威经济、文化发达，又原是西部政治、经济中心分不开的。据县志所载，武威旧城，即是李轨割据于此时所筑。

唐平群雄，统一全国，武威郡更是"接四郡，控三边"的重镇。玄奘唐初西行，经武威时写道："凉州为河西都会，襟带西蕃，葱右诸国，商侣往来，无有停绝。"[①]唐代经营西域，打击吐谷浑、吐蕃，都以武威作为西边的最重要的基地。早在唐高宗、武后时，凉州、甘州即是唐代西部进行屯田的地方。陈子昂在《上西蕃边州安危事三条》的奏折中，即认为甘、凉是"制河西，定戎虏"的关键所在。后来娄师德以宰相之重而"知河西营田事"，可见朝廷的

---

① 慧立、彦悰：《大慈恩寺三藏法师传》，第11页。

重视。《唐六典》在记述全国屯田中写道,河西道屯田共154屯,除去在西域的56屯,在河西走廊的有98屯,其中最多的是赤水36屯。赤水,即赤水军,按《资治通鉴》胡注:“赤水军在凉州城内,兵三万三千人。”这也就是说,凉州城附近有屯36,要占整个河西屯田1/3强。也因为武威为西部军防要地,经济发达,所以唐王朝在这里最早设立了节度使。《唐会要》卷七八“节度使”条说:“景云二年(711)四月,贺拔延嗣除凉州都督,充河西节度使,此始有节度之号。”河西节度使驻凉州,统赤水、新泉、大斗、建康、宁寇、玉门、墨离、豆卢八军。其中赤水军33000人,是唐国内最大的一支边防军,故《唐会要》记到赤水军时说:“军之大者,莫过于此。”至于凉州盛况,唐诗中多有反映,不再赘述。欧阳修在《新五代史·四夷附录》中所记,可谓最有代表性了:“当唐盛之时,河西、陇右三十三州,凉州最大,土沃物繁而人富乐。其地宜马,唐置八监,牧马三十万匹。”

安史之乱后,凉州为吐蕃占有,后来沙州张议潮一度收复,属归义军所辖。至唐末、五代,凉州自立守将,前后出现了孙超、李文谦、折逋嘉施等蕃汉地方政权,一直到11世纪初为西夏占领。西夏于凉州置西凉府,为西夏在河西的唯一大镇。据一些史书记载,西夏统治时,河西农业仍很发达。《西夏书事》说到,银州、夏州饥荒,统治者“令运甘、凉诸州粟济之”。辽攻西夏至西凉府,掠获了“羊百万,骆驼二十万,牛五百”①。在武威发现的《天佑民安碑》也说,武威“当四冲地,车辙马迹,辐辏交会,日有千数。”元初马可·波罗在其游记中亦写道,西凉州“当地居民经营商业和手工业为主,谷物十分丰富”。于此可见当时武威经济的发展状况。

当然,应予指出的是,历史发展到了宋元时期,随着海路交通

① 《续资治通鉴长编》卷一六八,中华书局1995年版,第4035页。

的发达，中国经济重心的南移，凉州作为西部军事重镇地位仍然未变，而经济上、交通上的重要性却大不如前了。

三

前面论述了武威郡自古以来是中原王朝西部政治、经济的中心，而如从文化角度考察，凉州文化，或者说武威地区的文化，最具有西部文化的特点。

古代的西部文化，上面述及，应具有三种因素，即汉族的农业文化、游牧民族的文化、西来的西域文化。三种文化在凉州汇合在一起，形成了古代西部文化不同于其他地区的文化特点。古代武威文化就具有这种鲜明、显著的特点，可说是凉州文化的典型代表。

武威最早的居民，据有关史书记载，应是月氏。秦汉之际，匈奴强大，赶走了月氏，为匈奴休屠王游牧之地。月氏、匈奴都是以游牧为生的两个古老民族。武威郡首县姑臧，《河西记》认为原是匈奴的盖臧城，为匈奴所筑。今人研究，以为姑为盖的转音，以盖臧水得名。匈奴失去河西，曾有民歌曰："失我祁连山，使我六畜不繁息，失我焉支山，使我妇女无颜色。"祁连、焉支，近人研究以为出自匈奴语。这些名称，可说是古代河西游牧民族活动的遗留。两汉时期，在今武威地区活动的游牧民族，除匈奴之外，见诸史籍的还有小月氏、卢水胡、羌人等等。汉武帝为打击匈奴，将势力伸入河西，继之移民、屯田，汉族农业文化开始大量进入河西。武威在近代以来出土了大量的汉简，其著名的为《仪礼简》、《医简》、《法令简》，曾引起了学术界的高度重视。汉简之外，武威汉墓中还出土了许多丝麻织品、铜器等等，足以证明中原汉族的农业文化已经在这里生根、发展，并广为传播。特别要提到的是雷台的东汉墓,出土了闻名中外的"铜奔马",神态逼真,造型优美,是古代文物中的珍品。这件文物的出土,不仅反映了汉代武威地区高超的工艺水平,而且,我以为这也是中西文化交流的结晶,是反映西部文化特点的作品。因为在古代的社会生活中,马在生产、交通上有着极其重要的作用。特别在军事上,为了对付善于骑射的游牧民族,中原王朝也不得不大量养马,不断地改良马的品种。从赵武灵王胡服骑射,到汉武帝伐大宛取得汗血马,作天马歌,都说明马在国防上的重要性。凉州自古为"宜畜牧"之地,西域来的良马在凉州繁殖,并成为当地人崇敬的动物,赋予神奇的设想和传说,也是理所当然的了。后来到前凉时有"凉州大马,横行天下"的民谣,亦不是偶然的。

在两汉时期,随着张骞"凿空",古丝路的开拓,西域文明不断传入中原。除良马品种传入之外,其他如胡麻、苜蓿、葡萄、胡葱等,也是在这时传入的。三国初有《魏文帝凉州葡萄诏》,说明像葡萄这样一些植物早已在河西一带种植了。

魏晋南北朝时期,中原大乱,士人避乱来河西的甚多。这些人出仕前凉、北凉等政权,使武威成为当时北方儒学的中心,中原文化在这时更加发扬光大。也就在这一时期,游牧民族亦不断进入河西,武威变成了一些游牧贵族争夺的地盘。三国、西晋有羌胡的叛乱,前凉有"鲜卑反叛"。之后,氐人吕光、鲜卑秃发氏、卢水胡沮渠氏都曾入主姑臧。游牧民族轮番进入和不断的争战,虽然给当地农业生产造成一定的破坏,但是,游牧民族进入武威地区,使这一地区农业文化与游牧文化进一步结合在一起了。秃发氏所行的政策是"署晋人于诸城,劝课农桑,以供军国之用,我则习战法,以诛未宾"①,就是这种结合的写照。

① 《十六国春秋辑补》卷八九《南凉录》,第617页。

在魏晋南北朝时期，在凉州文化中，西来文化的影响尤为显著，最引人注意的是佛教的广为传播。早在前凉时期，《魏书·释老志》就说凉州“多有寺塔”，佛教已开始流行。前秦以后，因许多少数民族统治者信仰佛教，于是佛教传播更广。苻坚让吕光率军出征西域，目的之一就是要请来龟兹的高僧鸠摩罗什。吕光克焉耆，破龟兹，获得了这位精通大乘教的高僧。但在吕光带罗什东还时，前秦已在淝水战败后瓦解。因此，吕光东还至河西，于武威建立起后凉政权，罗什也被留在姑臧达十六年之久。罗什在姑臧期间虽留下了一些神奇的传说，如姑臧大风，罗什认为不祥，果有梁谦、彭晃之叛；吕纂和罗什下棋，罗什说“胡奴将斫人头”，暗示吕超将杀吕纂，因“胡奴”是吕超的小名。但是，因后凉政权内部争夺不已，征战频繁，罗什的学识不能得以发挥。到后秦灭掉后凉，罗什被迎至长安，姚兴尊为国师，组织起译经的班子，这位高僧才得以大展怀抱。他先后翻译了近三百卷佛经，对后来中国佛教教义的发展有重大的影响。姑臧为纪念这位中外著名的佛教理论家、翻译家曾长时期在这里生活过，于城内建立了罗什寺，造了罗什塔。此塔现仍矗立在武威北大街的西侧。

北凉时期还有一位著名的高僧，这就是昙无谶。沮渠蒙逊占有敦煌之后，将他迎至姑臧。他在姑臧与名僧慧嵩、道朗等一起，翻译了大乘佛教的主要经典《大般涅槃经》，对大乘教流行中国产生了极大的作用。他在姑臧翻译了《瑜伽师地论》的《菩萨地》，是大乘各经中有关戒律的一个总汇，后来隋唐时期沙门受戒，多是他遗留下的规范。这位居于姑臧的高僧，因名声远播，深为北魏皇帝拓跋焘所钦慕。于是他派人向沮渠蒙逊索要，并说：“若不遣谶，即便加兵”，成为历史上为要一个和尚而不惜发动战争的唯一事例。沮渠蒙逊舍不得将昙无谶交给北魏，深恐因此不利于北凉，但又害怕北魏的强大，不敢拒绝。因此，他表面上赞助昙无谶出发,但暗中却派人在途中将他杀害了。

当时的姑臧,不仅是全国的译经中心之一,而且,也因地处河西走廊东口,中原与西域高僧西去东来,都在姑臧驻足。据梁《高僧传》所录,西去东来的高僧如僧伽跋澄、昙摩难提、僧伽提婆、竺法念、佛舍耶舍、浮陀跋摩、智严、宝云、昙摩密多、智猛等等,都曾经过姑臧。其中竺法念就是凉州人,他"洞晓方言,华梵音义,莫不兼译",被称为前、后秦时期"译人之宗"。智严、宝云也是凉州人,西行求法,还于关中组织译经,名传后世。西域高僧浮陀跋摩在北凉沮渠牧犍时就曾居于姑臧城中的闲豫堂译经。昙摩密多亦是先在敦煌,后居姑臧译经弘法,最后辗转而至南朝刘宋境内。

因为佛教的广为流传,石窟寺的建筑亦大为兴盛起来。敦煌莫高窟修于苻秦时期,姑臧的天梯山石窟则是北凉沮渠蒙逊时开始修建的。到北魏以后,继修石窟,面积不断扩大。可惜由于历代失修,加以地震破坏,至1949年时只存三层十一窟。后来又因修建水库,进行搬迁。听说最近要在原地加以重修,恢复其原来面貌,令人欣喜。这必将为武威这座历史名城增添更大的声誉和魅力。

到了隋唐时期,河西、陇右已是个农牧兴旺的区域,"汉人耕耘,吐蕃畜牧",正是农牧相结合的写照。更值得注意的是,西来的胡人,南来的吐谷浑部落、吐蕃部落,都在姑臧留下了许多遗迹。隋末割据姑臧的李轨所以很快败灭,主要是由于姑臧安兴贵、安修仁兄弟的策反。安姓,是昭武九姓胡的一种。安氏兄弟就是西来的胡人,依靠姑臧城中"诸胡"起事,从此亦可见姑臧城中胡人之多。唐代初期,姑臧还是吐谷浑部落的居地。当时吐蕃强大,蚕食了青海湖及湟水流域的吐谷浑故地。吐谷浑王室慕容氏被逼西逃,唐王朝将他们安置于凉州,后来又迁至灵州。近代以来,在武威青咀湾、喇嘛湾先后发掘出九块慕容氏王室的墓志铭,这说明这里是吐谷浑王室祖上的茔地。吐谷浑的部众曾在武威这块土地上耕种和放牧。而这九块墓志铭,也成了研究吐谷浑史重要的资料。

吐蕃占领青海之后,接着又西进河西,几经反复,河西落入吐蕃之手。所以唐末、五代,在武威出现了蕃汉的混合政权,一直到11世纪初为西夏占有。西夏提倡佛教,姑臧又成为西夏西边的佛教中心。蒙古占有河西之后,在武威召来西藏高僧萨班商谈西藏统一事宜,这同唐末、五代以来吐蕃曾占有姑臧,这里曾出现过蕃汉混合政权是不无关系的。

隋唐时期,在中西交往的历史上也是最为繁荣的时代。西来的文化,在河西走廊进一步同中原文化融合。无论是文学、艺术、宗教、风俗,都能见到这种融合的存在。“凉州七里十万家,胡人半解弹琵琶”,正是这种融合的反映。向达先生在《唐代长安与西域文明》一书中,详细地论证了西域胡人入居长安和西域文化传入长安后所带来的影响,为我们研究中西文化交流开辟了一个新的领域。而就其文所列可以见到,许多胡人入居长安,都是先居姑臧,再入关中的,如昭武九姓胡中的安姓,原出自安国。安兴贵一族,原在姑臧,后迁长安。向先生引林宝《元和姓纂》说:“北魏安难陀至孙盘沙罗(《唐书・世系表》作“盘婆罗”)代居凉州为萨宝、盖火祆家世家也。”出土于洛阳的安延、安神俨的墓志铭和出土于长安的安令节墓志铭,都称是武威姑臧人。昭武九姓胡中的曹姓,长安出土有《谯郡夫人曹明照墓志》,据向先生考证,认为“是曹国移至武威、姑臧一带之西域人也”。昭武九姓胡中的何姓,洛阳出土的《何摩诃墓志》,其中亦说他祖上曾居于“姑臧太平之乡”。可以这样说,姑臧是西域胡人东迁的中继站。

在西来的文化中,最令人感兴趣的是音乐、舞蹈的传入。

《隋书·音乐志》中说到,炀帝时定九部乐,即清乐、西凉、龟兹、天竺、康国、疏勒、安国、高丽、礼毕。清乐是汉以来的旧曲,晋时散失,保存于前凉。苻秦灭凉,“始于凉州得之”。西凉乐起于吕光及沮渠氏,是他们“据有凉州,变龟兹声为之,号为秦汉伎”。龟兹乐则是吕光西征龟兹,“因得其声”,吕氏亡,后入中原。天竺乐是“起自张重华据有凉州,重四译来贡男伎,天竺即其乐焉”。疏勒、安国,并是通西域所得。九部乐中,六部都同武威有密切的关系。所以,《新唐书·礼乐志》说:“周隋管弦杂曲数百,皆西凉乐也。鼓舞曲,皆龟兹乐也。”历史上著名的《霓裳羽衣曲》,也是河西节度使杨敬忠所献的。

至于舞蹈方面,见于唐人诗歌中的甚多。王维为河西节度判官,在《凉州郊外游望》、《凉州赛神》中有“女巫纷屡舞,罗袜自生尘”、“健儿击鼓吹羌笛,共赛城东越骑神”之句。李端在《胡腾儿》一诗中写道:“胡腾身是凉州儿。”胡腾舞是由西域传入的,在唐代成为凉州、长安最流行的一种舞蹈。元稹、白居易都有《西凉伎》的诗。元稹在诗中写到哥舒翰的宴会上“前头百戏竞撩乱,丸剑跳踯霜雪浮。狮子摇光毛彩竖,胡腾醉舞筋骨柔”。白居易也写道:“西凉伎,西凉伎,假面胡人假狮子,刻木为头丝作尾,金镀眼睛银作齿,奋迅毛衣摆双耳,如此流沙来万里。”这些舞虽不能肯定说来自武威,但这些舞蹈也应同乐曲一样,是经由武威才传入中原的。这不仅因为武威是丝路的必经通道,而且武威是当时节度使的驻所,是凉州的政治、经济和文化的中心。

安史之乱后,吐蕃占领武威,中间虽有张议潮一度收复,但自此之后,中西交通日渐衰落。这不仅是由于地方割据政权的阻挠,同时也因海路畅通,这条古来中西交往的大道已不如昔日重要了。在这以后,这块古称凉州的地区,仍是蕃汉杂居的区域,不论是宋或西夏,都将之作为宜耕宜牧的好地方。在武威出土的文物中，西夏时期有精致的木缘塔，众多的毛织品，说明这一时期武威的手工业水平仍是很高的。

总括以上可见，在历史上，我国的西部文化，应具有农业民族、游牧民族文化和西来文化三者结合的特点。凉州文化就是这种结合的典型。今日的武威，从来是古凉州的政治、经济、文化的中心。挖掘、发扬古代的西部文化，毫无疑义地应由武威这个古老的名城担当起这一责任。在改革开放的今日，如何使古丝路重新焕发出青春，使古老而具有鲜明特色的西部文化能更加光彩夺目，用以为今日建设服务，这就是我们凉州人的任务了。

（原载《五凉文化研究》创刊号，1993 年）

从麦积山“寂陵”谈西魏时期关陇地区的文化融合

在撰写《西北通史》魏晋南北朝历史时，涉及了麦积山石窟的一些文献。其中谈到了西魏文帝皇后乙弗氏曾凿麦积山为龛而葬、号为“寂陵”一事，从而使人联想到南北朝后期关陇地区文化融合的问题。

宇文泰统有关陇地区以后，迅速地组成“关陇统治集团”，成功地起到团结内部、消除隔阂的作用。从而在此基础上，后继者平定北齐，统一南北，结束了长达三百多年的分裂割据。可以这样说，“关陇统治集团”的出现，影响到了我国中世纪几代的历史进程。

“关陇统治集团”的出现，应是关陇地区民族融合的结果。关陇地区的民族融合，则又是以关陇地区文化融合为先驱的。从麦积山曾凿有“寂陵”一事，我们更清晰地看到了关陇地区在南北朝后期胡汉各族交往的情景，看到了中原传统的汉族文化和氐、羌、鲜卑等族文化，以及由西东来的佛教文化在这里汇合的状况。由此也使我们更深刻地理解宇文泰打起“复古”的招牌、以“周”为国号的用意。

一

关于乙弗氏的身世，《北史》卷一三《后妃传上》说：

> 文帝文皇后乙弗氏，河南洛阳人也。其先为吐谷浑渠帅，居青海，号青海王。凉州平，后之高祖莫瓌拥部落入附，拜定州刺史，封西平公。自莫瓌后，三世尚公主，女乃多为王妃，甚是贵重。父瑗，仪同三司、(西)兖州刺史。母淮阳长公主，孝文之第四女也。

其传还说道：

> 年十六，文帝纳为妃。及帝即位，以大统六年册为皇后。

《乙弗皇后传》中所说到的莫瓌，《魏书》卷四四有《乙瓌传》。据《魏书·官氏志》所说，孝文帝实行改革时，改变鲜卑复姓，将乙弗氏改为乙姓，故其《传》称乙瓌了。其《传》称：

> 乙瓌，代人也。其先世统部落。世祖时，瓌父匹知慕国威化，遣瓌入贡，世祖因留之。……尚上谷公主，世祖之女也。

又说，乙瓌死后，其子乾归袭爵，复尚恭宗女安乐公主。乾归死，子海嗣，曾为洛州刺史。海死，“子瑗，字雅珍，尚淮阳公主，高祖之女也”。

这些记载有不相一致的情况。《北史·乙弗皇后传》说其先祖是“吐谷浑渠帅，居青海”，而《魏书》说莫瓌是“代人”，“先世统部落”。《乙弗皇后传》中还说她是“河南洛阳人也”。那么，乙弗皇后的上代到底是居住在青海，抑或是居住在山西的代北？一说是“吐谷浑渠帅”，一说是“先世统部落”，这部落是否即是吐谷浑部落？为什么乙弗皇后又是“河南洛阳人”？对这些问题，我想应先有个交代。

首先，我想应从乙弗鲜卑的南迁说起。乙弗是鲜卑的一个部落。《资治通鉴》在记述西秦乞伏乾归降于秃发利鹿孤时，有一位镇北将军秃发俱延曾向利鹿孤建议,应将乾归“徙置乙弗之间”,使其不能逃逸,胡三省在其下注曰:“乙弗,亦鲜卑种,居西海。”[①]其后还引用了《北史》卷九六《吐谷浑传》所附《乙弗勿敌国》的记述:“吐谷浑北有乙弗勿敌国,国有屈海,海周回千余里。众有万落,风俗与吐谷浑同。然不识五谷,唯食鱼及苏子,苏子状若中国枸杞子。”这里说乙弗这个部落居住在吐谷浑的北面,也即是在青海湖一带。又据《晋书·秃发乌孤载记》的记述,乌孤在后凉时曾被吕光署为“假节、冠军大将军、河西鲜卑大都统、广武县侯”。这广武县,今人考证,应在今甘肃兰州、武威之间。[②]乌孤为扩展地盘,于是“讨乙弗、折掘二部,大破之。遣其将石亦干筑廉川堡以都之”。廉川堡在今青海民和县西北。这也就是说,乙弗、折掘二部当时已徙居在今青海境内了。后来,到秃发傉檀的末年,他受到北凉沮渠蒙逊的侵逼,于是又发动了“西征乙弗”的战争,用以解决内部的困窘。414 年之农历五月,秃发傉檀以“唾契汗、乙弗等部皆叛南凉”,“乃帅骑七千袭乙弗,大破之,获马牛羊四十余万”。[③] 但至六月,傉檀留守乐都的太子虎台为乞伏炽磐攻破。傉檀进退无路,不得已降于西秦。

这里所说的乙弗鲜卑,是青海湖一带的部落。《北史》说在吐谷浑之北,《晋书》说傉檀西征乙弗,也即在乐都之西。两书所指的方位基本上是一致的,即在今青海湖北面一带。

然而,乙弗部的活动,不仅见之于青海湖一带,也见之于今山西的北部,据《魏书·太祖纪》记载,登国元年(386)五月,“车驾东幸陵石。护佛侯部帅侯辰、乙弗部帅代题叛走”。到秋七月,

---

① 《资治通鉴》卷一一一,晋安帝隆安四年秋七月条,第 3513 页。

② 周伟洲:《南凉与西秦》,陕西人民出版社 1987 年版,第 28 页。

③ 《资治通鉴》卷一一六,晋安帝义熙十年五月条,第 3666 页。

“代题复以部落来降,旬有数日,亡奔刘显”。刘显当时活动的地区是在马邑一带,也即今山西朔州市附近,这也就是说,代题所领的乙弗部也在这一带活动。又《北史》卷四九《乙弗朗传》说:“乙弗朗,字通照,其先东部人也。世为部落大人,与魏徙代,后因家上乐焉。”又说:“孝庄末,北边扰乱,避地居并、肆间。”这个乙弗朗,也应是乙弗部的成员。他所在的部落是同北魏拓跋部一起由东迁代的。到北魏末年,居住在今山西太原、忻州之间。

根据以上所引资料,我们是否可以这样认为:乙弗鲜卑也同拓跋鲜卑一样,由东向西,然后进到漠南,一部分留在漠南,如前投依刘显的代题所率的部落,到北魏统一北方,都融入拓跋魏里面了。而另一部分则由漠南继续南下,迁至今青海湖一带,这就是《北史》中所说的乙弗勿敌国。

在青海湖一带的乙弗部落,上面曾说到,南凉秃发氏曾多次发动对这个部落的掠夺,损失很大。到南凉为西秦所灭,西秦亦不断袭击乙弗部落。415 年,乞伏炽磐攻陷北凉湟河郡,“以左卫将军匹达为湟河太守,击乙弗窟乾,降其三千余户而归”①。至 418 年,又有乙弗鲜卑乌地延率户二万降于炽磐,署为建义将军。“地延寻死,弟他子立,以子轲兰质于西平,他子从弟提孤等率户五千以西迁,叛于炽磐。凉州刺史出连虔遣使喻之,提孤等归降。炽磐以提孤奸猾,终为边患,税其部中戎马六万匹。后二岁而提孤等扇动部落,西奔出塞。他子率户五千人入居西平。”②居于青海地区的乙弗部,在西秦乞伏炽磐时,似乎又曾分成了几股力量,一股向西出塞,一部则入居西平郡(治今青海西宁市),还有更多的应留在青海湖之北。至 428 年,炽磐死,暮末继位,西秦衰败,

---

① 《资治通鉴》卷一一七,晋安帝义熙十一年五月条,第 3679 页。

② 《晋书》卷一二五《乞伏炽磐载记》,第 3125 页。

暮末东走投魏,在南安(今甘肃陇西县东南)为赫连定击败,降于夏。赫连定又畏魏之强,想向西夺北凉之地以立足,途中又为吐谷浑所袭,兵败被擒,夏亡。至此,吐谷浑遂成为河湟地区的主人。原来为西秦所统属的部落皆附于吐谷浑,乙弗部鲜卑应亦在其中。上面说到乙弗皇后先世为吐谷浑渠帅,应在西秦灭亡之后,即吐谷浑占有河湟的时候。上面所引《乙弗皇后传》中说到,魏平凉州,其高祖莫瓌拥部落入附。而《魏书·乙瓌传》说的是“世祖时,瓌父匹知慕国威化,遣瓌入贡,世祖因留之”,后来尚世祖女上谷公主。两种记载虽有不同,但魏平凉州,是在太武帝太延年间,乙瓌入贡尚公主,也说是在太武帝在位的时候。因此,说乙瓌入魏在太武帝年间是没有问题的。结合当时形势观察,乙瓌也只有在这时入魏。因为太武帝征凉时,吐谷浑王是慕利延,他惧魏之袭击,曾率部众西入沙漠以避之,而太武帝以慕利延有擒赫连定之功,遣使宣喻,让其返回河湟。但不久,吐谷浑内部又发生了慕利延兄子纬代及叱力延投魏并引兵来击的事件,慕利延再次西逃,进入于阗,经一年后才复还故土。匹知遣子乙瓌入贡尚主,也只有在吐谷浑两次西逃被削弱的时候。

乙瓌入魏,应当是留在魏都平城。及至孝文帝迁都洛阳,推行改革,改鲜卑复姓及郡望,将乙弗氏改为乙姓,将迁洛的鲜卑人都称之为河南洛阳人,故《乙弗后传》中又称之为“河南洛阳人”了。

二

乙瓌尚公主,是北魏统治者用婚姻来笼络周边部落首领的手段。从文化角度来看,这只是两个鲜卑部落之间的往来。可是,到乙瓌子乾归袭爵时,《魏书·乙瓌传》说,乾归“颇习书疏,尤好兵法。复尚恭宗女安乐公主”。这位驸马似乎已受到了汉文化的较多的影响了。到乾归孙乙瑗时，他又尚孝文帝四女淮阳公主，曾任洛南太守、司农少卿、西兖州刺史等职，其汉化程度比之于乃祖应更深了。也正因此，在东、西魏分裂时，乙瑗忠于魏室，在西兖州响应樊子鹄起兵，反对高欢，后来为高欢大将宋显所杀。

乙弗皇后应是在东、西魏分裂之前出嫁于元宝炬的。因为按《北史·乙弗文皇后传》说，“年十六，文帝纳为妃”。按其传记载，乙弗后死时是31岁，时在西魏文帝大统六年(540)。按此上推，乙弗后16岁应是孝明帝孝昌二年(524)。西魏文帝元宝炬原是孝文帝子京兆王元愉之子。元愉，据史载，他是个“好文章，颇著诗赋”、“时引才人”、“招四方儒学宾客”的一位王爷，但同时也是“竞慕奢丽，贪纵不法”的一个纨绔子弟。[①] 宣武帝时曾为冀州刺史，不安于位，起兵造反，结果失败被擒，送至京师气绝而死，年仅21岁。元愉两子，即宝月、宝炬。宝炬因父之故，在宣武帝时被幽于宗正寺。孝明帝时曾为直阁将军，但又因反对掌权的胡太后被免官。一直到孝庄帝初年，才被封为南阳王。后来孝武帝因不满高欢专权，宝炬为孝武帝“中军四面大都督”，扈从入关，拜太宰、录尚书事。孝武帝为宇文泰鸩杀，因宝炬为孝文帝之孙，故被立为帝，是为西魏文帝，年号大统。文帝在位17年，病死后由子元钦继位，这就是西魏废帝。废帝就是乙弗后所生的。

元宝炬为帝，是宇文泰拥立的，也是宇文泰手中的傀儡。《魏书》在说到元宝炬时，说他“轻躁薄行，耽淫酒色”[②]，显然这是魏收仕于高齐，以此阿谀高欢、丑化西魏君主的言词，不足为据。我们应从《北史》所记西魏文帝的表现来看，文帝并没有耽于酒

---

① 《魏书》卷二二《孝文五王传·京兆王愉传》，第590页。

② 《魏书》卷二二《孝文五王传·京兆王愉传》，第591页。

色、荒唐败政的记录。相反的,倒说他"帝性强果",在洛阳时敢于顶撞高欢亲信高隆之;高欢父改葬时,曾有"安有生三公而拜赠太师"的言论[①],其倔强个性由此可见。只是在入关之后,无兵无权,只好做个傀儡了。李延寿在《北史》卷五《魏本纪·文帝》的"史臣论"中说:"文帝以刚强之质,终以守雌自宝",正道出了其中不得已的原委。

535年,西魏文帝即位,其时元宝炬为29岁。当年即立乙弗氏为皇后,后时年25岁。这位皇后似乎受汉文化影响很深,史称她"性好节俭,蔬食故衣,珠玉罗绮绝于服玩。又仁恕不为嫉妒之心,帝益重之"[②]。她一生曾育男女十二人,但多早夭,唯存太子元钦和武都王元戊。据谢启昆《西魏书》所录,她还有一个兄弟叫乙弗绘,曾做到中书监及吏部尚书的高官。[③] 如果说元宝炬是宇文泰手中的傀儡,那么,这位贤淑的乙弗皇后则是西魏政权为讨好柔然而被迫献出生命的外交牺牲品。

东、西魏分裂之初,原来依附于北魏的柔然阿那瓌的势力开始强大起来。分裂的两个政权都想拉拢北面的柔然以增强自己的势力。其中很重要的手段就是"东、西魏竞结阿那瓌为婚好"[④]。在孝武帝入关之前,孝武帝以范阳王元诲之长女瑯琊公主许阿那瓌长子为妻,后因孝武帝入关而罢。东、西魏一分裂,东魏高欢即竭力拉拢柔然,他让张徽纂使于柔然,以常山王元骘妹为安乐公主,嫁阿那瓌子庵罗辰;又让自己的九子高湛娶阿那瓌孙女邻和公主。后来他自己还娶阿那瓌女为妻,让原来的正室娄

① 《北史》卷五《魏本纪·文帝》,中华书局1974年版,第181页。

② 《北史》卷一三《后妃传上·文帝文皇后乙弗氏传》,第506页。

③ 谢启昆:《西魏书》卷二三《乙弗绘传》,《丛书集成初编》本,商务印书馆1937年版,第367页。

④ 《北史》卷九八《蠕蠕传》,第3264页。

氏避位。这位公主在高欢死后，从柔然习惯，又为高欢子高澄所继承，产有一女。[①]

在西魏方面，宇文泰亦想通过婚姻讨好柔然，于是发生了废弃乙弗氏的事件。《资治通鉴》记载，在西魏之初，“魏丞相泰以新都关中，方有事山东，欲结婚以抚之，以舍人元翌女为化政公主，妻头兵（即阿那瓌）弟塔寒，又言于魏主，请废乙弗后，纳头兵之女”。到文帝大统四年（538）二月，“以乙弗后为尼，使扶风王孚迎头兵女为后”[②]。这也就是说，为了外交上的需要，乙弗氏只当了三年多时间的皇后就被迫削发为尼了。根据《北史·后妃传上》所记，头兵女郁久闾氏为皇后以后，仍心存嫉妒，不让乙弗氏留在长安，迫使文帝将乙弗氏徙至秦州（治上邽，今甘肃天水市），跟为秦州刺史的儿子武都王元戊生活。但这位贤淑的皇后离去，使文帝怀念不已，“帝虽限大计，恩好不忘，后密令留发，有追还之意”。大概是文帝所念为柔然公主察觉，于是在大统六年（540）春柔然出兵侵扰夏州（治绿岩县，今陕西靖边县东北白城子）时，传言是为文帝思念乙弗氏、而柔然公主不受恩宠的缘故。这一传言迫使文帝不得不作以下表态：“岂有百万之众为一女子举也？虽然，致此物论，朕亦何颜以见将帅邪！”他并不相信柔然扰边是为女儿争宠，但迫于“物论”，因命中常侍曹宠拿手敕让乙弗氏自尽。乙弗氏得手敕后说：“愿至尊享千万岁，天下康宁，死无恨也！”因与儿子诀别，为侍婢数十人落发出家，然后“引被自覆而崩”，年仅31岁。[③] 乙弗氏死后，即凿麦积崖为龛而葬，号曰

① 《北史》卷一四《后妃传下·蠕蠕公主郁久闾氏传》，第518页。

② 《资治通鉴》卷一五八，梁武帝大同四年二月条，第4892页。《资治通鉴》说郁久闾氏于大统四年四月至长安，而《北史》卷一三《后妃传》作正月至京师。

③ 《北史》卷一三《后妃传上》，第507页。

“寂陵”。据专家考证,现麦积山编号为第43窟的石窟,即是原乙弗氏寄放灵柩之处,其柩室、享堂、拜廊尚可辨识,所以后人称此窟为魏后墓。[①] 乙弗氏死后,那位柔然公主不久亦难产而亡,年仅16岁,葬于少陵原(今陕西西安市长安区东南)。按礼仪规定,这位公主应与文帝合葬于永陵。但到文帝死后合葬时,却发生了灵车车轴折断之事,似乎死后两者仍不相和合。相反的,文帝在自己山陵修毕以后,即留下手书,“令后配享”,要与乙弗氏合葬在一起。到文帝死,乙弗后子元钦继位,于是移乙弗氏灵柩合葬于永陵。

元钦继位,即是西魏的废帝,元钦立三年被废,遇鸩而卒。元钦弟元廓继立为帝,是为恭帝,也仅三年被迫逊位于宇文泰子宇文觉,国号改为周。宇文觉即北周第一个皇帝孝闵帝。

三

曾凿麦积崖而葬的乙弗皇后也同历代的许多宫廷妇女一样,是封建政治的牺牲品,令人同情与惋惜,然而,我们在研究这段历史时,却从中看清了北魏末年关陇地区民族融合、文化融合的情状,也能更深刻地理解宇文泰利用这种融合,打起复古改制的旗号,创建关陇统治集团的用心。

两汉时期的关陇地区,原来也是全国经济、文化最发达的地区之一。但从东汉末年羌人起义以后,继之是韩遂、马腾的割据。西晋十六国时期,氐、羌各族不断徙入关陇,这里成为西部各族争夺的场所。在三国以后至北魏占有关陇之前的一百多年时间里,

---

① 李月伯等:《麦积山石窟主要窟龛内容总录》,载阎文儒主编《麦积山石窟》,甘肃人民出版社1984年版,第207页。

只有前秦、后秦两个政权在文化上有所建树以外，都是各族混战、生产破坏的记录。而前秦、后秦两个政权又都是短命的，继之而来的赫连夏发动了一次更严重的破坏。北魏占有关陇，这里仍是个生产凋敝、文化落后的区域。拓跋鲜卑族的残暴统治，还曾激起了一次大规模的农民起义，这就是卢水胡盖吴领导的各族人民的大起义。这次起义虽被太武帝强大的军队镇压了，但也迫使北魏统治者不得不进行一些改革，用以缓和各族的反抗。

孝文帝顺应历史发展的改革曾缓和了当时紧张的民族矛盾和阶级矛盾，使北魏出现了一段比较平稳的时期。但就关陇地区而言，其经济、文化则远远不如关东的黄河中下游地区。孝文帝迁都洛阳，所用的世族地主官僚大多是中原的大族分子，如荥阳郑氏、范阳卢氏、太原王氏、清河崔氏、赵郡李氏等等。关西大族，只有陇西李氏可与之相比。而陇西李氏是北魏初期由河西入魏的，在关陇地区没有更多的影响。至于关中的一些大姓，同关东的一些大姓来比，似乎还有较大的差距。

孝文帝以后，迅速汉化了的鲜卑贵族更为贪婪残暴，所以到宣武帝时期，关陇地区各族人民不断发动起义。王仲荦先生曾作过统计，宣武帝统治的 15 年中，全国发生了 10 次起义，其中 5 次就在关陇地区。领导起义的既有汉人，也有屠各、羌人，既有一般百姓，也有出家为僧的沙门。[①] 及至北魏末年爆发关陇人民的大起义，其领袖是羌人莫折太提父子、敕勒酋长胡琛、鲜卑人万俟丑奴等，说明关陇大起义也是一次各族人民共同参加的反抗斗争。应当说，北魏后期关陇出现这些反抗斗争，正反映了这一地区自魏晋以来就是各族聚居、各种文化交融汇合的一个场所。

---

① 王仲荦：《魏晋南北朝史》下册，上海人民出版社 1980 年版，第 561 页。

及至宇文泰随贺拔岳西来镇压关陇人民起义,孝武帝入关投奔宇文泰,使关陇地区又增添了原六镇兵民及汉化了的洛阳拓跋氏宗室的成分。从民族文化角度考察,关陇地区更显得复杂纷繁了。

在这样一个民族与文化极为复杂的地区,要对抗东边经济文化比较发达、而且拥有六镇兵民主要力量的高欢集团,那是宇文泰及其创建的西魏政权面临的最严峻的问题。为要立住脚跟,壮大自己的力量,从对外关系来说,最重要的当然是交好柔然,借以增强自己的势力,减少北来的压力,使得关中政权能全力对付东面的高欢集团。交好柔然,这也只能同历代王朝一样,通过和亲,送去大量的财帛。西魏初年所以出现废乙弗皇后为尼、并令其自杀这样的悲剧,可说是宇文泰创建西魏政权的政治需要,是必定要发生的。而从对内的政策来说,如何团结内部,熔各民族及其文化于一炉,泯灭民族、文化的隔阂和偏见,共同一致对外,这也是亟待解决的问题。为达到这一目的,宇文泰一方面扩大府兵制,招募关陇豪右参加这支鲜卑化了的军队,并赐这支军队的汉族将领以鲜卑复姓,士兵亦以主将的姓氏为姓,用以泯灭六镇兵将与关陇豪右氏族间的隔阂。另一方面,为改变六镇鲜卑、关陇世家的地域成见,将西迁的鲜卑族都改成京兆郡望,同时也不歧视山东郡望的将帅,即组织起被史家所称的"关陇统治集团"。用这样的办法,将这个原来民族纷繁地区的各族上层都糅合在一起了。更为重要的是宇文泰还打起了复古改制的招牌,以"周"为号召,将各族文化都联结在一起了。关陇原是统一的西周王朝的发祥地,以周为号召,实行复古的西周六官制度,这就将徙入的氐人、羌人的文化,鲜卑的文化,中原传统的文化,甚至于西来的佛教文化,都统统溶入"周"文化之中了。关陇集团的组成和打出"周"的旗号,这正是宇文泰在政治、文化上的成功之处。

乙弗氏的悲剧发生在西魏的初年。从这个悲剧故事中我们可以见到西魏初年关陇民族和文化的多元化,有鲜卑的文化、氐羌的文化、中原传统文化、西来的佛教文化等等。但到宇文泰复古改制,组织起关陇集团时,这一切都融合起来了。应当认为,这是几百年来民族分裂的必然结果。在中国历史上,统一毕竟是主流,许多民族进入中原以后,在长期的共同生活中,都融入以汉族为主体的国家中了,一些民族的名称,如鲜卑、氐、羌、羯、屠各、敕勒等等,此后都逐渐在史籍上消失了。

(原载郑炳林主编《麦积山石窟艺术文化论文集》,兰州大学出版社 2004 年版)

隋唐西北的屯田

一、隋唐时期的西北地区

在我国古代的历史上，秦汉和隋唐，可称是封建社会中两个最为繁荣强盛的时期。这两个时期虽然相距有七八百年的时间，但在许多方面却有惊人的相似之处。秦王朝是在经过了春秋战国长期分裂割据的局面以后出现的一个大一统的封建帝国。它立国甚短，然它所建立的专制主义中央集权的制度，为西汉王朝所继承，出现了我国封建史上经济、文化迅速发展的第一个高峰。隋王朝也是在经过了魏晋南北朝长达三百七十余年的分裂而后出现的一个统一的中央集权的王朝，可惜它亦是一个短命的朝代，而继它成立的唐王朝，却沿袭了隋的典章制度，成为当时世界上最强盛的国家。秦汉、隋唐不仅在国内政治、经济发展的方面非常相似，同时，在与周边各族的关系及边疆开发方面亦有许多共同的特点，这就是在这两段时期里，中原汉族王朝与周边各族的关系都非常密切，经济、文化的交流大大地加强了；边远地区在中原政权人力、物力的支援下，都进入了一个新的迅速发展的阶段。

魏晋南北朝时期，中原分裂，周边许多少数民族的首领乘机领兵进入中原，建立起了一个个封建割据政权。经过漫长、痛苦的过程，进入中原的各民族逐渐地融合在一起了。北魏孝文帝的改革，北周托古改制的实行，都有力地推进了这一融合的过程。到隋唐王朝建立后，一些过去内迁的民族如鲜卑、乌丸、丁零、卢水胡、屠各、羯、匈奴等，已不见于历史记载，出自少数民族的一些姓氏，如元、长孙、宇文、窦、刘、陆、贺、于、穆等，也都与汉人同文同俗，区分不开了。强盛的隋唐王朝，正是在民族大融合的基础上建立起来的。

在魏晋南北朝时期进入中原的周边各族不断与汉族融合的同时，一些尚留居于周边地区的小的部落却乘机兴起了。从隋唐两朝的周边民族来看，主要的是：东北有高丽，北有突厥，西有吐谷浑及西域诸国，西南有吐蕃、南诏等。隋唐两朝在西北地区设置的屯田，大抵都是与对抗突厥、吐谷浑及吐蕃，用以巩固边防、经营西域有关的。当然，随着形势和时代的发展，唐代的屯田区的设置地区有所变动，一些屯田区内部的生产和分配关系也在不断发生变化，但我们也只有在阐明了唐代西北边疆的形势以后，才能更深刻地理解唐在这一地区实行屯田和它所以不断变化的重大意义。

从南北朝末年以来，对中原政权威胁最大的莫如北方的突厥。突厥为匈奴之别种，最早居住在叶尼塞河上游，后为邻国所破，迁至高昌北山。柔然征服高昌时，亦臣服突厥，将之迁于阿尔泰山之阳，成为突厥的“锻奴”。到了5世纪的后半叶，柔然不断内乱，逐渐衰弱，突厥乘机兴起。552年，突厥首领土门大破柔然于怀荒之北，遂自号伊利可汗。至木杆可汗时，他攻灭柔然，西破嚈哒，东走契丹，北并契骨，成为漠北最强大的国家。它的疆域，“东自辽海以西，西至西海（指里海）万里，南自沙漠以北，北至北海（指贝加尔湖）五六千里，皆属焉”[①]。西域诸国亦皆在其役属

① 《周书》卷五〇《突厥传》，第909页。

之下。

突厥兴起之时，中原正是北魏分裂，继之是北齐、北周对峙的局面。木杆可汗就利用了这一形势对中原这两个政权进行掠夺与勒索。开始时，齐强周弱，突厥虽通过婚姻两边进行敲诈，但基本上是扶周抗齐，多次与北周共同出兵进攻北齐。为此，北周每年给突厥送去缯絮锦彩十万段，北齐尽管常遭攻击，然为减免些灾难，“亦倾府藏以给之”。所以，他钵可汗曾骄傲地说：“我在南两儿常孝顺，何患贫也。”[①]到后来，北周灭了北齐，突厥又立高绍义为齐帝，召集旧部，入寇幽州，围掠酒泉。他钵死，沙钵略继立。至周宣帝大象二年(580)，北周以千金公主出嫁沙钵略可汗，寇略暂止。第二年杨坚篡周建隋，千金公主每怀复仇之志，所以沙钵略可汗引军四十万在武威、天水、金城、上郡、弘化、延安等郡纵兵大掠，六畜咸尽，给隋王朝造成极大的损失。隋因派河间王杨弘、左仆射高颎、右仆射虞庆则等率兵出塞抗击，打退了突厥的进攻。

不久，突厥内部分裂，形成了东突厥和西突厥两个汗国。东突厥沙钵略可汗西为达头可汗和阿波可汗所困，东又畏契丹入侵，势力大为削弱，不得已向隋王朝称臣求和。隋王朝采用了长孙晟的“远交而近攻，离强而合弱”的政策，使得突厥内讧更加激烈。后来，到都蓝可汗在位时，隋以宗女安义公主嫁与都蓝的弟弟突利可汗，导致了都蓝与突利间的冲突。突利战败南下降隋，被封为启民可汗。隋于朔州筑大利城以居之，遂又南移入塞，迁于夏、胜二州之间，并掘堑数百里，防止都蓝的袭击。599 年末，突厥内乱，都蓝为部下所杀。西突厥达头可汗乘机占领了漠北，南下侵袭隋王朝代郡，又遣兵掠夺了启民可汗的部众与牲畜。隋

① 《隋书》卷八四《突厥传》，第 1865 页。

以杨素为云州道行军元帅,大破达头的兵众,截回了人畜。到了603年,突厥内部又发生大乱,铁勒、思结、仆骨等皆背叛达头,南下归降于启民。达头西奔至吐谷浑而死。东突厥之地,遂为启民可汗所有。

西突厥从达头向东发展以后,原地先后由泥利可汗及处罗可汗所辖。至炀帝统治初年,西突厥内部发生内乱,铁勒强大,处罗可汗遂遣使入贡。炀帝西巡张掖,用裴矩的计划,离间处罗可汗及其部下射匮之间的关系,结果射匮袭击处罗,迫使处罗东奔入朝。至此,东西突厥对隋的威胁得到了解除。

可惜的是,在隋王朝较好地解除了自古以来对中原政权威胁最大的北方游牧民族的骚扰以后,隋王朝自身却在炀帝的残暴统治下崩溃了。在北方的蒙古高原上,继启民可汗而立的始毕可汗乘中原内乱,又逐渐强大。他东征西战,建立起了"东自契丹、室韦,西尽吐谷浑、高昌诸国,皆臣属焉"的游牧帝国。615年,隋炀帝出巡雁门,为始毕可汗包围,求救于义成公主,才得解脱。隋末北方群雄为争夺政权,这时也都竭力拉拢突厥,用以扩张自己的势力。建立唐王朝的李渊,也曾称臣于突厥。《贞观政要》中即曾记述唐太宗的话说:"往者国家草创,突厥强梁,太上皇(李渊)以百姓之故,称臣于颉利。"[①]突厥从始毕可汗开始强大,经处罗可汗而至唐代初年颉利可汗时,更是"兵马强盛,有凭陵中国之志"[②]。他连年出兵进袭原州(今宁夏固原)、朔州(今山西朔县)、太原及河北等地。唐太宗刚即位,突厥即以十万骑兵进至武功,京师长安为之戒严。

唐为抗击突厥,厉兵秣马,进行了积极的准备。相反地,在

---

① 《贞观政要》卷二《任贤第三·李靖》,第38页。

② 《旧唐书》卷一九四上《突厥传》,第5155页。

颉利可汗统治之下,由于重敛役属诸部,突厥内部不断发生铁勒诸部的起义,加以连年大风雪的袭击,六畜多死,突厥汗国大大地削弱了。在此情况下,贞观三年(629)冬,唐太宗命李靖、李勣等分道出击,奚、契丹等部降唐,薛延陀与唐结成同盟,颉利更加孤立。第二年,李靖深入大漠,生擒颉利可汗,东突厥败灭。唐于是将突厥降众迁于塞内,东起幽州,西至灵州,设顺、祐、化、长四州都督进行管理,在颉利故地则设立了云中、定襄两个都督府。

后来,继东突厥而据有漠北的是薛延陀,至 646 年,也为唐将李勣所灭。到武则天在位时,东突厥又有骨咄禄、默啜的复兴,常抄掠并州、云州以及灵州、凉州等地。唐于河外筑三受降城才挡住了突厥的南下。唐玄宗时,突厥为回纥所灭。

西突厥自处罗可汗降隋后,射匮可汗遂逐步役属了玉门关以西诸国。到唐代初年,西突厥是射匮弟统叶护可汗在位。他北并铁勒,西破波斯、罽宾,有控弦之士数十万,成为西域的霸主。但到统叶护可汗一死,内部争位相互攻击,这就为唐进入西域创造了机会。早在东突厥颉利可汗败亡时,伊吾七城即随之降唐,唐于其地设立了伊州。到贞观十四年(640),唐命大将侯君集击灭高昌,于其地设立了西州和安西都护府。接着,唐将郭孝恪又击灭依附于西突厥的焉耆、龟兹,迁安西都护府于龟兹,下统龟兹、焉耆、于阗、疏勒四镇。至此,西突厥自知势单力弱,降于唐朝。唐在今天山北路一带设置了北庭都护府(在今新疆吉木萨尔),在今天山南路设立了安西都护府,各自统辖了许多羁縻州县,皆以当地的首领为地方长官。不过,在高宗初年,西突厥阿史那贺鲁又发动叛乱,唐先后命梁建方、程知节及苏定方等进行讨伐,至 657 年贺鲁被俘,西突厥汗国才完全覆灭。

继突厥而后据有漠北的是回纥。回纥在玄宗时曾出兵袭杀凉州都督王君㚟,“梗绝安西诸国朝贡道”[1]。及至安史乱起,回纥助唐平定安史,又在西北与吐蕃相持,故以和平交市为主。及至唐武宗时,回纥内乱,为黠戛斯所破,一支投吐蕃,一支投安西,一支南下,曾入掠云(治今山西大同)、朔(治今山西朔县)、西(治今新疆吐鲁番)州,并骚扰振武军(驻今内蒙古托克托)及天德军(驻今内蒙古乌拉特前旗北)。不久,这支回纥为唐将刘沔所败,余部走投室韦,后为黠戛斯所征服。

在唐代前期,对唐王朝西北边疆影响最大的还有吐谷浑和吐蕃两个少数民族建立的国家。

吐谷浑原是慕容鲜卑的一支。在这一部族迁至今青海、甘肃南部地区后,与当地的羌族融合,成为我国古代西北地区的一个古老的民族。当中原陷入十六国纷乱时,吐谷浑即已建立起了政权。经北魏、北齐、北周,这一政权虽屡次遭到中原政权的打击,然它仍能保据一方,不时给中原政权西部边境造成威胁。到隋王朝建立,吐谷浑仍不断寇掠弘州(治今甘肃临潭西)、凉州(治今甘肃武威)。隋文帝杨坚登位的第一年,即命元谐、贺娄子干引兵出击,大败吐谷浑,降其名王 17 人、公侯 13 人。[2] 但是,吐谷浑势力仍未被摧毁,以后仍不断入掠边郡,以致“西方多被其害”。文帝命贺娄子干发兵深入吐谷浑境进讨,同时还下令河右地区“勒民为堡,营田积谷,以备不虞”[3]。吐谷浑掠边的问题仍然得不到解决。一直到文帝开皇四年(584),吐谷浑内部因王位继承问题而发生内乱,接着在开皇九

① 《新唐书》卷二一七上《回纥传》,第 6114 页。

② 《隋书》卷四〇《元谐传》,第 1171 页。

③ 《隋书》卷五三《贺娄子干传》,第 1352 页。

年(589)隋又平定了陈国,南北已经统一。在这种情况下,吐谷浑才惧而“不敢为寇”,与隋王朝进行和平友好往来。后来,隋文帝还以宗女光化公主出嫁于吐谷浑主世伏。到了炀帝继位,吐谷浑主伏允又不断出兵扰掠武威、张掖等郡,炀帝曾命大将宇文述等出西平郡进行掩袭,伏允“南走雪山”。炀帝于大业五年(609)西巡时,发大军四面包围,伏允战败南逃党项,吐谷浑之地多为隋有。炀帝于其地置西海、河源、鄯善、且末四郡,并在这里大开屯田。及至炀帝末年,中原大乱,伏允又收复吐谷浑故地,复为边患。唐太宗即位以后,吐谷浑屡发兵掠夺松、岷、洮、鄯、廓、兰等州。贞观九年(635),太宗命李靖、侯君集、李道宗、李大亮等分军出击,伏允于大碛中自缢而死,国人立其子慕容顺为可汗,内附于唐。后来国内叛乱,慕容顺被杀,立其子诺曷钵为可汗,唐封其为河源郡王,并妻以宗女弘化公主。及至唐高宗龙朔三年(663),吐蕃大论禄东赞率军攻入吐谷浑,诺曷钵及弘化公主走投凉州,高宗遣右威卫大将军薛仁贵出兵援救,结果为吐蕃大败于大非川,吐谷浑故地遂为吐蕃所占有,诺曷钵则后来被唐安置于灵州(治今宁夏灵武南),“置安乐州,以诺曷钵为刺史,欲其安而且乐也”①。

如果说吐谷浑在唐初对唐王朝的西部边境的骚扰是短暂的,并没有造成严重的后果,那么,雄居青藏高原的吐蕃为唐王朝西部的劲敌,几乎是与唐祚相始终的,可以这样说,唐王朝由盛而衰,吐蕃的进扰和胁迫是其中重要的一个原因。唐代西北地区的军事屯田,很大程度上都是与抗击吐蕃相联系的。

吐蕃是今藏族祖先建立的国家,隋唐之际,在其首领松赞干布统一了西藏高原以后才逐渐强大起来。唐太宗时,曾以宗女文

---

① 《旧唐书》卷一九八《吐谷浑传》,第5300页。

成公主出嫁松赞干布，与唐和好。至唐高宗统治时期，吐蕃吞并了吐谷浑故地，并大败薛仁贵于大非川，于是“连岁寇边”[①]，给唐王朝西部边境造成严重的威胁。接着，吐蕃又于678年大败唐将刘审礼于青海，进而与西突厥贵族联合，出兵西域，攻陷龟兹、疏勒等安西四镇，迫使唐在河西走廊及西域地区派兵防守，不断与吐蕃争战。至武则天统治时期，武威军总管王孝杰大破吐蕃，安西四镇才得以恢复。此后，唐蕃虽然使书往来，互通婚姻，但战争仍然不断。特别是到睿宗时吐蕃得到肥美的河西九曲之地（今青海省共和县一带），于是“顿兵畜牧”，更增强了实力。“自是连年犯边”，以致造成“甘、凉、河、鄯征发不息”。玄宗开元、天宝年间，郭知运、王君㚟、萧嵩、崔希逸、杜希望、盖嘉运、哥舒翰等唐代有名的将领镇守河西、陇右，以对抗吐蕃。及至安史之乱，河陇重兵东调入靖国难，于是吐蕃乘机吞并了“凤翔之西、邠州之北”的大块土地[②]，将唐蕃边界一直东移到西安附近。后来唐王朝不断反击，把防线西推到灵盐、泾原一带，并在这一地带实行屯田，才使西部边疆逐步巩固下来。这一形势一直延续到唐宣宗时期，由于吐蕃内部出现了封建割据，唐乘机收复了原州、威州、秦州及石门、萧关等地。沙州张议潮也在大中二年（848）发动起义，唐命为归义军节度使。至此，吐蕃为患的问题总算得到了较彻底的解决。但是，这时的唐帝国本身亦已千疮百孔，内部矛盾重重，河陇之地名为唐有，实际上也是无力顾及，河西、陇右的许多地方，都是一些半独立的政权，互相争战不已。如河西走廊之地，甘州为回鹘所占，凉州为嗢末政权，敦煌为归义军张氏所有。这种情况，一直延续到唐代灭亡。后来大体上都为新起的西夏政权所吞并。

---

① 《旧唐书》卷一九六上《吐蕃传上》，第5223页。

② 《旧唐书》卷一九六上《吐蕃传上》，第5236。

从以上可以看出,唐代从立国之时起,在西北边疆上先后有东突厥、西突厥、吐谷浑等的抄略,继之则有吐蕃、回纥等劲敌。唐为对付这些少数民族政权,除了出兵袭击以外,还得在边疆驻兵防守。驻兵就有个粮食、装备问题。自古以来,西北是个地广人稀的地区,地方所收粮食远不能满足驻守军队的需要。因此,屯田也就成为我国西北边疆自古以来的一项重要政策。唐代的屯田,也就是随着边疆形势的发展而在今新疆天山南北路,青海湟水流域,以及甘肃、宁夏的河西走廊、泾原、灵盐一带实行的。

二、隋唐时期西北屯田的概况

(一)

在边州屯田,这是两汉以来中原政权一直推行的政策。魏晋以后,南北分据,北方拓跋魏及北齐、北周政权,皆曾于边境屯田,北魏之初,太祖拓拔珪于登国九年(394),"使东平公元仪屯田于河北五原,至于棝杨塞外"①。后来破中山,徙山东六州民吏等36万于平城附近,"各给耕牛,计口授田"②。事实上这也类似汉代民屯的性质。《魏书·于栗磾传附于烈传》曾说:

> 延兴初,敕领宁光宫宿卫事,迁屯田给纳。

这屯田给纳,显然是北魏前期屯田系统中的一位官员。至于北魏更大规模的屯田,则是在孝文帝太和年间。太和十二年(488),李彪建议:

---

① 《魏书》卷二《太祖纪》,第26页。

② 《魏书》卷一一〇《食货志》,第2850页。

别立农官，取州郡户十分之一以为屯民，相水陆之宜，料顷亩之数，以赃赎杂物余财市牛科给，令其肆力。一夫之田，岁责六十斛，蠲其正课，并征戍杂徭役。[1]

孝文帝采纳了这一建议，于是：

自此公私丰赡，虽时有水旱，不为灾也。[2]

北魏承十六国大乱之后，中原地荒人稀，在各州郡实行屯田，自然具备这样的条件。北魏于各州郡实行屯田的同时，更重视边地的屯田。《魏书·范绍传》说道，宣武帝时，北魏攻取义阳，以范绍为义阳太守，他于是：

发河北数州田兵二万五千人，通缘淮戍兵合五万余人，广开屯田。

这里所说河北田兵同缘淮士兵一起屯田，在《魏书·食货志》中也有记载：

自徐扬内附之后，……乃令番戍之兵，营起屯田，又收内郡兵资与民和籴，积为边备。

缘淮地区屯田，应是北魏为防御南朝各代北进而设立的。至于河北地区，《魏书·杨播传附弟杨椿传》说道：

自太祖平中山，多置军府，以相威摄。凡有八军，军各配兵五千，食禄主帅军各四十六人。自中原稍定，八军之兵，渐割南戍，一军兵才千余，然主帅如故，费禄不少。椿表罢四军，减其帅百八十四人。州有宗子稻田，屯兵八百户，年常发夫三千，草三百车，修补畦堰。椿以屯兵惟输此田课，更无役

① 《魏书》卷六二《李彪传》，第1386页。

② 《魏书》卷一一〇《食货志》，第2857页。

> 徭,及至闲月,即应修治,不容复劳百姓,椿亦表罢。

杨椿在宣武帝时为定州刺史,这里所说拓跋珪平定中山时有8个军府,每军5千,当有4万人,后来稍调南戍,这同我们上面所引《范绍传》中所说河北田兵2.5万与缘淮士兵共同屯田是相吻合的。可见在河北的八军,其中很大一部分是田兵。另外还从这条材料中知道,在定州还有宗子所属的屯兵800户,这可能与北魏时期部落领兵制度有关的。这批屯兵,也是从事耕作的。

北魏在西部的屯田,史书未有记载,但是太武帝太平真君年间,北魏曾灭掉鄯善国"留军屯守",以交趾公韩拔为"假节,征西将军,领护西戎校尉、鄯善王以镇之,赋役其人,比之州县"①。

北魏在此留军屯守,也只能是效法两汉,实行屯田。

至于河西地区,《魏书·食货志》说:

> 世祖之平统万,定秦陇,以河西水草善,乃以为牧地。畜产滋息,马至二百余万匹,橐驼将半之,牛羊则无数。

显然,这里是北魏的屯牧地区。

及至北魏分裂,北齐、北周相继建立,这两个北方政权仍然实行屯田政策。东魏孝静帝武定年间,崔昂即曾上疏说:

> 屯田之设,其来尚矣。曹魏破蜀,业以兴师,马晋平吴,兵因取给。朝廷顷以怀、洛两邑,邻接边境,薄屯丰稔,粮储已赡,准此而论,龟镜非远。其幽、安二州,控带奚贼、蠕蠕;徐、扬、兖、豫,连接吴越强邻,实藉转输之资,常劳私籴之费。诸道别遣使营之,每考其勤惰,则人加劝励,仓廪充实,供军

---

① 《魏书》卷一〇二《西域传》,第2262页。

济国,实谓在兹。

他建议在东魏沿边各州实行屯田,为当时执政的高澄所采纳。此后,在北齐废帝乾明中,尚书左丞苏珍之,“议修石鳖等屯,岁收数十万石”[①]。孝昭帝时,平州刺史稽晔亦在幽州屯田:

开幽州督亢旧陂,长城左右营屯,岁收稻粟数十万石,北境得以周赡。又于河内置怀义等屯,以给河南之费,自是稍止转输之劳。

武成帝河清三年(564),在公布均田令的同时,又下令:

缘边城守之地,堪垦食者,皆营屯田,置都使、子使以统之。一子使当田五十顷,岁终考其所入,以论褒贬。[②]

从上可见,北齐屯田的规模是很庞大的。

西魏在大统年间即开始注意进行屯田。《周书·薛善传》说道:

寻征为行台郎中。时欲广置屯田以供军费,乃除司农少卿,领同州阳夏县二十屯监。

后来,他又被“追论屯田功,赐龙门县子,迁黄门侍郎,加车骑大将军、仪同三司”。看来,同州屯田曾收到极好的效果。在薛善于同州屯田的同时,王思政亦在弘农“修城廓、起楼橹,营农田,积刍秣”,用军队进行屯田。史称,“弘农之有备,自思政始也”[③]。此后,宇文贵为兴州刺史,“贵表请于梁州置屯田,数州丰足”[④]。

① 《隋书》卷二四《食货志》,第676页。
② 《隋书》卷二四《食货志》,第678页。
③ 《周书》卷一八《王思政传》,第295页。
④ 《周书》卷一九《宇文贵传》,第313页。

李贤为河州刺史：

> 贤乃大营屯田，以省运漕，多设斥候，以备寇戎。于是羌、浑敛迹，不敢东向。①

西魏、北周的屯田，见于史籍的大略如上。

到了隋代，南北统一，北破突厥，西并吐浑，采裴矩之策，开通西域，一时呈现出极其繁荣的景象。然而，隋自炀帝继位，穷兵黩武，徭役不息，民怨沸腾，终于爆发了规模宏大的农民起义。不久，杨隋政权也就在农民反抗斗争的烈火中覆灭了。

杨隋立国虽短，但也实行过屯田政策。早在文帝开皇之初，赵仲卿为朔州刺史，史称"于是塞北盛兴屯田，仲卿总统之"。这位人称"猛兽"的封建官吏，因严酷而取得了"收获岁广，边戍无馈运之忧"②的效果。在西北地区，文帝开皇二年(582)，吐谷浑寇边，西境多被其害，文帝命贺娄子干驿驰至河西，发五州兵讨之，大掠其国而还。对吐谷浑寇边，文帝以为陇西"不设村坞"之故，所以下令贺娄子干"勒民为堡，营田积谷，以备不虞"。但是，贺娄子干以为：

> 陇西、河右，土旷民稀，边境未宁，不可广为田种。比见屯田之所，获少费多，虚设人功，卒逢残暴。屯田疏远者，请皆废省。③

文帝采纳了这一意见。从贺娄子干的话可以得知，陇西、河右屯田，自北周以来即有，只是费功甚多，所获甚少，这大概是与当时北有突厥，南有吐浑，常遭寇掠所致。到了大业五年(609)，炀帝

① 《周书》卷二五《李贤传》，第417页。

② 《隋书》卷七四《赵仲卿传》，第1696页。

③ 《隋书》卷五三《贺娄子干传》，第1352页。

西巡，大败吐谷浑，于其地设置了河源、西海、鄯善、且末四郡，把今青海大部分及新疆东南一角归于隋王朝直接管辖。与此同时，炀帝命刘权：

> 过曼头、赤水，置河源郡、积石镇，大开屯田，留镇西境。[①]

显然，这是指军队的屯田。为了加强这一地区的防卫，《隋书·食货志》还说，炀帝还“谪天下罪人，配为戍卒，大开屯田，发西方诸郡运粮以给之”。似乎这四郡的屯田，在此之后仍不断有所发展。

在平定吐谷浑之后，炀帝很快就将兵锋转而向东，发动了侵略高丽的战争，随之而来的全国性的农民起义，使隋王朝很快地崩溃了。

（二）

李唐王朝从其立国之始就开始实行屯田政策，特别是在西北地区屯田，则是唐王朝为防止西突厥、吐谷浑以及吐蕃在边境寇掠的一项重要措施。

唐代的屯田，是从唐高祖武德年间开始的，武德三年（620），李渊以窦威为益州行台左仆射。为了防止隋末复兴的吐谷浑向东寇掠，窦威“始屯田松州”[②]。此后，武德六年（623），并州大总管长史窦静又上表高祖李渊：“请于太原置屯田以省馈远。”[③]河间王李孝恭在武德中为荆州大都督时亦“开置屯田，创立铜

① 《隋书》卷六三《刘权传》，第1504页。

② 《新唐书》卷九五《窦威传附窦轨传》，第3845页。

③ 《资治通鉴》卷一九〇，高祖武德六年条，第5974页。

冶”[1]。其后,随着国内政局的稳定和对周边各族战争取得胜利,唐王朝在内地及边区都曾开置屯田。如贞观年间,张公谨于代州上表请置屯田。[2] 张俭于代州组织思结部落营田,以致“每年丰熟”[3]。

唐代大规模设置屯田,《唐六典》卷七“屯田郎中”条下曾记载了玄宗开元年间全国屯田的概况:

> 凡天下诸军州管屯总九百九十有二。
>
> 河东道:大同军四十屯。横野军四十二屯。云州三十七屯。朔州三屯。蔚州三屯。岚州一屯。蒲州五屯。
>
> 关内道:北使二屯。盐州牧监四屯。太原一屯。长春一十屯。单于三十一屯。定远四十屯。东城四十五屯。西城二十五屯。胜州一十四屯。会州五屯。盐池七屯。原州四屯。夏州二屯。丰安二十七屯。中城四十一屯。
>
> 河南道:陈州二十三屯。许州二十二屯。豫州三十五屯。寿州二十七屯。
>
> 河西道:赤水三十六屯。甘州十九屯。大斗十六屯。建康一十五屯。肃州七屯。玉门五屯。安西二十屯。疏勒七屯。焉耆七屯。北庭二十屯。伊吾一屯。天山一屯。
>
> 陇右道:渭州四屯。秦州四屯。成州三屯。武州一屯,岷州二屯。军器四屯。莫门军六屯。临洮军三

① 《旧唐书》卷六〇《河间王孝恭传》,第 2348 页。
② 《旧唐书》卷六八《张公谨传》,第 2507 页。
③ 《旧唐书》卷八三《张俭传》,第 2776 页。

十屯。河源二十八屯。安人一十一屯。白水十屯。积石一十二屯。富平九屯。平夷八屯。绥和三屯。平戎一屯。河州六屯。鄯州六屯。廓州四屯。兰州四屯。南使六屯。西使一十屯。

河北道:幽州五十五屯。清夷十五屯。北郡六屯。威武一十五屯。静塞二十屯。平川三十四屯。平卢三十五屯。安东一十二屯。长阳使六屯。渝关一十屯。

剑南道:雟州八屯。松州一屯。

开元二十二年,河南道陈、许、豫、寿又置百余屯。二十五年,敕以为不便,并长春宫田三百四十余顷,并令分给贫民。

《唐六典》和《新唐书·食货志》都说唐开元时有屯田992屯。然按《唐六典》所列,各道合计1039屯。除盐屯29屯外,尚有1010屯。其中在今西北地区除陇右、河西326屯之外,还应包括关内的盐州牧监、单于、定远、东城、西城、胜州、会州、盐池、原州、夏州、丰安、中城等240屯。合计应为566屯。这一数字已占当时全国屯田总数的一半以上,从此亦可见唐王朝在西北屯田的重要意义。

唐王朝在西北屯田,最早都是与军事有关的。在唐太宗统治时期,唐对吐谷浑、西域用兵不断取得胜利,此时就已开始了西北的军事屯田,《旧唐书·吐蕃传》说:

贞观中,李靖破吐谷浑,侯君集平高昌,阿史那社尔开西域,置四镇。前王之所未伏,尽为臣妾,秦汉之封域,得议其土境耶!于是岁调山东丁男为戍卒,缯帛为军资,有屯田以资糗粮,牧使以娩羊马。大军万人,小军千人,烽戍逻卒,万

> 里相继,以却于强敌。

这段材料说明了唐代西北屯田的起因,但仍未指出唐在西北屯田的具体年代与地点。最早明确指出唐在西北屯田的具体地点和年代的是《旧唐书·黑齿常之传》。黑齿常之在高宗永隆(680)中为河源军大使,他以为:

> 河源军正当贼冲,欲加兵镇守,恐有运转之费,遂远置烽戍七十余所,度开营田五千余顷,岁收百余万石。

自此以后,有娄师德、郭元振先后屯田于灵、夏两州及陇右、河西地区,郭虔瓘、张孝嵩、王斛斯等屯田于西域。

为使我们对唐代西北屯田的规模、发展状况有比较全面的了解,兹分西域、河西、河湟,以及丰、胜、灵、盐、泾、原等几个地区来加以叙述。

甲、西域地区的屯田

西域地区,这里主要指的是今新疆维吾尔自治区的境内。唐在这一地区的屯田,应该是从唐太宗平定高昌开始的。《旧唐书·褚遂良传》说道:

> 陛下诛灭高昌,……岁遣千余人远事屯戍,终年离别,万里思归,去者资装,自须营办,既卖菽粟,倾其机杼,经途死亡,复在其外,兼遣罪人,增其防遏。

这里所说的"远事屯戍",当然主要指的是戍边。但军队戍边,自两汉以来都是既耕且战的。千人屯戍,当亦有耕种的任务。褚遂良所说"兼谴罪人",则显然是效法汉武帝的措施了。汉武帝曾不断强徙徒隶至边郡屯田,唐谴罪人至高昌,亦应是用来屯田的。

唐代初年在西域屯田，我们亦可从吐鲁番出土文书中得到一些印证。

唐代平定高昌，是在太宗贞观十四年（640）八月，以其地置西州。在吐鲁番出土的文书中，有一件《唐贞观十四年西州高昌县李石柱等户手实》[①]，说到李石柱于贞观十四年九月即已向当地政府申报人口状况及土地数字。由此可见，仅有一个月的时间，唐王朝就已着手在这里推行均田制了。可以想象，伴随着均田制的推行，唐为解决这一地区驻军的粮食，不可能不在这里实行屯田。更何况在麹氏高昌时期，麹氏政权就实行过屯田，在吐鲁番发现的文书中有这样几件：《高昌延昌酉岁屯田条列得横截等城葡萄园顷亩数奏行文书》[②]、《高昌义和三年（616）屯田条列得水讁麦斛斗奏行文书》、《高昌延寿九年（631）屯田残奏》[③]。唐在灭高昌以后，很可能就继承了高昌屯田的土地。吐鲁番阿斯塔那 91 号墓出土的《唐苏海愿等家口给粮三月帐》等十件家口给粮帐[④]，其中给粮分有丁男、丁妻妾、中小、小男等不同的标准，我以为这是唐代贞观年间分给屯田家口的帐目。因为 91 号墓出土的文书有纪年的是贞观十七年至贞观十九年，这十件文书亦当在贞观年间。由唐地方政府发给一家老少口粮，应该不是戍兵，因为戍兵是不带家口的。带妻妾老少在西州并由当地发给口粮的，可能就是褚遂良所说的全家被发遣来屯田的罪人。

如果说唐代初年在西州屯田仅只是推测的话，那么，在武周、中宗时期则就有文书可据了。吐鲁番阿斯塔那 230 号墓出的《武

① 《吐鲁番出土文书》第 4 册，第 71 页。

② 《吐鲁番出土文书》第 5 册，第 2 页。

③ 《吐鲁番出土文书》第 3 册，文物出版社 1981 年版，第 195、282 页。

④ 《吐鲁番出土文书》第 6 册，文物出版社 1985 年版，第 18—37 页。

周天授二年(691)总纳诸色逋悬及屯收义纳粮帐》[①]和阿斯塔那518号墓出土的《唐西州某县事目》[②]中记载有"为给白水屯种子支供讫"条,明白说到了关于屯田的事情。当然,有关唐代在西域屯田的资料,还是《唐六典》说得比较全面。《唐六典》说到在西域屯田的有安西20屯、疏勒7屯、焉耆7屯、北庭20屯、伊吾1屯、天山1屯,共为56屯。其中最多的是安西、北庭二处,多达20屯。然而,这两处屯田,正史阙载,我们只能根据一些间接的资料和吐鲁番出土的文书加以补充。

《唐六典》所说的疏勒、焉耆各7屯,应即在今喀什、焉耆境内。而所说的安西20屯,应指的是安西都护府的所在地龟兹而言的。太宗时,先置安西都护府于西州交河城,后破龟兹,移安西都护府于龟兹。高宗及武后初期,由于吐蕃势力深入,安西都护府不断迁徙于西州及龟兹之间,及至武后长寿元年(692),王孝杰大破吐蕃,收复四镇,"自此复于龟兹置安西都护府,用汉兵三万人以镇之"[③]。一直至玄宗时不曾移动。玄宗开元中改安西都护府为安西四镇节度使。《唐六典》所说的安西20屯,应指的是在龟兹一带的屯田,但并不包括安西四镇其他地区在内。《旧唐书·杜暹传》曾说到,开元四年(716),杜暹"迁监察御史,仍往碛西复屯"。碛西,应指的是安西都护府的辖区。《唐会要》卷七八"节度使"条载:

> 安西四镇节度使,开元六年三月杨嘉惠除四镇节度经略使,自此始有节度之号,十二年以后,或称碛西节度,或称四镇节度。

---

① 《吐鲁番出土文书》第8册,文物出版社1987年版,第166页。

② 《吐鲁番出土文书》第7册,文物出版社1986年版,第345页。

③ 《旧唐书》卷一九八《西戎传·龟兹传》,第5304页。

又据《新唐书·方镇表》所载,开元四年(716),置“安西大都护领四镇诸蕃大使”。开元六年(718),置“安西都护领四镇节度、支度经略使,副大都护领碛西节度、支度经略等使,治西州”。碛西节度虽在开元六年后由安西副都护所兼,但碛西之名,应指莫贺延碛之西,早已有之。杜暹至碛西复屯,《通典》卷二四“监察侍御史”条注说:“开元五年,监察御史杜暹往碛西复屯仓。”可见安西一带早在唐代就是重要的屯田区了。杜暹去碛西时,当时安西副大都护是郭虔瓘。不久,张孝嵩为安西都护,史称他“在安西,务农重战,安西府库,遂为充实”①。所谓“务农重战”,也应指的是在安西屯田。

关于在安西的屯田,也散见于唐人文集中。《曲江张先生文集》中曾多次提到过安西屯田的事,其中卷一〇《敕安西节度王斛斯书》中说:

> 朕虽在九重,心悬万里,念虑之至,想所知之,近既加兵,惟忧粮储,诸处屯种,今复如何?逆贼有谋,还虑残暴,必须善守,无令损失。

同卷给王斛斯的另一敕中,玄宗还特别提醒他说:

> 近日狂虏形候如何,屯收是时,尤需预备。

卷一一《敕北庭都护盖嘉运书》说:

> 且苏禄猖狂,方拟肆恶边城,经冬不去,西州近复烧屯,亦有杀伤。

按突骑施苏禄与唐发生冲突,始自开元十一年(723)以后。《旧唐书·杜暹传》载,杜暹为安西都护时,苏禄妻金河公主以马千

---

① 《旧唐书》卷一〇三《郭虔瓘传附张嵩传》,第3189页。

匹来安西互市,为杜暹所辱,因之:

> 苏禄大怒,发兵分寇四镇。会杜暹入知政事,赵颐贞代为安西都护,城守久之,由是四镇贮积及人畜并为苏禄所掠,安西仅全。苏禄既闻杜暹入相,稍引退,俄又遣使入朝献方物。①

杜暹为安西都护,据万斯同《唐镇十道节度使表》是在开元十一至十四年(723—726)。②《资治通鉴》载此事于开元十四年。这次乱事,苏禄还曾与吐蕃勾结,给唐在西域的统治造成很大的威胁。此后,按《资治通鉴》所录,开元十八年(730),"突骑施遣使入贡"。开元二十四年(736)春,"北庭都护盖嘉运击突骑施,大破之"。同年八月,"突骑施遣其大臣胡禄达干来请降,许之"。这就是说,突骑施苏禄之乱从开元十四至二十四年才基本结束。《唐方镇年表》卷八载王斛斯为安西四镇节度是起自开元二十一年(733),至开元二十八年(740)才为田仁畹所代。盖嘉运为北庭经略使起自开元二十二年至开元二十八年(734—740)。张九龄代玄宗所撰的诏敕,则应是开元二十一年至开元二十四年间之事。玄宗在这些敕文中最为忧虑的是屯田的耕种与收获,从此亦可见安西屯田在开元时期已成为唐王朝控制西域最重要的物资来源了。

北庭屯田,史书记载甚少。上引《敕北廷都护盖嘉运书》即说的西州屯。另有《新唐书·吐蕃传》中谈到:

---

① 《旧唐书》卷一九四下《突厥传》,第5191页。

② 吴廷燮《唐方镇年表》卷八作开元十二至十四年,中华书局1980年版,第1230—1231页。《资治通鉴》卷二一二记载开元十二年春三月,"起暹为安西副大都护、碛西节度等使",第6758页。

初太宗平薛仁杲，得陇上地；虏李轨，得凉州；破吐谷浑、高昌，开四镇。玄宗继收黄河积石、宛秀等军，中国无斥候警者几四十年。轮台、伊吾屯田，禾菽弥望。

轮台、伊吾，都在北庭都护境内。《唐六典》说到，北庭境内有北庭20屯、伊吾1屯、天山1屯。根据发现的西域文书，北庭境内屯田是较多的。《贞松堂藏陲西秘籍丛残》中有一件《唐开元中北庭都护府流外官名簿》的文书，其中记有"北庭都护府功曹府流外肆品、云骑尉营田第一等赏绯鱼袋王孝□"等四人的官衔。值得注意的是，四人中，三人都有"营田第一等"的记载。这营田第一等，应是与屯田有关的。

另外，涉及与屯田有关的文书，以伊吾、西州两地最多，现已公布的就有《吐鲁番出土文书》第8册所收的《唐开元十年(722)伊吾军上支度营田使留后司牒为烽铺营田不济事》、《唐开元十一年(723)状上北庭都护所属诸守捉斸田顷亩牒》、《唐伊吾军典张琼牒为申报斸田斛斗数事》、《唐开元某年伊吾军典王元琮牒为申报当军诸烽铺斸田亩数事》、《唐北庭都护支度营田使文书》、《唐伊吾军诸烽铺营种豆床文书》、《唐西州都督府上支度营田使牒为具报当州诸镇戍营田顷亩数事》、《唐残营田名籍》[①]等二十几件。还有池田温《中国古代籍帐研究》中收的《唐开元年代西州屯营田收谷计会》、《唐开元年代伊州伊吾军屯田文书》、《唐开元十九年正月—三月西州天山县到来符帖目》、《唐开元十九年正月西州岸头府到来符帖目》、《唐开元年代西州诸曹答帖目》、《唐天宝元年七月交河郡纳青麦状等》十来件和黄文弼先生《吐鲁番考古记》中提到的《天山府分配地子残牒》等。一共算起来，现已公布的已有三十来件了。

① 《吐鲁番出土文书》第8册，第194—232页。

在以上的这些文书中，除了涉及西州屯田、天山屯田、伊吾军屯田以外，还提到了沿边镇戍烽铺的营田。上引《唐西州都督府上支度营田使牒为具报当州镇戍营田顷亩数事》的文书中说道：

1.西州都督府　　牒上　　敕

2.合当州诸镇戍营田总壹拾□顷陆拾▭

3.赤亭镇肆拾贰人营□□顷　　维磨戍▭

4.柳谷镇兵叁拾人□□□肆顷　酸枣戍▭

5.白水镇兵叁拾▭营田陆顷　曷畔戍兵▭

6.银山戍兵▭营田柒拾伍▭

7.　　右被□度营田使牒当州镇戍田顷亩

8.　　戍兵▭及营田顷数

（下略）

这件所说的应是西州都督府下所属镇戍的人数和营田亩数。这些镇戍所种土地是否属于唐所定的“每伍拾顷为一屯”的屯田区之内？还是属于镇戍零星开垦的土地？我看应属于后一种。盖有“伊吾军之印”的《唐开元十年伊吾军上支度营田使留后司牒为烽铺营田不济事》及《唐开元年代伊州伊吾军屯田文书》的两件文书中有如下记载：

▭田水，纵有者去烽卅廿

▭上，每烽烽子只有三人，两人又属警固，近烽不敢不营，里数既遥，营种不济，状上者，曹判：近烽者，即勒营种，去地远者不可施功，当牒上支度使讫。

（下略）

又：

（前欠）

远　军　界

☐伍拾亩种豆　拾贰亩☐检校健儿焦思顺。

☐叁亩种豆　廿亩种麦　检校健儿成公洪福。

☐用　水　浇　溉

军

☐亩　苜蓿烽地伍亩，近屯。

☐都罗两烽　共伍亩

烽铺近屯，即侵屯☐

（后略）

这两件文书中，前一件说的烽铺附近地应予营种，远烽之地无力施功。后一件开列了各烽种豆、种麦的亩数，特别引人注目的是有"苜蓿烽地伍亩、近屯"、"烽铺近屯、即侵屯"的两段。所谓"近屯"、"侵屯"，应是指靠近屯田区的土地和侵蚀屯田区的土地。也从此可见，烽铺营种的零星土地，不属于50顷1屯的屯田区之内的。《新唐书·食货志》曾说：

镇戍地可耕者，人给十亩以供粮。

以上几种有关镇戍烽铺土地文书，应是指此种土地。这也就是说，西州、伊州有许多镇戍烽铺士兵开垦的零星土地。伊、西如此，西域各地镇戍也应当有这种土地。在我们叙述唐代西域屯田的时候，不能忽略这方面开垦的土地。

乙、河西地区的屯田

河西地区，指的是今兰州黄河以西的走廊地带。这一地区的屯田，一般说最早的记载是《旧唐书·郭元振传》。该传说到，武后大足元年（701），郭元振为凉州都督，他曾命甘州刺史李汉通于甘州"开置屯田，尽水陆之利"，以致"积军粮支数十年"。因此治史者多以此为河西屯田之始。其实，在此之前，河西屯田早已存在。陈子昂在武后执政之初曾有《上西蕃边州安危事三条》的奏摺，其中就说到甘、凉屯田的情况，他说：

> 顷至凉州，闻其仓储，惟有六万余石，以支兵防。才周今岁。虽云屯田收者，犹在其外。略问其数，得亦不多。……又至甘州，责其粮数，称见在所贮积者，四十余万石，今年屯收，犹不入计。

他认为甘州兵少，屯田收获不多，应该增加人力，所以建议：

> 甘州宜便加兵，内得营农，外得防盗，甘州委积，必当更倍。何以言之，甘州诸屯，皆因水利，浊河灌溉，良沃不待天时，四十余屯，并为奥壤，故每收获，常不减二十万，但以人功不备，犹有荒芜。今若加兵，务穷地利，岁三十万，不为难得。①

陈子昂去河西，根据罗庸先生《陈子昂年谱》的考证，是在武后垂拱二年（686）。他跟从左豹韬卫将军刘敬同北征，自居延海返回，途经甘、凉，回京后写了这篇奏摺。因此，罗庸以为此摺应作于"本年秋冬之际"②。如果这一推论无误，则甘、凉屯田，在李汉通之前就已存在了。从陈子昂所说看，甘州 40 屯，岁获 20 万石，已是一个规模相当大的屯田区了。后来，至武后神功

---

① 《陈子昂集》卷八，第 193、195 页。

② 罗庸：《陈子昂年谱》，载《国学季刊》第 5 卷第 2 号，1935 年；后收入《陈子昂集》，第 309—359 页。

元年(697),娄师德拜纳言,并诏"师德充陇右诸军大使,仍检校河西营田事"①。以宰相之重而知河西营田,于此亦可见武后对河西屯田之重视。到玄宗时,《唐六典》所载,当时河西道有154 屯,除去西域 56 屯,尚有 98 屯。其中赤水 36 屯、甘州 19 屯、大斗 16 屯,建康 15 屯、肃州 7 屯、玉门 5 屯。赤水,即赤水军,按《资治通鉴》卷二一五胡三省注:"赤水军在凉州城内,兵三万三千人。"这也就是说,在凉州境内有 36 屯。建康军"置在甘、肃二州界。证圣元年(695),王孝杰开四镇回,以两州界回远,置此军焉"②。经考证,应在今甘肃高台县境内的骆驼城。大斗军,李吉甫以为在"凉州西二百里。本是赤水军守捉,开元十六年(728)改为大斗军,因大斗拔谷为名也"③。大斗拔谷,即今民乐县之扁都口。建康、大斗两军之屯田,都应在甘州境内。玉门军,"肃州西二百余里,武德中杨恭仁置"。"开元中,玉门县为吐蕃所陷,因于县城置玉门军。"④在唐玉门县境内,也即今玉门市境内。从上可知,玄宗时,河西走廊中凉、甘、肃各州皆有屯田。陈子昂所说的甘州 40 屯,是否包括建康军、大斗军在内,没有说明。如果将两军都加在内,玄宗时甘州应是 50 屯,比之武后时也有增加。

关于河西屯田,除了上述史籍记载以外,敦煌遗书的发现也为我们提供了重要的资料。P. 2942《河西巡抚使判集》中即曾提到过有关屯田的事情。如这件文书的第 101 行说:

> 建康军请肃州多乐屯。

---

① 《旧唐书》卷九三《娄师德传》,第 2976 页。

② 《唐会要》卷七八《节度使》,第 1428 页。

③ 《元和郡县图志》卷四〇《陇西道下·凉州》,第 1018 页。

④ 《元和郡县图志》卷四〇《陇西道下·凉州》,第 1025 页。

第137行:

瓜州屯田请取耒处均充诸欠。

《唐六典》说到肃州有7屯,这多乐屯是否即7屯中的1屯,不得而知。但文书说到瓜州有屯田,却是《唐六典》所未见的。

《唐六典》只说到凉、甘、肃三州屯田,没有涉及敦煌。敦煌是否有屯田呢?我以为肯定是有的。《东城父老传》中曾说到,开元遗老贾昌回忆当年盛世时说过:

河州敦煌道,岁屯田,实边食,余粟转输灵州,漕下黄河,入太原仓,备关中凶年。关中粟麦藏于百姓。[①]

贾昌所说虽然地域不太清楚,但他提到了敦煌有屯田。上引《河西节度使判集》中有这样的记载:

161. 子亭申□作田苗秋收,称虫损不成欠耒。

162. 虫霜旱涝,盖不由人,类会较量,过应在己。勒令陪备,又诉

163. 贫穷,不依乡原,岂可无罪。

据有人考证,161行漏缺一"屯"字,"耒"字应作"定课"解释。[②]这几行是对子亭申报屯田收成不好的批示。子亭,应是地名,即唐代敦煌南面的子亭镇。这一地名在西凉时即有。《晋书·凉武昭王李玄盛传》中说:"筑城于敦煌南子亭,以威南虏。"在敦煌发现的遗书中,如《敦煌名族志》、《沙州都督府图经》、《寿昌县地

---

① 李昉等:《太平广记》卷四八五,中华书局1961年版,第10册,第3994页。

② 安家瑶:《〈唐永泰元年(765)—大历元年(766)河西巡抚使判集(伯2942)〉研究》,载北京大学中国古代史研究中心编《敦煌吐鲁番文献研究论集》第1辑,中华书局1982年版,第248—249页。

境》,都说到子亭在敦煌南面。“子亭申屯作田苗秋收”,说明唐敦煌境内有屯田是无疑的。

近年以来,对敦煌是否有屯田的问题,有些同志在论著中也作过推断。韩国磐先生根据盖有“河西支度使印”的《唐定兴等户残卷》文书,以为敦煌“有营田或屯田的土地存在”。[①] 姜伯勤同志撰写的《上海藏本敦煌所出河西支度营田使文书研究》一文,考定此卷为吐蕃统治时期遗物。吐蕃占领沙州,仍沿用了“河西支度营田使”之名,一直到789年才停。他还认为,这件文书不仅是“反映了河西营田由镇戍兵屯田转为用僦募方式招农民强户营田这一转折”,同时也是“开启了吐蕃在沙州继续置营田官而推行营田的局面”。[②] 两位先生的推断应是可信的。在吐蕃统治沙州时期,发现的文书中有P. 3774《丑年十二月僧龙藏牒》,其中说到:

> 齐周于官种田处,种得床。寅、卯、辰三年,每年得床三车。

这种官田交民耕种的办法,是唐代后期随着土地私有制的发展而在屯田区内逐渐普遍实行的租佃关系。文书中所说齐周“于官种田处”,“每年得广禾三车”,可能种的就是吐蕃的营田。这种营田,就是继承唐的营田而来的。

从以上可见,唐王朝在河西走廊的屯田,遍及唐于走廊所设的凉、甘、肃、瓜、沙五州。

---

① 韩国磐:《根据敦煌和吐鲁番发现的文书略谈有关唐代田制的几个问题》,载《历史研究》1969年第4期。

② 姜文见北京大学中古史研究中心编《敦煌吐鲁番文献研究论集》第2辑,北京大学出版社1985年版,第329—360页。

丙、河湟地区的屯田

河湟地区,这里指的是唐王朝的鄯州、廓州、河州、洮州等郡。早在隋代,炀帝于大业五年(609)平定吐谷浑,就在这一地带大开屯田,用以巩固边防。及至隋末大乱,吐谷浑复国,河湟的屯田也一定受到了影响。贞观九年(635),唐太宗再次平定吐谷浑,为同吐蕃争夺河湟地区,这里的屯田在唐前期又再次发展起来。

据《唐六典》所列,河湟地区屯田包括有:

鄯州境内:鄯州6屯、白水军10屯、安人军11屯、绥和守捉3屯、威戎军1屯、河源军28屯、临洮军30屯,共为89屯。

廓州境内:廓州4屯、积石军12屯,共为16屯。

河州境内:仅有莫门军6屯。

以上共有125屯,占陇右道172屯的2/3以上。如以全国计算,河湟地区的屯田占全国1/10以上。从以上亦可看出这一地区屯田规模之大。

河湟地区屯田规模之所以很大,主要原因是这一地区是防止吐蕃向东进扰的前沿而驻有大量军队的缘故。吐蕃从唐高宗统治时期开始即逐步蚕食了吐谷浑的故地,不断进扰唐王朝的边境。唐王朝为了阻挡住吐蕃的进攻,调集了大量的军队在这里驻防。据《资治通鉴》卷二一五"玄宗天宝元年(742)"条记载:

> 陇右节度备御吐蕃,统临洮、河源、白水、安人、振武、威戎、漠门、宁塞、积石、镇西十军,绥和、合川、平夷三守捉,屯鄯、廓、洮、河之境,治鄯州,兵七万五千人。

在开元后期,全国有十节度使,陇右节度使所统的军队,仅次于范阳节度使,位居第二。驻有这么多的军队,为解决军粮,减轻运输的压力，在两汉以来原有基础上扩大屯田的规模，这也就是必然的事情了。

河湟地区的屯田，文献资料记载最早的是高宗时期的娄师德和黑齿常之。《资治通鉴》卷二〇二"高宗仪凤三年(678)九月"条载：

> 师德迁殿中侍御史、充河源军司马，兼知营田事。

接着，黑齿常之于高宗永隆元年(680)七月，由河源军副使升为河源军大使，于是在河源大开屯田。《新唐书·吐蕃传》说：

> 常之为河源军经略大使。乃严烽逻，开屯田，虏谋稍折。

《旧唐书·黑齿常之传》说：

> 常之以河源军正当贼冲，欲加兵镇守，恐有运转之费，遂远置烽戍七十余所，度开营田五千余顷，岁收百余万石。

很显然，黑齿常之于河源屯田是为了防止吐蕃进扰，解决驻军粮食的。到了武后执政，这里形势仍是非常紧张。她曾以宰相娄师德为"河源、积石、怀远等军及河、兰、鄯、廓等州检校营田大使"①。到了玄宗开元年间，张说《河州刺史冉府君神道碑》说："河州军镇要冲，屯田最多。"②《唐六典》所说的河湟地区125屯，这应该是在高宗、武后两朝屯田的基础上发展起来的。

关于开元以后河湟屯田的情况，《旧唐书·哥舒翰传》曾有这样的记载：

> 天宝六载，擢授右武卫员外将军，充陇右节度副使、都知关西兵马使、河源军使。先是，吐蕃每至麦熟时，即率部众至

① 《旧唐书》卷九三《娄师德传》，第2976页。

② 董诰等：《全唐文》卷二二八，中华书局1983年版，第3册，第2310页。

积石军获取之,共呼为"吐蕃麦庄",前后无敢拒之者。至是,翰使王难得、杨景晖等潜引兵至积石军,设伏以待之。吐蕃以五千骑至,翰于城中率骁勇驰击,杀之略尽,余或挺走,伏兵邀击,匹马不还。

这里所说的积石军,按《元和郡县图志》卷三九《陇右道上》"廓州"条载:

> 积石军,在州西南一百五十里。仪凤二年(677)置。西临大涧,北枕黄河,即隋浇河郡所理。

廓州当时仅有化城、达化、米川三县,全州仅有户3964。积石军所在地并没有县治,但有军7000人,屯田12屯。[①] 吐蕃所掠的麦田,不大可能是当地居民的麦田,应是积石军屯田无疑。哥舒翰是玄宗时的名将,也因这次立功,代王忠嗣为"陇右节度、支度、营田副大使,知节度事"。及至天宝八年(749),哥舒翰攻取石堡城,《新唐书·哥舒翰传》说:

> 遂以赤岭为西塞,开屯田,备军实。

比之于开元年间又有了扩展。

及安史之乱起,陇右唐军东调,河湟陷蕃,这里的屯田也就完全归吐蕃所有了。

丁、丰胜和灵盐、泾原的屯田

唐王朝前期,为防止突厥南下,玄宗时于灵州设朔方节度使,统经略、丰安、定远三军,三受降城、安北、单于二都护府,屯灵、夏、丰三州之境。灵州、丰州、胜州及三受降城是防御突厥的最前

---

① 《资治通鉴》卷二一五,玄宗天宝六载(747)条,第6878页。

线。在这一带驻有大量的军队，于是也就在这里屯田。按《资治通鉴》记载，开元中这些地方有军 64700 人。隋时这里因属河套地区，就已屯田。《元和郡县图志》卷四《关内道四》“胜州榆林县”条下记：

> 平河水，首受黄河，隋文帝开之以通屯仓。

这屯仓，应即是屯田仓。到了唐代，《旧唐书·娄师德传》说到武后天授初，以娄师德为：

> 左金吾将军、兼检校丰州都督，仍依旧知营田事。

这“仍依旧知营田事”，说明在此之前早已在这里屯田了。以都督知营田，应该是军队耕种的。开元十四年七月，《唐会要》卷七八“节度使”条载：

> 除王晙带关内支度、屯田等使。

这就是《唐六典》所说的，在北边这条防线上，有单于、东城、西城、中城、胜州等 136 屯，大多属于军事系统，由节度使管理经营。安史之乱以后，吐蕃、回鹘、党项内逼，丰州一带屯田一度荒废。《旧唐书·回纥传》说，代宗刚即位，派中使刘清潭与回纥修好，可是，回纥为史朝义所诱，早就引兵南下：

> 然回纥业已发至三城北，见荒城无戍卒，州县尽为空垒，有轻唐色，乃遣使北收单于兵马仓粮，又大辱清潭。

由此可见，这里屯田此后多有荒废。也因此之故，至德宗年间，杨炎又曾建议扩大丰州屯田了：

> 宰相杨炎请屯田丰州，发关辅民凿陵阳渠。[严]郢习朔边病利，即奏：“旧屯肥饶地，今十不垦一，水田甚广，力不及而废，若发二京关辅民浚丰渠营田，扰而无利。”

严郢又言:“五城旧屯地至广,请以凿渠粮俾诸城,夏贷冬输,取渠工布帛给田者,令据直转谷,则关辅免调发,而诸城辟田。”炎不许,渠卒不成,弃之。[①]

丰州屯田,德宗时期,李景略为丰州刺史时,曾“凿咸应、永清二渠,溉田数百顷,公私利焉”[②]。但总的来说,在安史之乱后,由于人力不足,经营不善,逐渐缩小了。这也可能与两税法实行以后,土地私有制加速发展,军事屯田也逐渐向租佃方面转化有关。

灵盐、泾原地区,唐前期这里是抵御突厥的第二道防线。按《唐六典》所列屯田,这里有牧监、会州、原州、盐池、夏州等 22 屯和定远军的 40 屯,丰安军的 27 屯,共为 89 屯。定远、丰安两军都在灵州境内。据李吉甫的《元和郡县图志》卷四记载,灵州自汉魏以来就修有许多渠道,如汉渠、胡渠、御史渠、百家渠等八渠。北魏在此置弘静镇,并且“徙关中汉人以充屯”,可见规模本来就比较大。该书“灵州”条下还说,贺兰山之东,黄河之西,“有平地数千顷,可引水灌溉,如尽收地利,足以赡给军储也”。说明这里屯田还大有发展的余地。安史之乱后,《新唐书·吐蕃传》记载:

> [大历]十三年(778),虏大酋马重英以四万骑寇灵州,塞汉、御史、尚书三渠以扰屯田,为朔方留后常谦光所逐,重英残盐、庆而去。

又,德宗贞元八年(792)吐蕃出兵:

> 寇灵州,陷水口,塞营田渠。发河东、振武兵,合神策军击之,虏引还。又寇泾州,掠田军千人。

---

① 《新唐书》卷一四五《严郢传》,第 4728、4729 页。

② 《旧唐书》卷一五二《李景略传》,第 4074 页。

正因为灵州地当河套，土地肥沃，是中原历代王朝屯田的最好基地，所以，吐蕃在占有西部地区以后，不断派兵破坏渠道，用以削弱唐王朝的边防力量。

盐州、会州、原州、泾州一带，安史之乱前并不算是边州。这里置屯，应与牧监有关。盐州设屯，《唐六典》已明确标出是牧监。原州也应与牧监有关。李吉甫说：

> 贞观中自京师东赤岸泽移马牧于秦、渭二州之北，会州之南，兰州狄道县之西，置牧监以掌其事。仍以原州刺史为都监牧使。
>
> 监使地，东西约六百里，南北约四百里。①

原州是都牧监之所在地，故在这里亦设置屯田。这些都是与军事有关的。

《唐六典》所载关内道的屯田，指的是开元时期的状况。安史之乱后，灵盐、泾原屯田的记载就比较多了。灵州，宪宗元和中，李听为灵盐节度使，史称：

> 境内有光禄渠，废塞岁久，欲起屯田，以代转输，听复开决旧渠，溉田千余顷，至今赖之。②

敬宗长庆年间，有记载说：

> 灵武节度使奏于特进渠新置营田六百顷。③

文宗时，王起为户部尚书判度支，他上奏：

① 《元和郡县图志》卷三《关内道三》，第 59 页。

② 《旧唐书》卷一三三《李晟传附子李听传》，第 3683 页。

③ 《册府元龟》卷五〇三《邦计部·屯田》，第 6037 页。

于灵武、邠宁起营田。[①]

至于泾原一带,早在代宗时,段秀实为泾原节度使下的营田官,当时曾有这样一件事:

初,秀实为营田官,泾大将焦令谌取人田自占,给与农,约熟归其半。是岁大旱,农告无入,令谌曰:"我知人,不知旱也。"责之急,农无以偿,往诉秀实。秀实署牒免之,因使人逊谕令谌。令谌怒,召农责曰:"我畏秀实邪!"以牒置背上,大杖击二十,舆致庭中。秀实泣曰:"乃我困汝。"即自裂裳裹疮注药,卖己马以代偿。[②]

泾原节度使,按《新唐书·方镇表》为代宗大历三年(768)所置。可见从设置之时即有营田官。将领夺人田而交农耕种,耕者因旱而又诉之于营田官。这种田疑其本来就是官田。将领的职田或俸禄不足,故骄悍者夺而交他人耕种,营田官亦只好不闻不问。旱而无收又告营田官,因为只有营田官才能管理官田的收成好坏。至于强令交纳一半收成的租佃关系,这是唐后期随着私有制的发展而出现的。

继代宗之后,到德宗贞元初年,刘昌曾为泾州刺史、充四镇、北庭行营、兼泾原节度、支度、营田等使,《旧唐书·刘昌传》说:

昌躬率士众,力耕三年,军食丰羡,名闻阙下。

这里的所谓"力耕",也应是耕种屯田。贞元四年(788),李元谅为陇右节度、支度、营田、观察、临洮军使,移镇良原(泾州良原县,今甘肃灵台县梁原乡一带),史称:

---

① 《旧唐书》卷一六四《王播传附弟王起传》,第4278—4279页。

② 《新唐书》卷一五三《段秀实传》,第4849—4850页。

良源古城多摧圮，陇东要地，虏入寇，常牧马休兵于此。元谅远烽堠，培城补堞，身率军士，与同劳逸，芟林薙草，斩荆榛，俟干，尽焚之，方数十里，皆为美田。劝军士树艺，岁收粟菽数十万斛，生殖之业，陶冶必备。①

李元谅所开垦之田，如以一亩一石计，则有数十万亩。德宗以后，至穆宗长庆初年，杨元卿为泾州刺史、泾原渭节度观察等使、兼充四镇、北庭行军，《旧唐书·杨元卿传》说：

元卿乃奏置屯田五千顷，每屯筑墙高数仞，键闭牢密，卒然寇至，尽可保守，加检校工部尚书。营田成，复加使号。

一直到宣宗时，泾原屯田仍有发展。裴度子裴识为泾原节帅，他也在这里"整戎器，开屯田"②，取得了显著的效果。

值得注意的是，《唐六典》在叙述关内屯田时，没有述及邠、宁两州。按《元和郡县图志》卷三《关内道三》"邠州永寿县"条下记：

醴泉苑，在县东北十里，并宫，并周所立，后废。贞观四年(630)，置醴泉监，兼置屯五所，隶司农寺。

唐太宗时，邠州即有隶司农寺的5屯。安史之乱后，《旧唐书·高崇文传》说到，贞元十四年(798)，崇文为长武城使，"积粟练兵，军声大振"。长武城在邠、宁两州之交界处，所谓"积粟"，应指屯田耕作。到了文宗时期，上面曾引过，王起于邠宁起营田。至宣宗大中年间，毕𫍯为邠宁节度，他以为"边境御戎，以兵多积谷为上策"，于是：

① 《旧唐书》卷一四四《李元谅传》，第3918页。

② 《新唐书》卷一七三《裴度传附子裴识传》，第3219页。

> 召募军士，开置屯田，岁收谷三十万石，省度支钱数百万。①

安史之乱以后，唐在泾原、邠宁大开屯田，应是与吐蕃势力发展有关的。前面曾经说到，安史乱起，吐蕃乘机占有陇右、河西十几州之地。代宗时，还曾一度攻入长安。此后，吐蕃虽被迫退出长安，但泾原、邠宁等州，已成了唐蕃争斗的地区了。如代宗大历时，为防备吐蕃，郭子仪屯邠州，李抱玉屯高壁，马璘屯原州，李忠臣屯泾州。又如德宗时期，贞元二年（786），“吐蕃寇泾、陇、邠、宁数道，掠人畜，取禾稼，西境骚然”。贞元三年（787）九月，破连云堡，“驱掠连云堡之众及邠、泾编户逃窜山谷者，并牛畜万计，悉其众送至弹筝峡。自是泾、陇、邠等贼之所至，俘掠殆尽”②。一直到宣宗大中年间，吐蕃宰相尚恐热以秦、原、安乐三州及石门、木硖等七关降唐，西边防线才减轻了压力。而在肃宗、代宗至宣宗的近一百年间，泾原、邠宁都驻有大量的军队以防吐蕃，为解决军粮，于是大开屯田。

以上概略地叙述了唐代西北地区屯田的状况。当然，除了上述四个规模较大的地区之外，在《唐六典》及一些史籍中还有涉及其他地区的屯田，如《唐六典》说到关内屯田有长春 11 屯，当指的是长春宫使，《唐会要》卷五九“长春宫使”条说道：

> 开元八年（720）六月，同州刺史姜师度，兼营田长春宫使。
>
> 二十九年（741）十一月十七日敕，新丰、朝邑屯田，令长春宫使检校。

---

① 《旧唐书》卷一七七《毕諴传》，第 4609 页。

② 《旧唐书》卷一九六下《吐蕃传》，第 5249、5256 页。

这说明在京师附近也有屯田的。再如岐州,《唐六典》未曾涉及,但《旧唐书·朱忠亮传》说到,代宗大历年间,“诏镇普润县,掌屯田”。普润县属岐州,肃宗改岐州为凤翔府。《元和郡县图志》卷二《关内道二》在“凤翔府普润县”下记载:

> 普润县,隋大业元年(605),于此置马牧,又置普润屯,后废屯置县。

这普润县屯田,应从隋以来即有。总之,唐代在西北地区的屯田,几乎是遍及西北各州,只不过是在沿边地区规模较大,内地规模较小而已。

三、隋唐屯田的管理及经营

(一)

在西北边州实行屯田,这是自两汉以来中原政权的一贯政策。汉武帝于边郡屯田,郡设农都尉、屯田校尉,中央则大司农统之。《通典》卷二三《职官典五》“工部尚书”条记载有屯田郎中一人,下注:

> 汉成帝置尚书郎四人,其一人掌户口、垦田,盖尚书屯田郎之始也。

西汉的尚书郎是一种加官,在皇帝身边主作文书。这种官一般是主管政令,不可能管理具体的事务。屯田的具体事务,还是由大司农管理的。曹魏时,尚书台下有农部郎,也是只管农事政令的,具体事务仍由大司农主管。大司农下有典农中郎将、典农校尉和典农都尉,这些都是具体“主郡县屯田”的官吏。曹魏的屯田,与前代屯田有所不同。大司农下属的典农中郎将和典农都尉等,都

自成系统,相当于地方的州县。也因此之故,到曹奂咸熙元年(264)罢屯田时就下过这样的诏令:

罢屯田官以均政役,诸典农皆为太守,都尉皆为令长。①

这些典农中郎将、典农都尉之下还署有司马、功曹、纲纪、上计吏、稻田守、丛草吏等吏人。至于军队,按《三国会要》引《北堂书钞》、《太平御览》所述,军中设有度支中郎将、度支校尉、度支都尉等官,这些官是:

魏黄初中置,掌诸军屯田。②

曹魏有民屯、官屯之分,典农与度支两职,大概就是这两个系统在职官上的区别。

及至西晋,上引《通典》卷二三《职官典五》说:

至晋始有屯田尚书。及太康中,谓之田曹,后复为屯田。江左及宋齐,则左民郎中兼知屯田事,梁陈则曰侍郎,后魏、北齐并为屯田郎。

从上可见,屯田分由尚书郎官和大司农两官管理的制度,是从两汉就开始了的。而以屯田作官名,则开始于西晋,由此以后,历代继承了这种分管的制度,也继承了这一官名。

隋代,尚书省工部尚书下设屯田侍郎两人主屯田政令。各地屯田,分由司农寺及州县管理。《隋书·百官志》说:

缘边交市监及诸屯监、每监置监、副监各一人。畿内者隶司农,自外隶诸州焉。

---

① 《三国志》卷四《魏书·三少帝纪》,第153页。

② 钱仪吉:《三国会要》卷二五《职官四·大司农·度支中郎将》,上海古籍出版社1991年版,第509页。

即京畿的屯属司农,而其他各地的屯则属州县。这种制度,唐代仍然是照样实行的。唐尚书省工部尚书下仍设有屯田郎中和屯田员外郎。《旧唐书·职官志》说:

屯田郎中一员,从五品上,龙朔为司田大夫也。员外郎一员,从六品上。……郎中、员外郎之职,掌天下屯田之政令。凡边防镇守,转远不给,则设屯田,以益军储。其水陆腴瘠,播种地宜,功庸烦省,收率等级,咸取决焉。诸屯田役力,各有程数。凡天下诸军州管屯,总九百九十有二。大者五十顷,小者二十顷。凡当屯之中,地有良薄,岁有丰俭,各定为三等。凡屯皆有屯官、屯副。凡京文武职事官,有职分田。京兆、河南府及京县官,亦准此。

尚书省工部屯田郎中,仍是管理全国屯田政令的机构。它只是制订各种规章制度,而不具体管理各地的屯田。具体管理各地屯田的,则是司农寺和地方州镇。《通典》卷二《屯田》说:

大唐开元二十五年令,诸屯隶司农者每三十顷以下、二十顷以上为一屯,隶州镇诸军者,每五十顷为一屯,应置者皆从尚书省处分。

又《文献通考》卷五六《职官考十·司农卿·诸屯监》说:

诸屯监,隋置诸屯监及副监,畿内者隶司农,自外者隶诸州。唐因之置监及丞,掌管种屯田,勾当功课、畜产等事。

唐代这些制度,都是继承隋代而来的。全国屯田分属两个部分,即京城附近的属司农寺,地方则属诸州县。属于司农寺的,除上有监、丞等官之外,下设有屯主:

屯主劝率营农,督敛地课。

每屯主一人,屯副一人,主簿一人,录事一人,府二人,史五人。①

若属于诸军州县的,则应由司户参军管理。《通典》卷三三《职官十五》"总论郡佐"条说:

> 司户参军:……大唐掌户口、籍帐、婚嫁、田宅、杂徭、道路之事。

又载:

> 景龙三年,诸州加置司田,开元中省。乾元之后,又分司户置参军一员,位在司户下。诸府则曰田曹,开元中省。乾元之后,又分司户置焉。

户口、田宅为司户参军所管,州县屯田,则亦属之。中宗以后曾设有司田参军,此职专管田宅,系从司户参军中分出来的。② 在《旧唐书·职官志》中,州县的官吏,司户参军之下都有"司田参军事一人",应是根据肃宗乾元之后的制度列入的。《唐会要》说到司田参军下还有"田正三人",则显然是司田参军的属吏。州县的屯田,也设有屯主、屯副,具体管理屯田的事务。

对于边地的州县,唐代前期设有营田使。《新唐书·百官志》说:

> 边州别置经略使,沃衍有屯田之州,则置营田使。

经略使之名,《文献通考》以为起自贞观二年:

---

① 《新唐书》卷四八《百官志》,第1263页。

② 《唐会要》卷六九《判司》条:"景云三年八月二日敕,诸州置司田参军一员,唐隆元年(710)七月十九日废。上元二年(761)九月二十一日又置,并置田正三人",第1216页。此条"景云"应是"景龙"之误。景云在唐隆之后,不存在唐隆废景云年间诏敕之说。

唐贞观二年，边州别置经略使，此盖使名之起。[①]

而营田使起自何时，史籍并未明指。是否贞观年间与经略使一起设置，不太清楚。但至迟在高宗、武后时即已见诸史书。前边曾引到，娄师德在高宗时即曾以“河源军司马、兼知营田事”。武后天授中，又曾以“左金吾将军、兼检校丰州都督、依旧知营田事”。长寿二年(693)以宰相之重为“河源、积石、怀远等军及河、兰、鄯、廓等州检校营田大使”。到武后神功元年(697)，以纳言“充陇右诸军大使，仍检校河西营田事”。娄师德初以河源军司马知营田，说明当时军使、节度使并未兼营田使，如《新唐书》所指，营田使是别置的。但是，边镇设军、屯田，都与军事紧密相关，为有利于统一部署，故军使、都督逐渐兼知营田了。到睿宗以后，出现了节度使，于是由节度使兼为营田使。节度使兼营田使最早的是《新唐书·方镇表》所指的景云元年(710)：

置河西诸军州节度、支使、营田、督察九姓部落、赤水军兵马大使。

从开元之后，节度使兼领营田使遂成定额。马端临说：

盖唐制一道兵政属之节度使，民事属之观察使，然节度多兼观察。又各道虽有度支、营田、招讨、经略等使，然亦多以节度使兼之。盖使名虽多，而主其事者每道一人而已。[②]

及至安史之乱后，唐宪宗在与藩镇的斗争中取得了一连串的胜利，于是在元和十三年(818)下诏别置营田使：

事关军旅，并属节制，务系州县，悉归廉察，二使所领，孰

① 《文献通考》卷六二《经略使》，第561页。

② 《文献通考》卷六一《职官十五·采访处置使》，第555页。

> 非管辖。诸道度支营田,承前各别置使。自艰虞以后,名制因循。方镇除授之时,或有兼带此职,遂令纲目,所在各殊。今者务修旧章,思一法度,去烦就理,众心为宜。唯别敕置营田处置使,且令仍旧。其忠武、凤翔、武宁、魏博、山南、山东、横海、邠宁、义成、河阳等道支度营田使,及淮南支度,近已停省,其余诸道,并准此处分。①

对于这件事,《唐会要》作者曾有评论,以为景云、开元间,节度、支度、营田等使是并置的,一人兼管者少。而安史之乱后,优宠节将,节度、支度、营田、观察等使归于一人成为惯例,朝廷无可奈何,而至宪宗元和年间,由于“群盗渐息,宰臣等奏罢之”②。这是分藩镇之权,以便加强中央统治力量的一种措施。但从西北地区来看,安史之乱后,河西、陇右陷蕃,而泾原、灵盐、邠宁等地屯田,宪宗以后仍由杨元卿、裴识、毕瑊等节帅所经管,这大概是由于边地军防的需要。

唐代屯田管理系统,大致如上所说,即分司农寺及地方州镇诸军两个系统。不过这里要说明的,边地州镇诸军的屯田,因带有军事性质,故兵部亦参与管理。《新唐书·食货志三》在述及屯田时说道:

> 岁以仲春籍来岁顷亩、州府军镇之远近,上兵部,度便宜遣之。

至于唐代屯田的具体管理办法,《通典》卷二《食货典》“屯田”记载:

---

① 宋敏求:《唐大诏令集》卷一〇一《停诸道支度营田使敕》,商务印书馆1969年版,第515页。

② 《唐会要》卷七八《节度使》,第1434页。

> 其屯官取勋官五品以上及武散官并前资边州县府镇戍八品以上文武官内，简堪者充。据所收斛斗等级为功优。诸屯田应用牛之处，山原川泽，土有硬软。至于耕垦用力不同，土软处每一顷五十亩配牛一头，强硬处一顷二十亩配牛一头。即当屯之内，有硬有软，亦准此法。其稻田每八十亩配牛一头。诸营田若五十顷外，更有地剩，配丁牛者，所收斛斗，皆准顷亩折除，其大麦、荞麦、干萝卜等准粟计折斛斗，以定等级。

《通典》所说的一是屯官的人选：是取勋官五品以上、武散官，以及曾在边州镇戍当过八品以上的文武官内选派。二是屯田配牛按土质软硬区别。三是说一屯五十顷外的土地配牛办法同屯田的土地一样。四是说屯田所交大麦等按粟折计斛斗。但这里并未说到屯田收获的奖惩办法。《通典》卷一〇《食货典》"盐铁"条记载：

> 又屯田格："幽州盐屯，每屯配丁五十人，一年收率满二千八百石以上，准营田第二等；二千四百石以上，准第三等；二千石以上，准第四等。大同、横野军盐屯，配兵五十人，每屯一年收率千五百石以上，准第二等；千二百石以上，准第三等；九百石以上，准第四等。"

这里说的是盐屯的人数、产量标准、奖惩办法。不论何种地区，盐屯每屯五十人是额定的，产量则因不同地区有不同的定额。幽州盐屯比之于大同、横野的盐屯产量指标要高得多。达到不同的指标，分记不同等级的功勋。这种办法这里是指盐屯，而《通典》在叙述此条时说的是"屯田格"，看来，屯田亦应如此。前面曾引到的《唐开元中北庭都护府流外官名簿》中，有"营田第一等赏绯鱼袋"的记录，应是在营田中获得功勋的奖励。可惜有关这些具体的办法,今已不得其详了。

（二）

在涉及唐代屯田的管理时,必然也就牵连到一些同志在过去讨论过的问题:唐代的“营田”和“屯田”有没有区别？营田是不是屯田？对这一问题,学界大致有两种看法:一种看法认为屯田与营田没有区别,营田就是屯田;一种看法认为屯田与营田在唐初是没有区别的,只是到了中唐之后,两者在管理体制上、经营方式上,以及生产者的身份上有了差异。对这一问题,我也想谈一点自己的看法。

关于营田之名,《资治通鉴》卷二四八“宣宗大中三年(849)八月”条注引宋白云:

> 营田之名,盖缘边多隙地,蕃兵镇戍,课其播植,以助军须,谓之屯田。其后中原兵兴,民户减耗,野多闲田,而治财赋者如沿边例开置,名曰营田。行之岁久,不以兵,乃招致农民强户,谓之营田户。复有主务败阙犯法之家,没纳田宅,亦系于此。自此诸道皆有营田务。

营田务确系中唐以后所置,但营田之名,并不像《资治通鉴》注所说的,在安史之乱以后于内地屯田才有的。翻阅史籍可知,唐代初年早就有营田之名了。而且,还把屯田叫做营田。例如《新唐书·食货志》即载:

> 唐开军府以捍要冲,因隙地置营田,天下屯总九百九十二。

这里说的营田就是屯田。又如《旧唐书·黑齿常之传》中所说,他在河源的屯田是:

度开营田五千余顷,岁收百余万石。

显然,这也指的是屯田。《旧唐书·娄师德传》也是把营田、屯田混称的。娄师德在武后天授初“累授左金吾将军,兼检校丰州都督,仍旧知营田事”。而武后这时下书慰劳说:

自卿受委北陲,总司军任,往还灵、夏,检校屯田,收率既多,京坻遽积。

这些例子说明,营田之名早已有之。新旧《唐书》的作者大概也因营田之名早已有之,而且都认为唐代的屯田就是营田。所以,一些同志就以为营田、屯田没有什么区别,也不存在《资治通鉴》所说的,前期边地叫屯田,安史之乱后中原开闲田叫营田了。

我以为《资治通鉴》及近年一些同志所作的有关营田、屯田的论断还是不够全面的。

首先,从字义上来说,屯、营两字的含义是有差别的。屯者,戍也、守也,兵耕谓之屯田。营者,治也、耕也,凡营种土地谓之营田。两者耕种的都是国家所有的土地这一点是完全相同的。但推敲两字的差别,则显然有所区别。营田,指的是凡属国家所有的土地,由各级官吏经营管理的,都可叫营田;屯田之地亦为国家所有,不论是由司农寺还是由州镇军主管,也都可以叫营田。但是,屯田,则明确指的是士兵所耕之地。这种土地只是国家所经营土地中的一部分,并不等于全部。国家经营的土地还应包括士兵耕种以外的如职田、驿田、公廨田等其他官田。所以,屯田不等于营田,屯田应是营田中的一部分。

其次,我们从唐代有关制度,以及发现的敦煌、吐鲁番文书来看,也不如《资治通鉴》注所说的。

唐代尚书省中,工部尚书下的屯田郎一职,《旧唐书·职官志》只说到“掌天下屯田之政令”,“凡京文武职事官,有职分田,京兆、河南及京县官，亦准此。"《新唐书·百官志》则说："掌天下屯田及京文武职田，诸司公廨田，以品给焉"，比旧《志》多讲了公廨田。《六典》大致同旧《志》，只不过在后面加上了"凡军州边防镇守，转运不给，则设屯田"，似乎更注重屯田设置的原因。说得比较全面的还是《通典》的记载。《通典》卷二三《职官典五》记载屯田郎中一人：

> 掌屯田、官田、诸司公廨、官人职分、赐田及官园宅等事。

屯田郎中所管的土地是很多的，不仅有边州士兵耕种的屯田，还有分散在各州县的官田、公廨田、职分田、官园宅等等。这些分散在州县的土地，当时是由地方州县负责经营管理的，也不是士兵耕种的，而是由一般百姓种的。根据敦煌发现的文书，这种土地也叫营田。大谷文书 2836 号背《周圣历二年三月敦煌县检校营田人等牒》、大谷文书 2834 号背《周长安四年前后敦煌县状》两件文书，都涉及了敦煌县这种土地经营的事情。现将两件文书转录如下：

周圣历二年三月敦煌县检校营田人等牒

1. 平康乡

2. 司马地一段十四亩，城北三里宋渠。东渠、西渠、南渠、北张住。

3. 右件地平康乡人宋怀道种麦。

4. 主簿地一段十亩，城北五里西支渠。东道、西渠、南张立、北张怀操。

5. 右件地神沙乡人索怀亮种麦。

6. 牒件通当乡阙职官人地见种麦，具状如前，自

7. 余者并总见空，无人佃种，今依状上，谨牒。

8. 圣历二年三月廿日里正氾素牒

9. 检校营田人氾孝才
10. 检校营田人张慈员
11. 检校营田人左　彻
12. 检校营田人雷善仁
13. 检校营田人索　复
14. 都检校前旅帅索　爽

周长安四年前后敦煌县状

（前缺）

敦煌县之印

1. 逃人郭武生田改配马行僧、马行感等营
2. 右得索孝义牒，称前件人等昨配
3. 营田并隔越，今请改配者，件配如
4. 前，丞判任依便状贴知营
5. 牒件状如前，状至准许状营种，不得
6. 失时。二月廿一日　史郭超状。①

前一件说的是阙职官人地分由平康乡人宋怀道和神沙乡人索怀亮种麦。现经六位营田检校人核对审实，申牒上报。后一件说的是逃人郭武生的土地改配给马行僧、马行感，理由是以前配给的土地“隔越”，所以索孝义申牒上报。显然，前一件讲的是官吏的职田，后一件讲的是逃人的荒田，改配他人耕种。荒田属官，也同职田一样，都是官田。从所有制来说，两件都讲的是国家所有的土地。后一件盖有“敦煌县之印”，说明是由地方州县管理和经营的。耕种的人不是士兵，而是一般百姓。这两件文书中有“营田”字样，前一件载有官府派的“检校营田人”，后一件把官地配

① 《中国古代籍帐研究》录文部分，第336、345页。

民耕种也叫“营田”,可见在唐初把这种官地的经营都是叫做“营田”的。

基于以上的认识,我以为所谓“营田”,在屯田之外,还应包括地方州县管理的,由一般百姓耕种的,各种分散的国家土地。简言之,凡官地耕种都叫“营田”。而屯田,在唐代前期则似乎只指士兵耕种的土地,并不包括其他的官田。检阅唐史资料,似未曾见过把各州县分散的官田也叫做“屯田”。

正因为营田管得宽,包括屯田及其他官地,而屯田只管士兵耕种,所以,从唐初开始,在边州有屯田之处设“营田使”,而不叫“屯田使”。从官名来说,屯田使只能管士兵种的土地,管不了地方官田的经营,营田使就可以既管士兵屯田,也管地方的官田。

我们上面所说《资治通鉴》注说得不全面,指的是注者把屯田、营田硬分成两个部分,在唐初边地官田叫屯田,中期后中原官地叫营田。事实上唐初屯田也叫营田,所设管理屯田的官吏也叫营田使。说近年来一些作者说得不全面,指的是他们将五代、北宋时期的有关营田的概念搬到唐代来了。在安史之乱后,由于土地私有制的发展,国家官地多采用租佃的形式,边地屯田亦是如此。故屯田、营田不分应是安史之乱后的事情,唐代前期两者是不同的。

(三)

唐代在西北地区既有营田,也有屯田;既有属于军镇的,也有属于地方州县的,所以我们在论述唐代西北屯田时,对这两方面都必须加以注意。

当然,不管是屯田,还是营田,从所有制来说,两者都是国家土地所有制。不过,即使都是国家土地所有制的土地,却也由于有地区的差别、时代先后的不同,其经营方式亦很不一致。

唐代前期在西北地区最主要的当然是士兵的屯田。唐在西北开置屯田的目的,正如《旧唐书·职官志》所说的:

边防镇守,转运不给,则设屯田以益军储。

在屯田地区中的劳动力,应都是戍防的士兵。唐代前期实行府兵制度,戍边士兵,正如褚遂良所说:“去者资装,自须营办”,是自带绢帛,至边地交纳以后再换取粮食。唐初用这种士兵进行屯田生产,就不存在报酬和向国家借粮或租佃等问题。士兵屯田,只是一种变相的兵役。屯田所需种子、耕牛、农具皆由国家供给,屯田收获也应是全部交给国家。后来,府兵制度逐渐破坏,士兵改为招募,国家发给衣粮。但士兵屯田,其所需物品当然仍由国家供应,而收获粮食当然也为国家所有。在西域及敦煌发现的文书中,我们即曾见到过屯田区领取种子、农具、耕牛及交纳所收获粮食的各种记载。流入日本的大谷文书3472[2]《唐开元十九年正月至三月西州天山县到来符帖目》的文书中即有这样一条:

营田使牒,为天山屯车牛农具,差人领屯官农具,限牒到日送事。①

又前所说P.2492《河西节度使判集》的文书也有这样的记载:

1.建康无屯牛,取朱光财市充。

2.使司支计,只凭军资,比年绝无,如何准给,今既府库虚竭。

3.自合当处圆融。建康悬军,复无人户,若令独办,又恐阙

4.如,终须量事支持,余欠当军率税。肃州朱光身死,

① 《中国古代籍帐研究》录文部分,第359页。

承袭

5. 都无子孙，资畜已闻官收，且取用充市牛直。

说的是建康屯缺乏耕牛，节度使批示，其他已无人户，难以独办。将肃州绝户朱光的财产变卖用以购牛。建康军既无人户，屯种者必是士兵无疑。上两件是天山屯、建康屯领取农具耕牛的文书。

另一件大谷3786《唐开元年代西州屯营田收谷计会》，则说的是屯田上交所收获的粮食帐目了。

（上略）

天山屯营田五十顷收

[三百一]十五石六斗青稞

[　　]廿一石小麦

[　　]卅六石粟

[八石九斗八]升五合，柳中屯营田卅顷收

[一百廿一]石三斗二升一合床

[　　十]七石六斗六升四合粟

（后缺）①

这里引的就是天山屯、柳中屯粮食收获的上交数额。

因为这些屯是由士兵耕种的，我们也在文书中见到了州县派人帮助屯田耕作的例子。有一件《唐开元年代西州诸曹符贴目》中提到：

兵曹符，为差输丁廿人，助天山屯事。②

① 《中国古代籍帐研究》录文部分，第351页。

② 《中国古代籍帐研究》录文部分，第263页。

据《新唐书·食货志三》记载：

> 诸屯以地良薄与岁之丰凶为三等，具民田岁获多少，取中熟为率。有警，则以兵若夫千人助收。

“以兵若夫千人助收”一语，应指的是派人帮助收获。这件文书所说，正是西州派人帮助天山屯的事情。

以上讲的是士兵屯田的情况。

到了中唐以后，由于土地私有制的急剧发展，均田破坏，府兵来源枯竭，代之以边地招兵戍防。这种戍兵屯田固然也不存在分配上的问题，但这种强制性很强的劳役屯田，却引起了士兵的不满，特别是从边地招募的士兵皆有家属，在当时土地兼并日益激烈的情况下，安排士兵及其家属的生活亦成了一个大问题。因此，在原来屯田的土地上，除保留有士兵耕作这种方式以外，也采用了如地方州县经营官田的办法，招民佃种，收其租赋。上引《资治通鉴》注中说到的“招致农民强户谓之营田户”，就是指的这种形式。《资治通鉴》所说指的是安史之乱后的中原地区，事实上早在安史之乱前，西北地区就已采用了这一形式。大谷文书4915《唐天宝元年七月交河郡纳青麦状》就是反映这种租佃形式的。现录如下：

> 1. 浑孝先纳天宝元年屯田地子青麦贰石又
> 2. 纳吕才艺屯田地子青麦壹硕贰斗又纳浑定
> 3. 仙贷种子青麦壹硕贰斗又纳浑孝先贷种
> 4. 天宝元年七月十三日史王虔[①]

与这件性质相同的，还有黄文弼先生所撰的《吐鲁番考古记》一书中，附图版四二是《□山府分配地子残牒》，其录文如下：

---

① 《中国古代籍帐研究》录文部分，第446页。

1. 山府帖佃地人□

2. 去年地子粟肆硕捌□

3. 右件地子今配入焦□

4. 便分付其帖留□

5. 抄了即毁四月□

(后缺)

这两件文书中都提到了"地子"一词。对这一名词,近来有同志专门进行了考证,以为唐代的地子有好几种,有"配地出子"的屯田上的地租,也有每亩交纳二升义仓的"地子"。后来,两税实行以后,还有交纳两税中地税的"地子"。① 上录两件文书中,前一件明确说的是"屯田地子",应属屯田地租无疑。后一件说的是天山府给"佃地人"的残牒。天山府属军镇系统,它的土地交人佃种,应即是屯田招民耕种的营田户,所交的地子,即是营田户所交的地租。

这种招民佃种原有屯田土地的租佃形式,不仅西域地区有,河西地区也有。P. 2942《河西巡抚使判集》中有如下一组记录:

1. 瓜州屯田请取耒外均充诸欠

2. 官物欠剩,各有区分,耒合纳正仓,复欠合征私室,人间

3. 大例,天下共同。

上面曾经说到,"耒"应作"定课"解释,这里说的向屯田追欠官物,可见土地是租给私室的,官民之间应有一层租佃关系。

在这种招民营田的形式中,当然也有支给粮食、付给工钱、

① 姜伯勤:《一件反映唐初农民抗交"地子"的文书——关于牛定相辞》,载《考古》1978 年第 3 期。

提供种子、耕牛、农具，然后将收获全部交给国家的；也有先提供粮食、种子，并根据用牛情况租佃给农民，然后收其租谷的。前一种形式，如德宗时严郢为京兆尹，他在论及京兆屯田情况时说：

> 秦地膏腴，田称第一，其内园丁皆京兆人，于当处营田，月一替，其易可见。然每人月给钱八千，粮食在外，内园使尤僦募不占，奏令府司集事，计一丁岁当钱九十六千，米七斛二斗，计所僦丁三百，每岁合给钱二万八千八百贯，米二千一百六十斛，不知岁终收获几何。①

这是一种僦募代耕的办法。这种办法大概只能实行于人多地少的京兆地区，人少地多的边区是否实行过此种办法，不见记载。严郢的这番议论是针对杨炎想在丰州屯田"发关辅人开陵阳渠"而提出的。招募关辅人去开渠是采用这种支粮、付钱的办法，而边地屯田是否也实行这种办法，那就难以断定了。

后一种情况，西域也是照样流行的。前面曾经引到过的上海藏本盖有"河西支度营田使"印的文书，就是吐蕃政权支付给经营田户的给粮文书。一般论者都认为在此之前，给粮佃种的方式早已存在。

中唐以后，招民屯田是非常流行的。那么，这种方式的剥削量是多少呢？史籍没有明确的记载。然而，《唐会要》曾记载了唐代前期地方州县官地及职田的剥削量，可供我们参考与对照。《唐会要》卷九二"内外官职田"条说：

> [开元]十九年四月敕，天下诸州县，并府镇戍官等职田顷亩籍帐，仍依允租价对定，无过六斗，地不毛者，亩给二斗。

① 《册府元龟》卷五〇三《邦计部·屯田》，第6037页。

又，元稹在《同州奏均田》中也说到，长庆中(821—824)，同州职田亩交粟三斗，草三束。[①] 我们估计，边地屯田所交租额，亦不应高于此数。如果有借用口粮、种子、耕牛的，还应当扣除这部分的粮食。《通典》卷二《食货典·屯田》曾记载了屯田、营田用牛的制度：

诸屯田应用牛之处，山原川泽，土有硬软。至于耕垦用力不同，土软处每一顷五十亩配牛一头，强硬处一顷二十亩配牛一头。即当屯之内，有硬有软，亦准此法。其稻田每八十亩配牛一头。诸营田若五十顷外，更有地剩，配丁牛者，所收斛斗，皆准顷亩折除，其大麦、荞麦、干萝卜等准粟计折斛斗，以定等级。

前一段所说的屯田，当然是用士兵耕种，按土质软硬，配给耕牛，这种形式不存在报酬及分成的问题。而后一段说到营田耕牛的配给制度，"诸营田若五十顷外，又有剩地"一句，指的是"州镇诸军每屯五十顷"以外开垦的土地。这些土地用牛亦同屯田一样。但在说到报酬时，则计亩收取，并可用大麦等折粟计算。杜佑将屯田土地同屯外土地分开叙述，可能指的这部分已不是由士兵耕种，而是用力役或招民耕种等方式经营的土地。

以上可见，在研究招民佃种的剥削量时，我们不仅要注意地区、土质的不同，也要考虑是否借用官府耕牛、种子的问题。再一点，还必须了解唐代官田的亩产量，才能知道2—6斗所占生产量的百分比。

关于唐代官田产量，记载比较纷纭，从文献资料记载来看，《通典》卷二《食货典·屯田》记载天宝八年：

---

① 元稹：《元氏长庆集》，文学古籍刊行社1956年版，第527页。

> 天下屯收百九十一万三千九百六十石。

天宝八年有多少屯史无记载。我们若按开元时天下992屯来计，京师每屯30顷，州县每屯50顷，平均按每屯40顷算，大约应有400万亩土地。400万亩产量不到200万石，则平均亩产为5斗。又上引《旧唐书·黑齿常之传》说到，他在河源军：

> 开营田五千余顷，岁收百余万石。

则平均亩产为2石。前引陈子昂路过甘州后写的《上西番边州安危事三条》中说到，40余屯，所收常不减20万。40余屯应为20多万亩，收20万石，则亩产为1石。《新唐书·食货志三》载，宪宗元和年间(805—819)，以韩重华为振武军营田使：

> 垦田三千八百余顷，岁收粟二十万石。

3800余顷应为38万余亩，产20万石，则平均亩产不到1石。

又穆宗长庆中(821—824)，崔弘礼为河阳节度使：

> 上言请于秦渠下辟荒田三百顷，岁收粟二万斛。[①]

按此平均亩产量亦不到1石。开元年间，裴耀卿曾说：

> 营公田一顷，……早收一年，不减一百石。[②]

则每亩产量为1石。

总之，从文献来看，官田每亩产量在1—2石之间，以平均计算，亩产为1石，或者不到一些。如以此数为准，上引职田地租最高不得超过6斗，最低为2斗(这当然是按土地质量分等而论的)，那么，其剥削量应为50%以上了。如果加上耕地、种子的扣

---

① 《旧唐书》卷一六三《崔弘礼传》，第4265页。

② 《唐会要》卷八五《逃户》，第1563页。

除,则可达到70%~80%了。

关于剥削量的问题,我们亦可参考在吐鲁番发现的文书。

大谷文书1305《周年次未详西州柳中县官田租谷簿》①记载,官田分交豆、交粟两种土地,交豆最高一段3亩,佃人曹悦隆,"亩别三斗七升五合",其他的都是亩别"二斗五升"。交粟土地未按亩计算,而是合计数,最低一段10亩,佃人僧恭慈,"计粟二石五斗",平均每亩2斗5升。最高一段,是4亩40步,佃人宋(缺名),"计粟二石九斗",平均每亩7斗。其他交粟的土地平均每亩约在5斗左右。这也同上引职田所交的地租差不多。这说明当时官地上的剥削量大约在50%左右。

唐代在西北的屯田,除用租佃方式之外,可能也与中原地区一样,曾用过以庸代耕、征取力役地租的办法。玄宗开元十年(722)李元纮在《奏废职田议》中说道:

> 时初废京师职田,议者请于关辅置屯,以实仓廪。元纮建议曰:"……今百官所退职田,散在诸县,不可聚也;百姓所有私田,皆力自耕垦,不可取也。若置屯田,即须公私相换,征发丁夫,征役则业废于家,免庸赋阙于国。内地置屯,古所未有,得不补失,或恐未可。"其议遂止。②

又,《新唐书·食货志三》说:

> 宪宗末,天下营田皆雇民或借庸以耕,又以瘠地易上地,民间苦之。穆宗即位,诏还所易地,而耕以官兵。耕官地者,给三分之一以终身。

这里所说的"征役则业废于家,免庸则赋阙于国",以及"雇民或

① 《中国古代籍帐研究》录文部分,第340页。

② 《旧唐书》卷九八《李元纮传》,第3074页。

借庸以耕”的“借庸”,应指的是力役地租。“耕官地者,给三分之一以终身”,其剥削量是2/3,即在60%~70%之间。上面曾引用到的《周长安四年前后敦煌县状》,其中马行僧、马行感所配营田隔越,请再行改配,可能就是官府以免庸的形式强行配给农民耕种的。

在唐代西北的屯田、营田中,还有一种应该提及的是发配犯人去进行屯田。这种办法自汉武帝时即开始实行,隋唐两代也继承了这一办法。隋曾把犯人送至吐谷浑故地“大开屯田”。唐到玄宗时,也曾“许徒以下囚保任营农”①。宪宗时,韩重华为振武军节度使,在代北垦田300顷:

> 出赃罪吏九百余人,给以耒耜、耕牛,假种粮,使偿所负粟,二岁大熟。②

后来,武宗还下过这样的诏令:

> 灵武、天德三城,封部之内,皆有良田,缘无居人,久绝耕种,自今已后,天下囚徒,合处死刑,情非巨蠹者,特许生全,并家口配流此三道,仍令本军镇,各收管安存,兼接借农具,务使耕殖。③

宣宗大中三年(849),亦有将“流役囚徒”押送至原州、秦州及六盘关等屯垦的诏令。④ 赃吏发配屯垦,是用力役地租来抵偿赃款。至于罪犯带家口至边地开垦,其剥削量是多少,史无记载。估计比民户要高。

---

① 《新唐书》卷五《玄宗纪》,第133页。

② 《新唐书》卷五三《食货志三》,第1373页。

③ 《册府元龟》卷五〇三《邦计部·屯田》,第6038页。

④ 《唐大诏令集》卷一三〇《收复河湟德音》,第709页。

唐代在西北屯田的情况，大致如上。

从上述我们可以得到这样的印象：在唐代前期，西北各州县虽有零星的官田，也叫做营田，是免庸抑配，或者是租佃给百姓耕种的，但这种方式并不占主要地位，主要的是利用戍兵进行耕垦的屯田。唐代西北屯田的规模是比较大的，在开元时期竟占全国屯田一半以上。到中唐以后，土地私有制日益发展，土地兼并极为激烈。均田制破坏，府兵制也为募兵制所代替，这样，原来具有非常浓厚的军事强制性质的戍兵屯田，也逐渐改变为招民耕种、募人开田等办法，这就是所谓的“营田户”。营田虽耕种的仍是国家所有的土地，但已有较多支配土地的权力，私有性明显增加了。后来，代宗时期颁布《废华州屯田制》，其中说：

> 华州人户，土地非广，其屯田并宜给与贫下百姓。[①]

宣宗大中三年，又有制：

> 其秦、威、原三州，并七关侧近，访闻田土肥沃，水草丰美，如百姓能耕垦种莳，五年内不加税赋，五年后已量定户籍，便任为永业。[②]

这都说明，私有制的发展，迫使统治者也不得不改变国有土地的经营方式，有的招民佃种，收其租赋，成为国家佃户；有的任民开垦，便为永业，收其赋税，以实军粮。

随着屯田经营方式的改变，由戍兵屯田，到营田户营田，从生产者身份来说，也有了相对提高。戍兵屯田是强制性的劳役，而营田户所交的是实物，在人格上，营田户要比戍兵自由，依附性明显地有所减弱了。

---

① 《唐大诏令集》卷一一一，第577页。

② 《唐大诏令集》卷一三〇《收复河湟德音》，第709页。

唐代在西北地区国有土地上的这些变化,也是我国封建社会发展到中唐时期土地所有制发生大变化的一个组成部分。均田制的彻底破坏、私人庄园的发展、租佃制的风行和个体自耕农的增多,都是这一大变化中的主要内容。唐代西北的屯田制度,也正是循着这一方向发展的。

四、隋唐西北屯田的积极意义

在我国漫长的封建社会中,隋唐两朝是两汉之后最为强盛的两个朝代。隋唐所以强盛,当然有各种各样的原因,特别是国内生产的发展、制度的完善是最为重要的两个基点。但是,边防的巩固,边疆的开发,也是隋唐两朝所以强盛的重要因素。而边防的巩固,边疆地区的开发,却又是和屯田政策分不开的。因为实行屯田,不仅解决了边防战士的粮食问题,增加了国家财政收入,使边防得到了物质条件的保证;同时,边疆地区的开发,增进了民族间的融合,也有利于边防的巩固。

隋唐时期在西北地区实行的屯田政策,是收到了极为显著的效果的。

首先,从巩固边防这一角度考察。隋唐建都长安,关中地区虽有关山之固,秦川沃野,但从当时形势来看,蒙古高原的突厥,西南的吐谷浑、吐蕃都对隋唐王朝有很大的威胁。早在汉武帝时,这位雄才大略的君主就清楚地看到这一点:如果北方的强胡与南边的羌人联合起来,就会对汉王朝的腹心地区关中造成极大的压力。所以他出兵向西,占有河西走廊,建立起河西四郡,地军西域,驻兵设屯,用以“隔绝羌胡”、“断匈奴之右臂”。顾祖禹也曾写道:

昔人言,欲保秦陇,必固河西;欲固河西,必斥西域。汉人繇此,而羌、戎宾服者二百余年。[1]

为确保关中政权的安全,北斥胡骑,西平羌患,这也就是隋唐政权必须十分注意的问题。在前面曾说到过,隋唐西北面有东、西突厥,西南有吐谷浑及吐蕃。这些政权都曾给隋唐帝国造成很严重的边患。隋时突厥曾纵掠西起武威、东至延安的北方诸郡。吐谷浑也曾不断寇掠凉州、弘州。隋末突厥复兴,唐初其骑兵一直逼近长安附近,唐高祖被吓得想将都城迁至山南。后来东突厥虽为唐兵击溃,但在武后至玄宗期间,黠戛斯、回纥、突厥余部仍不断抄掠北方边州。隋及唐初西突厥曾役属过西域,给西域各国人民带来沉重的灾难。当然,对唐王朝威胁最大的还是吐蕃,河西、陇右以及西域地区,常在吐蕃兵锋威摄之下。安史之乱后,陇右陷蕃,长安常为之戒严防备。所有这一切,迫使隋唐两代的统治者极端重视西北的边防。

防止西北边患既是隋唐两朝关中政权最为重视的课题,所以拓境驻军、设烽筑寨,就成为必行之事。而要设防驻兵,就要解决军粮问题,唐在西北边境的驻兵,前期无法知其数字。到玄宗开元、天宝年间,史书则载有确数。根据《唐会要》卷七八《节度使》、《资治通鉴》卷二一五"天宝元年"条及《新唐书·兵志》、《旧唐书·地理志》等记载:安西、北庭统辖四镇、三军,有兵44000人;河西统八军、三守捉,有兵73000人;朔方统三军、三受降城,安北、单于二都护,有兵64700人;陇右统十军、三守捉,有兵75000人。以上五节度就统军25万多人,占当时全国边军的一半以上。这些军队除了少数驻在州治以外,大多驻在沿边地带。就是驻在城内的,也因军多民少而难以供应粮食。如我们以河西节度的军队为例,在所统辖的八军、三守捉中,只有赤水军、

① 《读史方舆纪要》卷六三《甘肃镇》,第6册,第2972页。

豆卢军驻在凉州、沙州城内。赤水军有33000人，马9400匹；豆卢军有4400人，马400匹。可是，按《旧唐书·地理志》所载，当时凉州仅有22000户，沙州只有4200户。以此数计，仅赤水、豆卢两军，凉州全州一户要养一个半兵，沙州则一户养一兵，显然这是难以负担的。更何况有些军驻在渺无人烟的地区，若要运粮，则更为困难了。褚遂良谈到平定高昌的战争中，“飞刍輓粟，十室九空，数郡萧然，五年不复”①，其艰难可以想见。为解决这一问题，隋唐的统治者效法汉武帝以来中原历代政权所采用的屯田实边政策，也就是很自然的了。隋代赵仲卿屯田于长城之北，就是为了“边戍无馈远之忧”；唐初窦静和黑齿常之分别屯田太原、河源，也是“以省馈运”和“恐有转输之费”。对于这一点，武则天说得比较透彻。她说：“王师外镇，必藉边境营田”，“不烦和籴之费，无复远输之艰。”唐代前期实行府兵制度，士兵多为轮番戍守的农民，利用这些劳动力进行屯田，当然是解决边地军粮最理想的办法。

正因为实行屯田，边地有军有粮，才使边防得以巩固。从河湟地区来看，因为有河源、积石以及河西各地的屯田，所以唐代前期有像黑齿常之、郭知运、王君㚟、张守珪、王忠嗣、哥舒翰等人的战果。他们力挫吐蕃，使“虏谋稍折”，守住了河湟地区。后来，因安史之乱，河陇陷蕃，但也因为泾原、长武城、普润等地的屯田，才挡住了吐蕃的东进。《旧唐书·李元谅传》即说到，因为他于良源屯田，“守备益固”，“虏每寇掠，辄击却之，泾陇由是获安”。同样，也由于有朔方屯田，才挡住了北方游牧民族南下抄掠。高宗时，突厥围攻丰州，当时朝廷曾发生过一场是否放弃丰州的争论。有人建议放弃丰州，移民向南，以灵、夏为界。唐休璟即说：

① 《旧唐书》卷八〇《褚遂良传》，第2736页。

丰州控河遏贼,实为襟带,自秦、汉已来,列为郡县,田畴良美,尤宜耕牧。……贞观之末,始募人以实之,西北一隅,方得宁谧。今若废弃,则河傍之地复为贼有,灵、夏等州人不安业,非国家之利也。[①]

他所强调的傍河之地良美,募人以实之,使得边地安宁,指的就是利用河套肥沃的土地进行屯田。因为只有屯田,才守住了河南之地。在西域地区,安西的焉耆、疏勒、北庭和西州、伊州,是唐在西域两片最大的屯田区。这两片的驻军控制了天山南北两路的交通,维系了整个西域地区的安全。所以,唐在西域与西突厥的争夺,就是争夺这两片屯田区。后来,安史乱起,陇右陷蕃,在这片土地上,出现了伊州守将袁光庭、安西都护郭昕、北庭都护杨袭古,以及镇守焉耆的杨日祐、镇守疏勒的鲁阳等长期孤守不屈的事迹。正因为这些地区原都是唐代驻有重兵的屯田区,有屯田的粮食可恃,才使他们坚持几十年,一直到8世纪90年代才为吐蕃攻陷。

赵充国早就说过:“屯田内有无费之利,外有守御之备。”唐代屯田,毕瑊也说:“边境御戎,以兵多积谷为上策。”屯田是巩固边防最有效的措施。唐之强盛,屯田政策之成功是起了重要作用的。

其次,屯田不仅巩固了边防,更重要的还在于节省了劳力,增加了国家财富。古代运输,当以水路最为廉价。陆路运输,多以马驮、车载,费力、费时,代价甚高。秦始皇时,为进攻匈奴,“使天下飞刍挽粟,起于黄、腄、琅邪负海之郡,转输北河,率三十钟而致一石”[②]。《通典》在引用这条材料时说:“六斛四斗为钟,计其

① 《旧唐书》卷九三《唐休璟传》,第2978页。

② 《汉书》卷六四上《主父偃列传》,第2800页。

道路所费,凡用百九十二斛乃得一石。"①汉武帝通西南夷,《史记·平准书》说:"千里负担馈粮,率十余钟至一石。"运输费用比之粮食本身要高出百十倍。由此可见古代运输之难。及至魏晋以后,给边境运粮,仍是国家的一个重大负担。北魏时,刁雍为薄骨律镇(治今宁夏灵武县西南)镇将,他在孝文帝太和七年(483)上表说道:

> 奉诏高平、安定、统万及臣所守四镇,出车五千乘,运屯谷五十万斛付沃野镇,以供军粮。臣镇去沃野八百里,道多深沙,轻车往来,犹以为难,设令载谷,不过二十石,每涉深沙,必致滞陷。又谷在河西,转至沃野,越度大河,计车五千乘,运十万斛,百余日乃得一返,大废生民耕垦之业。车牛艰阻,难可全至,一岁不过二运,五十万斛乃经三年。②

沃野镇在今内蒙古自治区五原县之北,高平在今宁夏固原,安定在今甘肃泾川,统万城即夏州治所,在今陕西靖边北边的白城子。从今陕、甘、宁三省运粮至内蒙古五原,当时是一岁二运,一车二十石。若再计算人力、牛马及途中所费的粮食,实在是所费大大超过所运的粮食了。

西汉、魏晋为供应边防军粮所遇到的困难,隋唐当然也不例外。为解决这一问题,中原政权不外乎采取两种办法,一是自两汉以来的边地屯田,一是自北魏以来的和籴。唐王朝统治时期,两种办法都是采取了的,只不过因各代形势不同,所起的作用亦有所差别。

和籴之法,史籍记载最早见于《魏书·食货志》:

---

① 《通典》卷一〇《食货典·漕运》,第214页。

② 《魏书》卷三八《刁雍传》,第868页。

> 自徐扬内附之后,仍世经略江淮。于是转运中州,以实边镇,百姓疲于道路。乃令番戍之兵,营起屯田。又收内郡兵资,与民和籴,积为边备。

此后,北齐亦曾实行过这一制度。到了唐代初期,在经历了隋末的动乱之后,国内仍是一个"率土荒俭"的时代,各地生产正在恢复发展,能够提供和籴的粮不多。武则天统治时,已有一些关于和籴的记载,如《册府元龟》卷五〇二《平籴》中有记:

> 则天证圣元年(695)三月二十一日,敕州县军司府官等,不得辄取和籴物。

在西北地区,吐鲁番出土的《周长安三年(703)三月敦煌县录事董文彻牒》,其中也说道:

> 和籴既无定准,自误即受单寒。

这些资料说明,和籴在唐初是存在的,只不过没有全面铺开推行。当时,西北边地,仍以屯田作为供应军粮的主要来源。关于这一点,《新唐书·食货志三》说得明白:

> 贞观、开元后,边土西举高昌、龟兹、焉耆、小勃律,北抵薛延陀故地,缘边数十州戍重兵,营田及地租不足以供军,于是初有和籴。牛仙客为相,有彭果者献策广关辅之籴,京师粮廪益羡。自是玄宗不复幸东都。天宝中,岁以钱六十万缗赋诸道和籴,斗增三钱,每岁短递输京仓者百余万斛。

由于疆土扩展,营田和当地正租不足以供军,于是和籴政策全面推行。陈寅恪先生在《隋唐制度渊源略论稿》之《财政》一节中具体论述了唐代实行和籴的条件和推行的过程。他指出,要实行和籴:

除有充足之财货足以为和卖之资外,尚须具备有两条件:一为其地农民人口繁殖,足以增加农产品数量;二为其地已习用此类带有强迫性收买之方法。

西北地区,在隋时即有强行按户纳粟的所谓义仓制度,而开元之时,国家阜盛,故和籴之法,先盛行于西北,后推至关中,故他又说:

总而言之,西北边州早行和籴之法,史已明言,牛仙客推行引用至关辅,此和籴之法乃由西北地方制度一变而成为中央政府制度。

陈先生以为唐和籴先行于西北,以及和籴只有在开元盛世时才有条件全面实行,无疑地是非常正确的。这也就是说,到开元年间,和籴才能全面推行。由于实行和籴,既解决了部分边地军粮,更重要的是缓解了关中长期以来的缺粮问题。我们说的解决了部分边地军粮,这是因为我们从唐前期一百多年来看,边境屯田仍是军粮主要来源。和籴虽早已在西北实行,但到开元、天宝年间才逐渐重要起来。而且从数量上来说,和籴也不如屯田。《通典》卷二《食货典·屯田》、卷一二《食货典·轻重》,分别记载了天宝八年(749)屯田和和籴储存的数额:

天宝八年,天下屯收百九十一万三千九百六十石。关内五十六万三千八百一十石,……河西二十六万八十八石,陇右四十四万九百二石。

和籴一百一十三万九千五百三十石。关内五十万九千三百四十七石,河西三十七万一千七百五十石,陇右十四万八千一百四石。

《通典》所指屯收,是指天宝八年的收入。和籴的数字,是记载全国仓粮的数字，是否是一年所得，不太清楚。就是以一年所得计，从两者的比较也可以看出，屯田收入比之于和籴要多近一倍。所以，我们仍认为屯田收入仍是当时边地军粮的主要来源。

从《通典》所记屯田收入的数量，也可以使我们进一步了解唐西北屯田的重大意义。一是以西北地区所占全国屯田的比例来看。全国屯收当时是190万石，而关内、河西、陇右三道就有126万石，这也就是说，西北屯田收入占全部屯田收入的66%左右。二是从全国财政收入来比。《新唐书·食货志一》记载说，当开元全盛时：

> 天下岁入之物，租钱二百余万缗，粟千九百八十余万斛，庸、调绢七百四十万匹，绵百八十余万屯，布千三十五万余端。

除去布帛等外，每年全国粮食收入是1980余万斛，而屯田收入每年是191万石，则可以知道，屯田收入要占全国正租收入的1/10。而西北屯田收入，应为全国收入6%强。从财政收入来说，这又是一项很大的收入。更难得的是，此项收入大多来自边地，减少了从中原运粮至边地的困难。可以设想，如要从中原运这么多粮食到边地，所费人力、物力，加十倍尤恐不足。所以，从开辟财源、增加收入减轻人民负担角度来说，西北屯田的意义是极其重大的。

再次，隋唐于西北屯田，大大加速了西北地区的开发，促进了西北各族人民大融合的进程。

西北地区的开发，当然是西北各族人民共同辛勤耕垦的结果。但是，我们也不应否认，当中原出现强盛的封建王朝之时，为巩固边防的需要，移民实边，实行屯垦，都曾调集来了巨大的人力、物力的支援。这些人力、物力调来西北，必然地要对这一地区的开发起到重要作用。我们纵观中国古代的历史,两汉、隋唐、明清三个时期是西北地区经济发展的三个最重要的阶段。而在这三个阶段中所以发展得比较快,其中的一个重要原因就是实行了屯田。因为屯田,使西北大片的荒土得以开垦。以唐而言,唐开元时在西北有500多屯,唐代规定,1屯为50顷,按此计算,西北屯田应有25000多顷。这么多土地的开垦,无疑地会促进西北地区经济的迅速发展。同时,也因为实行屯田,就得兴修水利,制造农具,整修道路,兴办一系列手工业作坊,繁殖耕牛,发展畜牧业等等,这也就带动了其他行业的发展。特别是屯田士兵在唐代前期多来自中原地区,中原地区先进的文化、技术也因之带到了边地。这对于西北的开发也起了极为重要的作用。

这里,我们仅以西域为例作一简单的介绍。因为在西域屯田,唐代西域农业有了长足的发展。《旧唐书·吐蕃传》说:"轮台、伊吾屯田,禾菽弥望。"在今巴里坤、焉耆、库车、轮台等地,考古学工作者还发现有许多唐代屯田的遗迹。焉耆陆式铺古城和唐王城屯田遗址中,保存有许多仓库、地窖,其中储有小米、高粱、胡麻等等。[①] 为了要实行屯田,唐在西域地区不断兴修水利。契丹人耶律楚材到西域游历时,在唐碎叶城遗址西300里见到唐屯田的遗址,说到这块地方"数百里皆平川",并说:

> 川北头有巨丽大城,城外皆平原可田。唐时凿道南山,夹为石楯以行水,楯背跨坚岸。有唐节度使参谋、检校刑部

---

① 中国科学院考古研究所新疆考古工作队:《新疆考古三个月》,载《考古通讯》1985年第5期;黄文弼《新疆考古的发现》,载《考古》1959年第2期。

员外郎、假绯鱼袋太原王济之碑。①

在手工业方面,在吐鲁番阿斯塔那唐墓中曾发现了大量的丝织品。出土的文书中即有"丘慈(龟兹)锦"、"疏勒锦"等名称,这些技术也应是由中原传到这些地区的。唐代西州还出现了"纸坊"②,应在此前后传入西域。

此外,由于军政需要,在西域设立了许多驿馆,而为便利运输和传递,当时还有官办的车坊、马坊,对发展中原与西域的交通,起了重要的作用。

这里特别要提到的是,在新疆发现了唐中宗景龙四年(710)卜天寿所写的《论语郑氏注》的抄本和唐宪宗元和年间遗留下的《坎尔曼诗签》,是中原文化大量输入西域地区的明证。坎尔曼这位兄弟民族的诗人既抄写了白居易的名作《卖炭翁》,又能自己写下《教子》、《诉豺狼》等篇章,这是西域地区民族大融合的最好的见证。而西域的这些进步和发展,应当说都是与当时中原人民大量来到西域有关的。唐政权所实行的移民实边、屯田开发等政策,是促进这一地区发展、加速当地各族人民融合的一个有力的杠杆。

(原载齐陈骏《河西史研究》,甘肃教育出版社1989年版)

---

① 李光庭:《汉西域图考》卷一,影印阳湖赵氏寿谖草堂同治庚午年(1870)本。

② 木英:《新疆古代造纸》,载《新疆日报》1979年2月13日。

略述唐王朝与吐蕃的关系及张议潮领导的沙州人民起义

张议潮[①]，甘肃敦煌人[②]，他所领导的唐末沙州（即敦煌）人民反对吐蕃奴隶主统治的大起义，在甘肃的历史上是一件具有重大历史意义的事件。河西人民为了纪念这一位民族英雄，还曾经将他的事迹编为说唱的故事，其中有这样的几句：

河西沦落百余年，路阻萧关雁信稀。
赖得将军开旧路，一振雄名天下知。[③]

对他的评价是很高的。

本文试就唐末河西走廊的情况、唐王朝与吐蕃的关系以及张议潮起义的经过和意义作一简略的评述。

一

唐帝国建立时，在我们祖国的内部还存在着许许多多少数民族和由他们所建立起来的国家。其中主要的有突厥、吐蕃、回纥、

① 《资治通鉴》等书作“义潮”，据石室发现的文卷为“议潮”。

② 《新五代史》卷七四《四夷附录三・吐蕃》（中华书局 1974 年版，第 914 页）作张掖人，应误。

③ 《张淮深变文》，载王重民等编《敦煌变文集》上册，人民文学出版社 1957 年版，第 127 页。

南诏、靺鞨和高山族等。在唐代,它们由于接受先进的汉族经济、政治和文化的影响,由于各族劳动人民辛勤的劳动,社会经济都有了不同程度的发展。在此基础上,各民族之间文化的交流和民族融合的程度也进一步加深了。唐王朝在当时所以能成为世界上最文明最强盛的国家,就是与它接受和融合了各兄弟民族的文化分不开的。

吐蕃是藏族建立的国家。很早以前,藏族就居住在青藏高原。在长时期里,藏族人民以辛勤的劳动,开拓了这块被称为"世界屋脊"的高原地区,对于缔造我们伟大的祖国作出了杰出的贡献。在六七世纪之交,藏族人民在其首领松赞干布领导下建立起强大的奴隶制国家——吐蕃王国以后,就与唐建立了友好的关系。在唐王朝的初年,唐太宗以文成公主出嫁于松赞干布,这成为两族人民友好关系的象征。文成公主去西藏时,带去了许多细致的手工业品、药物和蔬菜的种子。后来,唐政权还满足了松赞干布的请求,给吐蕃送去了蚕种,派遣了许多擅长于酿酒、造纸、碾硙的工人到吐蕃传授技术。这些对于吐蕃社会经济的发展是起了很大的促进作用的。文成公主所以一直到现在为藏族人民所敬爱,也就因为她在汉藏两族人民兄弟友谊的发展上起了重要的作用。歌颂文成公主,实质上也就是歌颂汉藏两族人民伟大的团结。

此后,到了唐中宗年间,唐政权又一次接受了吐蕃的要求,将金城公主嫁给了吐蕃赞普尺带珠丹(即弃隶缩赞),从而更增强了唐蕃的友谊。尺带珠丹上表给唐玄宗说过:"外甥是先皇帝舅宿亲,又蒙降金城公主,遂和同为一家。天下百姓,普皆安乐。"①藏族人民流行着一句古谚语说:"汉地的货物运到'博'(即西

① 《旧唐书》卷一九六上《吐蕃传上》,第5231页。

藏),是我们这里不产这些东西吗?不是的,不过是要把汉藏两地人民的心连在一起罢了。"[①]这正说明了汉藏两族人民亲密关系的悠远和深厚。西藏早已是我们伟大祖国领土不可分割的一部分了。即使到安史之乱以后,唐和吐蕃为了争夺河西、陇右地区而不断进行战争时,这种"和同为一家"的关系,仍是为双方所共认的。白居易《代忠亮答吐蕃东道节度使论结都离等书(奉敕撰)》中说:"国家与吐蕃代为舅甥,日修邻好,虽曰两国,有同一家。"[②]唐王朝每一个皇帝即位或死亡,吐蕃赞普新立或丧亡,双方都是互派使节,生相庆,死相吊,像一家人那样往来。如唐代宗病死,唐德宗即位时(780年),吐蕃乞立赞因未吊丧、庆贺,就曾经很悔恨地说:"我乃有三恨,不知天子(代宗)丧,不及吊,一也;山陵不及赙,二也;不知舅(德宗)即位,而发兵攻灵州,入扶、文,侵灌口,三也。"[③]又如唐武宗时,吐蕃达磨赞普死,其丞相立乞离胡为赞普,没有经过唐的册封,结果引起了国人的不满,当时就有人说:"且无大唐册命,何名赞普!"[④]可见汉藏两族人民在政治上的关系仍是十分密切的。

在唐代,唐和吐蕃两国在经济上、政治上的关系是非常密切的。但是,我们也不能不看到吐蕃当时仍是一个奴隶制的国家,奴隶主和贵族为了要掠夺奴隶、土地和财富,不断地与唐王朝发生冲突。早在唐高宗时,吐蕃奴隶主为了夺取奴隶和土地,就和唐王朝激烈地争夺过"安西四镇"。如大非川之役和青海之役,

---

① 《格萨王传》引古谚语,见王忠《新唐书吐蕃传笺证》,科学出版社1958年版,第35页。

② 白居易:《白氏长庆集》卷五七,文学古籍刊行社1955年版,第1412页。

③ 《新唐书》卷二一六下《吐蕃传下》,第6092页。

④ 《资治通鉴》卷二四六,武宗会昌二年(842)条,第7970页。

唐代名将薛仁贵和刘审礼等都为吐蕃所败。以后,唐虽然曾一度收复了“安西四镇”,但是,唐蕃两国的冲突仍然是继续地进行着。等到安史之乱以后,吐蕃奴隶主便乘着唐政权征调西北边境上的军队去平安史之乱的时机,发动了更大规模的掠夺战争,占领了整个河西、陇右地区。

唐代的所谓河西、陇右,指的是陇山以西今甘肃、新疆的广大地区。在唐初,这一地区设陇右道。河西,指今甘肃黄河以西通新疆的一条狭长地带。唐中期以后,陇右道分由陇右、河西两节度使统辖。陇右节度使驻鄯州,河西节度使驻凉州。河西地区自从汉武帝设置了河西四郡以后,中原各个王朝为巩固西北的边防,保持对中亚、西域的道路畅通,历代的统治者都非常注意河西的开发。兴办屯田、设置亭障,推行先进的耕作方法,用以促进这一地区经济的不断发展。如姑臧及敦煌,在汉代已是当时有名的城市。在汉代,凉州就以畜牧富饶而著称于天下。敦煌一郡,当时就有三万八千多人。

到了隋唐时期,这个地区显得更为重要了,根据裴矩的记载,当时中国通西域的道路约有三条:(一)北道,即天山北路,由伊吾(今新疆哈密)经蒲类海、铁勒部等地区而到达西海(即地中海)。(二)中道,沿天山南麓西行,由高昌(今吐鲁番)经焉耆(今焉耆),龟兹(今库车)等地而至西海。(三)南道,沿塔克拉玛干沙漠南缘西行的南道,由鄯善(今若羌),经于阗(今和田)、朱俱波(今英吉沙、蒲犁等县地)而至西海。因此,伊吾、高昌、鄯善是通西域的三个门户。而三个门户总的咽喉则又是位于河西走廊西端的敦煌。在这一时期中,河西的国际贸易非常繁荣,这里居住着不少来自中亚的商人。

河西不仅因为地理上的重要而发展起来,而且,也由于河西自汉以来经过了几百年来劳动人民的开发,早已变成了一个农业生产比较发达的地方，尤其是散在祁连山北麓的一些城镇，如酒泉、张掖、武威等地，由于受到祁连山雪水的灌溉，水草肥美，农牧业更为发达。司马光在《资治通鉴》一书中，谈到唐玄宗时的河西情况说："是时中国盛强，自安远门西尽唐境万二千里，闾阎相望，桑麻翳野，天下称富庶者无如陇右。"①

也正因河西是一个农业、畜牧业比较发达，商业比较繁荣的地方，吐蕃奴隶主对于这一地区，可以说早已垂涎欲滴，想尽办法企图占领这一块土地，而唐中叶时发生的安史之乱，这正给吐蕃奴隶主以难得的机会，于是便发动了大规模的掠夺战争，并占领了整个河西。

二

吐蕃奴隶主乘安史之乱所发动的掠夺战争是从占领巂州（今四川省西昌县）和威武（青海西宿海西北）诸城开始的。接着，又占领了廓州（青海贵德）、鄯州（青海西宁）、叠州（甘肃临潭县西南）、宕州（甘肃宕昌）、武州（即阶州，今甘肃武都）、岷州（甘肃岷县）。762 年，又占领了渭州（甘肃陇西）、秦州（甘肃天水）、成州（甘肃成县）。763 年，占领了临州（甘肃临洮）、兰州（甘肃皋兰）、河州（甘肃临夏）。这样吐蕃从中切断了唐王朝西方边境与唐中央的关系，整个陇右道都在吐蕃势力的威胁之下了。

763 年，唐政权刚刚平定了安史之乱，吐蕃就在这一年的十月攻入了长安，唐代宗被迫逃往陕州（河南陕县）以避其锋。虽然吐蕃在长安只逗留了十三天就退出去，但是吐蕃又回过头来觊觎河西，764—776 年先后占领了凉州（甘肃武威）、甘州（甘肃张

① 《资治通鉴》卷二一六，玄宗天宝十二载（753）条，第 6919 页。

掖)、肃州(甘肃酒泉)、瓜州(甘肃瓜州)。最后,到786年,又占领了沙州(甘肃敦煌),整个河西完全被吐蕃奴隶主所控制。

吐蕃在攻占沙州的时候,沙州人民曾进行了英勇的反抗,据《新唐书·吐蕃传下》记载:"始沙州刺史周鼎为唐固守,赞普徙帐南山,使尚绮心儿攻之。鼎请救回鹘,逾年不至,议焚城廓,引众东奔,皆以为不可。鼎遣都知兵马使阎朝领壮士行视水草。……(阎朝)执鼎而缢杀之,自领州事。城守者八年,出绫一端募麦一斗,应者甚众。朝喜曰:'民且有食,可以死守也。'又二岁,粮械皆竭,登城而呼曰:'苟毋徙佗境,请以城降。'绮心儿许诺,于是出降。自攻城至是十一年。"①在周围各州皆已陷落的情况下,沙州人民前后坚守了十一年之久,并在争得了不得将沙州人民徙往他处的条件下,才为吐蕃所占领。可见以后在沙州首先爆发张议潮领导的起义,绝不是偶然的。

陇右、河西陷落以后,这一地区的人民从此就遭到了吐蕃奴隶主的残酷剥削和掠夺,大批汉族人民遭到屠杀,而更多的汉族人民被迫成了吐蕃奴隶主统治下的奴隶。唐代沈既济说:"初,吐蕃既得河、湟之地,土宇日广,守兵劳弊,以国家始因用胡为边将而致祸,故得河、陇之士约五十万人,以为非族类也,无贤愚莫敢任者,悉以为奴仆。"②又说:"自轮海已东,神鸟、敦煌、张掖、酒

① 此条材料《新唐书》卷二一六下《吐蕃传下》(第6101页)记载在宪宗元和年间,据《元和郡县图志》卷四〇"沙州"条:"建中二年陷于吐蕃",第1025页。向达先生《罗叔言〈补唐书张议潮传〉补正——瓜沙谈往之四》(载《唐代长安与西域文明》,第409—420页)亦认为建中二年陷蕃。苏莹辉先生在《论唐时敦煌陷蕃的年代》(载《敦煌论集》,台湾学生书局1969年版,第215—220页)一文中认为敦煌县陷蕃在贞元元年,建中二年是寿昌县陷蕃。

② 《资治通鉴》卷二二六,德宗建中元年(780)条引《通鉴考异》,第7280页。

泉,东至于金城、会宁,东南至于上邽、清水,凡五十六郡、六镇十五军,皆唐人子孙,生为戎奴婢,田牧种作,或丛居城洛之间;或散处野泽之中,及霜露既降,以为岁时,必东望啼嘘,其感故国之思如此。"①

吐蕃这个奴隶制的国家,对于奴隶的统治是非常残酷的。根据《旧唐书·吐蕃传》的记载,奴隶主对于奴隶可以随着自己的高兴任意运用各种酷刑,犯了小罪,就要被挖掉眼睛或割去鼻子,或者是用皮鞭抽打,或者是被关在好几丈深的地牢中。"砍头、剜眼、剥皮……诸刑皆备。"对奴隶进行惨无人道的迫害。唐人留下的一些笔记小说中,也曾记载了汉族人民被吐蕃奴隶主俘去以后所遭受的暴虐待遇。赵璘所写的《因话录》卷四说:"元和十五年,淮南裨将谭可则,因防边为吐蕃所掠。……先是,每得华人,其无所能者,使充所在役使,辄黥其面;粗有文艺者,则涅其右臂,以候赞普之命。"甚至还有的被"令穴肩骨,贯以皮索,以马数百蹄配之"②,强迫他们进行奴隶劳动。

吐蕃奴隶主对于被俘汉族人民的迫害,《旧唐书·吐蕃传》还曾记载了这样一件事:贞元六年(790)八月,吐蕃军队在宝鸡等地进行了大规模的屠杀和焚掠以后,将被俘的汉族人民老弱妇孺,或挖眼,或砍掉手足,弃之道旁,而将精壮的汉族人民一万多人全部带走,准备将这些人民分给吐蕃属部羌、浑等部落为奴隶。在到达安化峡时,吐蕃奴隶主对这些被俘的汉民说:"从尔辈东向哭辞乡国。"于是"众遂大哭,其时一恸而绝者数百人,投崖谷死伤者千余人"。这种残暴的奴役,使西北人民陷入了苦难的

① 沈既济:《沈下贤文集》卷一〇《贤良方正能直言极谏策》,《景印文渊阁四库全书》集部一八,台北"商务印书馆"1986 年版,第 1079 册,第 67 页。

② 段成式:《酉阳杂俎》卷七,第 272 页。

深渊。

对于吐蕃落后的奴隶制的暴虐统治,河西、陇右地区的汉族人民,早已是怀恨心头,迫切地要求摆脱这种境遇。建中元年(780),唐派韦伦为使与吐蕃会盟,在他回来路过河陇地区时,看到了当地汉族人民“皆毛裘蓬首,窥觑墙隙,或捶心陨泣,或东向拜舞,及密通章疏,言蕃之虚实,望王师之若岁焉”①。同样,在唐穆宗长庆年间,刘元鼎去吐蕃会盟,经过龙支县(今青海乐都县南)时,“耋老千人拜且泣,问天子安否?言顷从军没于此,今子孙未忍忘唐服,朝廷尚念之乎?言已皆呜咽,密问之,丰州人也”②。遭受残酷奴役的人民,见到故土的亲人,怀念故乡的心情在这些问话中,真是表达得无遗了。唐代伟大的现实主义诗人白居易曾写了《缚戎人》一诗,描写了有人从吐蕃奴隶主手中逃回唐朝的情况。这首诗说:“一落蕃中四十载,遣着皮裘系毛带。唯许正朝服汉仪,敛衣整巾潜泪垂。誓心密定归乡计,不使蕃中妻子知。暗思幸有残筋力,更恐年衰归不得。蕃侯严兵鸟不飞,脱身冒死奔逃归。”③这也真实地表达了当时陷蕃的河陇汉族人民的普遍心理。后来,当张议潮起义时,他能很快地推翻吐蕃奴隶主在河陇地区的统治,也是与这一地区人民积极的支持分不开的。

到了9世纪中叶以后,吐蕃奴隶制的国家,一方面由于奴隶主残暴的统治和严重的天灾疾疫,被压迫人民纷纷起来反抗;另一方面,吐蕃奴隶主之间为了争夺利益又发生了内讧,使吐蕃奴隶主的统治逐步衰落了。847年,吐蕃落门川讨击使尚

① 《资治通鉴》卷二二六,德宗建中元年(780)条胡三省注引《通鉴考异》卷一七引沈既济《建中实录》,第7280页。

② 《新唐书》卷二一六下《吐蕃传下》,第6107页。

③ 《白氏长庆集》卷三《新乐府·缚戎人》,第95页。

恐热篡夺了吐蕃大权,与鄯州节度使尚婢婢在河西进行争夺,更加深了河西人民的灾难。《资治通鉴》卷二四九说,尚恐热“大掠河西鄯、廓等八州,杀其丁壮,劓刖其羸老及妇人,以槊贯婴儿为戏,焚其室庐,五千里间,赤地殆尽”。于是,唐王朝乘着这一机会收复了清水(甘肃清水)、原州(宁夏固原)、石门等六关和威州(宁夏中卫市)、扶州(甘肃文县西),而张议潮也正是乘着吐蕃统治衰落、河西人民反对残暴统治高涨的时机,举行了起义。

关于张议潮的身世,新旧《唐书》皆无记载,《册府元龟》卷九八〇《外臣部·通好》条有“沙州陷蕃后,有张氏世为州将”的记载,这个张氏是否与张议潮有关,我们不得而知。但是,《新唐书·吐蕃传》中说:“沙州首领张义潮奉瓜、沙、伊、肃、甘等十一州地图以献。”因此,张议潮是沙州的一个地方首领是没有问题的。

当吐蕃统治河西时,张议潮就有“阴结豪英归唐”的思想①,企图用武力推翻吐蕃的统治。到了唐宣宗大中二年(848),他看到了吐蕃统治的削弱和河西人民反抗情绪的高涨,于是就“募兵”集众,发动起义。《资治通鉴》卷二四九,宣宗大中四年(850)条说:“义潮,沙州人也,时吐蕃大乱,义潮阴结豪杰,谋自拔归唐;一旦,帅众被甲噪于州门,唐人皆应之,吐蕃守将惊走,义潮遂摄州事,奉表来降。”可见,张议潮这次起义是在沙州广大的汉族人民的响应下,很快地就占领了沙州的。当时,河西其他州县仍在吐蕃统治之下,为了及时地向唐王朝告捷,他便发遣了十队的使者,携带了十份同样的表文,分十路去长安。到大中四年,表文才送到唐王朝的中央。而在这两年中,张议

① 《新唐书》卷二一六下《吐蕃传下》,第6107页。

潮以沙州起义的群众为基本队伍，和吐蕃奴隶主进一步地展开了斗争。到了大中五年(851)，又先后收复了瓜州、肃州、伊州等地区，并且还派遣了他的哥哥张议潭为使者，带了十一州的地图去长安觐见，唐政权就以张议潮为节度使，名其军为"归义军"，管理这十一州的行政和军务。到了唐懿宗咸通二年(861)，张议潮又"自将蕃汉兵七千克复凉州"。于是，"河陇陷没百余年，至是悉复故地"①。河西人民到这时止，才完全摆脱了吐蕃奴隶主的统治。

张议潮领导的这次沙州人民大起义，它不仅仅是一次反抗民族压迫的斗争，同时，也是一次各族人民反对吐蕃奴隶主的阶级斗争。

吐蕃奴隶主在占领河西时期，也是勾结了河西地区的各族首领和汉族地主来共同统治的。如莫高窟《阴处士修功德记》所载，阴嘉政的祖上都是唐王朝的官吏，而到吐蕃占领河陇，两个弟弟阴嘉义、阴嘉珍，仍然是吐蕃瓜州节度使属下的军官。在叙述到吐蕃统治下人民情况时，还说："自赞普启关之后，左衽迁阶，及宰辅给印之初，垂祛补职。蕃朝改受，得前沙州道门亲表部落大使，承基振豫，代及全安。六畜当五秉之饶，一家蠲十一之税；复旧来之井赋，乐已忘亡；利新益之园池，光流竟岁。"②这个汉族地主不仅在政治上、经济上享有特权，而且家业也越来越大了。他们竟高兴得忘记了岁月的变迁。在《李氏再修功德碑》里也记载了一个姓李的汉族地主在吐蕃统治下当了将军。碑文中有以下几句："虽云流陷居戎，而不坠弓裘，暂冠

① 《资治通鉴》卷二四九，宣宗大中五年(851)条胡三省注引《通鉴考异》卷二二，第8049页。

② 张维《陇右金石录》卷二，甘肃省文献征集委员会校印，1942年，第41页。

蕃朝，犹次将军之列。”[①]另外，莫高窟《索法律铭》中，也说到索法律兄弟曾任吐蕃官职，“亡兄前仕沙州防城使，讳清宁，高情直节，毓著公名，权职蕃时，升荣曩日”[②]。也正因为吐蕃在河西的统治实质上是阶级统治，所以，张议潮这次起义，以汉族人民为主，也有少数民族人民参加。如上所引，张议潮“自将蕃汉兵七千克复凉州”，便是例证。再如《通鉴考异》卷二二曾说到张议潮收复十一州时，派了安景旻和部落使阎英达两人到长安上表。这位姓安的使者，可能就是属于西域一部分起义势力的代表人物。在唐代，西域“昭武九姓”的“胡人”中就有一个叫安国的国家。他们就是以国为姓的。如唐代历史上的安兴贵、安禄山等人皆是出于这个安国，安景旻亦不应例外。“部落使”一名，是吐蕃统治时期的一个官名。阎英达可能就是吐蕃附属部落中的一个行政头目。[③] 当起义爆发以后，他们也参加了反对吐蕃奴隶主统治的斗争。所以，我们完全可以这样说，张议潮领导的这次起义，也是一次各族人民联合反对吐蕃奴隶主压迫的阶级斗争。

三

在张议潮领导之下，河西人民摆脱了吐蕃奴隶主的统治，但不是说河西地区从此就平安无事了。《新唐书・地理志》曾经说：“张义潮以瓜、沙、伊、肃、鄯、甘、河、西、兰、岷、廓十一州来归，而宣懿德微，不暇疆理，惟名存有司而已。”这时李唐政权因

---

① 《陇右金石录》卷二，第 59 页。

② 《陇右金石录》卷二，第 55 页。

③ 上见王忠《新唐书吐蕃传笺证》，第 161 页。罗振玉《丙寅稿》之《补唐传张议潮传》以为阎英达为阎朝之后裔。

为内部阶级矛盾的尖锐,还没有力量去经营河西。所谓"不暇疆理,惟名存有司而已",这也就是说,经营河西,防止吐蕃及河西周围少数民族统治阶级的反扑,其责任都得由张议潮负担起来。

当时的河西是一个民族杂居的地区。在河西的东面,居住着党项(即后来建立西夏的一支少数民族)。河西的东南和南面,居住着吐蕃。河西的北面,居住着回鹘。这些少数民族的统治阶级,尤其是吐蕃的奴隶主和贵族,仍然企图卷土重来,重新霸占这一块肥美的土地,继续奴役这一地区的人民。因此,张议潮收复河西之后,还不得不在没有唐政权帮助的情况下,领导河西人民与这些少数民族的统治阶级作长期的斗争。在敦煌发现的《张议潮变文》中曾有这样的记载:"诸川吐蕃兵马还来劫掠沙州。奸人探得事宜,星夜来报仆射(即张议潮),吐浑王集诸川蕃贼欲来侵凌抄掠,其吐蕃至今尚未齐集。仆射闻吐浑王反乱,即乃点兵鏊凶门而出,取西南上把疾路进军,……蕃军大败……,生口细小等活捉三百余人,收夺得驼马牛羊二千头匹。然后唱大阵乐而归军幕。"又说:"敦煌北一千里镇伊州城西有纳职县,其时,回鹘及吐浑居住在彼,频来抄劫伊州,俘虏人物,侵夺畜牧,曾无暂安,仆射乃于大中十年六月六日,亲统甲兵,诣彼击逐伐除。……回鹘大败,……收夺驼马之数一万头匹,我军大胜,匹骑不输,遂即收兵,却望沙州而返。"吐浑即吐谷浑的简称,早在唐高宗时为吐蕃所灭,在吐浑亡后,其部落多散在瓜州、沙州南部。到了张议潮领导沙州人民起义取得了胜利时,这些散布在瓜、沙的部落有的已建立起政权,勾结吐蕃残余势力,入寇沙州,故而张议潮引兵讨平之。回鹘在唐文宗时被黠戛斯所灭后,一支逃至安西的回鹘部落,历史上称之为河西回鹘。他们本来是役属于吐蕃的。吐蕃衰落,他们遂独立发展,经常劫掠伊州,张议潮才发兵前去征讨。可见,张议潮为了抵御周边少数民族统治阶级的骚扰,斗争仍然是非常艰巨的。《张议潮变文》中说,议潮“朝朝秣马,日日练兵,以备匈奴,不曾暂暇”,这也是真实地反映了当时的情况。

到了唐懿宗咸通八年(867),张议潮入朝,留居京师。咸通十三年(872)卒于长安私第。议潮入朝后,河西事务交给他的侄子张淮深管理。淮深仍与河西回鹘进行了不断的斗争。在敦煌发现的另一文卷《张淮深变文》中,就描写了淮深与回鹘斗争的经过。其中有这样的几句:“尚书(指张淮深)神算运筹谋,破却吐蕃收旧国,诸蕃纳质归唐化,敢死破残回鹘贼。”又说:“自从司徒归阙后(指张议潮入朝长安),有我尚书独进奏。□节河西理五州,德化恩沾及飞走。天生神将□英谋,南破西戎和扫胡。万里能令烽火灭,百城黔首贺来苏。”

河西自从张议潮收复以后,河西人民一直到唐朝的末年再没有受到周边少数民族统治阶级的奴役,这应当归功于张议潮和他的后代。

张议潮收复了河陇地区以后,他在和各少数民族统治阶级进行不断斗争的同时,还领导了沙州和整个河西人民进行恢复生产的斗争。吐蕃占领河西后,为了巩固自己的统治,曾在这里大力推行同化政策。所谓“去年中国养子孙,今着毡裘学胡语”[①]。“熊罴爱子,拆襁褓以文身;鸳鸯夫妻,解鬟钿而辫发。”[②]就是强迫汉族人民必须服从吐蕃的习惯,将吐蕃的落后的奴隶制统治,强加于汉族人民身上。显然,这对于社会生产的发展是非常不利的。张议潮在收复了河西以后,很快地就扫除了吐蕃奴隶主统治遗留下的习惯和落后的统治方式。在敦

① 张籍:《张籍诗集》卷七《陇头行》,中华书局1959年版,第85页。

② 《阴处士修功德记》,载张维《陇右金石录》卷二,第41页。

煌石室发现的《张淮深碑》一文,其中曾说到张议潮对河西各族人民"训以华风",使之"轨俗一变","沙州一郡,人物风华,一同内地"。可见当时沙州人民在赶走了吐蕃的奴隶主以后,已经在汉族先进的封建生产关系下,采用汉族先进的技术和文化来建设自己的家园了。

张议潮领导河西人民的建设,主要是在农业方面。河西自古以来就是一个农业区,从来就是依靠祁连山的雪水来进行灌溉的,要恢复农业生产,就必须进行水利的建设。在敦煌石室中发现的许多文卷中,曾记载了唐末(即张议潮起义以后,由张氏领导河西期间)沙州有很多沟渠,而且,每一沟渠还有"渠头"、"斗门"等专门管理渠道人员的设置,可见水利的建设在沙州是不断进行着的。这对于农业生产的发展有很大的作用。当时沙州人民在歌颂张议潮时,有这样的几句:

三光昨来转精耀,六郡尽道似尧时。
田地今年别滋润,家园果树似□脂。
□中现有十碛水,潺潺流溢满□渠。
必定丰熟是物贱,休兵罢甲读文书。①

这一太平的景象是劳动人民辛勤耕作的结果,但是,我们也不能不承认张议潮在领导人民进行恢复生产中起了重要的作用。

总之,张议潮领导的沙州人民大起义是一次反对吐蕃奴隶主残暴统治的阶级斗争;正是这一次起义,才使河西人民摆脱了吐蕃奴隶主的掠夺和奴役,才使河西地区的经济和文化有进一步的发展。今天我们评价这一次起义的领袖人物,说他是一个民族英雄,那是当之无愧的。在敦煌莫高窟中,至今尚保存有《张议潮

① 《张议潮变文》,载王重民等编《敦煌变文集》,上册,第117页。

夫妇出行图》一幅，原作高 120 厘米，长 1640 厘米，是晚唐时期壁画艺术的杰作。它描绘了张议潮收复河西以后，和他的妻子宋国夫人出游的盛大行列。图中不但有盛大的车骑随从和旗仗卤簿，而且还有百戏、仗乐、猎狩及人物的绘画，前呼后拥，极为壮观。从这一幅气势浩大的图画中，我们也可以看出这位英雄人物的形象。

（原载《甘肃师范大学学报》1979 年第 4 期）

漫谈古丝路的研究

关于古丝路的研究，近年以来，随着改革开放政策的深入人心，已越来越为国内外学者所重视，成为当今学术领域中的一个新的热点。就我所见，关于古丝路的专著已有十几种，论文则就更多了，特别要说的是，《丝绸之路》刊物的创办。《丝绸之路》是至今国内唯一专门刊载有关古丝路研究和弘扬古丝路文化的综合性杂志，对推动这一课题的研究起到了极大的作用，这是应当大大地予以赞扬的。

所谓“丝绸之路”，按我的理解，它只是一种形象的称谓。因为我国自古以来就以出产丝绸而闻名于世界，最初又是通过这条陆路通道而传至西方的，所以人们称这条陆路通道为“丝绸之路”。这种叫法既贴切，又通俗，更显得亲善友好。但这条通道的开拓与它在历史上的功绩，则不仅仅限于丝绸的西传，也不仅仅限于中西贸易的往来。近来有些同志把这条古丝路简单地归结为是一条商路，甚至说开辟此路是为了寻找商品市场，于是在中西贸易上大做文章，强调这条通道的商业价值，我以为这是片面的。从有关历史记载得知，这条道路的开通与繁荣，最重要的还是出于政治、军事上的需要，而不是出于商业的目的。张骞“凿空”，为的是联络月氏、乌孙，共同对付匈奴；隋唐长安政权交通西域，是想彻底打垮突厥，解除边境上的威胁。汉唐两代也是古丝路历史上两个最繁荣的时期，就是在这两个王朝时期，我们也未见有大量丝绸西运出口的记载。我想，这应当是当时封建的自然经济体系所决定的。自给自足的个体农户不可能提供大宗用于交换的绢帛，封建统治者征收的实物大都是用于养兵、养官和自己的奢侈消费，也不需要进行大规模的贸易交换，根本谈不上需要"打通商路"、"开拓市场"的问题。从一些记载来看，古代中原王朝与周边各族及中亚诸国往来，虽也带有些经济方面的性质，如被人们称道的"朝贡贸易"等等。这种来往，与其说是一种贸易，倒不如说是一种政治交往。就其交换的物品来说，也大多是些奢侈品，都是为双方统治阶级服务的。交换中也不一定是等价的，很难说它是一种具有完全意义的商品。

在古丝路上，官方和民间商业往来当然还是存在的，但不应当被夸大，更不能用今日的条件来衡量古代的事物。丝路开通以后，最令人瞩目的应是中原王朝与周边各族和中亚各国的文化交流。众所周知的佛教、景教、祆教、伊斯兰教的传入，西域音乐、舞蹈的东来，都曾对我国各方面产生了重大的影响。同样，中原天文学、医学及造纸术、印刷术、冶铁术、火药的西传，对西域及中亚文明起到了巨大的作用。因此，有些人将这条古代的中西通道又称之为"中西文化交流之路"，更有人称之为"宗教之路"，我想这也是贴切的。

丝绸之路的称呼自 19 世纪以来就已为中外学者所熟知，今日我们已没有必要去改用其他的称谓。但不论怎样叫法，这是一条中原王朝人民与周边各族人民、中亚各国人民友好交往的道路。今日我们研究它，目的就是在于继承和发扬人民之间的传统友谊。

丝绸之路的研究当今已成为一个专门的学科，这在学术领域可说是一个特例。在学术领域中，所有学科都是以它的研究对象作为学科的名称，如文学、历史学、法学、美学，以及数学、化学、生物学、物理学等等。但是，随着学术研究的深入与发展，现在有些学科却突破了这个界限,如丝路学、敦煌学,一是以路线名学,一是以地名名学。从严格的学科含义来说,这是不太科学的,也因此有人不同意将这两方面的研究称之为独立的学科。但是,实际上近百年来丝路学和敦煌学两个名称已为世界各国学者所认同,而且也完全了解这两学科的研究内容,相约成俗,名为学科亦未始不可。

丝绸之路的研究既然是一个学科,那么它的研究范围是怎么定的呢?我想,丝路的研究不应局限在丝绸贸易上,也不应只研究这条陆路通道的几种走法,而是应当把研究的领域扩大到我国整个西部及欧、亚古丝路沿边的各国。它是一门贯通古今、又涉及沿路诸国社会生活各个领域的综合性学科。

自有史记载以来,古丝路至今已有2000多年的历史。随着时代的进步,形势的变迁,沿路各国都有了很大的变化。我们研究丝路,首先就要熟悉这条古通道所经过的山川地理、沿边各族、各国的政治经济概况,这是最基本的,也是最重要的。只有掌握这些基本的内容,才能正确理解开辟这条通道的原因、意义,才能深刻体会今日改善这条通道的重大价值。也正是在这一点上,过去的许多学者曾付出了巨大的劳动,作出了重要的贡献,为我们今日的研究打下了坚实的基础。

其次,我们称丝绸之路是一专门的学科,还有它自身发展的规律性和阶段性。所谓贯通古今,也即是要从历史的角度来考察古丝路的发展概况。丝路沿边各族、各国的状况,如王朝的兴衰、民族的迁徙、政治的变革、经济的发展,无一不影响着这条古通道的兴衰。就我国历史考察,古丝路上汉、唐两代的繁荣,魏晋南北朝及宋以后的两度中衰,都是同中原王朝政治形势及经济发展息息相关的。科技的进步、海上丝路的开辟,是宋以后这条陆路古道一度冷落的重要原因。同样,今日古丝路上重新焕发出无限的生机，进入了一个新的发展阶段，这是改革开放政策的一个重要硕果。用历史的眼光来考察，才能从中得出带有规律性的论断，才能显出其发展的阶段性，这更便于我们进一步探讨丝路本身的各种问题。

所谓涉及社会生活各个领域，也就是说除了从纵的方面探讨丝路发展的历史以外，还必须从横向方面更进一步研究丝路沿线各族在不同时期的一些具体问题，诸如语言文学、宗教艺术、文物考古、民风民俗、人物传记、民间传说等等。社会是丰富多彩的，丝路上各族、各国人民的活动更是生动活泼、绚丽多姿的。我们就是要将这条古道上各族人民的活动真实地传达出来，架起一座交流的桥梁，促进各族人民之间的友谊。也正是出于这样的愿望，在我们的研究中，凡是与古丝路有关的人物、事件、遗址、古迹都是我们的研究对象。古丝路就是通过这些人、物、事而呈现在我们面前的。

研究古丝路，最后必须要强调的一点是：我们的研究目的是在于继承和弘扬丝路上优秀的历史文化，促进各族、各国人民之间的友谊；特别是我们现在身居西部，生活在古丝路的必经通道上，这里不仅有一个研究西部的问题，还有一个宣传西部、建设西部的责任。汉唐时期，我国西部曾是一个多民族活动的舞台，也是开发较早、经济比较发达的地区。可是自宋代以后，由于种种历史原因和自然条件的限制，逐渐地成了国内经济发展的滞后地区，古丝路也失去了过去的夺目光彩。在改革开放的今日，中央已作了向西部倾斜、加快西部经济开发建设的决策，这是千载难逢的机遇。对于我们生活在西部的人来说，更应珍惜这一机遇，为宣传西部、开发西部、建设西部作出应有的贡献，让古丝路重新焕发出光辉。

（原载《丝绸之路》1997 年第 6 期）

《敦煌学辑刊》廿年回顾与展望

《敦煌学辑刊》从 1980 年创刊至今，已经是整整二十年了。在历史的长河中，二十年只是一瞬间，而对我们这份刊物来说，却是“廿年辛苦不寻常”。有收获的喜悦，也有艰难的经历。《辑刊》能坚持到今日，并取得了一定的成绩，应当感谢有关领导的支持，感谢敦煌学研究者的帮助与爱护，特别是要感谢我们研究所中青年同志的勤奋和不懈的努力。

创办《辑刊》杂志，这是同兰州大学历史系当时整个研究方向的确定紧密地联系在一起的，是历史系研究西北历史文化这一大课题的组成部分。

1976 年“四人帮”被清除以后，遭到严重破坏的高等教育面临着百废待举的局面。1978 年十一届三中全会的召开，高校开始招生，教学秩序开始走上正规的道路。社会科学这块园地，由于“左”的路线的长期影响，本来就遭到了严重的摧残，而到“四人帮”横行时期，更是气息奄奄，完全成了他们手中的工具，根本没有科学性可言。在恢复高校教学秩序的同时，在社会科学领域中开拓出一块值得我们为之献身的领地，是所有社会科学工作者的心愿，也是摆在兰大历史系面前的一个急待解决的课题。正是在这种情况下，全系的老师们经过反复的讨论，终于提出了研究西北历史和文化的方向。

西北历史与文化研究的提出，是与兰大历史系自身的主客观条件联系在一起的。在讨论中，我们清醒地意识到兰大文科在国内的地位。兰大文科几经分合，加以多年来多种运动的干扰，无论在人才培养和研究条件等各个方面，都远远落后于沿海及东边的许多院校，要我们从事全国性的大型课题的研究，既没有能力，也没有条件，无法与他们竞争。只有扬长避短，抓住西北地区史地及文化的研究，做一些踏踏实实的工作，锻炼出一支队伍，积累起一批资料，取得一些成绩，然后才能争取与一些知名院校分头并进。更何况西北历史文化这一课题有广阔的天地，足以容纳全系甚至全校各方面的研究人才。我们曾经作过排比，以中国史而言，具有优势的课题有：新石器时代的彩陶文化，汉晋遗简的大量发现，长城遗址和石窟寺的考古，敦煌、吐鲁番文书的整理与研究，古代和近代西部民族宗教的状况；就世界史而言，俄国与苏联史的研究，中亚历史文化的研究，中西交通史和丝绸之路的研究，等等，都是非常有意义的。将这些课题联在一起，这就是我国西北地区以及与西北地区毗邻的一大块地盘上的历史与文化的研究。它不仅地域广，民族多，而且在自然及人文两方面都富有鲜明的特色。这也就是后来我们经常说到的："利用地区优势，做好西部文章。"

在取得共同认识的基础上，于是在历史系组建了汉简、敦煌、中亚、苏联、民族等研究小组。1979 年元月，敦煌学研究小组成立，之后又正式更名为敦煌学研究室。为了要开展敦煌学的研究，我们邀请了敦煌文物研究所的段文杰先生、甘肃省图书馆的周丕显先生给历史系的研究生及青年教师开设有关这方面的课程。段文杰先生开设过《敦煌石窟艺术》一课，周丕显先生开设过《敦煌遗书概论》、《史部目录学》两课。我亦开设过《隋唐史料学》、《河西史》、《汉唐职官制度》等课程。希望通过这些课程能培养起青年同志对敦煌学的兴趣。

在开设课程的同时，我们深感到要真正推动敦煌学的研究，弘扬古代西部的文化,没有一块园地,就不可能引起社会的广泛注意和支持,更谈不上有丰硕的成果。因此,我们希望能有一份自己的刊物,用以交流信息,促进学术研究。这一设想得到了学校有关领导的支持。于是,在没有经费、没有公开出版刊号的情况下,征得《兰州大学学报》的同意,以增刊的形式发表了我们研究室及敦煌文物研究所一些同志的文章,这就是 1980 年 2 月出版的这期敦煌学专刊。我们把这一期专刊又叫《敦煌学辑刊》,意思是把一个阶段的研究成果能辑录在一起,便于积累和查阅。因为是以增刊方式出版的,所以只能是不定期的。我们当时的想法是:如能一年刊出一期,那也就非常满意了。按这一设想,我们从 1980 年至 1982 年三年中先后出了三期。《辑刊》所载的文章,当然主要是敦煌遗书和石窟寺艺术研究两个方面。但在实际工作中,我们深知敦煌学所涉及的面很宽,不仅是要研究敦煌这一地区的历史与文化,还必须要从更广阔的领域中去探讨和研究,如西北地区的史地、西北地区的民族宗教、古代的中西交往和丝绸之路、吐鲁番及和阗地区发现的古文书、西北地区的汉晋简牍,都是和敦煌的历史文化紧密地联系在一起的。敦煌的遗书和石窟艺术,只是古代西北地区历史文化的一个组成部分。所以我们从一开始就把弘扬敦煌文化艺术与古代西北地区的史地研究作为刊物登载的内容。一直到现在,我们仍坚持这一方向。

当我们开设课程、组织人力进行研究,并出版刊物的时候,适逢高教部领导率领了部内许多同志来西北考察。部领导对于我们要开展西北地区历史文化研究,特别是要进行敦煌学的研究给予了充分的肯定和鼓励。此后,由高教部挑头,与研究敦煌学的许多学者联系,筹备成立中国敦煌吐鲁番学会。1983 年 8 月,中国敦煌吐鲁番学会成立大会在兰州隆重召开,这极大地促进了国内敦煌学的研究。不久,我们的《辑刊》也被批准为公开发行的学术刊物。这是国内第一份专门刊登敦煌学研究成果的杂志。

由于中国敦煌吐鲁番学会的支持与帮助,加以学校领导的重视,历史系的敦煌学研究室这时开始有了较大的发展,一是在学会支持下,购置了一批图书资料,成立了“中国敦煌吐鲁番学会兰州大学阅览室”,使我们具备了敦煌学研究的基本资料;二是校系领导给研究室先后调来了一批青年同志,大大增强了研究室的力量。为了加强对青年同志的培养,我们还先后邀请了首都师范大学宁可教授、武汉大学陈国灿教授等来校讲课。我们后来还曾送一批青年教师去北京、上海、杭州等地进修,有两位同志曾被送去伦敦查阅沦落英国的卷子。与此同时,我们申请到国内第一个敦煌学方向的硕士点,并将一年一期的《辑刊》增加为一年两期。

这里特别要提出的是:我们非常感谢当时的校长胡之德教授,是他多方争取,给研究室争得了亚洲基督教基金会的一笔资助;使室内同志得以出外收集资料,购置了一些设备,也使《辑刊》的经费得到了补贴。

有发展,也必定有困难,这是一切事业发展的必然规律。在20世纪80年代后期和90年代初期,我们也经历了许许多多的曲折和波动。商品经济大潮的猛烈冲击,个人利益和前途的选择,家庭问题的牵累,以及各种关系的冲撞与磨合,使调入我们研究室的同志先后又一个个离去。这样在留下的同志中,既要从事沉重的教学、科研工作,又不得不担负起《辑刊》编辑、校对、刊印、发行等办杂志所有的责任,担子是越来越重了。

不仅如此,《辑刊》是专门刊载敦煌学以及与之相关学科研究成果的杂志,专业性很强。这本应该是件好事,可是,专业性强也有其负面的效应:一是因为专业性强,发行面狭,必然造成亏损,每期都需补贴;二是也因专业性强,研究人员不多,稿源亦逐渐减少了。在《辑刊》刚创办时,关于敦煌学方面的专刊只我们一家,当时稿酬虽低,但来稿甚多。而到后来,刊载敦煌学的定期的和不定期的杂志大大增多了,如敦煌研究院的《敦煌研究》,北京大学曾出版了多期的《敦煌吐鲁番文献研究论集》,武汉大学有《敦煌吐鲁番文书初探》及《二编》,厦门大学有《敦煌吐鲁番出土经济文书研究》等等。这样,稿件来源就逐渐减少了。人力、经费、稿源等问题,近年来一直是我们杂志面临的困难。

困难是具体的、实在的,如何对待面临的困难,这也就是摆在研究室同志面前必须解决的问题。欣幸的是同志们在困难面前没有退缩,相反的,它更激起我们要办好杂志的信心。除了自己勤奋研究、努力写作之外,我们通过杂志与学术界同志们广泛联系,四方征稿,求得他们的支持,用以保证刊物的质量。我们还组织在校的研究生参加杂志的编辑、校对的工作,并在老师的指导下,共同进行课题的研究。在近几年来,郑炳林、陆庆夫、杜斗城、冯培红等同志都曾付出了辛勤的劳动。这份杂志能坚持办下来,应当感谢这些同志的贡献。

回顾这份杂志的历程,我们虽曾遇到过许许多多波折和困难,但也获得了丰硕的成果。对于我们研究室来说,通过办刊,培养了一批人才。他们既要担负繁重的教学与科研任务,还承担了《辑刊》的编辑、刊印等许多具体事务。通过《辑刊》与学术界有了广泛的联系,扩大了视野,学到不少新知识,提高了我们的水平。这几年来,我们研究室的同志人数虽然不多,却不断出版了《敦煌吐鲁番文献研究》、《敦煌归义军史专题研究》等集体成果。粗略统计,我们研究室的同志所出的个人专著有 20 余部,论文 300 余篇。这些都是与创办《辑刊》,锻炼出一支队伍分不开的。

也正是在不断的奋进中,我们把研究室扩大为研究所,并与敦煌研究院合作,共同申请获得敦煌学的博士学位授予点,1999

年底又被批准列入首批教育部人文社会科学重点研究基地。这为今后学术基地的建设和发展铺平了道路,也为办好《辑刊》创造了有利的条件。

敦煌是我国古代文化艺术的宝库,创办《辑刊》,目的就是要向国内外宣传祖先遗留给我们的这份优秀遗产。通过这份刊物,我们结识了许多国内外学者。有许多国内外人士,就是因刊物而了解敦煌,并西来游览参观,有的还因此走上了献身于研究敦煌学的道路。《辑刊》不仅起到了弘扬祖国优秀文化遗产的作用,同时,敦煌在祖国西北部的甘肃省,也为介绍西北、宣传甘肃、建设甘肃作出了贡献。

《辑刊》创办已经二十年了。二十年来,有收获,也有波折。在当今改革开放的大好形势下,在中央政策向西部倾斜、提出西部大开发的有利条件下,我们有一批年富力强的中青年同志队伍,有学校领导的有力支持,展望未来,我们仍充满信心,一定会将刊物办得更好!

(原载《敦煌学辑刊》2000 年第 1 期)

编后记

浙江大学出版社编辑出版“浙江学者丝路敦煌学术书系”，其中齐陈骏先生的《敦煌学与古代西部文化》，刘进宝教授责成我来担任责任编委。作为齐老师的学生，当然责无旁贷。书稿的编辑主要做了两件事：一是加注了引文的详细出处，并请我的博、硕士研究生协助核查了全书的所有引文；二是对书中有些现已不用的地名，一律改作今名，特此说明，同时在每篇论文的后面注明了出处。感谢浙江大学出版社出版此套丛书，特别是刘进宝教授的多次联络、指导和张小苹博士的辛勤劳动，以及帮助核对书中引文的兰州大学诸位研究生！

冯培红

2015 年 9 月 19 日于兰州

图书在版编目（CIP）数据

敦煌学与古代西部文化 / 齐陈骏著. —杭州：浙江大学出版社，2015. 12(2022.6 重印)
（浙江学者丝路敦煌学术书系 / 柴剑虹，张涌泉，刘进宝主编）
ISBN 978-7-308-15175-7

Ⅰ.①敦… Ⅱ.①齐… Ⅲ.①敦煌学—研究 ②文化史—研究—西北地区—古代 Ⅳ.①K870.6 ②K294

中国版本图书馆 CIP 数据核字(2015)第 227078 号

敦煌学与古代西部文化
齐陈骏 著

出 品 人 鲁东明
总 编 辑 袁亚春
丛书策划 黄宝忠 宋旭华
责任编辑 张小苹
责任校对 胡 畔
封面设计 项梦怡
出版发行 浙江大学出版社
（杭州市天目山路 148 号 邮政编码 310007）
（网址：http://www.zjupress.com）
排 版 杭州金旭广告有限公司
印 刷 浙江新华数码印务有限公司
开 本 880mm×1230mm 1/32
印 张 12.875
字 数 323 千
版 印 次 2015 年 12 月第 1 版 2022 年 6 月第 2 次印刷
书 号 ISBN 978-7-308-15175-7
定 价 45.00 元

版权所有 翻印必究 印装差错 负责调换

浙江大学出版社发行中心联系方式 (0571)88925591;http://zjdxcbs.tmall.com